형상과
비전 *Image and Vision*

지은이 **윤영천**(尹永川, Yoon Young-Chon)은 1944년 인천에서 태어나 서울대 문리대 국문과와 동 대학원을 졸업하였다. 1974년 동아일보 신춘문예 문학평론 부문으로 등단, 2002년 '시와시학상'을 수상하였다. 「일제강점기 한국 유이민(流移民) 시의 연구」(1987)로 박사학위를 받았으며, 청주사대(현 서원대)·영남대를 거쳐 현재 인하대학교 국어과 교수로 재직하고 있다. 저서로 『한국의 유민시(流民詩)』, 『서정적 진실과 시의 힘』, 편서로 『물위에 기약 두고』(한국유민시선집 1), 『가두(街頭)로 울며 헤매는 자여』(한국유민시선집 2), 『이용악(李庸岳) 시전집』 등이 있다.

형상과 비전

2008년 7월 25일 1판 1쇄 인쇄
2008년 7월 30일 1판 1쇄 발행

지은이 _ 윤영천
펴낸이 _ 박성모
펴낸곳 _ 소명출판
등록 _ 제13-522호
주소 _ 137-878 서울시 서초구 서초동 1621-18 (란빌딩 1층)
대표전화 _ (02) 585-7840
팩시밀리 _ (02) 585-7848

somyong@korea.com | www.somyong.co.kr

값 20,000원
ISBN 978-89-5626-315-1 93810

윤영천 평론집

형상과 비전

Image and Vision

소명출판

『서정적 진실과 시의 힘』(2002) 이후 꼭 6년만에 평론집 명목의 둘째 권을 펴내지만, 해묵은 쑥스러움은 외려 더욱 떨쳐내기 어렵다. 못내 성글어 보이기만 하는 이 저술은 흡사히 드넓은 비평현장 한복판에서 치열한 고투 끝에 얻어낸 아름다운 전과(戰果)라기보다는, 자못 한가히 펼쳐놓은 그물망으로 옹색하게 거둔 노획물이라는 자괴감 때문이다.

절차적 민주주의를 견인한 '1987년 체제' 이후 10년간 국내외 정치경제적 상황변화는 매우 심대하였다. 나라 밖으로는 '베르린 장벽 붕괴'(1989)와 '독일 통일'(1990), 동유럽 현실사회주의 몰락(1989~91), 소비에트 해체(1991) 등 거대한 이념적 지각변동과 냉전체제 쇠락의 높은 파고가 요동쳤으며, 국내적으로도 '한 · 소 수교'(1990), '한 · 중 수교'(1992), 장장 32년간의 엄중한 군부통치 종식과 '김영삼 문민정권 출범'(1993) 등으로 간명히 요약되는 정치적 탈냉전 및 탈군사 해빙 무드가 완연했던 것이다. 괄목할 것은 이 짧은 과정을 통과하면서 미국이 세계 유일의 초강국으로 되었다는 사실이다.

IMF 외환위기로 촉발된 '1997년 체제' 개시 후의 김대중 · 노무현 정권 10년은 그러나 민주주의의 실질적 퇴색을 동반, 회복 불능 상태의 민생 불평등과 양극화로 귀결되었다. '창조적 실용주의'라는 제법 근사한 외피로 치장, 지난 2월 출발한 '이명박 정부'는 아마도 빠른 시일 내에 그 완결편을 내놓을지 모른다. 그런데 간과할 수 없는 것은, '김영삼 문민정부'를 필두로 '김대중 국민의 정부', '노무현 참여정부'를 경과해 오늘에 이르기까지 한국사회에 두텁게 형성된 제반 적폐의 근저에 미국 및 그 친밀세력이 더욱 견고히 둥지를 틀고 있다는 점이다. 어느 의미에서, 바로 이들이야말로 'IMF 외환위기'(1997), '한·미 FTA'(2007), 더 나아가 급기야 대규모 촛불집회를 몰고 온 요즈막 '쇠고기 파동'(2008)의 진정한 배후라 일러 마땅할지 모른다. 특히 초강대 미국 글로벌자본주의는 국가·민족의 완강한 경계를 무섭게 지워나가면서 간단 없는 자기증식운동을 지속, 그만큼 한국을 하나의 정치경제적 '리트머스 시험장'으로 줄곧 강도 높게 농락해온 셈이다.

물론 '1997년 체제' 이후 10여 년간 우리 정치 상황의 긍정적 개변이 없었던 것은 아니다. 탈이념·탈냉전의 세계사적 기류에 힘입어 특히 '분단' 문제에 주요 진전이 있었으니, 두 차례에 걸친 남북 정상간의 '6·15선언'(2000) 및 '10·4선언'(2007)이 곧 그것이다. 그러나 주변 강대국들의 복잡한 이해관계 때문이기도 하겠지만, 단계적으로 '1국가 2체제 통일방안'을 겨냥하는 이 해법은 자칫 민족모순의 현실선이라 할 '분단'을 반(半)영구화할 위험성을 배제하기 어렵다.

사실 풀뿌리 민중에게 지난 20년은 곧 일련의 파편화 과정이었다. 종당엔 거대한 홀로코스트로 낙착되기 십상인 착취적인 근대화·개발·강포성에 있어 과거 식민주의를 훨씬 능가하는 소위 신자유주의 세계화 등의 전면적 지배 아래 하릴없이 포박되고 만 꼴이다. 좋든 궂든 '중심의 해체'가 신속히 진행된 이 20년간은 필시 '근대·민족·리얼리즘·친일' 등의 거대담론이 차례차례 가뭇없이 사라져간 연대로 기록될 것이 분명하다. 1993년 역사학계에선 '식민지 근대화론'이 뻣뻣이 고개를 들기 시작하였으며, 마치 그에 상응이라도 하듯 문학 쪽에서는 1990년대 후반 들어 부쩍 '일상·신체·욕망·성·가족·사물·생태·사적 공간' 따위의 중요성이 유난히 강조되는가 하면, 가령 '친일' 문제에 대하여도 이 유연화(柔軟化) 내지 해소화(解消化) 경향성에 음밀히 편승, 지난날의 특정 문학진영을 가릴 것 없이 교묘하게 본격화할 형국이다.

곰곰 헤아려보면, 저간의 시적 지형 또한 이런 사정과 깊이 통하는 것이라 할 수 있다. 자연 물상에 지나치게 탐닉하는 사물시의 횡행, 인간적 연관이 사뭇 희박한 '생태시' 이름 아래 표명되는 근본주의적 지향, 자의식 과잉, 사이비 난해시의 범람, 특히 2000년대 들어 한층 두드러진 시적 주제의 쇄말화 및 사회성 증발, 생활적 서정의 실종 등이 그것이다. 오늘의 한국시는 그 형상의 외적 다채(多彩)에도 불구하고 싱싱한 비전의 결핍을 고스란히 드러내고 있는 것이다. 지난 시기 비판적 상상력의 전위들조차 이 나긋나긋한 정신의 유연화에 쉽사리 투항함으로써 결과적으로 크게 한몫 거든 아주 자연스런 현상일 터이다.

마치 삶의 현실적 세부와의 절연이 그 궁극의 지향이기나 한 듯, 1990년대에 이미 불길한 징후처럼 나타나 2000년대 중반 들어서는 하나의 시적 주류인 양 그럴싸한 '전복'의 이름 아래 온갖 맹랑한 공상과 환상계를 오락가락하는 저 무병신음(無病呻吟)의 '미래파 시'란 대체 무엇인가. 이른바 포스트모던 시대의 고급한 발작적 우울로 간단히 치부하면 모를까, 거기에 사족을 곁들여 또박또박 친절한 해설까지 손수 떠맡는 허장성세란 건강한 독자에겐 차라리 하나의 고문이 될 것이다. 참으로 비평의 이만저만한 과공비례(過恭非禮)가 아닐 수 없다.

문득 "바른 소리 어찌하여 사라졌는가, 슬픔과 원망이 시인을 흥기시킨다[正聲何微茫, 哀怨起騷人]" 한 이백(李白)의 장엄한 아포리즘과, 종래 "정치운동이 불가능한 시대의 대리적 표현"으로 오래도록 의연히 존립해왔지만 1990년대 말엽부터 본디의 비판적 기능을 현저히 상실한 국면을 두고 '한국 근대문학의 종언'을 주창한 가라타니 고진[柄谷行人]의 예리한 통찰을 새삼 떠올리게 하는 소이연이기도 하다. 과연 '창작과 비평' 양면에 걸쳐 문학의 진정한 존재이유를 새삼 되짚어볼 때이다.

이 책은 제법 묵은 몇몇 구고(舊稿)를 포함, 2002년 이후 발표한 글들 중 주로 시와 관련된 15편을 골라 4부로 나누어 편제하였다. 전체적으로 글의 갈피가 다소 흐트러진 감이 없지 않으나, 가급적 '한국 현대시의 사적 맥락과 비평적 감각' 양자의 균형적 시각에 굳건히 토대하되 개개 작품의 구체에 적극 밀착하고자 하였다. 제1부에는 일제강점기 한국 유이민 시의 현재적 의미를 천착한 세 편으로 구성하였다. 여기서 「중국 한인 시문학의 역사적 전개」는 1940~60년대 중반에 한정된 「중국 조선족 시문학의 형성과 전개」(2000)의 논의대상 시기를 1990년대 초엽까지 전면 확대한 것이다. 제2부에는 해방기 남북한의 시적 상황을 특정 시인 및 시단을 중심으로 살핀 세 편을 배치하였다. 그중 「배인철의 흑인시와 인천」은 이전의 「배인철의 흑인시에 대하여」(1989)를 한층 정밀하게 확대해 논한 것이다.

제3부에는 네 편의 시집·평론집들에 대한 짤막한 서평과, 시인론 및 비평적 에세이 각 한 편씩을 묶어 실었다. 마지막 4부는 지난 19세기 60~70년대 이래 상호간의 역사적 접촉면에 따른 '한국－동아시아－미국'의 시적 연관 양상을 북한 작품들과의 상호텍스트성 속에서 주제론적으로 탐색한 글들을 뭉뚱그린 것이다. 사실 이 방면에 대한 필자의 관심은 꽤 오래전에 비롯한 것인데, 앞으로 '디아스포라 문학'의 맥락에서 이를 더욱 정심하게 함은 물론 여타의 지역—구 소련 및 중앙아시아, 미국·일본·멕시코 등지—및 장르에까지 확장, 그 논의의 진일보를 용념해보기도 한다.

여전히 튼실하지 못하지만 이 졸저가 필자에겐 다시 한번 답보로부터 떨쳐 일어서게 하는 생신한 활력의 공급원 같은 존재가 되었으면 한다.

어려운 상황임에도 선뜻 이 책을 간행해주시는 소명출판 박성모 사장님의 후의와, 편집부 하헌석 선생의 세심한 노고에 깊이 감사드린다. 아울러 이 책의 저술 장려금을 지원해주신 인하대학교에도 감사의 뜻을 표한다.

2008년 7월

윤영천

차례

제3부

제4부

제1부

한국 현대시와 '북방적 상상력'

1

최근 헌책방에서 구한 일본 사진집 『망향(望鄕) 만주(滿洲)』(東京 : 國書刊行會, 1980)를 들춰 보다가 사뭇 착잡한 소회에 빠진 일이 있다. 그림에 곁들여진 글의 필자 기타코지 다케시[北小路健]는 1920년생으로 소학교 2학년 때 교사인 아버지를 좇아 따롄[大連]으로 건너가 거기서 중학을 마친 후 귀국하여 동경고사(東京高師)를 졸업하고 재차 도중(渡中), 2년간의 패잔(敗殘) 세월을 더한 끝에 1947년 '재만(在滿) 27년 생활'을 마감한 특이한 경력자이다.

위태국가(僞態國家) 만주국(滿洲國, 1932~1945)의 번성을 또렷한 예술적 형상으로 아름답게 각인한 이 질 좋은 흑백 작품집에는 일본제국주의 중국침략의 전형적인 물적 표상들이 일목요연하게 구성되어 있다. 따롄 한복판에 자리한 '만주의 대동맥' 만철(滿鐵) 본사의 우뚝한 자태, 현지 유이민(流移民)으로 영락한 황해도 재령군 나무리벌[餘勿坪] 농민의 한스런 가락 속에 끼여든 "못살 고장"(김소월, 「나무리벌 노래」, 1924) 봉천(奉天, 현 瀋陽) 신사(神社)의 자못 고아한 모습, 신경(新京, 현 長春)에 새로 건설한 관동군사령부·만주중앙은행 및 만주국 국무원과 하얼빈 쑹화쟝[松花江]에 정박중인 만주국 해군포함 등의 무력적 위용이 우선 두드러진다. 그런가 하면 경도선(京圖線, '新京-圖們' 철도) 연변을 수놓은 휘황한 야생화, 흑룡강 유빙(流氷)의 이색적 풍광, 등짐 나르는 러어허[熱河]의 낙타떼, 몽고 대초원의 광막함, 하얀 자작나무 숲으로 뒤덮인 북만주 대흥안령(大興安嶺)의 낭만적 정취, 직업적 혁명가 아버지와 1919년을 전후하여 한때 머물러 살았던 시인 안용만(安龍灣)의 유년기 요람이기도 했던 중국 서북부 소만(蘇滿) 국경도시 만쩌우리[滿洲里]의 강렬한 이국적 정취 등도 여기서 빼놓을 수 없다.

그러나 이 사진집의 압권은 따로 있다. 월북시인 조영출(趙靈出)에 의해 "육로 이천리를 한밤에 주름잡고/북행하는 히까리 얼음꽃"(「북행열차」, 1936)이란 시적 표현을 얻은 바 있는, '부산(釜山)-신경(新京)' 간을 질주하는 특급열차 '히까리(ひかり)'의 화려한 전망차 내부, 압록강철교를 통행하는 긴 흰옷 행렬과 그 밑 뗏목 위에서 빨래하는 조선여인들의 고달픈 모습, 황량한 투우먼[圖們]의 조선인 집거지, 드넓은 고량(高粱, 수수) 농장과 소년노동자의 쓸쓸한 웃음 등이 곳곳에 명료하게 박혀 있는 것이다.

> 江南은
> 이름이 좋아도 몹쓸 귀양살이
> 원숫놈의 北海道移民이 또 들어온단다
>
> —이설주, 「강남으로 가는 이민」 부분, 『방랑기』(문성당, 1951)

> 두만강 저쪽에서 온다는 사람들과
> 쟈무스에서 온다는 사람들과
> 북어쪼가리 초담배 밀가루떡이랑

나눠서 요기하며 내사 서울이 그리워

고향과는 딴 방향으로 흔들려 간다

—이용악, 「하나씩의 별」(1945) 부분

일제 무장이민에게 떠밀려 천신만고 끝에 개간한 강남("길림성에서도 가장 험난한 궁벽지"—시인 原註) 땅을 또다시 떠나가야 하는 만주유이민의 간고한 삶, 조국 '해방'의 소식을 접하고 급거 "바람 속을 달리는 화물열차의 지붕 우에 / 제각각 드러누워"(이용악, 같은 시) 서울을 향하는 귀향 유이민의 실상이 위의 시편들에 매우 인상적으로 점묘되어 있는데, 이 같은 시적 현실을 증명이라도 하듯 이 사진집에는 북해도 출신 '둔전병(屯田兵) 개척이민단'이 북만(北滿) 자무스[佳木斯]에서 밭 갈고 타작하는 모습 등이 어김없이 박혀 있다.

그런데 여기서 아연 눈길을 끄는 것은 사진집 제목 속의 '망향'이다. 문득 필자가 1998년 연변대학 초빙교수 시절의 야릇한 경험이 떠올려지기 때문이다. 학교 당국의 배려로 그해 초봄 이 대학에 체류하던 외국인 교수 및 가족 20여 명이 러시아와 북한 땅을 동시에 조감할 수 있는 중국령 화왕천[防川]을 돌아볼 기회가 있었다. 바로 두만강을 끼고 중국과 북한의 선봉(先鋒)·나진(羅津)을 직통하는 함경북도 홍의(洪義)에서 그리 멀지 않은 곳이다. 투우먼[圖們]을 거쳐 훈춘[琿春] 중간 지점에 위치한 미이짱[密江]에 이르렀을 때, 70세쯤의 한 일본 노신사가 급히 차를 세우고 소년처럼 날래게 뛰어내려 북한쪽 대안(對岸) 미산리(美山里)를 향해 설치된 저 만주국시대의 아직 녹슬지 않은 포대를 지극한 감개에 젖어 애무하는 광경을 목격한 것이다.

생물학적으로도 한 세대에 훨씬 미급하는 만주시절이 일본인에겐 '망향'의 여전한 근원적 실체로 작동한 똑똑한 사례이다. 이에 비추어 보건대, '노예'라고밖에는 달리 명명하기 어려운 조선인 소작농의 구조적 착취를 기반으로 1920~24년에 이미 대규모 '농업이민 사업'을 성공적으로 완수한 일본인 민간기업 불이흥업(不二興業)이나, 실질적으론 근 반백년간 '반도경영'을 주도한 일본제국주의 당사자들의 경우를 상상해 보는 것 자체가 한갓 부질없는 일일는지 모른다.

그렇다면 광활한 만주벌과 반도에 걸쳐 대제국의 흥성을 구가했던 고구려 광개토왕(廣開土王) · 장수왕(長壽王) 시대 100년은 한국사에서 어떤 의미를 지니고 있는가? 더욱이, 2세기 이상 남쪽 대동강 유역으로부터 북만주의 너른 평원 즉 북쪽 "흑룡강(黑龍江) 중하류 일대, 우수리강 중하류 유역, 송화강(松花江) 중하류 지방의 사방 '5천리'에 달하는 광대한 지역"(방학봉 · 장월령, 『고구려 발해 유적 소개』, 연길, 1995)을 통할했던 발해(699~927)의 번화와 강성을 유념할 때, 우리에게 '북국 · 북방'은 과연 무엇이며, 또 한국 근대문학의 사적 전개에서 '북방적 상상력'의 작품적 발현은 어떠한 면모를 보이고 있는가? 여기서는 시에 한정하여 이 문제를 짤막하게 논하고자 한다.

2

협량한 사대적 반도주의자 김부식(金富軾, 1075~1151)에 의해서는 철저히 부정되었지만 '고려-고구려 계승론'의 역사인식을 견지했던 진취적 시인 이승휴(李承休, 1224~1300)가 그의 영사시(詠史詩) 『제왕운기(帝王韻記)』를 통해 "전 고구려 남은 장수 대조영 / 태백산 남녘 성에 터잡고 / 개국하니 그 이름 발해[前麗舊將大祚榮, 榮得據太白南城, 開國乃以渤海名]"라 함으로써 비로소 민족사의 반열에 편입된 것이나 다름없는 북쪽의 발해와, 고구려 · 백제를 멸망시키고 반도를 통일한 남쪽 신라의 '남북국시대'는 장장 230년 가까이 우리 역사에 존속하였다. 그러나, 해동성국(海東

盛國)이라 불릴 만큼 고도한 문화를 향유했으며 당대 신라인들이 항용 '북국(北國)'이라 칭했던 발해(이우성, 「남북국시대와 최치원」, 1975)가 마침내 거란에 패망함으로써 기나긴 남북국시대는 막을 내렸으며, 광대무비한 북방대륙은 한민족의 역사 무대에서 종적을 감추었다.

'민요·동요' 양식으로 다양한 변주를 이루기도 한 '북방시'는 우리 근대시의 역사적 전개 과정에서 대략 4가지의 지정학적 방향성을 띠고 투영되어 있다. 특히 시적 정조 면에서 이 작품들은 '자유분방·비장강개, 영웅적 장대성' 등의 특점을 지니는 중국 성당(盛唐) 시기 왕창령(王昌齡)·잠참(岑參)·이백(李白) 류의 이른바 변새파시(邊塞派詩)의 그것(胡雲翼, 장기근 역, 『중국문학사』, 문교부, 1961, 155~167면 참조)과 매우 방불하다. 각각의 대표적인 작품 3~4편씩 아래에 제시해둔다.

① '북국·북쪽' : 김동환 「눈이 내리느니」(1925), 조영출 「국경의 소야곡」(1933), 이용악 「북쪽」(1937)

② '북방' : 박팔양 「밤차」(1927), 오장환 「북방의 길」(1939), 백석 「북방에서」(1940), 이육사 「절정」(1940)

③ '북간도·만주·북만' : 박세영 「향수」(1936), 서정주 「만주에서」(1940), 유치환 「새에게」(1947)

④ '북새(北塞)' : 김동환 「선구자」(1924), 이찬 「북방도(北方圖)」(1940)

한결같이 일제강점기에 발표 — 유치환의 「새에게」도 실제로는 이 시기에 씌어졌다 — 된 것들이다. 이 범주에 드는 작품군을 전체적으로 일별할 때 창작의 주류가 월북문인이라는 사실, 민족의식적 지향을 지닌 시인일수록 일본제국주의의 강한 기호적 울림을 동반하는 '만주'보다는 '북국·북쪽·북방·북간도·북새' 등의 시어를 주로 사용하고 있다는 점 등이 특기할 만하다.

위의 작품들에서 분명하듯 거개의 북방시편들은 일제강점기에 전조선적 규모로 발생한 국내 유랑민과 국외 유이민(만주·시베리아·일본 및 멕시코 · 하와이 · 사할린 등지) 들의 비극적인 삶에 직핍하여 그 실상을 극히 평명하게 노래하는 경향성을 보인다. 특히 후자의 만주유이민 문제를 똑같이 주요한 시적 현실로 담아내고 있다 하더라도, 그 시각의 현격한 낙차에 따라 북방시들은 서로 간단히 어울릴 수 없는 층위를 거느리고 있다.

오늘날 주로 중국 동북지방(옛 만주)에 집거하고 있는 192여 만 명(1990년 현재)의 조선족 동포들의 과거 만주이주사를 여기서 간략히 개괄해둘 필요가 있다. 첫 단계는 조선조 17세기부터 1905년 '을사보호조약' 이전까지의 '월경이민 시대'이며, 둘째는 일제와의 '을사조약 체결' 이후부터 만주사변(1931) 직전까지의 '망명 · 유랑이민 시대'이다. 이 시기 조선 민중은 '한일합방', 3 · 1운동 등의 정치적 대격변을 거치면서 대거 만주 · 연해주 등지로 유리해갔는바, 그 압도적 다수는 만주유이민이었다. 중국 관헌의 압박, 봉건지주의 가혹한 착취와 경제외적 강제, '마적' 등의 폐해로 이들의 생활상은 비참을 극하는 것이었다. 만주지역 유이민사의 마지막 단계는 만주사변(1930) 이후부터 해방(1945)되기까지의 소위 '정책이민시대'이다.

한국 근대시사에서 북방시는 1920년대에 들어 다채로운 양식적 변이를 겪는 과정에서 출현, 만주이민사 제3단계인 정책이민시대에 집중적으로 산생되었다. 이같은 분포는 위에 예시된 고작 10여 편 작품들에도 그대로 통한다.

3

북방시의 첫째 부류는 일종의 문화주의적 시각에 기반한 작품들이다.

일제의 중국침략을 점화한 '만보산사건'(1931.7.2) 및 이를 가열화한 '만주사변'(1931.9.18)의 발발로 재만조선인 문제가 전민족적 현안으로 부각된 직후 "재만동포는 마땅히 모든 정권에 초월하여 오직 경제적 · 문화적으로 뿌리를 깊이 박도록 노력"(「대만동포에게 급고」, 『동광』, 1931.11)할 것을 유독 강조한 춘원(春園) 이광수 류의 철두철미한 중립적 비정치주의, 이것이 곧 이들 시편의 기저를 형성하는 시인의식의 원형질이라 할 수 있다. 재만 소설가들의 첫 작품집 『싹트는 대지』(신영철 편, 만선일보사, 1941) 발문(「『싹트는 대지』 뒤에」)에서 신영철이 통칭한, 1930년대 후반 들어 내지(內地) 조선으로부터 만주로 유입된 상당수의 '문화부대'야말로 바로 이에 해당할 터인데 노천명 · 서정주 등도 넓게는 이에 포함시켜 무방할 것이다.

> 우물가에서도 그는 말이 적었다
> 아라사 어디메로 갔다는 소문을 들은 채
> 올해도 수수밭 깜부기가 패여버렸다.
> 샛노란 강냉이를 보고 목이 메일 제
> 울안의 박꽃도 번잡한 웃음을 삼갔다.
>
> — 노천명, 「옥수수」(1938) 부분

> 참 이것은 너무많은 하늘입니다. 내가 달린들 어데를가겠읍니까. 紅布와 같이 미치기는 쉬웁습니다. 몇千年을, 오 — 몇千年을 혼자서 놀고온 사람들이겠읍니까.
>
> — 서정주, 「滿洲에서」(1941) 부분

일체의 감정적 번다를 말끔히 삼제한 채 강렬한 색감적 대비와 빼어난 서정적 처리 등을 통해 저 러시아 연해주로 가뭇없이 사라진 시골 총각의 슬픈 족적을 깔끔한 모던 풍으로 사뭇 아름답게 노래하고 있다. 이 계열의 또다른 작품 「국경의 밤」(1938)에서 분명한 바이지만, 그러나 노천명의 '북방 인식'은 자못 위태한 형국이니, 가벼운 에그조티시즘에 갇혀 있기 때문이다. 그렇다면 서정주의 경우는 어떠한가. 시인 자신임이 거의 분명한 시적 퍼스나가 "종(鍾)보단은 차라리 북이 있읍니다. 이는 멀리도 안들리는 어쩔 수도 없는 사치입니까. 마지막 부를 이름이 사실은 없었읍니다"(같은 시)라고 노래할 때 기본적으로 그것은 야만스럽고 조악한 '만주'를 경멸적으로 바라보는 닫힌 문화주의와 다르지 않다.

두 번째는 여하한 형태의 기반(羈絆)도 결연히 거부하는 자유혼, 말하자면 함석헌이 언급한 '들사람얼'[野人精神] 또는 노마디즘적 상상력의 편린이 엿보이는 시편들이다. 김동환 · 유치환들의 몇몇 작품이 여기 편입될 수 있을 것이다.

> 눈이 몹시퍼붓는 어느해 겨울이었다,
> 눈보래에 우는 당나귀[驢馬]를 이끌고 豆滿江녘까지 오니,
> 江물은 얼고 그우에 흰눈이 석자나 싸엿섯다.
>
> 人跡은없고, 해는 지고—
> 나는 몇번이고 도라서려 망설이다가
> 大膽하게 어름장깔닌 江물우를 건넛다.
>
> —김동환, 「先驅者」(1924) 부분, 『국경의 밤』(1925)

> 아아 나는 예까지 내처 왔고나
> 北滿洲도 풀 깊고 꿈 깊은
> 허구한 세월을 가도 가도 인기척 드문 여기
> 여기만의 의로운 세상의 복된 태양인 양 아낌없는 햇빛에
> 바람 절로 빛나고 절로 구름 흐르고
> 종일 두고 우짖고 사는 벌레소리 새소리에
> 웃티 벗어 팔에 끼고 아아 나는 드디어 예까지 왔고나
>
> —유치환, 「새에게」부분, 『생명의 서』(1947)

'만주'야말로 우리의 옛땅이라는 고토의식(故土意識)이 우리 근대시에 발현되지 않은 것은 아니다. 가령 북한문학사에서 특별한 비중을 얻고 있는 1930년대 '혁명가요' 「용진가」의 일절 "백두산하 높고 넓은 만주 들판은/건국 영웅 우리들의 운동장일세"(『현대조선문학선집 11—시집』, 조선작가동맹출판사, 1960, 97면)는 차치하고라도, 뒷날 북한의 유수한 러시아 문학 번역가로 활약하기도 한 박우천(朴宇天)이 일찍이 저 송화강반(松花江畔)에서 고통스럽게 "옛날에 여기는/우리네 조상이 뛰놀던 벌판"(「이국의 봄」, 1929)이라 읊조리고, 이를 거들기라도 하듯 김달진(金達鎭)이 "나는 江南 제비새끼처럼/새론 옛 고향을 찾아 왔거니"(「용정」, 1942)라고 노래한 것은 오히려 그 일례에 지나지 않는다.

물론 위의 두 작품이 보여주는 시적 분위기 또는 그 의식의 편차는 결코 미세한 것이 아니다. 앞의 남성적 기개 또는 꿋꿋한 개척정신에 비할 때 뒤의 그것은 깊은 회한과 지극한 비장감을 머금고 있는 것이다. 그럼에도 불구하고 양자에게 공통적인 것은 일체의 강박과 부자유를 떨쳐버리고 시원적 삶의 핵심을 향해 돌진하고자 하는 일종의 노마디즘적 정신의 발로이다.

전자의 경우, 일제 '토지조사사업'의 제도적 완비와 더불어 대거 발생한 1920년대 만주·시베리아 유이민들의 북국행을 "오오, 흰눈이 내리느니, 보—얀 흰눈이/北塞으로 가는 이사꾼 짐짝우에/말없이 함박눈이 잘도 내리느니"(「눈이 내리느니」, 1924) 등의 장대한 서정적 형상으로 예리하게 포착하는 데 능수였던 김동환의 솜씨가 새삼 유감없이 발휘되고 있다. 투박한 북관(北關) 입말, 억센 남성적 어조, 대륙적인 시적 전경(前景) 등을 통해 간난 어린 '선구자'의 의연한 기개를 적실하게 묘파하고 있는 것이다.

"문명과는 등진 허막(虛漠)한 북만(北滿)의 자연 …… 거기서는 혼신껏 용출(湧出)"이 가능(「서」, 『생명의 서』, 1947)하다는 시적 인식에 토대하고 있는 유치환의 북방적 상상력은 주로 '자연 물상'들을 통해 집약적으로 분출된다. 이 시인에게 '풀 깊고 꿈 깊은 북만주의 풍요한 햇빛과 바람, 구름, 벌레소리, 새소리'들은 "오늘 여기 문명한 민주와 자유"(위의 「서」)가 결코 다다를 수 없는, 진정한 '존재의 삶'(E. 프롬)을 가능케 하는 시적 매개로 된다.

단지 '하늘의 그림자'인 대지와 바이칼(Baikal) 호를 바라보기 위해 온갖 고통을 무릅쓰고 험난한 산에 올라 "바다와 광활한 침엽수림과 대초원이 누운 곳에 / 창공 아래 / 우리 선조들 말을 내려 / 저 높은 산에 다시 오르고 있다네"(Ministry of Culture of Buryat Republic, The Buryats-Traditions & Culture, Ulan-ude, Soyol, 1995)라며 유장하게 읊조린 부리야트인이나,

> 우린 오직 잠들기 위해 왔네
> 다만 꿈꾸려 왔다네
> 지상에 살기 위해 왔다는 것
> 그건 거짓일세, 정녕 거짓이라네
> 우린 봄철의 초원
> 싹을 틔우네
> 우리 가슴도 싹을 틔우네
> 우리 몸은 한 송이 꽃, 봉우릴 피웠다
> 다시 시든다네
>
> —Beatrice Trueblood, *The Seas Unite Us-Mexico Basin*(Banea Serfin, S.N.C, 1989)

라고 노래한 멕시코 아즈텍(Aztec)의 근원적인 시적 정서도 널리 보면 파인이나 청마가 지향했던 그것과 동류라 해야 할 것이다.

4

북방시의 마지막 부류는 엄혹한 만주유이민 현실에 굳건히 기초하면서도 유목적 상상력을 거기에 탄력적으로 착근시킨 경우이다. 이용악의 「북쪽」, 백석의 「북방에서」 등이 이런 예에 속할 터이다.

북쪽은 고향
그 북쪽은 女人이 팔녀간 나라
머언 山脈에 바람이 얼어붓틀때
다시 풀릴때
시름 만흔 북쪽 하눌에
마음은 눈 감을줄 몰으다

—「北쪽」(1937) 전문

시적 자아는 작품 뒷켠에서, 마치 스스로에게 속삭이듯 고향에 대한 그리움의 속내를 은밀하게 털어놓고 있다. "머언"이란 시어에서 어렵지 않게 유추할 수 있는 바이지만, 어쩐 까닭에서인가 그는 지금 고향과 격절되어 있다. 여기서 시적 퍼스나의 의식은 늘 북쪽을 향해서만 열려 있다. 그를 이처럼 깨어 있는 각성적 자아로 거듭거듭 충격하는 시적 매개는 다름아닌 '바람'이다.

원형동사 '몰으다'로 그리움의 절실함을 극대화한 데서 보듯, 시적 자아는 어찌하여 그토록 북쪽을 연연해하는 것일까. '북쪽'(북방 대륙)은 과거 고구려와 발해가 흥륭했던 우리 역사의 찬란한 고토이기도 하지만, 고려가 원(元)의 지배하에 들어간 이래 조선이 현실주의적 친명(親明) 노선을 취한 시기까지 약 300여 년간 우리의 순결한 딸들을 공녀(貢女)의 이름으로, 혹은 볼모로 무수히 떠넘겨야 했던 슬픔의 땅이다. 단지 형식만 달랐을 뿐 이런 사정은 1930년대에도 그대로 지속되었다. 그렇다면 제1~2행의 두 개의 '북쪽'은 각각 무엇인가. 아마도 앞의 '북쪽'은 시적 퍼스나의 고향을, 뒤의 그것은 팔려간 여인들의 오욕과 간난의 땅 '만주'를 가리키는 것으로 보아 좋을 것이다.

수난받는 동족을 향한 남성의 시적 퍼스나의 눈길은 깊은 연민의 정으로 충일하다. 가히 '민족적 에로스'라 불러 마땅한 것인데, 이 작품의 드높은 서정적 환기력은 바로 여기서 비롯한다. 한국 근대시사에서 매우 독특한 이채를 발하는, 북방적 상상력의 건강한 시적 실현의 전형적 사례라 할 만하다.

아득한 녯날에 나는 떠났다
夫餘를 肅愼을 渤海를 女眞을 遼를 金을
興安嶺을 陰山을 아무우르를 숭가리를
범과 사슴과 너구리를 배반하고
송어와 메기와 개구리를 속이고 나는 떠났다

나는 그때
자작나무와 이깔나무의 슬퍼하든 것을 기억한다

그리하여 따사한 햇귀에서 하이얀 옷을 입고 매끄러운 밥을 먹고 단샘을 마시고 낮잠을 잤다

이제는 참으로 이기지 못할 슬픔과 시름에 쫓겨
나는 나의 녯한울과 땅으로—나의 胎盤으로 돌아왔으나

아, 나의 조상은 형제는 일가친척은 정다운 이웃은 그리운 것은 사랑하는 것은 사랑하는 것은 우러르는 것은 나의 자랑은 나의 힘은 없다 바람과 물과 세월과 같이 지나가고 없다

—백석, 「北方에서—鄭玄雄에게」(1940) 부분

동시대의 절친한 친구였으며 해방 후에는 북한에 머물러 『조선미술이야기』(1954) 등의 저술을 남겨놓기도 한 화가 정현웅에게 헌정한 이 작품은 무엇보다 거침없는 시적 어조와 웅대한 서사적 화폭으로 이채를 띤다. 흡사 민족적 자아를 대신한 듯한 일인칭의 성찰적인 시적 퍼스나를 통해 시인은 찬란을 극했던 옛 고구려, 남북국시대의 발해, 그리고 "게을리 …… 따사한 햇귀에서 하이얀 옷을 입고 매끄러운 밥을 먹고 단샘을 마시며" 나태와 안일로 잔뜩 오그라든 치욕의 반도를 넘나든다. 1939년 만주로 떠나간 직후 씌어진 이 작품은, 고구려의 옛 터전 부여, 북만주 흥안령(興安嶺)과 음산(陰山), 아무우르[黑龍江]와 숭가리[松花江] 등의 지정학적 아펠레이션에 의해 더욱 생동한 사실감을 보유하고 있다. "녯 한울로—나의 태반(胎盤)으로" 복귀한 끝에 자신의 주체적 신원을 가까스로 확인한다는 일종의 이야기시라 하겠는데, 여기서 '북방'은 명백히 시인의 현실인식을 일깨우는 하나의 든든한 균형추 같은 것이다.

5

중국의 56개 소수민족 중 한때 가장 탁월한 자치능력과 최고 교육수준을 견지하면서 주로 동북 3성(길림성·료녕성·흑룡강성)에 집거해온 192만여 명의 중국 조선족은 그 절대 다수가 일제강점기 만주유이민의 후예이다.

> 할아버지
> 마두강 건너 산 지 3년 넘은 어느해 이른봄
> 아버지

강동 가 3년만에
마우재땅 태생으로
내 돌 맞은 늦가을
제2고향이라고
노새 타고 돌아온 뒤
어느새 산천도 두세번 변하였구나

—李旭, 「三代」 부분, 『北陸의 抒情』(延吉, 1949)

일찍이 고향 함경북도 무산(茂山)을 등지고 북간도 길림성 화룡현(和龍縣)으로 이주한 할아버지, "마우재(러시아)" 땅 강동(江東) 즉 블라디보스톡 신안촌(新安村)으로 건너간 아버지와 거기서 출생한 시인 3대의 척박한 가족사가 간명히 압축된 이 작품에서 분명하듯, 오늘날의 중국 조선족에게 북륙(만주)은 '제2 고향'이다(조성일 · 권철 주편, 『중국 조선족문학사』, 연변인민출판사, 1990, 366~89면 참조).

『재만조선시인집』(연길, 예문당, 1942)에 이학성(李鶴城, 1907~1984)이란 필명으로 작품을 게재하기도 한 이 시인을 포함한 당대의 현지 유이민들에게 '만주'란 무엇인가. 1917년 여섯 살 때 가족과 함께 고향 함경북도 명천에서 중국 길림성 용정현(龍井縣)으로 이주한 김창걸(1911~1991)의 소설 제목 「두번째 고향」(1938)(『김창걸단편소설선집』, 료녕인민출판사, 1982) 그대로이다.

만주는 우리를 길러준 어버이요 사랑하여 안어준 안해이다. 이 나라의 단조로운 퍼언한 지평선, 홍시(紅柿)같이 새빨간 저녁해, 모양새없는 우리부락의 토성(土城), 머언 백양(白楊)나무숲, 적은 개울물 하나, 하잘것없는 돌덩이 흙덩이 하나하나에도 우리네 역사와 전설과 한없는 애정이 속속들이 숨어 있다. …… 그러므로 이 땅 이 나라의 자연과 사람은 완전히 애무하는 우리 육체의 한 부분이다.

—박팔양, 「서」 부분, 『만주시인집』(길림 : 제일협화구락부」, 1942)

한마디로 만주유이민들에게 '북방대륙 만주'는 그들을 "길러준 어버이요 사랑하여 안어준 안해"이자 "육체의 한 부분", 즉 결코 저버릴 수 없는 운명적 존재이다. 따라서 이들에 의해 현지에서 창출된 문학은 '오족협화(五族協和)'의 슬로건을 내세운 만주국에 부용한 친일문학이 아니라 스스로를 지탱할 절체절명의 현실적 필요에서 이룩된 '생존문학'이라 해야 할 것이다.

우리 근대문학에 다양하게 음각된 '북방적 상상력'의 실상을 제대로 해명하기 위해 우선 필요한 것은 무엇인가? "조선반도의 문학사와의 중복을 피면하는 원칙과 국가적 관계를 고려하는 원칙"(조성일 · 권철 주편, 앞의 책, 6~7면)에 묶여 '해방' 후 남한문단에 귀속된 이들(안수길 · 유치환 · 함형수 등)을 배제한 중국 조선족문학사의 편향, 일제강점하의 1920~30년대 한국의 프롤레타리아문학을 비롯한 진보적 문학 등이 온통 "김일성 동지와 공산주의자들에 의하여 조직 · 지도된 조선인민의 항일무장투쟁 과정에서 나타난 혁명적 문학"의 직접적 고무력에 의해 가능했다고 보는 북한문학사(『조선문학통사』 하, 평양 : 과학원출판사, 1959, 91면)의 배타성, 그리고 한국 근대문학의 불구적 전개를 감안하지 않은 채 만주유이민 문학을 역사적 콘텍스트로부터 절연하는 관점으로부터 여전히 자유롭지 못한 한국문학사의 협애성 등을 한꺼번에 걷어내는 일이 무엇보다 긴절하다. '반도적' 편협성, 무분별한 서구적 지향, 단순 복고주의 등의 시각도 극력 경계하지 않으면 안될 것이다.

> 연변 조선인 자치주
> 용정현 동성향 신평촌
> NHK 방송이 세밀 프로로 방영했다는 이 필름에는
> 한글로 뚜렷이 새겨진 자막 위에
> 낯익은 초가집과 황토 구릉들이
> 그대로 펼쳐지고 있었다

온돌과 가마솥과 흰밥과 콩나물과 열무김치
아마 아무것도 변한 것 없이
조선족 조선말 온전히 고스란히 남아서
옹기종기 평화롭게 살아가고 있구나

—곽재구, 「용정현 신평촌」(1985) 부분

'문화대혁명'(1966~1976) 시기 중국 조선족의 생활상을 취재한 일본 'NHK 방송'을 접하고 구상된 작품인 듯한데, 여기서 중국 조선족은 서양 문물에 온통 찌든 분단 한국의 온갖 문화적 병폐의 대척점에 자리한 순결한 시적 표상에 다름 아니다.

그러나 오늘날의 그들은 이 과거의 시간 속에 그냥 정체해 있는 것이 아니다. '해방' 이후 남한으로부터는 오랫동안 일종의 기민(棄民)으로 방치되어 온 그들은 1978년 이래 중국 당국의 급속하고도 대규모적인 '개혁개방'의 높은 파고에 휘둘리고 있다. 특히 1992년 '한·중 수교' 이후 한국인들에게 중국 조선족과 그들 땅은, '코리안 드림'을 안고 있는 '사기 대상' 또는 음험한 자본의 운동논리 대상으로 전락하는 모진 신산을 겪고 있다. 활짝 개방된 여행의 자유에 힘입어 가끔 철딱서니 없는 한국인들이, 지난 시기의 중국 조선민족의 역사적 명운을 헤아리지 않은 채 백두산 천지에 올라 "대한민국 만세!"를 연호하는 장면이야말로 참으로 볼썽사나운 일이다. 한국 근대문학의 총체적 전개에 있어 '북방적 상상력'의 평탄치 않은 굴곡을 객관적 엄정성에 입각하여 새로이 천착해야 할 소이가 바로 여기 있다(『대산문화』, 2003년 가을호).

중국 한인 시문학의 역사적 전개

'일제하 만주유이민'에서 '중국 조선족'으로

1

일제강점기에 전 조선적으로 발생한 국내 유랑민(流浪民)과, 만주(滿洲)·시베리아 및 일본 등지[1])의 국외 유이민(流移民[2]))의 비극은 기형적인 한국근대사의 집약적 표현이다. 이들 유이민 또는 그 문학 등에 대한 다각적 논의는 20세기의 마지막 10년을 통과, '새로운 밀레니엄 시대'에 접어들면서 탈이념·탈냉전, 중심의 해체, 신자유주의·세계화 등에 예리하게 촉발되면서 활발히 증폭[3])되어 왔다. 특히, 과거 공산권의 쏘련·중

1) 형식적으로는 민간단체 주선 '계약이민'이었다 하더라도 실질적으로는 '노예매매'나 진배없던 하와이(1902)·멕시코(1905) 노동이민도 넓게는 이 범주에 포함시킬 수 있을 것이다. 윤영천, 『한국의 유민시』, 실천문학사, 1987, 10~11면 참조.

2) 외교통상부 재외국민이주과 조사자료에 의하면, 2005년 1월 1일 현재 세계 150개국에 흩어져 사는 재외동포 총수는 549만여 명이다. 20세기 전반(前半)기에 걸쳐 광범하게 이뤄진 '조선민족 디아스포라'의 비극적 후예라 할 수 있는 '중국 조선족(2,155,664명), 재일본 동포(800,410명), 구쏘련 고려인(523,987명)' 총수는 3,480,961명[일부 귀화자 포함]으로, 이는 전 재외동포의 63.3%를 차지한다. http://www.okf.or.kr/data/abodeStatus.jsp 참조.

국과의 잇따른 공식 외교관계 수립 즉 '한 · 소 수교'(1990) 및 '한 · 중 수교'를 계기로 이 방면의 연구는 아연 활기를 띠기에 이르렀다.

오늘날 주로 '동북 3성'에 집거하고 있는 약 203만 명의 중국 조선족 사회[4)]는 1990년대 들어 자못 심각한 '조선족 위기설'에 휩싸이고 있다. 이는 1978년 이래 전개된 '개혁개방'의 도저한 파고 속에서 특히 1980년대 후반을 경과하면서 새롭게 부각된 것으로, 특히 한 · 중수교(1992) 이후 '조선족사회—한국 · 국제 사회'와의 경제문화적 및 인적 교류가 활성화되고, 중국사회의 '정치경제 체제개혁 및 대외개방 강화, 시장경제질서의 전면적 도입' 등으로 한층 두드러진 민족문제[5)]이다. 그것은 단지 '개방'의 물결을 타고 유입된 서구 퇴폐문화에 의한 정신오염의 차원을 훨씬 넘어선다. 무엇보다 "금전만능주의에 빠져버린 가치관의 대두는 민족의 정체성과 긍지심을 뒷전으로 몰아내고, 선대들이 이룩한 영광도, 우리 세대가 실현한 '제일'의 영예"도 일거에 퇴색시켰기 때문이다.[6)] '대학 진학률 1위'의 상실, 조선족 마을의 공동화(空洞化), 조선족 학교의 감소, 윤락녀의 속출 현상과 인구문제 등은 그야말로 조선족의 생존 자체를 위협하기에 이르렀다는 것이다.

여기서 특히 간과할 수 없는 것은 "사회주의 건설에 필요한 여러 유

---

3) 이 방면 주제와 관련된 필자의 저술로는, ① 윤영천, 『한국의 유민시』(실천문학사, 1987), ②「한국 현대시에 나타난 '시베리아 유이민 문제'의 재인식」, 『한국학보』(1986년 겨울호), ③「중국 조선족 시문학의 형성과 전개 : 1940년대~60년대 전반기」(2000), 『서정적 진실과 시의 힘』(창작과비평사, 2002), ④「한국 현대시와 '북방적 상상력'」, 『대산문화』(2003, 가을~겨울호) 등을 발표한 바 있다. ③은 1940년대 초부터 '문화대혁명'(1966~1976) 직전까지의 중국 조선민족 시문학 전개양상을 개괄한 것이다. 본고는 그 논의대상 시기를 1990년대 초엽까지 전면 확장한 후속편 성격을 띤다.

4) 김병호 · 오상순, 「중국내에서의 조선족 사회의 위치」, 『중국 조선족 발전전략』(김강일 · 허명철 주편), 연길 : 연변인민출판사, 2001, 49면. 1990년 현재 동북3성(길림성 · 료녕성 · 흑룡강성) 거주 조선족 인구는 1,864,760명으로 중국 조선족 총인구의 97%를 상회한다. 위의 글, 50면.

5) 허명철, 「네트워크시대의 중국 조선족문화」, 『중국 조선족사회의 문화우세와 발전전략』, 연길 : 연변인민출판사, 2001, 483~484면.

6) 황유복, 『중국 조선족사회와 문화의 연구』, 북경 : 민족출판사, 1996, 2면.

형과 차원의 실용인재들을 배양해내는 데 큰 저애"로 되고 있는 교육·인구 문제이다.[7] 조선족 교육의 가장 심중한 병폐는 무엇보다도 각급 학교교육을 오로지 대학입시에만 주력함으로써 조선족 지식인 대다수가 사회주의 시장개방경제시대에 있어 공동의 정보교류 도구인 한어 구사력이 현저히 미급하다는 점이다. 조선족 인구문제 또한 결코 간단치 않은 현안으로 떠오르고 있다. 중국 조선족 최고 밀집지역인 연변조선족자치주의 인구 변화추세가 이 문제의 심각성을 단적으로 드러내는 바, 1990년 7월 현재 연변조선족 인구비율이 '자치주 출범'(1952.9.3) 초기보다 약 34%나 감소했다는 사실[8]이 이를 잘 입증해준다. 이는 '연변조선족자치주'가 한갓 허명(虛名)일 뿐 아니라 중국 조선민족의 대내적 영향력 또한 크게 약화되었음을 웅변적으로 말해주는 것이다.

개혁개방 이전 시점에선 줄곧 "앞으로도 중국 소수민족의 으뜸가는 민족으로서 민족적 명성과 발전을 과시할 것"[9]으로 높이 평가됐던 중국 조선족은 오늘날 일종의 '다면적 위기'[10]에 내몰리고 있다. 우리의 말과 글을 엄중하게 수호하고 민족적 순결성을 온전히 간직한 채 여타 소수민족들의 추종을 불허하는 탁월한 자치능력과 고도의 문화능력을 유감없이 발휘했던 중국 조선족[11]의 우뚝한 형상이 특히 1990년대 이

7) 리홍우, 「중국 조선족의 지속과 발전 문제」, 『중국 조선족 문화현황 연구』(김동화 외 편), 목단강시 : 흑룡강조선민족출판사, 1995, 38~47면 참조.

8) 1953년 연변조선족자치주 총인구는 926,207명으로, 그 분포는 조선족 557,279명(60.1%), 한족 346,427명(37.4%)이었다. 그러나 양자의 비율은 그 이후 점차 감소돼가다가 1990년에는 마침내 뒤바뀐다. 즉 1990년 7월 1일 현재 연변조선주족자치주 총인구는 2,079,902명으로, 조선족 821,479명(39%), 한족이 1,187,626명(57%)으로 역전된 것이다. 위의 글, 38~39면. 이런 추세가 지속될 경우 조선족 비율은 2020년 20%, 2050년 15%로 급격히 감소할 것으로 추정된다. 김종국, 「조선족 인구류동의 득과 실」, 『중국 조선족공동체연구』(국제고려학회아세아분회 편), 연길 : 연변교육출판사, 2000, 86면.

9) 이영희, 「소수민족정책과 중국 속의 한민족」, 『중공 어제와 오늘』, 동아일보사, 1977, 382~426면 참조.

10) 김종국은 이를 '교육·언어·인재·이미지 위기' 등으로 집약한다. 김종국, 『세기교체의 시각에서 본 중국 조선족』, 연길 : 연변인민출판사, 1999, 6~10면 참조.

11) 윤영천, 앞의 책, 실천문학사, 1987, 5면.

래 크게 훼손되고 만 것이다.

이같은 사정은 중국 조선족문학의 경우도 예외가 아닌 것으로 평가된다. 조선족문학에 대한 한 정치학자의 참으로 애정어린 충고를 들어본다.

> 우리의 문학의 영향력은 크지 않으며, 또 국가수준급의 작가는 없다. 지금까지 우리 민족정신 · 민족성격을 깊이있게 부각하여 우리민족을 진감하고 중국의 55개 민족앞에 민족의 떳떳한 형상을 수립해놓은 작품은 별로 없는 것이다. 우리민족의 진취적 정신을 노래하고, 창업의 시각을 연변에만 두는 것이 아니라 중국에로, 세계에로 개척자를 부각하는 작품은 거의 없다. 전국의 앞자리에 설 수 있는 민족문학예술가를 양성해야 한다. …… 우리에게는 우리민족의 성격과 가치관을 심각하게 묘사하고, 우리를 더 높은 차원으로 부상시켜 줄 수 있는 그런 문학예술작품이 수요된다.[12)]

앞서 제기된 중국 '조선족 위기설'과 관련, 단지 '작가'들에게만 국한되지 않는, 중국 조선민족 전체를 향한 뼈아픈 고언이라 할 만하다.

2

사실 중국 조선족 시문학에서는 오늘날 중국 당대문학사에서 매우 높게 평가되는 싸니족(撒尼族)의 『아스마』(阿詩瑪, 1953), 몽골족의 『까다메린』(嘎達梅林, 1950), 그리고 쫭족(壮族) 시인 웨이치린(韋其麟)의 『빠이냐오우이』(白鳥衣, 1955) 등에 필적할 만한 웅대한 민족서사시를 찾아보기 어

12) 리홍우, 『조선족의 전망』, 목단강시 : 흑룡강조선민족출판사, 1997, 95~96면 및 157면 참조.

렵다. 이들 작품은 한결같이 소수민족에 대한 중국공산당의 적극적인 정책지원의 소산으로서, 특히 운남성(云南省) 이족(彝族)의 한 부족인 싸니족의 민간서사시 『아스마』[13]는 서정과 서사의 절묘한 통합, 강렬한 낭만주의적 색채, 아름다운 민족언어의 성공적 운용 등으로 하여 여타 소수민족에게는 특유한 민족문학 유산의 현대적 재발굴[14]을 강력히 추동하는 하나의 시적 전범으로까지 되었다.[15] 이에 비할 때 중국 당대문학사에서 조선족문학은, "해방 후 연변의 새로운 변화와 조선족 인민들이 당의 령도 밑에 사회주의 새생활을 힘써 건설하는 씩씩한 기상"을 시화한 김철 시인의 『변강의 마음(邊疆的心)』(1957), 이근전의 단편소설집 『과일꽃 필 무렵(果樹開花的候)』(1956) 정도가 극히 단편적으로 언급되고 있을 뿐이다.[16]

그런데 여기서 반드시 결정적으로 고려해야 할 사항이 있다. 다름아

---

13) 이 작품은 중국 조선민족사회에 『장편서사시 아스마』(채열 역, 연길 : 연변교육출판사, 1956)로 축소 번역, 소개되었다.

14) 1953년 5월 운남성 문예공작단은 이족 싸니지구에 내려가 '진귀한 민족민간유산' 『아스마』에 관한 광범한 자료를 수집하여 1,800여 행의 장시를 완성, 1954~57년간 4가지 판본으로 출판하고 영화로 각색했으며, 영어 · 러시아어 · 프랑스어 등으로 번역 · 출간하기도 하였다. 그러나 '문화대혁명'(1966~1976) 기간 동안 이 민족서사시 역시 '독초'의 화살을 면치 못하였다(마인 주필 외편, 「이족의 민간장편 서사시 『아스마』를 아는가?」, 『중국소수민족상식』, 북경 : 민족출판사, 1986, 344~352면 참조).

15) 왕경생(王慶生) 主編, 『중국 당대문학(中國當代文學)』 1, 上海文藝出版社, 1988, 361~362면 및 김종수 · 최건, 『중국 당대문학사』, 연길 : 연변인민출판사, 1996, 84면 참조.

16) 위의 책, 494면. '문화대혁명' 시기에 발간된 『少數民族詩歌選』(人民文學出版社, 1975)에는 황상박 · 남영전 등 6명의 조선족 시인들의 작품이 수록돼 있는데, 한결같이 '무산계급문화대혁명'의 위대성을 노래한 소위 '혁명시가' 일색이다. 吳重陽 · 陶立璠 編, 『中國少數民族現代作家傳略』(青海人民出版社, 1982)의 경우, 시인으로 리욱 · 리성휘(설인) · 임효원 · 김철, 소설가로는 김창걸 · 이근전, 그리고 희곡작가 황봉룡 등 7명이 소개되고 있다. 같은 책 1992년판에는 시인 박화 · 김경석 · 남영전, 소설가 김학철 · 류원무, 그리고 번역문학가 리철준 등 7명의 약전이 실려 있는데, 이채로운 것은 『로신선집』 1(민족출판사, 1987) 및 이른바 '항미원조(抗美援朝)'전쟁을 본격적으로 다룬 위외(魏巍)의 대하소설 『동방』 상 · 중 · 하(심양 : 료녕인민출판사, 1980)를 번역한 리철준이 끼여 있다는 점이다.

니라, 중국 조선족이 한족을 제외한 여타 54개 소수민족들과는 근본적으로 차별된다는 것, 즉 "중국의 거의 모든 소수민족들이 중국 토착민족인 데 비하여 중국 조선족은 근대 이래 조선으로부터 이민"[17]해온 '천입민족(遷入民族)'[18] 또는 조중(朝中) 국경을 건너온 '과경민족(跨境民族)'[19]이라는 사실이다. 이러한 토대 위에서 형성·전개된 그 특수한 역사적 성격을 고려할 때 현단계 중국 조선족문학의 상대적 빈곤은 어쩌면 하나의 역사적 필연일는지 모른다.

우선 중화인민공화국 건국 이래 개혁개방이 실시되기까지 30여년간, "문학은 정치투쟁의 파생물로 인정됐으며, 문학사는 정치투쟁사의 문학판으로 인정됐다."[20] 이 길고 지루한 비문학적 연대기를 몸소 겪어오면서 과거의 부끄러운 자화상을 고통스럽게 떠올리고 있는 한 시인·비평가의 다음 고백은 그런 뜻에서 매우 인상적이다.

> 오랫동안 자기의 혼을 통째로 어느 신에게 저당잡히고, 남이 만세를 부르면 따라서 만세를 부르고, 남이 '타도'를 부르면 함께 타도를 부르던 자신의 모습을 생각하면 얼굴이 뜨거워지는 것을 금할 수 없다. 다행스러운 것은 개혁개방의 물결 속에서 나의 영혼과 의식도 점차 각성되었다는 점이다. 주체의식이 각성되었고, 예술문학의식과 창작방법 다양화의식이 각성되었다.
>
> 그런데 영혼은 각성되면서부터 곤혹에 빠지는 법이다. 워낙 평화와 불안, 행복과 고통, 웃음과 울음이 교차되어 있는 인생살이에서 영혼은 각성되기 전에 더 행복했을지 모른다. 그 시기 천안문광장에서 목이 터지라 만세를 부르며 눈물을 흘리며 어록책을 흔들던 홍위병과 동질적인 영혼과 의식의 소유자였던 나는 그 시기에 오히려 행복하였다고 생각되는 때가 많다.[21]

---

17) 황유복, 앞의 책, 14면.

18) 박창욱, 「조선족공동체의 력사, 현황과 전망」, 앞의 책, 43면; 정판룡, 「중국 조선족 문화의 성격문제」, 『중국 조선족문화연구』, 연길 : 연변대학출판사, 1993, 10~11면.

19) 최삼룡, 「21세기를 지향하는 민족지성인의 마음가짐」, 앞의 책, 132면.

20) 김관웅, 「중국에서의 조선문학의 전파와 연구의 어제와 오늘과 내일」, 『조선-한국문학연구회 제3차 국제학술심포지엄 논문집』, 연길, 1999, 32면.

21) 최삼룡, 『각성과 곤혹』, 목단강시 : 흑룡강조선민족출판사, 1994, 2면.

시인이 그토록 열망해 마지않던 '개혁개방'의 신천지 앞에서 되레 방황하는 모습, 그러나 진정한 고뇌자의 풍모를 고스란히 보여주고 있는 것이다.

쥐마, 라지오에서 네 노래를 듣는다
'주무랑마'봉의 기상을 타고
'야루쟝브'강의 격정을 담아
힘차고 맑게 흐르는 너의 노래

무대가 떠나갈듯한 박수소리
박수를 보내는 관중속에는
아, 위대한 수령이신
모택동 주석님도 계시였지

쥐마,
네 노래에서 나는 듣는다
서장(西藏) 인민들의 맘속의 노래를
당중앙 두리에 굳게 뭉치여
줄기차게 나아가는 발구름소리를(1977.12)[22]

'문화대혁명'(1966.5~1976.10)의 엄중한 문화독재주의의 철퇴가 종언을 고한 직후, 개혁개방의 법제적 공식화라 할 수 있는 당중앙 제11기 3차 전원회의(1978.12.22) 이전 시기에 발표된 이 작품에서도 물론 림표·강청 등에 대한 강력한 정치적 탄핵, "'4인무리'의 마수는 / 사정없이 뻗치였더라 / 너에게도, 나에게도 / 너도나도 노래부를 권리마저 / 빼앗기지 않았더냐"(제8연) 따위의 열혈적 성토가 어김없이 등장한다. 그러나 그 목

22) 최삼룡, 「천만년 노래부르자—장족 가수 쥐마에게」 부분, 『연변우수작품선집—1982~1992』, 연길: 연변인민출판사, 1992. 몇몇 특수한 경우를 제외하고는, 이하 작품인용은 해당 면수를 제시하지 않고 그 작품집만 밝히기로 한다.

소리는 한낱 주체의식의 곤핍과 개성의 소멸을 강제하는 전성관(傳聲管)의 시늉소리일 뿐이다. 대상을 향한 시인의 몰주체적 질주가 종국적으로는 시적 파산으로 귀결될 수밖에 없다는 사실의 뼈아픈 자기확인이 뒤늦게나마 평론가의 각성된 주체의식에 의해 비로소 가능하게 된 것이다.

물론, 조선족문학사 서술에 있어서도 이같은 가성(假聲)은 불식되어야 할 것이다. 대개는 작품의 "실제로부터 출발하지 않고 간단하고 조포한 방법을 취하였기 때문에, 있어서는 안될 소극적인 후과가 산생"되었던 과거의 잘못된 비평적 관행[23] 또는 고도의 정밀성이 결여된 거친 연구풍토는 한시바삐 교정될 필요가 있다.

이런 문제의식 아래 본고는, 중국 조선족문학의 실질적 형성기라 할 수 있는 1940년대 초엽부터 1990년대 중반까지의 중국 조선족 시문학의 역사적 전개과정[24]을, 특히 '중국 조선족문학사의 시기구분 문제'와 관련하여 개괄적으로 검토하고자 한다.

3

진주만 기습(1941.12.7)으로 도화된 대미(對美) 선전포고를 계기로 일본제국주의가 본격적인 전시체제에 돌입한 1941년 12월 이래 1945년까지 약 5년간의 한국문학사는 그야말로 "수치에 찬 '암흑기'요, 문학사적으

---

23) 정판룡, 「30년래의 조선족문학평론사업을 회고하면서」, 『연변조선족자치주 성립30돐 기념 문학평론집』(중국작가협회연변분회 편), 민족출판사, 1982, 3면.

24) 시기적으로는 '연변조선민족자치구 출범'(1952)을 분기점으로 하여, '일제 하 만주유이민문학, 중국 조선족문학'으로 양대별하여 논할 것이다.

로는 백지로 돌려야 하는 '브랑크의 시대'"로 간주된다.[25] 전쟁협력을 위한 것 이외에는 모국어로 발표된 그 어떤 작품도 '검열'을 통과하는 것이 지극히 난망하였기 때문이다. 그런데 바로 이 문학사적 '암흑의 공백', 특히 시의 빈자리를 다름아닌 "일제강점기 말의 한국시문학을 지킨 마지막 교두보"라 할 수 있는 『재만조선시인집』(김조규 편, 간도 연길, 예문당, 1942.10)[26]이나, "우리 겨레의 문학창작 중심이 조선으로부터 간도로 옮겨지게 되었으며…… 조선반도에서 겨레문학이 시들고 있던 형편"에 출현한 『만주시인집』(박팔양 편, 중국 길림시, 제일협화구락부문화부, 1942.9)[27] 등이 메꾸어준다는 논의가 한때 제기된 바 있다.

그러나 이는 무엇보다 작품적 실체에 의해 튼튼히 뒷받침되지 못한다는 근본적 제한성 때문에 이렇다 할 설득력을 동반하기 어렵다. 더욱이 이 논의 시각은 '중국 조선족문학의 기원' 문제와 관련시킬 경우 한층 섬세한 고찰을 요구한다. 중국 조선민족문학의 역사적 전개에 있어서 특히 1940년대 전반기는 여러모로 매우 중요한 의의를 지니는 까닭이다.

아직까지 통사 체계를 갖춘 것으로는 유일한 『중국 조선족문학사』(1990)의 '시기 구분'[28]에서 주목되는 것은, 그것이 중국문학사의 골격을 거의 그대로 좇고 있다는 점이다. '근대문학'은 청조(清朝)의 봉금정책(封禁政策)이 완화되면서 조선인의 만주이주가 비교적 본격화된 1845년부터 5·4운동이 결속된 1920년으로 획정하였다. 물론 이는 한국의 3·1운동(1919)도 함께 고려한 결과라 할 수 있으나, 아편전쟁(1840)부터 5·4

25) 백철, 『조선신문학사조사-현대편』, 백양당, 1949, 399면.

26) 오양호, 『한국 현대문학사와 간도』, 일지사, 1988, 19면.

27) 리상범, 「동토의 뮤우직-『만주시인집』에 대하여」, 『중국 조선족문화연구』, 1993, 343~359면 참조.

28) 조성일·권철·최삼룡·김동훈, 『중국 조선족문학사』(연변인민출판사, 1990) 참조. ① 근대문학(18세기 초~1920), ② 현대문학(1920~1949) : 1920~1931년의 문학, 1931~1945년의 문학, 1945~1949년의 문학, ③ 당대문학(1949~1986) : 1949~1966년의 문학, 1966~1976년의 문학, 1976~1986년의 문학.

운동(1919)까지를 '현대문학'으로 잡고 있는 중국문학사의 경우와 대체로 동궤이다. 다만, 이 시기를 만주사변(1931)과 '일본 패전'(1945)이라는 양대 사건을 마디점으로 하여 다시 3분하고, 앞의 두 단계는 한국사의 전개에 각별히 유념하되 마지막 단계(1945~1949)는 중국사의 '제3차 국내혁명전쟁시기'로 구획하는 절충적 방식을 취하고 있다는 점이 주목된다. '당대문학'으로 통칭되는 1949년 이후는 중국문학사와 전적으로 동일하다.

중국 조선족문학사의 이와 같은 시대구분은 그 논의의 축적이 이뤄지면서 부분적으로 수정된다. 중국 조선족[29]의 문학이 "중국문학의 한 조성부분" 즉 중국 소수민족문학의 한 구성체라는 대전제 아래, "새 중국이 건립되기 전은(한국문학의 연장으로서의 — 필자) '조선문학'으로, 건국 후는 '중국 조선족문학'"으로 보아야 한다는 양분법적 절충론이 제기[30]되고 있는 것이다. 명백한 한족중심주의의 실질에도 불구하고 그 외형적 구성은, 한족(漢族) 및 55개 소수민족문학의 총합으로 이뤄진 중국문학의 일개 '소수민족문학으로서의 조선족문학'을 논함에 있어 시대구분 문제보다도 선차적인 것은 중국 조선족문학의 역사적 성격을 분명히 함으로써 그 개념의 정밀성을 기하는 일이다.

---

29) '조선족'이란 "중국 국적을 가진 조선민족에 대한 전문호칭, 즉 국적과 민족출신을 동시에 표시한 호칭"으로서, 중국공산당 기관지 『인민일보』는 중화인민공화국 창건(1949.10.1) 후에도 '조선민족'이란 호칭을 유지하였다. 이는 '연변조선민족자치구' (1952.9.3) 출범에 그대로 반영되었으나, 협애한 지방 소수민족적 호칭인 '연변조선족자치주'(1955.12)로 공식개칭되면서 곧 폐기되었다. 이때부터 '중국 조선족'은 "탈조선(국가)적인 민족정체성을 확립 (…중략…) 중국 소수민족 일원으로서 민족자치구역을 확보"하기에 이르렀다. 황유복, 「조선족과 조선족문화, 그리고 정체성」, 『문학과 예술』(2005.2), 8~17면; 김동화, 「중국 조선족에 대한 중국공산당의 민족정책의 역사적 고찰」, 『당대 중국 조선족 연구』(김동화 · 김승철 주편), 연길 : 연변인민출판사, 1993, 28면 참조.

30) 권철, 「중국 조선족문학사연구에서 제기된 몇 가지 문제」, 『조선민족문학연구—해외 우리민족문학심포지엄논문집』, 목단강시 : 흑룡강조선민족출판사, 1999, 61면; 윤윤진, 「중국조선인문학연구에 나서는 몇가지 문제」, 『문학과 예술』, 연변조선족자치주문화국, 2005.1, 135~136면 참조.

현재의 중국 조선족 주축은 물론 20세기 초엽 조국이 일제에 강점되면서 삶의 근거를 박탈당한 채 만주지역으로 유리해 간 대규모의 유이민이다. 그러나 그 구체적인 문학실체의 시발을 소설집 『싹트는 대지』(1941), 시집 『만주시인집』(1942.9) · 『재만조선시인집』(1942.10)들로 잡는다면,[31] '중국조선민족문학' 제1단계는 1940년대 초엽부터 1952년 9월 3일 '연변조선민족자치구' 출범 직전까지이다. 이 시기 문학은 기본적으로 '한국문학의 사적 연장으로서의 일제강점하 만주 유이민문학'의 범주에 속한다. 중국조선민족문학 제2단계는 '연변조선민족자치구'—이는 1955년 12월부터 협애한 지방적 · 소수민족적 호칭인 '연변조선족자치주'로 공식 개칭되면서 곧장 폐기되었다—성립 이후의 '중국 조선족문학'이다.[32]

4

주지하다시피 중국 조선족의 이주사는 크게 3단계로 구분[33]된다. 첫째는 '월경이민' 시대(1626~1905)이다. 이 시기는 1626년에 체결한 조청

31) 일본 관동군 괴뢰정권인 '만주국'(1932.3.1) 출범 이듬해인 1933년 11월, 간도(間島) 용정(龍井)에서 리주복 · 강경애 · 윤영춘 · 천청송 · 안수길 · 박영준 · 박화성 · 박계주 · 김규은 등을 주축으로 발족 된 '북향회(北鄕會)' 기관지 『북향』(총 4호 발간 : 1935.10~1936.8)의 의미는 매우 귀중하다(권철, 「'북향회'의 전말」, 『일송정』 제2기, 룡정시 조선족 문화발전추진회, 연길 : 연변교육출판사, 2001, 346~357면 참조). 그러나 그 게재작 일반의 문학적 성취를 고려할 때, 이는 중국조선민족문학의 '맹아적 존재'일 뿐이다.

32) 오늘날 중국 조선족 문학연구자들이 '중국 조선족문학의 구체적 형상'을 멀리는 청조(清朝)에까지 소급시키려는 강한 충동과 미련에 갇혀 있음은 매우 비역사적인 태도이다. 사실 1945년 '해방' 이전의 그것은 향후 중국 조선족문학의 사적 전개에 있어 하나의 전사(前史)적 의미를 지니는 데 불과하다.

33) 임종국, 『일제침략과 친일파』, 청사, 1982, 229~268면 참조.

(朝清) 간의 강도회맹(江都會盟)으로부터 '을사보호조약' 이전까지이다. 청조의 국위가 점차 쇠미해지면서 1845년 쇄국금령(鎖國禁令)이 폐지되고, 월경금압(越境禁壓)의 실효를 거두지 못한 조선정부도 1883년 변방정책의 개방적 전환을 꾀하면서, 지난날의 봉금지대에로의 조선인 이주규모는 급속적으로 확대되었다.[34] 그러나 이러한 정책변화 못지않게 결정적인 계기를 이룬 것은 조선봉건통치의 극에 달한 혹정에 겹치어, 1860년대 후반 조선 북부지방을 휩쓴 물난리와 가뭄 등의 엄청난 자연재해였다.

월편(越便)에 나붓기는 갈대잎 가지는
애타는 내 가슴을 불러야 보건만
이 몸이 건느면 월강죄(越江罪)란다[35]

우리네의 무거운 발길
리조(李朝)건 당조(唐朝)건 알게 뭐랴
우리는 땅 있는 곳 찾아가네[36]

이 시기 두만강·압록강 연안의 조선농민들은 봉금구(封禁區)였던 그 건너편의 1,000여 리 광대한 지역을 오래도록 '가만히 건너가 도둑농사 짓고[犯禁潛耕]', '아침에 건너가 경작하다 저녁에 돌아가며[朝耕暮歸]', 점차 '춘래추거(春來秋去)'하는 변칙적인 방법, 이른바 '간도농사'를 거쳐 어렵사리 '영구정착'하기에 이르렀다.[37] 지아비를 애타게 그리는 아낙의 '애절한 사랑노래' 형식을 취하고 있는 민요「월강곡(越江曲)」이야말

34) 고승제,「만주 농업이민의 사회사적 분석」,『한국근대사론』1(윤병석 편), 지식산업사, 1977, 337~339면.
35) 현룡순,「월강곡」,『조선족백년사화』제1집(현룡순 외편저), 심양: 료녕인민출판사, 1982, 7면.
36)「이사길」부분, 조성일 외, 앞의 책, 46~7면 재인용.
37) 황유복, 앞의 책, 19~20면.

로 이 시기 '월경 유이민'들의 간고한 삶의 명징한 시적 반영이라 아니 할 수 없다.

「두만강곡(豆滿江曲)」의 일절 "무진(戊辰) 기사(己巳) 큰 흉년에는 / 월경민 밤마다 달려들더니"[38]에 명료하게 드러난 것처럼, 1868~69년 조선 북부지방에는 큰 물난리와 대한재(大旱災)가 잇따라 강타하였으니, 민요 「이사길」은 월경죄엔 아랑곳 없이 "땅 있는 곳"을 찾아 무작정 떠나는 당대 민중의 실상을 그대로 형상한 듯하다.

둘째는 '망명 · 유랑이민' 시대(1905~1931)이다. 조선이 일제의 반식민지로 전락하게 되는 '을사보호조약' 체결 이후부터 '만주사변' 직전까지이다. 군대해산(1907) · 한일합병(1910) 및 3 · 1운동(1919) 등의 정치적 대격변을 겪으면서 특히 민족구성의 절대다수인 농민들은 토지로부터 이탈되어 대거 만주 · 시베리아 및 일본 등지로 유리해 갔는바, 그 압도적 다수는 만주유이민이었다. 이들 삶의 시적 정황은 특히 이용악의 「낡은 집」(1938)에서 뚜렷하다.

재를 넘어 무곡(貿穀)을 다니던 당나귀
항구로 가는 콩실이에 늙은 둥글소
모두 없어진 지 오랜
외양간엔 아직 초라한 내음새 그윽하다만
털보네 간 곳은 아모도 모른다

더러는 오랑캐령 쪽으로 갔으리라고
더러는 아라사(俄羅斯)로 갔으리라고
이웃 늙은이들은
모두 무서운 곳을 짚었다[39]

38) 김규은, 「'민요' 두만강곡」(1929) 부분, 『한국 유민시 선집 1-물위에 기약 두고』(윤영천 편), 실천문학사, 1988, 27면.

39) 이용악, 「낡은 집」 부분, 『낡은 집』, 일본동경 : 삼문사, 1938. 이 작품의 발표시기와 관련, 러시아[俄羅斯]로의 집단이주는 이른바 '레닌혁명의 혼란기'(1918~1921) 이후에

튼튼한 서사적 골격 위에 일제 식민지시대 조선농민의 몰락상, 파행적인 '근대화'의 허구, 그 과정에서 가혹하게 행해진 양민수탈상의 상징적 묘파, 만주·러시아 등지의 "무서운 곳"으로 기약없는 유랑의 길을 떠나는 조선세궁민의 참상 등이 균형있게 노래된 작품이다. .

셋째는 '정책이민시대'(1931~1945)이다. 1929년의 농업공황에 따른 대규모적인 농민분해, 중일전쟁(1937)·태평양전쟁(1941)에 돌입한 일제 전시체제에의 즉각적 편입 등으로 대다수 조선민중은 정책이민으로서 만주 등지로 내몰리었다.

> 강남(江南)은
> 이름이 좋아도 몹쓸 귀양살이
> 원숫놈의 북해도이민(北海島移民)이 또 들어온단다.
>
> 강냉이 떡 한쪼각이면 그만이고
> 돼지 족 한편만 있으면 생일잔치라도
> 흙에서 살아 흙을 아는 사람들
> 고국은 몰라도 한 평 농토만 있으면
> 내 고향이라 믿는 백성
>
> 다음 차례 고향으로 바뀌는
> 강남으로 강남으로 쫓겨 간다[40]

1920년대 초 만주로 유리해 간 조선농민들 사이에서 폭넓게 불리운 민요[41]의 일절, "만주땅 넓은 들에/벼가 자라네 벼가 자라/우리가 가는 곳에 벼가 있고/벼가 자라는 곳에 우리가 있네"에서 분명하듯, 만주 유이민은 곧 '동북 벼농사'를 지칭하는 하나의 '인적 상징' 같은 존재였

는 사실상 불가능했다는 사실을 고려할 필요가 있다.

40) 이설주, 「강남으로 가는 이민」 부분, 『방랑기』, 대구: 문성당, 1951.

41) 리정문, 「동북의 벼농사」, 『조선족백년사화』 제1집, 1982, 51면 재인용.

다. 그러나 그들 삶의 악순환은, 그 시기 만주 전역을 몸소 떠돌다시피 한 이 시인의 시적 화폭에 또렷하게 돋울새김되고 있다. 대륙침략 군사노선의 제일선을 이루면서 동시에 제국주의 산업역군의 첨병으로 투입된 일제의 무장이민[42]에게 애써 가꿔놓은 농토를 빼앗기고, "다음 차례 고향", 즉 "길림성에서도 가장 험난한 궁벽지"(시인 원주—필자)인 유배의 땅 강남(江南)으로 또다시 발길을 떼어놓는 재만 조선농민의 간난이 새삼 뚜렷이 떠오른다.

굽 빠진 얼경체 등에 지고
철부지 벌거숭이 달래며
후여—타향살이 반평생,
여기서 쫓기고, 저기서 채우고……

나더러 무엇을 얘기하라오?
풀밭에 던진 아이를,
눈'속에 묻은 안해를,
차라리 잊고나 말지.

허기야 어찌 잊으라오,
빚받이 흘겨보던 그 놈의 눈'살을,
한 말이 두 말로, 두 푼이 네 푼으로
곱새끼 잘 치던 그 놈의 문세를.[43]

이미 노경에 접어든 화자의 회고담 형식 속에 일제하 정책이민시대 만주유이민의 참절한 삶의 디테일이 섬세하게 포착되어 있다. 떠돌이

---

42) 일본 명치(明治) 초기 북해도 개척에 정책이민으로 입식된 뒤 '북해도이민'은, 평시에는 토지개간 등에 종사하되 유사시에는 '둔전병' 역할을 노는 무장이민을 가리키는데, 만주국의 배후적 실권자 관동군은 1932~33년간 북해도 무장이민단을 수차에 걸쳐 만주 전역에 배치하였다. 임종국, 앞의 책, 237면 참조.

43) 김성휘, 「나더러 무엇을 얘기하라오」 부분, 『연변』(1963.12), 41면.

타향살이의 설움과 고통의 시적 표상에 다름아닌 "굽 빠진 얼경체", 바로 여기 가렴잡세(苛斂雜稅)[44] 등으로 일그러진 가족공동체의 파탄상이 집약돼 있다.

그런데 현하 중국 조선족의 역사적 존재형성 문제와 관련시킬 때 셋째 단계에서 특기하지 않으면 안될 사항은 일본 관동군 괴뢰정부인 만주국(1932.3~1945.8)의 성립 문제이다. 1860년대 후반부터 본격화된 조선민중의 만주 이주 형태가 '자발적 이주(free migration)'와 망명이민(exiled migration) · 관리이주(controlled migration)의 복합[45]이긴 하지만, 일제강점기의 그것은 기본적으로 유이민(流移民)으로 규정될 수밖에 없으며, 더욱이 만주국 출범을 계기로 그 이민형태가 점차 정주형(定住型)으로 탈바꿈했기 때문이다.

이들 정주형 이민에게 있어 절체절명적인 것은 어떤 이념선택의 문제가 아니라 삶의 논리 그 자체였다.

> ①어둡고 막혔던 권리는 기어코 밝게 열리고야 말았습니다. '민족협화(民族協和) · 왕도낙토(王道樂土)'를 목표로 하고 새 출발을 한 '만주(滿洲) 건국'이 그것, …… 궁핍과 신산에서 새 숨을 내어쉬게 된 것이 우리의 선주(先住) 동포들이요, 그 속에서 50년간 터를 잡은 그들의 뒤를 따라 갑자기 홍수 밀리듯이 진출한 것이 현재 200만을 헤이고 있는 수효에 달한 것 …… 우리 만주개척민은 예나 이제나 호미나 바가지밖에 가지고 온 것이 없으나, 여기에도 문학은

---

44) 한 논자에 의하면, '로(老) 중화민국 시기'(1912~1931) 연변지역 화룡현 숭선구(崇善區) 조선민족(280호 : 1,400명 / 한족 60호 : 300명)은 "정부와 봉건지주의 압박 · 착취, 게다가 민족압박까지 3중으로 되는 무시무시한 압박과 착취"에 시달리었다. 이에 더하여 150여 명의 장산(長山, 백두산—필자) 토비(土匪)에 의한 '토비난', 토비숙청 임무를 띤 '륙군 및 보안단'의 행패, 온갖 잡세 따위로 숭선지구 조선유이민의 삶은 피폐하기 이를 데 없었다. 또한 순경국(巡警局) · 보안단(保安團) · 집사대(緝私隊) · 통세국(統稅局) 등 관리들이 과중하게 부과한 부호세(付戶稅) · 상투세 · 혼인세 · 가금세(家禽稅) · 수레세 · 지게세, 문턱세(집사대의 문턱을 넘은 세), 줄세(포승줄을 풀어주고 받는 세) 등 별의별 가렴잡세로 끼니조차 연명하기 어려운 지경이었다. 명진, 「숭선인민공사의 과거와 오늘」, 『연변』, 1963.7, 16~17면 참조.

45) 황유복, 앞의 책, 16면.

자라났다. …… 이 작품들만은 역시 호미와 바가지와 피땀 이외에 아모것도 가진 바 없는 '간민(墾民)' 속에서 자라난 것이다. 그 속에서 호흡하고 그속에서 쌀찌고 기름진 시혼(詩魂)이 낳을 수 있는 만주조선인의 문학이다. 일망무애(一望無涯)의 황막한 고량(高粱) 밭에서 진흙구덩이를 후벼파고 돋아나온 개척민의 문학이다.[46]

② 만주는 우리를 길러준 어버이요, 사랑하여 안아준 안해이다. 이 나라의 단조로운 펴언한 지평선, 홍시(紅柿)같이 새빨간 저녁해, 모양새 없는 우리 부락의 토성(土城), 머언 백양나무 숲, 작은 개울물 하나, 하잘것없는 돌덩이 흙덩이 하나하나에도 우리네 역사와 전설과 한없는 애정이 속속들이 숨어 있다.[47]

③ 계획과 경륜(經綸), 그리고 생활, 이 속에 도의(道義)의 나라 만주국(滿洲國)의 건설이 있었고, 그러므로 또한 우리들의 자랑도 크다. 이 기적과 자랑 속에 뮤-즈도 자랐다. …… 거룩한 건설 우에 현란한 화환(花環)을 걸기까지 20년. 툰드라의 괴로운 여정 속에서도 …… 이곳 대륙의 웅도(雄圖)에서 일대 낭만을 창작하며 호흡하는 거룩한 정열과 새로운 의욕 — 사화집(詞華集)의 요구도 바로 여기에 있으며, 우리는 미성(微誠)으로나마 빛난 [만주국 — 필자] 건국 10주년을 경축 …….[48]

①의 후기에서 신영철이 분명히 언급했듯, 작품집 출간의 한결같은 철칙은 '현지주의' 바로 그것이다.[49] 현재 중국에 거류하고 있는 조선족 시문학의 실체적 기원은 바로 이러한 역사적 토대 위에서 형성되었으며, 그 구체적인 작품적 상응물은 주로 『만주시인집』(1942.9) · 『재만조선시인집』(1942.10)에 압축돼 있다. 위의 시집들의 주요 필진이 만주국 기

46) 염상섭, 「서」, 『싹트는 대지 – 재만조선인 작품집』(신영철 편), 신경 : 만선일보사, 1941.
47) 박팔양, 「서」, 앞의 책(1942).
48) 김조규, 「편자 서」, 앞의 책(1942).
49) 신영철은 이를 "현지(現地) 거주인의, 현지 취재의, 현지 작품으로서, 현지 발표를 중심"이라는 표현으로 집약하였다. 신영철, 「『싹트는 대지 – 재만조선인 작품집』 뒤에」 참조.

관지인 『만선일보(滿鮮日報)』를 중심으로 활동한 데서도 대체로 분명한 바이지만, 이 무렵 '만주문단'의 주류가 염상섭 · 박영준 · 유치환 · 강경애 · 백석 등 그 활동 중심을 서울에 둔 채 잠시 만주에 머문 데 지나지 않은 '문화부대'(신영철)가 아니라, '현지파' 시인 윤해영(尹海榮) · 이학성(李鶴城), 『북원』(1944) · 『북간도』(1967)의 소설가 안수길(安壽吉)이나 훗날 북한문단으로 편입된 김북원(金北原) · 김조규(金朝奎) · 천청송(千靑松) 등이었다는 사실은 여기서 특히 주목을 요한다.[50] 일단 그 문학적 성취는 차치하고라도, 특히 1940년대 전반기(前半期)야말로 작품적 실체를 통해 중국 조선족문학의 이념적 지향을 실감으로 가늠해볼 수 있는 관건적 시기인 까닭이다.

요컨대, 일제강점기 한국 유이민문학의 사적 전개에 있어 1940년대 전반기의 이들 시집의 출현은 오늘의 중국 조선족문학의 실질적 개시를 선언한 하나의 문학사적 사건이며, 특히 위의 두 시집은 향후 중국 조선족 시문학의 역사적 성격을 예단케 해주는 시금석적 존재라 할 만하다. 이런 뜻에서도 윤해영(1909~1948?) · 안수길 · 박팔양 등을 "일제통치에 순응하고 괴뢰만주국 이념과 시책을 미화 · 선양"[51]한 작가로 간단히 매도하는 것은 사태의 일면성을 선불리 확장하는 기계주의적 오

50) 윤동주(1917~45)는 "해방전 조선족 시문학의 최후를 아름답게 장식한, 조선족 시문학을 한결 높은 단계로 끌어올린"(권철 외, 『중국 조선족문학사』, 1990, 252면) 시인으로 높이 평가되고 있으며, 그 절정은 『민족시인 윤동주 50주기기념학술토론회론문집』(중국길림성 : 룡정시문학예술계련합회, 1995) 및 『윤동주와 '별'의 만남』(한정길 편, 룡정중학 『별』 잡지사, 1997)에 집약되어 있다. 그러나 특기할 것은, 만주유이민의 후예이자 현지파라 할 수 있는 그가 '간도문단'에 대해 줄곧 싸늘한 관망파 또는 국외자로 일관하였다는 점이다. 그의 작품에서 '만주유이민 시'로 분류할 수 있는 것은, 시인적 자질이 미처 숙성되지 않은 초기의 「고향집-만주에서 부른」(1936.1.6) · 「오줌싸개 지도」(1936 초) · 「거리에서」(1935.1.18) · 「조개 껍데기」(1935.12)와, 후기 대표작으로 일컬어지는 「별 헤는 밤」(1941.11.5) 등 고작 5편 정도에 불과하다(윤영천, 「윤동주 소고-일제강점기 만주류이민시의 사적 전개와 관련하여」, 『조선민족문학연구』(국제고려학회문학분회 외편), 목단강시 : 흑룡강조선민족출판사, 1999, 172~173면 참조).

51) 권철, 「〈용정의 노래〉의 작사자 윤해영과 그의 광복전 시작」, 『광복전 중국 조선민족문학 연구』, 서울 : 한국문화사, 1999, 373면.

류[52]라 해야 할 것이다. 오히려 윤해영은 "친일파이기보다는 '만주국문학'을 한 만주국민, …… 그가 '왕도낙토'를 노래한 것은 만주 건국이념에 찬동한 것"이며, 따라서 그야말로 "가장 순수한 조선족 중국인"이라는 논리[53]가 더 설득적이다. 이들을 한갓된 체제순응주의자로 몰아붙일 수 없음은, 1949년 이래의 중국 조선족 당대문학을 일관하는 중국 정부 및 공산당에 대한 과도한 경사를 단순히 '친중문학'이라 규정할 수 없는 것과 유사한 맥락에서이다.

> 20년 전!
> 아버지의 등뒤에 보따리 뒤에
> 바가지 두짝은 방울이 져서
> 나는 제법 나귀 등의 귀공자인 양
> 고개ㅅ길 삼십리에 행복은 철없더니
>
> 그때 그 고개는
> 두만강(豆滿江) 건너 북간도(北間島) 이사꾼들의
> 아람찬 한숨의 관문이었다
>
> 10년 전!
> 떡벌어진 두 어깨에
> 소곰 서말이야 무거웠스랴만
> 회령(會寧) 팔십리 황혼에 떠나면
> 령마루 풀숲에 식은 땀 씻을 땐
> 북두칠성도 기울어져서

---

52) 최삼룡은 윤해영의 시를 '친만친일(親滿親日) 성향' 일률로 저평가 해서는 곤란하다고 지적한다. 최삼룡, 「윤해영과 녕안」, 『문학과 예술』, 연변조선족자치주문화국, 2005. 4, 183면.

53) 김윤식, 『설렘과 황홀의 순간』, 솔, 1994, 82면 및 133면. 이에 덧붙여, 윤해영 등의 현지파에 의해 창출된 문학은 스스로를 지탱할 절체절명의 현실적 필요에서 이룩된 일종의 '생존문학'이라 해야 할 것이다.

머ㅡㄴ 마을에 개만 짖어도
캄캄한 공간에 어른거리는
부유데기의 환영(幻影)!

오늘 이 고개엔
오색기(五色旗) 날부ㅅ기고,
목도군 젊은이들의
노래ㅅ소리가 우렁차서
두만강 나루ㅅ터엔 다리가 걸리고
남(南)쪽으로 연(連)한 실은 넓어져……

이 봄도 나의 족속들이
무데기 무데기 이 고개를 넘으리
한숨도 공포도 다 흘러간 뒤
다만 희망의 기쁜노래 부르며 부르며
무데기 무데기 이 고개를 넘으리.

—1938년 4월, 용정에서[54]

단재 신채호의 '만주영토론'과 흡사한 시적 모티프를 통해, 시인은 대륙의 광막한 중원(中原)을 통치한 선조들의 야성적 기상을 작품 앞머리(제1연)에 전진배치한다. 이 용의주도한 시적 구도는 일찍이 레닌이 '농노제적 · 아세아적'인 혹독한 검열을 피하기 위해 사용한 "우화적인 표현, 노예적인 언어"[55]와 동류라 할 수 있다. 그것은 이른바 '지배언어'에 대항하기 위해 "정치적인 지적까지도 최대의 주의를 가지고서 '암시적인 말로써, 저 '이소프(Aesop)적인 말'로써, …… 검열이 허용하는 형태로써" 독자에게 은밀하게 육박하는 전술적 언어,[56] 즉 「진실을 쓰

54) 윤해영, 「오랑캐고개」 2~4연 및 6~7연, 『만주시인집』(박팔양, 1942).

55) 레닌, 「당 단체와 당적 문학」(1905), 『문화와 예술에 대하여』, 모쓰크바 : 외국문서적 출판사, 1958, 50~58면 참조.

56) 레닌, 「자본주의의 최고단계로서의 제국주의」, 『레닌 저작선집』 제1권 제2분책, 모쓰크

는 다섯 가지 어려움」(1935)에서 B. 브레히트가 "진실을 유포시킬 수 있는 책략"이라 명명했던 독특한 언어운용 방식이 다름아닌 '노예언어'[57] 이다.

물론 여기서 필자는 이 작품의 시적 성취가 유달리 뛰어나다는 점을 강조하려는 것이 아니다. 떠돌이 유랑민['부유데기'][58]의 전범적인 시적 형상, 밝은 채색의 시적 정서를 어둡고 음울한 것으로 급전시키는 화자의 반어적인 시적 어조, 월경이민 시대 이래 줄곧 만주유이민의 대표적 이주통로였던 '회령—오랑캐령'의 상황적 전형성[59] 등에 의하여 달성된 시적 리얼리티에 예리하게 감응하는 독자의 중요성을 강조하고 싶을 따름이다.

올봄에도 어김없이 떼지어 저 두만강 건너편 회령(會寧) 땅으로부터 '삼합(三合)→오랑캐령→용정(龍井)→연변(延邊)' 등지로 몰려드는 "나의 족속들"을 향한 화자의 눈길은 지극한 연민과 전혀 동질적이다. 그러나 간과할 수 없는 것은, 바로 이 시적 자아의 시선 속에 만주국의 이념[五族協和, 王道樂土]적 상징인 오색기의 힘찬 펄럭임, 그 건설역군인 "목도군 젊은이들"의 우렁찬 노랫소리, 험준한 '오랑캐령'을 넘는 이주민들의 "희망의 기쁜 노래" 등의 밝은 이미저리를 일거에 반전시키는 '미적 거리'가 함축되어 있다는 사실이다.

바: 외국문서적출판사, 1952, 503~504면 참조.

57) 김숙희, 「노예언어와 지배언어—독일 제3제국의 언어」, 『오늘의 책』, 1984 가을, 한길사, 217~218면.

58) '부유데기'의 사전적 의미 또는 그 시적 내포는 분명치 않다. 아마도 이는 삶의 근거를 잃고 떠돌이처럼 '부유(浮游)하는 사람들'을 사뭇 경멸적으로 지칭한 것이 아닌가 한다.

59) 윤영천, 「일제강점기 만주지역 조선유이민 시와 '오랑캐령'」, 『서정적 진실과 시의 힘』, 창작과비평사, 1991, 490면 참조.

5

일제강점기 만주유이민의 '정주형 이민화' 현상이 공고화되면서 그 사회경제적 기반은 '1945년 8월'의 국체(國體) 변경에도 동요하지 않을 만큼 굳건한 것으로 되었다. 이를 시발로 중국대륙은 장개석(蔣介石) 국민당정부군과 모택동(毛澤東) 공산당정부군 간의 4년 여에 걸친 '제3차 국내혁명전쟁시기'에 돌입했지만, 중국 조선족사회의 역사적 토대는 대체로 건재했던 것이다.

1945년 6월 1일 현재 만주유이민(재만동포) 총수는 216만 3,115명이었다. 통계수치가 다소 유동적이긴 하지만, 일본제국주의로부터 '해방'되자 80여만 명이 귀국, 1947년 5월경 현재 '잔류동포'는 140여 만 명으로 추산되고 있다.[60)]

> ① "해방된 조국으로, 선조가 살던 조국으로!" 하고 귀국을 하였으나, 한겨울 추위와 굶주림에 견디다 못하여 그들은 다시 만주로 가지 않을 수 없는 형편, …… 이 봄을 맞이하면서 38도선 이북의 만주귀환농민은 벌써 가서 농지를 경작하는 중에 있으며, 38선 이남의 만주농민 귀환자들도 매일같이 38선을 돌파하여 무리를 지어 북으로 북으로 떠나간다고 한다. 만주 동삼성(東三省)은 100만 이상의 조선농민이 개척한 기름진 땅, …… 만주 당국은 우리 농민을 오히려 환영 …… 이 소식을 접한 만주귀농 농민은 속속 (만주로 — 필자) 출발한다고 한다.[61)]

> ② 국민군이 진주한 지대는 봉천 · 안동 · 신경 · 사평(四平) 등인데, 여기에는 약 16만의 동포가 있다. 그중 3만 내지 5만은 귀국을 희망하고 있으나 대부분은 동북에서 살겠다고 한다.[62)]

---

60) 김승식 편, 『조선년감』(1948년판), 조선통신사, 1947.12.1, 350~356면.

61) 「왜 도로 가지 않으면 안되나 — 만주전재민의 재도만자(再渡滿者) 일증(日增)」, 『조선인민보』, 1946.5.11.

③ 재만동포들은 될 수 있으면 현지에 잔류할 의사인 듯하고, 또는 고혈(膏血)로 개척한 땅을 최후까지 고수하고 생존권을 확보함이 필요할 것이다.[63]

④ 해방후 만주로부터 80만의 동포가 귀환하였으나, 아직도 130만의 동포가 여전히 거주하고 있다. 8월 말 현재 중앙군지구 내 88,488인(17,821호)을 제외하면, 대개 중공군지구 내에서 비교적 안정한 생활을 하고 있다.[64]

위에 그 몇 가지 사례들을 다소 장황하게 인용하였지만, 해방 직후 주요 신문의 만주지역 귀향 유이민 관련기사들을 통해 우리는 다음 사실들을 어렵지 않게 확인할 수 있다. ①"지역적으로 전 만주의 8할 이상을 점거"했던 모택동의 중공군 점령지구[65] 산하의 만주유이민 대다수는 현지에 그대로 머물렀다는 것, ② 장개석 중앙정부군 산하의 재만동포들은 대부분 귀환[66]하였지만 원래 그들도 잔류의사가 강했다는 것, ③ 상당수의 '귀향유이민'이 또다시 도만(渡滿)했다는 것 등이다.

중국 조선족의 실질적 기반을 이루는 이들 잔류파의 절대다수가 농민이었으며, 그들에게 토지문제는 그 무엇보다도 가장 절실한 현안이었다. 따라서 이들에게는, '토지로부터의 해방'이 '조국해방' 못지않게, 아니 그 이상의 중요한 의미로 될 수밖에 없었다. 중국사에서 흔히 '제3차국내혁명전쟁시기'(1945~1949)로 불리우는 기간에 이와 관련된 시적 주제를 다룬 작품들이 조선족 시단의 주류를 이루고 있었던 것도 이 때문이다.

당시 재만(在滿) 조선인들에게 '8 · 15해방'이란 무엇이었던가.

---

62) 「재만동포의 귀국문제」, 『독립신보』, 1946.12.17.

63) 「재만동포 원호책 성안(成案)」, 『한성일보』, 1947.3.13.

64) 「재만동포 생도(生途) 막연－동북교포 국내파견단 호소」, 『한성일보』, 1947.9.28.

65) 김승식 편, 앞의 책, 1948, 354면.

66) 장개석 국민당정부 소수민족정책의 핵심이 "봉건통치계급과 소수민족의 분할통치[分而治之], 즉 '오랑캐로 오랑캐를 다스리는[以夷治夷]' 간접 혹은 직접적인 통치방식"이었음을 감안한다면, 이러한 사정은 쉽사리 이해될 수 있다. 祝啓源, 「中華民國時期的民族政策」, 『中國歷代民族政策研究』, 青海人民出版社, 1993, 401면.

일본천황이 떨리는 목소리로
두 무릎 꿇었음을 선포하자
"왜놈은 망하고
우리는 해방됐다!"

일밭에 나가셨던 아버지
정갈한 냉수에 조밥을 말아
무배추 김장에 시장기를 더시더니
무릎을 탁 치시며 일어나 부르는 만세소리(1945.8)[67]

그 인적 구성의 압도적 다수가 농민이었던 그들에게 조국의 '8·15 해방'은 "아프고 쓰리던 한 많던 매듭이 / 영영 풀리던 날"(같은 시, 마지막 연), 즉 다름아닌 '땅으로터의 해방'을 의미하는 것이었다. 중국 인민에게 있어서의 '해방'[68] 즉 '항일전쟁승리'(1945.9.3) 또한 넓게는 이와 동질적인 것이다.

항일전쟁승리를 계기로 계급관계의 중대변화가 뒤따르자 중국공산당은 서둘러 토지문제 해결에 착수하였다. 항일전쟁시기(1937~1945)의 '소작료 및 이자 인하정책'을, 지주의 토지를 몰수하여 농민에게 분여하는 정책으로 변경하는 노선[69]을 좇아 실시된 연변지역의 토지개혁[70]은

67) 설인, 「환호성」 부분, 『중국조선민족문학선집 6－해방후시문학편』(북경대학조선문화연구소 편), 민족출판사, 1992.

68) 쏘련 홍군에 의한 연변해방은 7회에 걸친 일본관동군과의 대격전 끝에, 훈춘(1945.8.12)·왕청(8.17)·도문(8.17)·연길(8.18)·룡정(8.19)·화룡(8.20) 순으로 이뤄졌으며, '간도임시정부 수립'(연길, 1945.8.20)으로 총결되었다. 화준, 「1945년 8월 연변에서의 쏘련홍군의 대일작전 경과」, 『연변문사자료』 제9집－해방 초기의 연변(정협 연변조선족자치주 문사자료위원회 편), 심양: 료녕민족출판사, 2000, 10~11면.

69) 류소기, 「토지문제에 관한 지시」(1946.5.4), 『류소기 선집』(민족어문번역국 역), 북경: 민족출판사, 1983, 475~482면 참조.

70) 연변지역 토지개혁의 개략적 일정은 아래와 같다. ① 중공연변지방위원회 발족(1945.9.25), ② 토비(土匪) 잔여세력 숙청, 생산발전진흥 및 정권개조사업 전개 등을 위한 '공작대' 파견(1946년 초), ③ 길림성위 군중공작회 결속(1946.12) 및 이를 통한 지주 소유의 토지 몰수·청산운동 전개(1946.12~1947.6), ④ 중국공산당 전국토지회의 개최

1948년 봄에 이미 완료되었다.[71]

월강죄는 무서워도
하나 둘 한떼 두떼 주린배를 안고
높은산을 넘어서 남강 북강 서강이라는 곳
진동나무속 귀틀집 막사리에
솔깡불을 켜고 묵은데를 떠서
감자씨를 박았단다
보리씨를 뿌렸단다

그처럼 고달프게 고달프게도
천번 다루어 밭이
만번 다루어 논이 된 줄
농군이야 모르랴마는
제것 될 줄 꿈엔들 생각했으랴
오늘에야 진정 옛말이지
이것 두고 하는 말이 옛말이구나.(1948)[72]

이 시인은 일찍이 『재만조선시인집』(1942)에 이학성(李鶴城, 1907~1984)이란 필명으로 주로 자연 물상을 노래한 시편들(「별」·「낙엽」 등)을 발표한 바 있는데, 여기서는 그 시적 소재 및 주제가 만주유이민 현실 쪽으로 대폭 옮겨지고 있어 사뭇 특징적이다. "기사년 륙진에 큰 흉년이 들어서 남녀로소 샛섬을 건너는 적"(제2연)의 옛이야기, 즉 1868년 이래의

및 「중국토지법 대강」 토론·채택(1947.9.13), ⑤ 토지분배(1947.7~1948.4). 이상은 현룡순, 「연변의 토지개혁」, 『조선족백년사화』 제3집, 심양: 료녕인민출판사, 1985, 177~189면 참조.

71) 연변지역과 흑룡강성 노(老)해방구는 1948년 봄 '토지분배'를 완료하였으며, 흑룡강성 원송강(原松江) 지구의 경우 40,548호 조선족 농민은 매호 당 1.3헥타의 논을 분여받았다. 朝鮮族簡史 編寫組, 『朝鮮族簡史』, 延吉 : 延邊人民出版社, 1986, 181~185면 참조.

72) 리욱, 「옛말」 부분, 『중국조선민족문학선집 6-해방후시문학편』.

만주유이민의 간고한 삶의 역정을 이야기시(총 12연) 형식을 통해 실감나게 엮어 보이고 있다.

이 작품은 일차적으로 “검은 구름이 떠돌던 날 / 입적령(入籍令)은 내려서”(제10연) 변발역복(變髮易服)과 노예적인 굴종적 삶을 강요당했던 이들 농민에게 손수 일군 그 땅이 “제것”으로 된 기쁨을 노래하고 있다. 그런데 여기서 유의할 것은, 화자의 적절한 감정절제로 하여 비교적 견실한 시적 성취에 도달하였음에도 불구하고 이 작품이 근본적으로 지향하는 그 이면적 주제는 공산당정부군에 의해 성공적으로 수행된 ‘토지개혁의 빛나는 성과’라는 정치적 메시지라는 사실이다.

제3차 국내혁명전쟁시기(1945.8.15~1949.10.1)의 중국 조선족 시문학에서 또하나 이채로운 존재는 ‘국내혁명시편’이라 통칭할 만한 것이다.

> 겨울이 한창일 때
> 동토우에 삭풍이 얼어붙을 때
> 다음 계절은 언제인고 봄이 도사리고 있었다.
>
> 어제는 동북(東北)에서 오늘엔 화중(華中) 래일엔 화남(華南)에서
> 시대 세균은 질식되고 환희로운 새살림은 움터오나니
> 이제 수천년 긴긴 어둠의 력사도 길이 사라져
> 이 나라 남북만리 방방곡곡에
> 새봄은 찾아오리, 이 땅 5억의 새봄은 찾아오고야 말리.
>
> 오오,
> 저기 양자의 강가에 봄이 온다
> 곤륜의 지붕에도 5억의 가슴속에도
> 끝없는 래일과 악수하는
> 실로 기나긴 수천년 무거운 쇠사슬 끊어버리는 우리들의 봄이
> 저기 파도와 같이 늠실늠실 걸어온다.(1949.1)[73]

"침략에 문명한 양코배기"(제7연) 끌어들여 민중을 유린하는 '장개석 국민정부군'[74]에 심중한 타격을 가함으로써, "시대 세균은 질식되고" 해방군의 "승리 날마다 엽록소처럼 뻗어가"는 혁명전쟁 마지막 단계의 드높은 열기와 기필코 도래할 인민 대오(隊伍)의 희망찬 삶을 격동적으로 노래하고 있는 이 작품은, '조선민족' 아닌 엄연한 중국인으로서 '국내혁명전쟁'에 바친 하나의 찬가라 함이 차라리 마땅할 것이다.[75] 이미 시의 행간 어디에도 '조선민족, 조선적인 것' 등이 틈입할 여지는 전혀 없는 것처럼 보인다.[76]

살그랑 썩썩
매듭진 굵다란 손아귀에 호미 들어
쇠뜨기, 씀바귀, 능쟁이 할 것 없이
세차게 가로세로 찍어넘기는 모습
더욱 미덥고 아름다와

고이 자라난 머리채인 양 미끈한

---

73) 설인, 「양자강가에 봄이 오면」 부분, 『해란강』(연변문련 편), 연길 : 연변교육출판사, 1954.

74) 장개석 군민당군대는 동북 조선민족의 실체를 인정하기는커녕 그들을 강제로 구축·억압·체포하기 일쑤였다. 1947년 통계에 의하면, 국민당통치구역에서 체포된 조선인민은 8,468명이었으며, 그중 2,042명이 살상당하였다. 김동화, 「중국 조선족에 대한 중국공산당의 민족정책의 력사적 고찰」, 『21세기로 달리는 중국 조선족－당대 중국 조선족 연구』(김동화·김승철 주편), 연길 : 연변인민출판사, 1993, 22면.

75) 제3차 국내혁명전쟁시기(1945.8.15～1949.10.1) 조선민족은 특히 동북지역의 주력군이었다. 동북해방전쟁에만 62,942명의 조선민족 청년이 투입, 3,550명이 희생되었다. 김종국, 「중국과 외국에 거주하는 조선민족의 동질성과 이질성」, 『회고와 전망』(김영만 외편), 심양 : 료녕민족출판사, 1997, 148면. 「해바라기의 비명」(1936)의 시인 함형수(咸亨洙, 1906～1946)도 이 전쟁에 "용약 제1차로 참군", 전사하였다. 리욱, 「존귀한 희생－죽마고우 함형수의 영전에」[시], 『북륙의 서정』, 연길 : 민중문화사, 1949. 9～15면 참조.

76) 이와 같은 중국적·비(非)조선적인 시적 의식은 ① 김순석의 「승리의 감격」(1948.12), ② 채택룡의 「공량차는 늘어난다」(1949.1), ③ 김순기의 「새벽 이십리 길」(1950.2.17) 등에서도 완연하다.

벼모 허리 묶어 부여쥐고
한 바닥 두 바닥씩
파랗게 물들여놓으리

—지금은 우리 군대
어드메쯤에서 승리하는 소리
와와 웨치며 돌진하고 있을가……(1949년 6월)[77]

색채감 넘치는 농촌 스케치, 농민적 시어의 생신한 활용, 건강한 노동의 활력적 형상 등에 힘입어 '해방전쟁 승리'라는 정치적 전언을 자연스럽게 추동할 수 있는 시적 특장을 지녔음에도 불구하고, 오히려 이 작품은 '좌적 비판운동'의 표적으로 되었다. 농촌 정경을 단지 나열적으로 모사함으로써 시인 자신의 "한낱 소자산계급 지식분자의 감정"으로 분식하는 데 급급했다는 것이다.[78] 한마디로, 단선적 아지프로시의 과도한 요구가 빚어낸 '좌적 오류'의 전형적 사례라 아니할 수 없다.

6

중화인민공화국 창건(1949.10.1) 이후 조선민족문학의 사적 전개는 중국정치투쟁사의 단순반영 그 자체라고 해도 크게 지나친 말은 아니다. 중국 조선족문학사에서 '건국후 17년(1949~1966년)의 문학'을 "보은문학"으로, '1966~1978년 시기의 문학'을 "정치설교문학"이라 통칭[79]한 것

77) 설인, 「밭둔덕」 부분, 앞의 책(1940~1998).
78) 동북조선인민보 문예부, 「시 「밭둔덕」에 대하여」, 『동북인민보』(1949.11.5), 『중국 조선족문학사』, 1990, 257면 재인용.

은 이런 의미에서 매우 적실하다. 그런데 이 시기는 정치사상사적으로 다시 '사회주의적 개조를 기본적으로 완성한 7년'(1949.10~1956.12), '사회주의를 전면적으로 건설하기 시작한 10년'(1957.1~1966.5) 등으로 세분[80] 된다.

이와 불가분의 관계에 놓이는 것이지만, 바로 이 지점에서 왕왕 심각한 시적 사태가 발생하곤 한다. 애정시에서조차도 사회주의 이데올로기의 정론적 성격을 우위에 두는, 그리하여 사물과 세계의 본질에 육박하고 때론 그것과 길항하는 치열한 정신의 드라마가 결락된 미숙성의 '무갈등시'가 태어나는 것이다. 이는 중화인민공화국 창건으로부터 특히 개혁개방(1978) 이전까지의 '중국 당대문학'의 일반적 현상이라는 것이 통설인바, 동시기 중국 조선족 시문학 또한 이에서 예외가 아니다.

여기서 잠시 중국 조선족의 '실질적 성립' 문제에 관해 부연할 필요를 느낀다. 중국 '소수민족구역자치'의 법제적 보장은 공화국 창건 직전 채택된 「중국인민정치협상회의 공동강령」(1949.9.29)에 명시[81]되었으며, 바로 뒤이어 이 민족구역자치제도의 보편적 실시를 뒷받침하는 「중화인민공화국 민족구역자치 실시요강」(1952.2.22)이 반포[82]되었다. 이 원칙

---

79) 전국권, 「중국 조선족문학의 성격문제」, 『조선언어문학론문집』, 연길 : 동북조선민족교육출판사, 1996, 381면. 여기서 '문화대혁명시기'를 구태여 '1966~1978'으로 다소 늦추어 설정한 이유를 필자는 "우리 조선족은 내지와 거리가 멀고 정보가 늦었던 원인으로 한족문단보다 문학발전이 좀 더디었기 때문"(381면)이라 설명한다.

80) 이를 '사회주의 기본개조 완성시기'(1949.10~1956.12), '사회주의 전면건설 개시시기'(1957.1~1966.4)로 각각 칭한 사례도 있다. 中共黨史事件人物錄 編寫組 編, 『中共黨史事件人物錄』, 上海人民出版社, 1983, 10~11면.

81) 이 「공동강령」은 "중국공산당의 영도 밑에 각 민주당파, 각 인민단체와 각 민족 및 각계 인민의 대표자들이 공동으로 제정한 '건국강령'으로서 전국 인민의 '일정한 기간의' 공통한 투쟁목표와 통일적인 행동의 정치적 기초"였다. 이는 「중화인민공화국헌법」(1954)이 반포되기까지 하나의 임시헌법으로 역할하였다. 일찍이 등소평(鄧小平, 1904~1997)은 이 「공동강령」에 규정된 '민족정책'이 대한족주의(大漢族主義)가 빚어놓은 폐해 즉 한족과 소수민족들 사이의 깊은 알력을 제거하는 유력한 제도적 장치임을 역설한 바 있다. 등소평, 「서남지구 소수민족문제에 대하여」(1950.7.21), 『등소평 선문집』 제1권, 북경 : 민족출판사, 1995, 233~234면 및 531면 참조.

에 따라 마침내 1952년 9월 3일 '연변조선민족자치구 인민정부'가 정식 출범하기에 이른다.[83)]

백발이 성성한 쇠돌 할아버지
六十평생을 두고 두고
처음으로 끌어보는 내 소곱지에
장마당 五十리길 발걸음도 건정 건정
마을 앞 마지막 고갯마루 잡아오른다

한겨울에도 모닥불처럼 타오르는 일손과 일손들
—아들애의 아람드리 목재 채벌
짱 짱 채곡채곡 며늘애의 가마니 짱기
나와 손자 쇠돌이의 이글이글 숯구이
이 모든 것이 뭉치고 싸여
오늘엔 이렇게 둥글소까지 사게 되었다네

오! 할아버지의 치솟는 기쁨이여
이 기쁨 속에 살림은 하냥 나래를 펴고
승리의 새봄 맞은 대생산의 거창한 힘
콸 콸 솟구쳐 나오리!

---

82) 전국인민대표대회 민족위원회 편, 중앙인민방송국민족부 조선어조 역, 『민족구역자치법 강좌』, 북경 : 민족출판사, 1985, 2면. 그러나 이는 '10년 동란'(1966~1976) 시기의 "림표 · 강청 반혁명집단"에 의해 엄중하게 파괴되었다가 개혁개방 시대의 새로운 「민족구역자치법」(1978.12.22)으로 소생하였다. "민족자치지방의 자치기관은 민족형식과 민족적 특성을 띤 문학 · 예술 · 방송 등 민족문화사업"을 비로소 자주적으로 발전시킬 수 있게 된 것이다. 위의 책, 3면 및 76면 참조.

83) 연변당사학회 편, 『연변40년 기사—1949~1989』, 연길 : 연변인민출판사, 1989, 37~38면 참조. 1952년 8월 29일부터 9월 2일까지 5일간 연길시에서는 '길림성 연변조선민족자치구 제1차 각민족 · 각계 인민대표회의'를 개최, 「길림성 연변조선민족자치구 인민정부 조직조례」를 채택하고, 주덕해(朱德海)를 주석으로 선출하였다. 연변조선민족자치구 제1기 인민대표대회 제2차회의(1955.12.20~12.27)는 중화인민공화국헌법 규정에 근거, '연변조선민족자치구'를 '연변조선족자치주'로 개칭하였다. 위의 책, 77면 및 김동화, 앞의 글, 「중국 조선족에 대한 중국공산당의 민족정책의 력사적 고찰」, 28면 참조.

끝없이 끝없이 …… (1950.3.20)[84]

시적 주인공에 대한 객관적 소묘(1연)와 그 가족의 생활적 세부(2연)를 균형있게 교직함으로써 토지를 분여받은 '쇠돌 할아버지의 기쁨'의 형상을 선명하게 개괄해 보이고 있는 작품이다. 특히, 소고삐 틀어쥐고 비탈길도 성큼성큼 내닫는 그의 날랜 이미지가 "건정 건정"에 힘있게 집중되고 있음은 매우 인상적이다. 그러나 이 작품의 진정한 의의는, 비록 제한적이기는 하나 문학이 당의 단순한 이념적 전성관이기를 방법적으로 거부하는 일종의 미학적 고려에서 찾아진다.

1950년대 전반기 즉 시기적으로는 대체로 앞서 언급한 '사회주의적 개조를 기본적으로 완성한 7년'(1949.10~1956.12) 동안의 조선족 시문학에서 우선 눈길을 끄는 것은 '새 중국, 위대한 지도자'에 바치는 열렬한 찬가이다.

좀먹은 동발나무처럼 찌들어만 가던
이 광산 막벌잇군들의 캄캄한 신세를
누더기 벗어내치듯 폐굴속에 처박고
따사로운 햇발—새 행복을 찾은지도
벌써 다섯해!

쇳장 같은 돌벽 짓쫓기는 마치끝에
화포의 불찌마냥 튕기는 불꽃속에
박아넣은 쌍심지로 터져나는 남포의 폭음
날파람 싣고 갱도를 달리는 도록코에(1950.9)[85]

해방 5주년을 맞은 한 노동자가 "끼마다 차려지는 흰빛 소붓한 기름

84) 서헌, 「할아버지의 기쁨」 부분, 앞의 책.
85) 서헌, 「내 이름을 쓴다」 부분, 위의 책.

진 밥상"(제6연)을 대하면서 '신생 중국'에 감격, "틈틈이 배운/서투른 글씨"(제7연)로 "거룩하신 그 이름—모택동"(제8연) 주석을 향하여 조국건설의 증산의욕을 결단하는 아지프로 정론시[86]이다. 그렇긴 하나 날품팔이 광산노동자의 압착된 형상을 후락한 갱의 밭침목, 즉 "좀먹은 동발나무"라는 생동한 비유로 처리한 것은 꽤나 신선하다.

그리운 '뽀라트'
이처럼 안개 걷히는
청량한 아침에
너 역시 어느 초원으로 나가겠지.

아, 우리의 조국은 얼마나 넓으냐
너는 먼 서쪽 '이—레' 초원에서
나는 또 동쪽 해란강반에서
오매에도 그리던 북경으로 모여갔었지.

그리운 뽀라트 그대는 들으리
여기 논뚝에 쭉 늘어선
우리 젊은 돌격대의 자랑의 노래
"타마샤! 타마샤!"(1956.4. 연길)[87]

저 중국 북서부 '신강(新疆) 위글족 자치구'(1955)에 집거하는 까자흐족의 민요 「타마샤」("유쾌한 심정"이란 뜻—시인 원주)를 제목으로 한 이 작품의 시적 정조는 사뭇 이국적이기까지 하다. 북경 천안문 광장에서 잠시 마주쳤던 까자흐족 청년(뽀라트)을 향한 화자의 핵심적 발화는 그러나

86) 이는 '개혁개방'(1978) 직전 시기까지 줄곧 중국 및 중국 조선족 시의 지속적 주류를 이루었다. 가령 "멀리 서장(西藏) 끝 고원의 벌—/양자강도 황하도 물결 드높은/아, 인민의 새 중국"(김례삼, 「모주석의 깃발」 부분, 위의 책) 등에서처럼, 대체로 그것은 '모택동 주석, 중국공산당'에 대한 열렬한 찬가로 귀결되었다.

87) 임효원, 「타마샤」 부분, 『어머니 품이여』, 연길 : 연변인민출판사, 1979.

이러한 낭만성과는 판연히 다른 시적 정서를 지향한다. 모든 소수민족 국가들은 '하나의 중국'이라는 것, '우리'가 마침내 귀착해야 할 곳은 "자애로운 수령님의 품속"(제5연)이라는 것, '우리 젊은 돌격대'의 "손으로 가꾼 지경없는 논판우에 / 지금 행복의 새싹은 푸르러가고 있다"(8연)는 것 등의 정치적 프로파간다가 그것이다.

이는 다음 작품의 경우도 똑 마찬가지다.

> 울울창창한 대자연의 밀림속에도
> 공화국의 뜨거운 심장은 고동치나니
> 자연을 정복하는 벌목부의 아침이여
> 달아오른 톱날에도 노을이 비꼈는가,
>
> 위글족 광부는 '크라마이' 대유전을
> 몽골족 처녀는 '포두' 강철공장을
> 오르춘족 신혼부부는 잃었던 춤을
> 아, 나는 '합작화의 연변'을 자랑하노라.(1957.12)[88]

그 부제에서도 분명하듯, 이 작품은 1953년부터 1957년까지 5년간 중국 전역을 휩쓴 '사회주의적 개조 및 사회주의계획경제 건설' 운동의 시적 반영물이다. 도시 · 공장 · 광산의 충천한 사회주의건설 노력, 농촌의 줄기찬 농업합작화 열기[89]는 조선족사회에도 어김없이 불어닥쳤다. 위의 시적 현실로 미뤄볼 때, 인민대중의 그같은 노력투쟁은 내몽고자치구 및 흑룡강성의 삼림지역에 흩어져 사는 극소(極小)한 규모의 오르춘족[鄂倫春族]이라고 예외일 수 없었던 것이다.

1950년대 중반기 조선족 시문학에서 특히 우세를 지켰던 주요 흐름은

88) 김성휘, 「달려라 열차여—제1차 5개년계획 승리적 완성을 노래한다」 부분, 『나리꽃 피였네』, 심양: 료녕인민출판사, 1979.

89) 김종수 · 최건, 앞의 책, 82~83면; 리명학, 『중국 당대문학사』, 4~5면 및 40면 참조.

위에 이른바 농업합작화의 중요성을 강조한 시편들이다. 이러한 시적 경향이 지배적이었던 것은 무엇보다 연변조선족자치주가 '농민・농업 집중구역'이었던 데 연유했을 터이다. 머나먼 북륙땅 송화강반(松花江畔)까지 내달아 '집체농민・합작사사원'들과 함께 '뜨락또르'를 몰아 황막한 벌판을 개간하는 조선족처녀들의 씩씩한 기상을 노래하고 있는 임효원의 「처녀들은 노래를 부른다」(1954),[90] 한여름의 농업합작화 대열에 가세한 어린 학생들을 "풀과 싸우는 과감한 전사"라 칭송하며 그들에게 기꺼이 뜨거운 악수를 청하는 설인의 「조국은 그대 심장으로 하여—친애하는 중소학졸업생 여러 동무들에게」(1954.7.20),[91] '집체화 작업'의 기쁨을 소박하게 읊조린 이상각의 「아침」(1956.8)[92] 등은 그 좋은 예이다.

해란강 이십리 길
방울소리도 요란히,
늙은이는 갓 사오는 둥글이 타고
기쁨에 앞서며 마을에 들어섰네.

햇볕 쨍쨍한 남향받이에
마중나선 할머니,
희색도 만면에
소잔등을 쓰다듬는데……

늙은이는 타이르듯
소더러 말했다네
그곳이 적적하리라곤 생각도 말게
네또래 많기란 이만저만 아니다.

90) 임효원, 『어머니 품이여』(1979).
91) 연변문련 편, 『해란강』(1954).
92) 이상각, 『샘물이 흐른다』, 연길 : 연변인민출판사, 1980.

늙은 내외 그길로 나섰네
토지집조는 할머니가 쥐고
귀여운 손자나 앞세운 듯
소 몰고 주임 찾아 합작사로 떠났다네.(1955.12. 가야반하에서)[93]

시적 대상들에 대한 미적 거리 확보, 간접화법적인 시적 어조, 액자적 구성(제3연) 등은 전체적으로 이 작품의 시적 점묘력을 한층 돋보이게 해준다. 천신만고 끝에 비로소 한 식구가 된 둥글소와 한몸 이뤄, 용정(龍井) 동성용(東盛湧)의 드넓은 벌을 갈라 굽이쳐 흐르는 해란강(海蘭江) 이십릿길을 가벼이 내달아 흡사 개선장군처럼 당당하게 동구로 들어서는 '늙은이', 이들을 따사로이 맞는 할머니, 둥글이를 향한 노인의 한결 친근하고 생동감 있는 이야기, 그리고 "귀여운 손자나 앞세운 듯" 그야말로 기꺼운 심정으로 둥글이와 함께 '또래'들의 집(합작사)으로 귀가하는 두 늙은 양주(兩主)의 모습이 실로 또렷한 색채감으로 아로새겨져 있는 것이다. 그 무렵 농업합작화의 현실정치적 필요가 모종의 이데올로기적 군더더기 없는 시적 형상으로 명징하게 각인된 우수작이라 할 만하다.

이 부류의 것으로 단연 빼어난 것은 김철의 「지경돌」(1955)이다.

해토 무렵 두 령감
지경'돌을 뽑는다

물싸움에 삽자루 동강나던
지난 일을 생각하여 얼굴이 붉었는가

아니, 지경 없는 이 밭을
임경소(賃耕所 —필자) 뜨락또르 척척 갈아 엎으리니

93) 임효원, 「큰집으로!」 전문, 앞의 책, 『어머니 품이여』, 연길 : 연변인민출판사, 1979.

오늘부턴 한 집 식구 두 령감
오, 행복의 노을이 비꼈노라!(1955.12~1956.1)[94]

속도감 있는 시적 전개, 고도의 감정 절제, 이미지의 적절한 배합, 작품적 주제와 긴밀히 조응하는 시적 통사, 그리고 시간적 계기(繼起)에 따른 문제의 자연스런 해소 등이 균형적으로 결합됨으로써 결국 총 4연 8행의 이 짤막한 서정단시로 하여금 밀도 높은 시적 성취를 가능케 했다는 점이 우선 주목된다.

여기서 '지경돌'은 케케묵은 인습의 정신적 부산물에 다름아닌 고질화된 농민이기주의 또는 공동체적 삶의 열린 지향을 저애하는 시적 표상, 다시 말해 "소농경제의 산물이며 소생산자의 토지사유의 상징"[95]이라 할 수 있다. 그런데 흥미로운 것은, 이를 좀더 선연하게 드러내기 위해 암암리에 그것을 상반된 '열 이미지(thermal image)', 즉 동토(凍土)와 해토(解土)에 자연스럽게 연결시키고 있다는 점이다. 꽁꽁 얼어붙은 긴 겨울의 동토야말로 지경돌이 온존할 수 있는 굳건한 물적 토대이다. 시적 상황의 간명한 제시(제1연)를 통해 일정하게 암시되고 있는 바이지만, 그러므로 성숙한 시대적 정황이 도래했을 때 그것은 서슴없이 제거해야 할 대상인 것이다.

전술했듯, 토지개혁이 성공적으로 완료되자 중앙당과 정부에서는 지주의 땅을 몰수하여 농민들에게 분여하였다. 그러나 이것만으로 농민대중의 경제적 빈곤이 근본적으로 퇴치되는 것은 아니었다. 얼마 가지 않아 상당수 농민들은 제땅을 팔고 이전 시기처럼 다른 사람의 임차농으로 전락했던 것이다. 그 출로는 오직 농업집체화에 있었으니, 시인은 바로 이 문제의 본질을 돌올한 시적 형상으로 제시한 것이다. 말하자면

94) 김철, 「지경돌」, 『연변 시집—1950~1962』(중국작가협회 연변분회 편), 연길 : 연변인민출판사, 1964.
95) 최삼룡, 앞의 책, 20면.

그는 "각계각층 농민들의 다양한 생활과 구체적인 현상 속에서 농업집체화의 본질과 합법칙성을 가장 잘 반영해줄 수 있는 사실과 인물을 틀어쥐고 그것을 전형화"[96]한 것이라 할 수 있다.

7

1950년대 중국 조선족 시문학에서 특히 각별한 존재는 이른바 '항미원조 전쟁시편'들이다. 이 특이한 전쟁에 투입된 '중국인민지원군'들은 당시 "가장 사랑스러운 사람"으로 명명[97]되었다.

1950년 10월 8일, '항미원조(抗美援朝), 보가위국(保家衛國)'의 기치 아래 "조선인민의 해방전쟁을 원조…… 조선인민과 중국인민 및 동방 각국 인민의 이익을 수호"한다는 명분[98] 아래 약 8년간(1950.10.19~1958.10.24) 한국전쟁에 투입[99]된 중국인민지원군 활동은 중국 조선족문학뿐 아니라 중국문학·북한문학에까지 적잖은 자취를 남기었다.[100]

---

96) 최응구, 『김철과 그의 시』, 목단강시 : 흑룡강인민출판사, 1981, 80면.

97) 이는 '항미원조전쟁'에 몸소 참전한 중국작가 위외(魏巍)의 『누가 가장 사랑스러운 사람인가』(1951.10, 연변인민출판사, 1974) 및 조선족시인 리욱의 「'가장 사랑스러운 사람'에게—인민들은 중국인민지원군을 '가장 사랑스러운 사람'이라고 부른다」(1954.7), 앞의 책, 『해란강』 등에서 명료한 시적 표현을 얻고 있다.

98) 모택동, 「중국인민지원군에 대한 명령」(1950.10.8), 『모택동선집』 5, 북경 : 민족출판사, 1977, 38면.

99) 解力夫, 『朝鮮戰爭』 下, 北京 : 世界知識出版社, 1993, 740~742면 참조.

100) (1) 중국 작품(조선족사회에 번역·출판된 경우) : '실화문학'으로 가장 대표적인 것은 『지원군의 하루』 1~4(류수창 외역, 북경 : 민족출판사, 1957~1958)이다. 마치 "생오이나 풋고추 먹은 것처럼 정말 청신"하기 이를 데 없는 이 저작을 "위대한 집체적 창작"으로 못박은 곽말약(郭沫若)은, 지원군 전사들의 이 전쟁실기는 "나에게 아랍민족의 위대한 문학작품 『천 하룻밤』을 연상시킨다"고 쓰고 있다(「『지원군의 하루』에 대하여」, 위의 책 1, 2~4면 참조). 이외에도, ① 항미원조 실상을 현지 취재한 중국기자들의 글을

'6・25 남북동족전쟁'이 한창 치열하게 전개되던 시기에 씌어진 다음 작품을 보기로 한다.

피에 굶은 원수는
우리의 하늘에 쳐들어
그렇게 웃으며 근심없이 자라던
철부지 손자를 죽였쉐다
희디흰 가슴팩에 폭탄을 던져
글쎄 짓찢어 죽여버렸쉐다.

갈쿠리 손에 총을 주소
이 가슴에 폭탄을 품게 해주소
이 몸이 남은 피를
마지막 한 방울까지 다 쏟아
불타는 조선의 땅 위에서
눈물을 잊은 영웅들과 함께
그 더러운 짐승의 검은 숨통을
기어코 쏘아 넘구고야 말겠쉐다!(1950.11)[101]

편집・번역한 『싸우는 지원군』(연길 : 연변교육출판사, 1951), ② 위외(魏巍) 외, 『조선통신문집』(북경 : 민족출판사, 1954), ③ 위외, 『누가 가장 사랑스러운 사람인가』(연변인민출판사 역, 연길 : 연변인민출판사, 1974) 등이 있다. 소설로는 ① 양패근, 『검』(중앙민족학원어문계 역, 연길 : 연변인민출판사, 1976), ② 위외, 『동방』 상・중・하(리철준 역, 심양 : 료녕인민출판사, 1980), ③ 맹위재, 『어제날의 전쟁』 제1~2부(전4책, 조철사 외역, 심양 : 료녕인민출판사, 1980) 등을 들 수 있다.

(2) 북한 시집 : 북한시인들의 '항미원조전쟁종합시집'으로는, ①『한 태양 아래서』(평양 : 문예총출판사, 1953), ②『전우의 노래』(평양 : 조선작가동맹출판사, 1953), ③『친선의 손길』(평양 : 조선작가동맹출판사, 1956), ④『전우에게 영광을』(평양 : 조선작가동맹출판사, 1958) 등이 있다. 이들 작품집에서의 주요 성과물로는 「과수원에서」(민병균), 「고향의 창가에」(안룡만) 등이 대표적이다. '중국항미원조번역시집'으로는 『항미원조시집』(양운한 외역, 평양 : 국립출판사, 1955)이 있다. 여기에 곽말약의 「영광과 사명」・「진리의 빛 속에서」, 애청(艾青)의 「새로운 연대가 풍설을 무릅쓰고 온다」・「핏물로 씻는 섬들」 등이 실려 있다.

101) 임효원, 「이 손에 총을 주소」 부분, 『진달래』, 북경 : 민족출판사, 1957.

조국 '조선'이 외래의 말발굽에 마구 유린되는 비극적 현실을 강도 높게 탄핵하는 '늙은이' 화자의 목소리가 자못 처창하다. 작품 말미에 관련 지명을 표기[102]한 것으로 보아, 시적 소재를 특정 사실로부터 취해온 듯한데, 실제로 미국비행기들은 1950년 10월 두만강 대안(對岸)의 조선민족 집거지인 연변지역[103] 화룡현 숭선(崇善)·삼합(三合) 등지까지 날아와 융단폭격을 가하였다.[104] 중국 당대문학사에서 "항미원조전쟁을 적극 탄원해 나선 조선족인민들의 헌신적인 투쟁모습을 시적으로 훌륭히 형상화"한 것으로 높이 평가[105]되고 있는 이 작품에는 당시 중국 조선족사회에서의 항미원조전쟁의 열기가 잘 반영되어 있다.[106]

조선족 청년으로서 당시 중국인민지원군[107] 일원으로 6·25전쟁에 직접 참전한 바 있는 김철[108]의 「고개길」을 보기로 한다.

---

102) 임효원, 『어머니 품이여』(1979)에는 "1950.11 숭선"으로 그 지명을 명시하고 있다.

103) 항미원조전쟁 기간 동북은 '제2 항미원조전선'(허동운, 「항미원조 제2전선에서」, 『연변문사자료 제10집－돌아보는 력사』(정협 연변조선족자치주 문사자료위원회 편), 심양 : 료녕인민출판사, 2002, 107면)이었으며, 연변은 "'항미원조, 보가위국'의 최전선"(정판룡, 『고향 떠나 50년』, 북경 : 민족출판사, 1997, 77면)이자, "조선인민이 조국보위전쟁을 진행하는 후방기지"(김영옥, 「연변의 항미원조개황」, 앞의 책, 272면)로 되었다. 이러한 열기는 채택룡의 동시 「항미원조의 노래」(『동북조선인민보』, 1951.4.16)의 일절, "어림없다 풀 한포기 건드려봐라 / 지난날을 거듭할 우린 줄 아니 / 전후방이 한결같이 항미원조다"(『채택룡 문집』, 연길 : 연변인민출판사, 2000, 148면)에서 확연하다.

104) 정판룡, 앞의 책, 『고향 떠나 50년』, 72~74면. 1950년 9월부터 12월까지의 '미군 연변침략'은, '련 219대 미국비행기'에 의해 주로 화룡현 지역에 집중되었다. 김영옥, 위의 글, 274면 참조.

105) 김종수·최건, 『중국 당대문학사』, 연길 : 연변인민출판사, 1990, 82면.

106) 1950년 11월 4일 중공연변지위는 18,000명에 달하는 대규모의 '항미원조, 보가위국' 선전활동을 전개하였다. 1950년 12월 15일 1,400여 명(제1차)의 조선청년들이 중국인민지원군에 지원, 마침내 '조선전쟁'에 출정하였다(『연변40년 기사』, 1989, 13~14면 참조).

107) 태항산 조선의용군 출신으로 중국인민지원군 총사령(總司令) 팽덕회(彭德懷) 장군을 줄곧 수행했던 문정일에 의하면, '지원군'이란 "나라에서 파견한 정규군이 아니라 백성들의 '자원병'이라는 뜻 (…중략…) 미국이 이것을 선전포고로 구실삼을 수 없다는 데서 비롯"한 전략적 명칭이다(『연변문사자료 제10집 : 돌아보는 력사』, 47면); 팽덕회, 김성순 외역, 『팽덕회 자서(自敍)』, 연길 : 연변인민출판사, 1983, 353면; E. 스노, 김하 외역, 『중국의 붉은 별』, 북경 : 민족출판사, 1981, 283면 참조.

108) 1932년 일본 시모노세키 출생. 선대의 고향 '전남 곡성'으로 귀향했다가, 1942년 부

아들에게 열당부—
배낭을 메워주고
어머니는 오래오래
고개길에 서 계시다

다치면 아픈
어머니 신경마냥
오솔길은 멀리
남으로 사라진다

다름아닌 바로 이 길이었다—
각시때 남편이 떠나갈 제도
유복자 씨동이 품에 떨구고
백두봉을 찾아서 북으로 향한 길로(1950.11. 강계에서)[109)]

한 조선족전사[110)]가 관찰자 시점에서 바라본, 남편과 아들을 항일투

모님과 함께 중국으로 이주, 흑룡강성 '목단강고중학생' 신분으로 1951년 11월 조선전쟁 참전하였다. 함흥전선에서 북한시인 조기천의 장편서사시 『백두산』(1947)을 입수하였을 뿐 아니라 당시 종군기자로 활약한 그를 거기서 극적으로 조우, 현장에서 즉홍시 「주검을 원쑤에게」를 접하는 행운을 누리었다. 김철, 『끝나지 않은 인생드라마』, 연길 : 연변인민출판사, 2000, 202~206면 및 443~445면. 참고로 이 작품 일절을 아래에 덧붙여둔다. "산에도 들에도 신작로에도 / 함박눈이 무너지듯 나리는 밤. / (……) / 신작로 언덕 밑에서 새려는 / 할아버지의 서릿발 머리에도 / 어린 손녀의 얼음 같은 이마에도 / 함박눈은 하염없이 나리네 // 야수들은 우리 땅을 불 사른다 / 야수들은 우리 인민을 도살한다 / 조선이란 나라를 세상에서 없애련다 / 조선사람이란 민족을 멸살하련다 / 그러나 안된다 / 오! 안된다!" 조기천, 「죽음을 원쑤에게」(1950.12), 『조기천선집』 하, 평양 : 문화전선사, 1953, 96~107면 참조.

109) 김철, 「고개길」 부분, 『인간세상』, 연길 : 연변인민출판사, 1985.

110) 항미원조전쟁에 참전한 조선족전사는 두 부류로 나뉜다. ① 제3차 국내혁명전쟁시기(1945~1949) 중국인민해방군으로 참전중 '6·25전쟁' 발발 이전에 '조선인민군'으로의 편입명령을 받고 투입된 '25세 이하의 조선족' 병사들과, ② 전쟁 개시 이후 자원한 부류가 그것이다. 1949년 7월, 조중(朝中) 변경도시 도문(圖們)을 거쳐 함경북도 라남 주둔 조선인민군에 극비리에 편입, 일정 기간의 전투 훈련 끝에 '조선전쟁'에 투입된 한 조선족병사의 실기(實記)가 저간의 사정을 잘 알려준다. "1953년 6월 23일, 야영훈련을 나간

쟁의 본거인 백두산 밀영과 한국전쟁 남부전선으로 떠나보낸 한 어머니의 슬픔을 조감한 것으로, 오솔길로 가뭇없이 사라져 가는 아들을 오래도록 지켜보는 어머니의 고통스런 심경을 직유적 이미지로 깔끔하게 처리하고 있는 제2연이 돋보인다. 6·25의 비극적 아이러니를 특정의 이데올로기적 관점을 배제한 채 비교적 객관적으로 형상한 이 작품은 분명 항미원조문학의 예외적 존재[111]라 할 만하다.

중국 조선족 항미원조문학의 연장선상에서 이채를 띠는 것은, 해방(1945.8.15)을 전후하여 북한문단에 편입된 시인들[112]의 시편이다.

"락동강 7백리
구포로 흘러
기름진 벌이연만
살기 어려워라
등쌀이 하도 많아
내 못 살리라 에여디여"
백성들 노래가 원한에 깊어진 강

락동강 령남의 어머니여
이제 새빛 네 가슴에 안겨
7백리 벌마다
이랑 이랑 해방의 물결 넘실거리더니(1950.8)[113]

다고 하면서 우리는 기차를 타고 남으로 달렸다. 기차는 동해 바닷가의 태백산맥 기슭을 감돌며 달렸다. 6월 24일, '38선' 부근의 강원도 양양에 이르렀다. 차에서 내린 우리는 산기슭에 매복하였다. 밤 12시가 되어서야 상급에서는 우리가 남진한다는 것을 알려주었다. 6월 25일 아침, 포사격이 시작되었다. 우리는 남쪽으로 진군하였다. 저항은 거의 없었다. 해가 보이지 않을 정도로 자욱한 포연 속에서 우리는 계속 전진하였다." 김정곤, 「태백산맥에 휘뿌린 피」, 『연변문사자료 제10집-돌아보는 력사』, 250~251면.

111) 대개의 항미원조시편들은 '중국적 시각', 즉 중국 조선족문학의 관점에 서거나 북한문학의 그것을 고스란히 견지하는 경우가 통상적이다.

112) 김조규·김북원·천청송 등이 이에 해당한다.

113) 김조규, 「흘러라 강이여」, 『김조규 시선집』, 평양: 조선작가동맹출판사, 1960; 연변대

앞서 언급한 『재만조선시인집』(1942)의 편자 김조규[114]의 '조선전쟁 시편' 일절이다. 그 지역 민요를 통해 피압박 농민의 오랜 애한을 한층 또렷이 제시하면서 '조선인민군의 남한해방'을 소리높여 노래한 하나의 승전가라 하겠는데, 그 시적 호흡이 사뭇 가파르다.

휴전(1953.7.27)[115]으로 중간결산한 3년간의 '조선전쟁'은 그러나 항미원조전쟁의 종결을 의미하는 것은 아니었다. 1958년 10월 24일의 '조선철수'가 단행되기까지 중국인민지원군의 원조(援朝)는 간단없이 진행되었던 것이다.

우리 지원군부대
조선인민의 건설 도우려
벌목장으로 가는 길,
불탄 곳은 아직 숲이 성그런
회억도 새로운 모진 싸움터
상감령 기슭, 마음놓고 지나는데

평화 위해 우리들 탄알로 뚫은

학 조선언어문학연구소 편, 『김조규 시전집』, 목단강시 : 흑룡강조선민족출판사, 2002, 217~218면 참조.

114) 1941년 평안남도 덕천군 출생. 평양 숭실전문학교영문과 졸업(1937) 후 도만(渡滿), 연변 조양천농업실천학교 영어교사, 신경(新京) 『만선일보』 편집기자(1943) 등을 거쳐, 1945년 3월경 조선 향리로 귀향하였다. 1950년 '조선전쟁'이 발발하자 종군기자단 일원으로 참전하였다. 위의 『김조규시전집』, 2002, 493~494면 참조.

115) 1950년 9월 15일 인천으로 "등륙한 원쑤(유엔군-필자)들과 완강히 맞다들었지만 전선은 아주 불리 (…중략…) 적들이 '38선' 이북을 진공할 때 중국인민해방군이 직접 출병"할 것을 모택동에게 요청한 김일성 서한(1950.10.1)으로부터 촉발・개시(문사자료위원회, 「항미원조 서류」, 『연변문사자료 제10집 : 돌아보는 력사』, 327~28면)된 항미원조전쟁은, "조선문제의 평화적 해결을 쟁취하는 정전담판"(「김일성 원수와 팽덕회 장군이 조중부대에게 발표한 정전명령」, 『조선정전협정 문헌』, 연변교육출판사, 1953, 1~3면 참조)을 계기로 종료되었다. 전쟁 사망자 총수는 17만 1,669명으로 동북3성 출신이 23%에 해당한다. 이 가운데 연변지역 희생자는 6,981명으로, 조선족이 98%를 차지한다. 김영옥, 「연변의 항미원조개황」, 276면; 「항미원조 서류」, 앞의 책, 328면 참조.

죽은 원수의 녹쓸어버린
철갑모우의 작은 총구멍으로
스미는 햇빛 딛고 발돋움하며
한떨기 또 한떨기
아름다운 들국화 피네.(1957.4)[116]

북한문학사에서 통상 '전후복구건설과 사회주의 기초건설을 위한 투쟁시기'(1953.7~1960)[117]로 논의되는 시기의 작품이다. 전후복구건설에 동원된 중국인민지원군의 일원이 화자로 등장하여 전쟁이 휩쓸고 간 뒤의 깊은 상흔들을 차분한 시적 어조로 일깨워주고 있다. 훼파된 산야의 황량함, 옛 격전지에 대한 남다른 회억, 녹슨 철모와 아름다운 들국화의 아이러니컬한 대비 등이 전후 북한사회의 참상을 생생하게 복원해놓은 듯하다.

1950년대 후반, 좀더 구체적으로 '사회주의 기본개조 완성시기'(1950.10~1956.12)를 마감하고 '사회주의 전면건설 개시시기'(1957.1~1966.4)에 들어선 조선족 시문학은 한때 모택동이 제기한 '백화제방(百花齊放), 백가쟁명(百家爭鳴)' 방침(1957.2.27)에 따라 과도한 정치적 영향으로부터 얼마간 자유로와지는 듯하였다. 모택동에 의하면 소위 이 '쌍백방침'은 "예술의 발전과 과학의 진보를 촉진하는 방침이며, 우리나라 사회주의 문화의 번영을 촉진하는 방침이다. 예술상의 각이(各異)한 형식과 풍격은 자유로이 발전할 수 있으며, 과학상의 각이한 학파는 자유로이 논쟁할 수 있다. 그러므로 과학 및 예술상의 시비에 대하여는 경솔하게 결론짓지 말고 신중한 태도를 가지며 자유토론을 하여야 한다"[118]는 것이 그 핵심 요지이다.

---

116) 리삼월, 「들국화 피네」, 『중화인민공화국 창건30주년기념 시선집』, 1979.
117) 박종원 · 류만, 『조선문학개관』 2, 평양 : 사회과학출판사, 1986, 2면.
118) 모택동, 「인민 내부의 모순을 정확히 처리할 문제에 관하여」(1957.2.27), 『모택동선집』 5, 북경 : 민족출판사, 1977, 579면.

임효원의 「길짱구」(1957), 조룡남의 「기러기―사랑하는 그에게」(1957) 등은 아마도 이러한 시대적 분위기에 고무된 시적 소산이라 해야 할 것이다.

> 한평생
> 이름없이 살아도 좋다
> 넓은 땅 지심깊이
> 내 뜨거운 량심을 묻었노라
>
> 돌이 타면 삼복이지
> 설풍인들 두려울가
> 고난을 겪어온 대지여, 내 넋이여
> 생활은 언제나 무성하여가리.(1957.4)[119]

너른 벌판의 한낱 보잘것없는 '들짱구'를 시적 퍼스나로 내세워 시대적 삶의 설한풍, 즉 고통스런 내면적 풍경을 극히 조심스럽게 토로하고 있는 이 작품은 일종의 사물시라 할 수 있다. "삼복, 설풍(雪風)"에 굴하기는커녕 '고난의 대지'에 오히려 더욱 깊이 뿌리내리려는 시적 자아의 늠름한 기개와 단호한 결의가 한결 돋보인다.

> 벌써 이틀째 날건만
> 사방은 바다 출렁이는 물결뿐
> 아픈 날개 쉬어갈
> 바위 하나 없구나!
>
> 희미한 달빛 아득한 수평선
> 갈곳은 어덴가? 구름과 파도……
> 그러나 무엇을 슬퍼할 것인가

---

119) 임효원, 「길짱구」, 『중국 조선민족문학선집 6―해방 후 시문학편』, 1992.

날아가누나 한쌍의 기러기

울음도 없이
용기와 신념도 잃지 않고
오, 그들은 아직 굳세다
그 하나 꺾지 못할 사랑의 힘으로!(1957)[120]

시적 대상으로서의 '기러기'는 여기서 다름아닌 시인 자신의 형상이라 할 수 있으니, 한시의 오랜 전통인 탁물기흥(托物起興)·탁물우정(託物寓情)의 시적 방법을 현대적으로 차용한 것이다. 그런데 주목할 것은, "무리에서 외로이 / 길잃고 헤매이는"(제2연) 기러기의 형상은 어디까지나 '자발적 이탈자'의 그것이라는 점이다. 그에게 중요한 것은 손쉬운 안착이 아니라 몽상과 자유의 공간이며, 그것은 견고한 "사랑의 힘"으로 획득될 수 있음을 노래한 것이다.

그러나 1957년 하반기에 진행된 문예계의 '반우파투쟁'은 조룡남의 윗 작품을 곧장 "반당사회주의의 독초"로 내몰았으며, 이로 인해 이 시인은 '우파'로 낙인찍혀 23년간의 혹독한 정치풍파[121]를 겪지 않으면

120) 조룡남, 「기러기—사랑하는 그에게」 부분, 최삼룡, 앞의 책(1994), 172~173면 재인용.
121) 1957년 '반우파투쟁'의 정치적 소용돌이로 23년간 금고형에 처해져 가혹한 정치적 수난을 겪은 중국 조선족 동포문단 중진들은 조룡남·김학철·채택룡·서헌·김동구·고철·주선우·김순기·김용식·최정연 등이었다. 이들 중 채택룡·김동구·주선우 등은 북한으로 피신하였으며, 서헌은 문화대혁명 기간 중 자살하였다. 김관웅, 「중국 조선족 동포문단의 네모반듯한 방정형 인격류형의 대표자—소설가·수필가 김학철옹」, 『조선의용군 최후의 분대장—김학철』 2(김학철문학연구회 편), 연길 : 연변인민출판사, 2005, 195면. 이런 정황은 김학철의 「무죄를 선고하는 공판정에서의 발언」(1980.12.15)에 잘 집약돼 있다. "'반동'이라는 무시무시한 명칭으로 불리는 땅굴은 사람이 한번 들어가기만 하면 강산이 두세 번씩 바뀌여서야 벗어날 수가 있습니다. (…중략…) 그런데 나와 함께 이 굴속의 길걷기를 시작한 길동무들 중의 적잖은 사람이 보이지 않습니다. 서헌·주선우·채택룡이가 없습니다. 김동구도 없습니다. 서헌이는 계급의 원쑤라는 악명을 뒤집어쓰고 음산한 굴속에서 비참하게 죽어갔습니다. (…중략…) 채택룡이는 처자식과 갈라져서 어언 19년. 아직도 이국(북한—필자)의 하늘 아래서 외로운 나그네의 신세로 낮을 보내고 또 밤을 지새우고 있습니다. 이러한 수난자들의 가정은 까닭없이 모두

안되었다. "그때 벌써 '대상의 감정화'가 아닌 '감정의 대상화'를 깨닫고, 그것을 시창작에서 성공적으로 실천"[122]한 조룡남의 시적 성취 등에 대한 심도있는 재검토가 새삼 요청된다.

1957년의 '반우파투쟁'의 최대 희생자로서 결코 간과할 수 없는 존재는 김학철(金學鐵, 1916~2001)이다. '9·18사변' 전후, 즉 1931,2년을 시대배경으로 당대 재만조선민족의 눈물겨운 삶의 실태와 반제반봉건투쟁의 역사를 '용정 해란구 버드나무골'을 공간적 매개로 전형화한 장편소설 『해란강아, 말하라!』(연변교육출판사, 1954)[123]는 발표 직후에도 작가가 "몸소 겪은 항일의 풍부한 체험으로 연변에 있어서의 인민 항일의 위대한 모습을 힘있는 필치와 예술적 형상으로 개괄"한 작품으로 높이 평가[124]되었다. 그러나 반우파투쟁 시기에 이르러 그의 작품들은 거의 예외없이 '정치몽둥이'의 주요 표적[125]으로 떠올랐으며, 결국 그는 "연변

다 쑥밭으로 돼버렸습니다."(김학철문학연구회 편, 『조선 의용군 최후의 분대장-김학철』, 연길 : 연변인민출판사, 2002, 569~570면 참조)

122) 최삼룡, 「우리 서정시의 가능성-조룡남의 경우」, 앞의 책, 173면. 이는 이른바 개혁개방시기인 1981년에 발표된 조룡남의 「해빙기의 강반에서」, 『연변우수작품선집-1982~1992』에도 똑같이 적용된다.

123) 조성일, 「김학철의 삶과 문학」, 『김학철론』(연변문학예술연구소 편), 목단강시 : 흑룡강조선민족출판사, 1990, 12면.

124) 월메, 「김학철 작 장편소설 『해란강아, 말하라!』 제1부에 대하여」, 『연변문예』(편집위원회 편), 연변문학예술공작자련합회, 1954.3, 30면.

125) 지식인 작가를 소설 주인공(차순기)로 설정, 단선적인 정치노선만을 좇아 아부구용하는 사이비 지성인의 비열성을 반어적으로 묘사한 「괴상한 휴가」(1955)야말로 "자기의 작품이 자기의 감각을 배반하고 있으며, 자기와 독자들 사이에 어떤 간격이 생기고 있다는 것"을 고통스럽게 각인(최삼룡, 「김학철의 정신발전 궤적이 주는 계시」, 『격변기의 문학선택』, 흑룡강조선민족출판사, 1999, 25~6면)시킨 문제적인 내성소설(內省小說)이다. 중편소설 「소나기」는 "주인공의 개성해방과 사회제도와의 조화될 수 없는 갈등을 취급"한 우수작임에도 불구하고 한족멸시주의를 부추긴 '반동'으로 가차없이 매도(최호, 「반동 작품-「소나기」」, 『아리랑』, 1958.1, 63면)되는가 하면, 단막극 「서리」는 저급한 농민적 삶을 비하한 소위 "농촌 추화 정신"의 괴수로 격하되었다. 이러한 풍토에서, 주선우가 "련애 지상주의·신비주의·염전사상(厭戰思想)·숙명론 등을 고취"한 반동시인(철봉, 「주선우의 립장과 붓끝-시집 『잊을 수 없는 녀인들(1957)』에 대하여」, 『아리랑』, 1958.3, 31면)으로 낙인찍힌 것은 불문가지이다.

문예계 반동집단의 괴수",[126] 피압박 · 피착취 노동인민계급의 적[127]으로 강도 높게 탄핵되었다.

> 깊은 굴 속에 숨었다가 나온들 모를가부냐!
> 발쭉한 귀와 길다란 꼬리를 드러내 놓아라
> 너는 교활한 여우어니.(1957년 9월)[128]

무차별적 정치공세와 모멸적 비난이 횡행한 그 무렵의 흉흉했던 문단 정황이 실로 약여하다. 그것은 이른바 이전투구(泥田鬪狗)의 양상을 훨씬 넘어선다. 당시 중국공산당 중앙이 제출한 '쌍백방침'(1956)의 주요 노선인 '화풍세우(和風細雨)', 즉 "도리로 사람을 설복하는 방법 (…중략…) 어떤 문예작품이 뚜렷한 '독초'라 할지라도 그것을 잘 매어버리기 위하여는 도리로써 굴복"[129] 운운은 한낱 말뿐이었던 것이다. 바로 이 점에서도, "력사적 현실과 예술적 진실의 모순을 유기적인 통일로 전환"시킨 김학철의 『해란강아, 말하라!』[130]에 대한 분석적 통찰이 새삼 절실하다 아니할 수 없다.

1960년대 전반기(前半期) 조선족 시문학에서 특기할 사항은, '통킹만 사건'(1964.8)으로 비롯된 미국의 베트남 침략을 단호히 성토한 시편이다.

> "미제는 즉시 월남 침공을 정지하라!"
> 장강(長江)은 메콩강은 노한 물'결 일으키고
> 우리는 월남 형제들과 함께
> 억센 팔을 겯고 철벽으로 막아 섰다.

---

126) 김창걸, 「「탈곡장에서」의 해부도」, 『아리랑』, 1958.5, 37면.
127) 리근전, 「『해란강아, 말하라!』의 반동성」, 『아리랑』, 1958.1, 57면.
128) 리욱, 「꽃밭에 기여든 놈들아—우파(右派) 원형도(原形圖)」 부분, 『아리랑』, 1957.10, 3면.
129) 리휘, 「모주석의 〈연안문예좌담회 석상에서의 강화〉 발표 20주년 기념문장—'백화제방, 백가쟁명'의 방침을 어떻게 정확히 관철할 것인가」, 『연변』, 1962.5, 16면.
130) 방룡남, 「『해란강아, 말하라!』의 력사적 진실성」, 『김학철론』, 1990, 126면.

어제'날 조선에서 갖은 만행 다 하던
그 저주로운 피묻은 발톱으로
오늘은 월남과 동남아에서
침략의 개꿈에 미쳐 날뛴다만,(1964.8.11)[131]

중국·베트남 인민의 강고한 연대를 '양쯔(揚子) 장강(長江)-메콩강'의 그것으로 치환하고, 이를 다시 '조선전쟁'[132] 등과 곧장 연결시킴으로써 미제국주의 침탈의 광범한 포악성을 노골화하고, 아울러 이를 열혈적으로 규탄한 일종의 아지프로 반전시(反戰詩)이다. 마치 중국 당대문학의 정치적 기동성이 고스란히 조선족 시단에 예민한 '리트머스 시험지적 반응'을 일으킨 형국이다.

8

'문화대혁명'[133] 시기(1966~1976)의 중국문학, 특히 "신시는 이 10년간의 재난 속에서 거의 창녀의 예술로 변절"[134]하였다. 이 '10년동란' 시

---

131) 리백성, 「월남 인민과 함께」 부분, 『변강의 아침』(김창석 외), 연길: 연변인민출판사, 1964, 61~62면. 당시 '월남문제'에 대한 조선족 문단의 직접적 관심은 『월남은 싸운다』(연변인민출판사 편역, 연변인민출판사, 1965)로 표출되고 있다.

132) 한반도를 무참히 유린한 '미제국주의'의 진면모를 김철은, "바로, 다름 아닌 네놈이였다! / 조선의 촌락에 불비를 쏟아 / 처참한 폐허 살 풍경을 만든 것도, / 쓰러진 어머니 젖가슴을 허비는 / 어린 것 총창에 꿰여 불속에 던진 것도"라고 격동적으로 노래한다. 김철, 「침범 못한다!」 부분, 『연변』, 1964.9, 26면.

133) 김학철은 이 기간을 "무식쟁이들이 '유식쟁이'들을 때려잡으려고 피눈이 돼 돌아친 10년"으로 규정한 바 있다. 「걸어다니는 백과사전」(1991), 『천당과 지옥 사이-김학철문집』 제5권, 연길: 연변인민출판사, 2002, 651면.

134) 서경아(徐敬亞), 「솟아오르는 시들-우리나라 시가의 현대적 경향을 평하여」, 『중국문예논쟁사 1-사상해방운동』(성민엽 편, 김의진 외역), 실천문학사, 1988, 211면.

기는 중국 조선족문학의 역사적 전개에 있어서도 엄혹한 암흑기였다. "우리민족의 사회주의문학을 매국주의적 '혈통문학'이라고 모독"하는가 하면, 당시 조선족문단 내부에서 크게 호평된 상당수 작품들은 모두 "'민족혈통론'을 설교한 '대독초'"로 단죄[135]된 것이다. 여하한 형태의 '조선민족적인 것'도 여기서는 즉각 '지방민족주의'의 철퇴로부터 자유로울 없었으니, 그 시적 대상은 '당과 홍위병 예찬, 비림비공(批林批孔)', '3돌출론'[136] 따위에 국한되었다.[137]

그러나, 주은래 총리의 서거(1976.1.8)에 대한 추모와 애도가 절정을 이룬 1976년 청명절을 계기로 분출된 중국민중의 '4인무리'에 대한 분노는, "봉건파쑈적 통치를 대대적으로 실시하였으며 모든 진리를 철저히 금지하고 인민들의 사상을 속박한 '문화대혁명'"의 타도로 귀결되었다.[138] 그들 인민의 소박한 사상적 지향은 그 당시 '천안문 대자보'의 주종을 이루었던 무수한 시들에 그대로 반영되었으니, 아래에 그 일례를 들어둔다.

> 제집에서 심어가꾼 많지 않은 꽃
> 청명날 눈물머금고 꺾는다네
> 한묶음의 생화(生花) 온 집안의 마음이려니
> 총리는 천추만대 인민의 마음속에 살아있으리라[139]

---

135) 정판룡, 「30년래의 조선족문학평론사업을 회고하면서」, 6면.

136) 임표(林彪)가 강청(江青)에게 위촉하여 작성한 문건 「부대문예사 업좌담회 요지문」(1966.2)에 제시된 소설창작강령에서 비롯한 용어이다. ①'긍정적 인물'의 돌출, ②긍정인물 중 '영웅적 인물' 돌출, ③영웅인물 중 '주요한 영웅인물' 돌출 등이 그것이다. 조성일 외, 『중국 조선족문학사』, 1990, 457면; 등소평, 중국민족어문번역중심 역, 『등소평 선문집』 2, 북경 : 민족출판사, 1995, 629면 참조.

137) ① 리근영, 「우리 대대 최서기」, 『격전의 노래－림표(林彪)・공구 (孔丘) 비판특집』(연길 : 연변인민출판사, 1975), ② 리우성, 「인민의 강산을 지켜나가자」, 앞의 책, ③ 김응룡, 「중남해의 솔씨」, 『우렁찬 전고소리』(임효원 외, 연변인민출판사, 1976) 등의 작품이 대표적이다.

138) 리명학, 앞의 책, 296면.

139) 一家老少・童懷周 편, 김영무 외역, 「꽃에 곁들인 시」, 『천안문시초』, 북경 : 민족출

결국 그 이후의 '개혁개방' 및 '현대화' 과업은 누구도 거스를 수 없는 역사적 대세로 되었다. 이는 1978년 12월의 '제11기 제3차전원회의'에서 공식적으로 선포되었으며, 그 결과 "당의 민족정책에 대한 재교양사업이 진행 …… 조선족 문예계의 사상이 크게 해방되었으며, 지난날 감히 말할 수 없었던 문제에 대하여 대담하게 의론"할 수 있게 되었다.[140)]

문학정책에 있어서도 등소평은 지난 시기 모택동의 「연안문예 좌담」(1942)의 기본 노선, 즉 '문학예술은 가장 광범한 인민대중, 무엇보다도 먼저 노동자・농민・병사들을 위하여야 한다'는 문예정책 기조 및 1957년의 '쌍백방침'을 재확인하였다. 그는 "개인의 창발성이나 개인적 기호의 자유, 사색과 환상, 형식과 내용의 자유가 많이 보장되도록 하는 것이 절대로 필요하다"고 한 레닌(V. I. Lenin)의 견해를 인용한 뒤, "4개 현대화를 실현하는 공동의 목표를 둘러싸고 문학예술의 창작범위를 점점 넓혀야 하며, 올바른 창작사상의 지도 밑에 문학예술의 제재와 표현수법을 더욱 풍부화하고 다채롭게 하며, 새것을 과감히 창조…… 단조롭고 기계적인 도식화・개념화의 경향을 방지하고 극복"할 것을 제안[141)]하였다.

이러한 상황에서 출현한 박화의 「북대황 서정」(1978)[142)]과 임효원의 「내 고향 오림천」(1980)[143)]은 '농업현대화' 문제의 시적 반영이며, 김경석의 「사랑하는 노래」(1978)[144)]는 '문화대혁명' 기간에 행해진 '하방(下放) 지식인'의 울분과 '4개 현대화'(농업・공업・국방 및 과학기술 분야 등) 성

판사, 1979, 241면.

140) 정판룡, 「30년래의 조선족문학평론사업을 회고하면서」, 7~8면.

141) 등소평, 「제4차 중국문학예술일꾼대표대회에서 한 축사」(1979.10.30), 『등소평 선문집』 제2권, 북경 : 민족출판사, 1995, 311면.

142) 박화, 「북대황 서정」, 『중화인민공화국 창건30주년기념 시선집』, 연길 : 연변인민출판사, 1979.

143) 임효원, 「내 고향 오림천」, 『연변조선족자치주 성립30돐 기념 서정시집』(중국작가협회 연변분회 편), 북경 : 민족출판사, 1982.

144) 김경석, 「사랑하는 노래」, 위의 책.

취의 필요성을 아울러 노래한 것이다. 그러나 이들 작품은 한결같이 시인 특유의 개성적인 목소리가 충분히 발현되지 못했다는 공통적 제약점을 지니고 있다. 김경석의 경우만 하더라도, 그것이 과연 농촌으로 내려간 '하방 지식청년'들의 "고난과 비참, 분노와 비애, 회의와 고민 등"을 적실하게 반영[145]했는가는 의문이다. "문혁이 사람들의 마음에 남긴 아물기 어려운 상처"를 훌륭하게 묘파[146]함으로써 훗날 "'상처문학'의 길잡이"라고까지 높게 평가된 노신화(盧新華)의 단편소설 「상흔」(『인민중국』, 1978.8)에 상응하는 시적 성취도를 보여주는 데는 크게 미달하기 때문이다.

그러나 조선족 시단의 지지부진한 부정적 답보는 1980년대 후반에 들면서 다소의 활력을 획득하기에 이른다. 철리(哲理)적 사물시의 등장, 내면화의 경향성, 남북분단에 대한 비극적 인식의 표출 등 다양하고도 이색적인 시적 흐름들이 대두한 것이다.

> 겨울이 북풍에 실려오면
> 나무들은 말하기 싫어서
> 잎을 모조리 떨구고
> 밤낮없이 잠을 잔다
>
> 꽃씨 풀씨의 수면제를 먹은 땅에
> 뿌리를 깊이 깊이 내리고
> 크고작은 온갖 나무들은
> 눈밭에 서서 잠을 잔다(1989.1.10)[147]

---

145) 리명학, 앞의 책, 441면.

146) 吉田富夫, 「문예－정치와 예술 사이에서」, 『10억인의 나라－모택동 이후의 중국대륙』(이영희 편역), 두레, 1983, 296면.

147) 리삼월, 「잠든 겨울나무」 부분, 『중국 조선민족문학선집－해방 후 시문학편』(1992), 562～563면. 이 시집에 수록된 리삼월의 「석류」(1988)·「갈대」(1994); 석화, 「옥수수 밤에서－어머님께」(1994); 허봉남 편, 『20세기 중국 조선족문학선집－시선집』, 연길 : 연변인민출판사, 1999 등이 모두 이 계열에 드는 사물시이다.

'나무'를 매개하여 시적 퍼스나의 고통스런 삶을 내밀하게 읊조린 작품인데, '북풍, 겨울, 눈밭' 등의 시어들이 빚어내는 차가운 이미저리를 통해 겨울나무가 처한 지극한 슬픔과 고난을 고도의 상징력으로 표상한 그 시적 방법이 돋보인다.

나는 락타가 되여
사막을 걷고 있다
사막은 리별처럼
길고도 멀었다

저 언덕우에
일분이란 시간이 우두커니 앉아
날 기다리다
그만 햇빛에 조을고 있다(1987년 9월 18일)[148]

방황하듯 광막한 사막을 거니는 '락타'의 외로운 형상을 통하여 길고도 험난한 인생 역정을 극히 간명한 시적 형태 속에 압축하고 있다. 청열한 직유적 표현, 시간의 공간적 감각화 등에 힘입어 시적 주제가 한층 강화되고 있는데, 중국 조선족 시문학의 매우 새롭고 특출한 존재라 할 만하다. 특정 정치노선의 기계적 추수에 단단히 긴박된, 서정 주체 특유의 강렬한 개성적 발현이 금제되고 '공적 목소리'만 크게 두드러지는 지난 시기의 숱한 전경시(前景詩)로부터 멀찌기 벗어난 까닭이다.

1980년대 후반 이후 중국 조선족 시문학에서 조그마한 경향성을 띠고 나타난 것이 '통일시'이다. 한반도 분단현실의 비극성을 통절하게 노래하는 이 계열의 시편들[149]은, 아마도 지난 시기라면 분명 '지방민족

148) 김정호, 「고독」 부분, 『달빛의 언어』, 목단강시 : 흑룡강조선민족출판사, 1990, 108면.
149) ① 김철, 「동강난 지도앞에서」(1989.6.25), 『연변우수작품선집－1982~1992』(연길 : 연변인민출판사, 1992), ② 리상각, 「분계선」(1986.10)·「이국의 조선사람」(1986.10), 『리상각 시선집』(북경 : 민족출판사, 1993) 등이 이에 속한다.

주의'로 간단히 매도되었을 것이다.

조선민주주의인민공화국
함경북도 라진시 용상군 앞바다에 가면
유난히 크고 밝은 아침해가 뜨는 동해가 있고
비취색 바다는 하늘보다 맑고 청정해
수십길 바다도 거울같이 들여다보이는데
지난해 속초 앞바다에 있던
광어, 고래치, 문어……가 이곳에 와서 즐기면서
하나의 바다
하나의 식솔
하나의 보금자리라고들 한다

—조선 라진에서[150]

'속초, 라진'으로 대리표상된 남북분단의 외적 경계를 자재롭게 넘나드는 광어·고래치·문어들의 허물없는 융화와 회통을 선망해 마지 않는 시적 퍼스나의 진정성이 은근하면서도 강렬하다. "하나의 바다/하나의 식솔/하나의 보금자리"를 꿈꾸는 이 서정적 주인공이야말로 오늘날 한반도통일의 균형적 역할자를 자임코자 하는 중국 조선족의 시적 전형일는지 모른다.

'새 시기'(1976~1989) 이후의 중국 조선족 시문학은 사물시적 경향, 내면화 흐름, 통일시적 지향 등 현상적으로는 '시적 주제의 다양화 및 서정성 회복'이라는 긍정적 효과를 동반하였다. 그러나 상징주의적 난해시의 주요 창작주체로서 중국 당대문학사에서 흔히 '몽롱시파'로 통칭되는 시인들 또는 그 후예로서 짙은 허무주의적 정서를 즐겨 노래한 현대 중국시단의 '후기현대주의시가 류파'들[151]에 견주어볼 때, 그 시적

150) 리임원, 「동해바다」 부분, 『20세기 중국 조선족문 학선집－시선집』(허봉남 편), 1999.
151) 리명학, 앞의 책, 1996, 350~359면 참조.

진폭의 자유로움은 현저히 제한적이다.

9

'사회주의정치-자본주의경제'의 자웅이체적 국가시스템, 소수민족 우대정책[152]의 외피와 대한족주의의 실질적 관철[153]이라는 난망한 현실조건에서, 특히 '천입·과경민족'으로서 오늘의 중국 조선족 시문학은 운명적으로 '원천적 한계성'을 감수해야 할는지 모른다. 1994년 북한 핵문제가 동북아정세의 핵심 쟁점으로 부각되고 2000년대 들어 특히 이 '북한변수'가 한층 심중해지면서 연변지역, 즉 "고국을 가진 조선족이 집단적으로 거주하는 '한반도 변경'은 새로운 민감지역"으로 대두[154]되었다. 게다가 최근 한중간의 정치현안으로까지 된 '동북공정(東北工程)'[155]은 중국 조선족의 존재를 더욱 복잡화하기에 충분하다.

---

152) '중국중앙인민정부 정무원'은 「소수민족을 차별 혹은 모욕하는 성격을 띤 칭호·지명·비석·현판과 편액(匾額)을 처리하는 것에 관한 지시」(1951.5)를 발동, 압록강 대안 료녕성의 안동(安東)이란 패권주의적 지명을 단동(丹東)으로 개명하였다. 이때 내몽골의 '귀화(歸化)'는 '후허호터[呼化浩特]'로, 신강(新疆)의 '적화(迪化)'는 '우루무치[烏魯木齊]'로 각각 바꾸었다. 김병호·강기주, 「중국의 소수민족정책과 중국 조선족 사회의 정치의식 및 민족의식」, 앞의 책, 92면.

153) 이는 중국인민해방군의 '티벳(Tibet) 점령'(1950.10), 티벳인민의 서장자치구(西藏自治區) 강제 통합(1951.5), 티벳점령을 반대하는 대규모 시위대에 대한 중국정부의 엄중한 물리적 탄압(1959.3)에서 단적으로 드러난다.

154) 이희옥, 「중국의 '동북공정' 추진현황과 참여기관 실태」, 『중국의 동북공정과 중화주의』(이개석 외), 고구려연구재단, 2005, 102~103면 참조.

155) 「중국동북변경의 역사와 현상에 대한 계열 연구공정(東北邊疆歷史與現狀系列硏究工程)」(2002.1.7)의 줄임말로, 좀 더 구체적으로 부연하면 "동북변강의 소수민족인 조선족 집거지역과 관련된 역사와 현상(정치·군사·경제·문화 방면)을 계통적으로 연구하는 사 업계획"(이개석, 「현대중국 역사학 연구의 추이와 중화주의」, 위의 책, 25면)이다.

동북공정이란 오늘의 "한반도 현상유지가 중국의 국가이익에 부합된다는 인식" 아래 진행되는, "한반도 유사시에 대비한 영토획정과 관련한 정밀한 국가전략"156)에 다름아니다. 말하자면, 한·중 수교(1992)를 계기로 급격히 증대된 양국간의 경제·사회·문화적 교류 및 탈북자157) 증가 등으로 크게 동요하고 있는 동북지방 조선족사회를 안정시키기 위한 중국 당국의 강력한 정책158)적 고려의 산물, 더 나아가 통일후 한반도의 효율적 관리를 위해 진행되는 중국정부급 대형프로젝트인 셈이다.

몇천년 력사의
밭고랑을 지나며
나는 한송이
꽃이 되고 싶었다
꽃처럼 웃던 나는
조상의 꿈이 묻힌 이 땅에
한포기 풀이 되여 새파랗다(1987년 5월)159)

길림성 집안(集安)의 고구려 '황궁옛터－환도산성(丸都山城)'을 찾은 화자의 을씨년스런 모습이 문득 연상된다. 부제 "밭고랑으로 찢기웠다"에서 분명한 바이지만, 이미 역사의 뒤안으로 소멸한 고구려의 옛 영화와

156) 이희옥, 앞의 글, 85~107면 참조.

157) 지난 2006년 6월 필자는 모처럼 두만강변을 좇아, 함경북도 회령시 맞은편에 위치한 삼합(三合)으로부터 '심포(深浦)→백금(白金)→로과(蘆果)→남평(南坪)' 등지를 거쳐, 북한 량강도 삼장(三長) 대안 인 숭선(崇善)까지 돌아볼 기회를 얻었다. 중국 당국은 두만강 연안 곳곳에 "비법 월경은 법률 징벌을 받는다[非法越界, 將受治法伺 懲罰]", "밀수독품 되거리 비법시 교거래를 엄금함[嚴禁走私, 反毒和非法易物]" 등의 살벌한 탈북자경고 팻말을 내걸었으며, 북한쪽으로는 "위대한 수령 김일성 동지는 영원히 우리와 함께 계신다", "21세기 태양 김정일 장군 만세!" 따위의 대형 선전물들이 쓸쓸한 위용을 뽐내는 듯하였다.

158) 이개석, 「현대중국 역사학 연구의 추이와 동북공정의 역사학」, 25면.

159) 김정호, 「황궁옛터－환도산성(丸都山城) 황궁옛터는 밭고랑으로 찢기웠다」 부분, 앞의 책, 1990, 14면.

강성을 반추하는 서정적 주인공의 속절없는 꿈이 비감스럽게 다가온다.

1세기 동안 광활한 저 만주벌과 반도에 걸쳐 대제국의 흥성을 구가한 고구려 '광개토왕 · 장수왕 시대'(391~491)와, 근 230년간 남쪽 대동강 유역으로부터 북만주의 드넓은 평원 즉 흑룡강(黑龍江) · 송화강(松花江) · 우수리강 중하류 유역 '사방 5천리'의 광대한 지역[160]을 늠렬하게 통할한 발해(699~927)의 웅대한 역사가 '동북공정'으로 일거에 지워지고 중국의 일개 지방사로 간단히 대체돼버린 듯하기 때문이다.

중국 조선족은 '일제강점기 만주지역 한국유이민'의 후예로서 신분 · 국가 · 국체(國體)적 대전변을 겪은 끝에 오늘에 이르렀다. 그들이 헤쳐온 험난한 정치적 파고, 예컨대 '항일전쟁, 8 · 15해방, 토지개혁, 제3차 국내혁명전쟁, 중화인민공화국 창건, 항미원조전쟁, 연변조선민족자치구 성립, 반우파투쟁, 월남전, 문화대혁명, 개혁개방, 현대화 건설' 등이 그것이다. 중국 조선족 시문학의 주요한 궤적역시 이같은 당대의 핵심적 사안들을 중심으로 전개되어 왔으며, 그들의 그 굴곡 많은 삶의 형상들은 거기에 고스란히 반영되었다. 그러나 특히 개혁개방(1978) 이전 시기의 그것은 단선적 '생활문학'으로 귀결되거나, 특정 체제의 이념노선을 보위하는 아지프로물로 떨어지는 시적 결함을 쉽게 노정하였다.

오늘날 중국 조선족은 '한민족'이라는 기본틀은 유지하되 "중국 공민(公民)으로서의 조선족이라는 입지"는 견지하면서 특정의 지역 · 정치이념 · 문화가치 및 민족주의 등의 협애성으로부터 크게 벗어나 궁극적으로는 한민족 공동발전을 지향하는 '한민족네트워크' 형성의 주도적 역할자, 특히 "남북문화교류에 있어서 중개자",[161] 그리고 남북통일의 적극적 균형자를 자임[162]하기에 이르렀다. 현하 중국 조선족사회의 이같

160) 방학봉 · 장월령, 『고구려 발해 유적 소개』(중국 길림성 내부자료), 연길, 1995, 72면.

161) 허명철, 「네트워크시대의 중국 조선족문화」, 『중국 조선족사회의 문화우세와 발전전략』, 연변인민출판사, 2001, 501~511면 참조.

162) 김강일, 「남북통일에 있어서 중국 조선족사회의 역할」, 위의 책, 436~450면 참조.

은 정치문화적 중요성을 감안할 때, 중국 조선족문학에 대한 한층 깊이 있는 논의가 후속돼야 할 것이다. 그래야만, '한국문학의 사적 연장으로서의 중국 조선민족문학'의 위상이 바르게 정립될 수 있겠기 때문이다 (『동북아 한인공동체와 삶』, 인천광역시 역사자료관 역사문화연구실, 2006).

한국 유민시의 현실성

1

일제강점기에 대규모적으로 발생한 국내 유랑민과 만주·시베리아 및 일본 등지 — 넓게는 구한말의 하와이·멕시코, 그리고 사할린 지역도 포함시킬 수 있을 것이다 — 의 국외 유이민(流移民)의 비극적 삶은 기형적인 한국근대사의 집약적 표현이다. 그러므로, 이 문제에 대한 문학적 논의는 단순한 소재주의를 뛰어넘어 우리 문학을 현실적 계기 속에서 총체적으로 인식하는 '통일문학' 논의에 그대로 직결된다는 점에서 막중한 현재적 의미를 지닌다. 알게 모르게 분단된 민족현실을 기정사실화하는 온갖 형태의 '분단문학'을 척결하는 일이 오늘의 한국문학에 부과된 가장 절실한 역사적 책무임을 감안할 때 더욱 그러하다.

그러나, 분단 40년이 지났어도 민족통일에 대한 전망은 극히 불투명하기만 한 이 시점에서 일제 식민통치 시대 및 '해방'(1945) 직후 시기 유민시를 논하고자 하는 우리의 입장은 조금도 편안한 것이 아니다. 이는 단지 지금껏 이 방면에 대한 문학적 논의가 없었던 까닭에 한국문학사의 균형적인 기술이 행해지지 않았다는 '유감 표명'을 뜻하지 않는다. 무엇보다도 그것은 정치적 난민(難民)으로서의 일제하 '집단 유이민 현상'이 '해방'과 더불어 간단히 종식된 단순 과거사가 아니라 지금도 엄연히 계속되고 있는 고통스러운 현실적 질곡 바로 그것이라는 현실인식으로부터 비롯되는 것이기 때문이다. 요컨대, 체제와 이념을 달리하면서 민족적 저류(底流)에 통합하기를 끝내 거부하는 '분단 모국'의 주요한 양대 구성체로서의 남·북한 쌍방은 여전히 그만큼 깊고도 날카롭게 절연·대립하고 있는 정치적 유민인 것이다. 편의적으로 이 문제를 만주유이민의 경우를 들어 논해 보기로 하자.

최근에 이르러 진정한 민족해방을 이룩하는 문제와는 전혀 딴판으로 남북분단을 야기시키고 만 해방 직후 몇 년 동안의 국내외적 요인에 대한 논의가 비교적 활발하게 진행되고 있음은 사뭇 고무적인 일이다. 특히 요즘 시에서 현재 만주에 집거하고 있는 우리 동포가 새삼 중요한 문학적 전형으로 등장하고 있음은 매우 주목할 만하다(곽재구의 「용정현 신평촌」, 윤재철의 「땅끝」, 정대호의 「중공에서 온 편지를 보고」 등은 그 구체적인 사례이다. 이동순의 장편서사시 『홍범도』 역시 이 방면의 작품으로서는 특기할 만하다. 신경림의 장시 「쇠무지벌」 또한 만주유이민의 '해방 후 생활사'라는 점에서 이 부류와 함께 논의될 수 있을 것이다).

물론 오늘의 국제적 정치현실을 고려할 때, 일찍이 '한일늑약'(1910) 이전에 단재(丹齋) 신채호(申采浩)가 강력하게 피력한 바 있는 '만주영토론'은 한낱 비현실적 논의에 불과할지 모른다. 그러나 지역적 통일이라는 단순논리를 떠나 민족적 연대를 근원적으로 일깨워주는 중요한 촉매 노릇을 해준다는 점에서 우리는 그것을 간단히 허구로 밀어버릴 수 없다. 가령, 현재 중공에 거주하는 한 조선족 동포가 "압록강 건너가도 / 삼팔선 어찌하나 / 갈래야 갈 수 없는 / 고향길 가시밭길"(구만두, 「고향길 가시밭길」 부분, 『북간도의 한인들』(김주한 편저), 한국방송사업단, 1983, 122~123면)

이라 옮었을 때, 이를 통해 우리가 확인하게 되는 것은 무엇인가. 무엇보다도 그것은 일제하 만주·시베리아 및 일본 등지로 떠나간 우리 유이민들의 집단적 비극이 지나간 과거사로 고착된 게 아니라 지난 날보다 더욱 생생하게 살아있는 엄혹한 민족현실이라는 사실이다. 나들이 떠나는 심정으로 "삼 년이면 돌아온다 속다짐"(같은 시)했던 것이 삼팔선 때문에 고향길이 곧 "가시밭길"로 되고 만 암담한 분단현실에 통분해하는 것은 단지 이 시적 퍼스나에만 국한되지 않는다.

우리 민족의 궁극적인 목표이자 최대의 현실적 과제라 할 수 있는 통일문제가 예컨대 '100만인 서명운동'이나, 텔레비젼을 통한 '남북 이산가족 찾아주기 운동' 따위로 쉽사리 해결되리라고 전망할 사람은 이제 아무도 없다. 우리 문제를 주체적으로 해결할 수 있을 만큼 우리의 정치경제적인 제반 상황이 단순명료한 것만은 아니기 때문이다. 주변 강대국들 상호간의 복잡한 현실적 이해관계에 대한 명확한 관측 속에서만 통일문제에의 정당한 시각 설정이 비로소 가능하다는 것은 이제 누구라도 다 알고 있는 일반적인 사안인 것이다. 그럼에도 불구하고 한국 유민시의 역사적 의미를 바르게 규명하기 위해서 우리는 이 일반적 사안에 대한 하나의 대전제적 이해를 곁들이지 않으면 안된다. 우선 '통일'이라도 어떤 통일인가 하는 문제이다. 그것이 앞서 말한 단재의 만주영토론까지도 포섭하는 넓은 의미의 통일론인가, 남한만의 통일론인가, 아니면 분단주의가 교묘히 은폐된 '의사(擬似)통일론'인가에 따라 그 논의의 향방과 내용은 얼마든지 달라질 수 있기 때문이다.

둘째, 분단 이후의 남·북한이 너나할 것 없이 각기 다른 특정 이데올로기에 입각한 냉전논리에 줄곧 짓눌려 왔다는 사실을 특히 유념한다면, 재만주(在滿洲) 동포(현 중국 조선족)의 존재의미는 한층 두드러질 수 있음을 우리는 분명히 인식할 필요가 있다. 어느 의미로는 재만동포들이야말로 민족자해(民族自害)적인 맹목적 냉전이데올로기의 직접적인 피해 당사지역에서 빗겨선 까닭에 역설적으로, 보다 '한국적인 것의 인간적 · 문학적 전형'이라고 말할 수도 있을 것이다. 우리가 매일이다시피 '먹고, 보고, 듣는 것'의 대부분이 서양적인 것으로 급속히 전면 재편되어 가는 남한의 문화상황에 생각이 미치면, 이 점은 매우 선명하게 부각되는 측면이기도 하다.

> 얘, 조선똥개야, 우린 너희의 불우한 처지를 위해
> 너희 야만스런 주인님들을
> 국제 애견가 협회에 고발하려 하고 있어
> 만약 계속 너희들을 학대하고 먹어치우면
> 88올림픽 개최를 못하도록 고발할테야
>
> —문병란, 「미국개와 조선똥개의 대화」(1983) 부분

아시아 · 아프리카 및 중남미 등의 '후진 약소' 민족국가들이 한결같이 약탈적인 서양문명으로부터의 막심한 피해를 입었다는 점, 더욱이 "바다 건너 쪽발이 일본병사들 / 청나라 짱꼴라 북쪽의 로스께"(같은 시)들로부터 몇 겹의 극심한 압박을 받아 온 한국인의 비참한 역사 등을 간결하게 형상한 이 작품에서 시인은 침략적 · 비도덕적 서양문명의 문학적 표상을 한쪽에 배치하고, 가장 순결한 한국인의 시적 상징물로서의 "조선똥개"를 다른 한쪽에 뚜렷이 대비시켜 놓음으로써 우리 한민족에게 주어진 현실적 과제가 무엇인가를 명료하게 제시해주고 있다. 여기서 특히 우리의 눈길을 끄는 것은, 우리가 즐겨 먹는 '보신탕'조차도 서양적 편의주의에 떠밀려 볼품없이 일그러진 '우리 것'의 실상이다. 우리의 입맛에까지 막강한 영향력을 행사하는 서양의 정치 · 문화적 입김의 절대성이 여기서 쉽게 확인된다.

2

위와 같은 맥락에서 볼 때 재만동포의 존재의미가 한층 신선한 것으로 부각됨은 극히 당연한 현상일는지 모른다. 민족의 동질성을 망각하도록 그야말로 '온전히, 타율적으로' 진행돼왔다 해도 과언이 아닌 우리의 '해방후사'를 돌아본다면, 비록 스스로 원해서 떨어져 나간 것은 아닐지라도 냉전이데올로기기의 직접적인 피해권으로부터 일정하게 벗어난 재만동포(중국 조선족)들은, 민족의 동질성을 단순히 파기하는 데서 그치지 않고 그 동질성 회복이 끝내 불가능하도록 역사의 중요 단계에서마다 심대한 타격을 가하기 일쑤였던 정치경제적 열강의 이데올로기에 별반 훼손·오염되지 않은 '순종 한국인' 또는 '순수히 한국적인 것'의 전형이라 해야 할는지 모른다.

연변 조선인 자치주
용정현 동성향 신평촌
NHK 방송이 세밀 프로로 방영했다는 이 필름에는
한글로 뚜렷이 새겨진 자막 위에
낯익은 초가집과 황토 구릉들이
그대로 펼쳐지고 있었다.
온돌과 가마솥과 흰밥과 콩나물과 열무김치
아아 아무것도 변한 것 없이
조선족 조선말 온전히 고스란히 남아서
옹기종기 평화롭게 살아가고 있구나
소원이 있다면 고향에 돌아가는 것
아버지와 어머니의 살붙이를 만나 함께 사는 것
말끝마다 녹두꽃 이슬이 맺혀 있었다

— 곽재구, 「용정현 신평촌」(1985) 부분

여기 형상된 재만동포의 모습은 부당한 압제자에게 순순히 길들여질 뿐인 운명론자의 그것이 아니라 그에 맞서 싸울 채비를 늘 갖추고 있는, 그러면서도 지극한 한과 설움을 간직하고 있는 "녹두꽃 이슬"의 시적 자아의 그것이다. 그렇다면 이 시인의 주된 관심사는 무엇인가? 복고주의적 발상에 근거한, 소위 재래의 '한국적인 것'에의 무조건적인 복귀가 아님은 명백하다. 역사 진행과정의 전면에 강력한 주도세력으로 등장할 집단은 남·북한 그 어느 쪽도 아닌, 특정 이데올로기에 무장해제되지 않은 제3세력으로서의 재만동포의 민족적 순결성에 대한 굳건한 믿음이 이 시인의 진지한 관심의 중핵을 이루고 있는 것이다. 외국어 또는 국적 불명의 말들에 의해 극심하게 오염된 우리의 모국어, '개발'이란 이름 아래 난자당하듯 아무렇게나 파헤쳐짐으로써 우리 국토가 더이상 우리의 구체적인 삶의 터전이라는 의미를 지탱하기 어렵게 돼버린 오늘의 현실을 생각할 때, 우리의 언어 및 고유한 생활습속의 원형이 엉뚱하게도 저 만주의 한 구석 "용정현 신평촌"에 "온전히 고스란히" 보존되어 있다는 사실은 실로 기이한 아이러니가 아닐 수 없다.

"해방 40년이란 걸맞지 않고 오히려 '분단 40년'이란 표현이 우리의 현실을 더 잘 나타내는 말"이라고 한 논자(정경균, 「중국대륙 400만 동포는 통일의 교두보」, 『광장』, 1985.9)의 견해에 따르자면, 우리 조국이 '양단'되었다는 말 또한 우리의 역사 현실을 구조적으로 왜곡시키는 것에 불과하다. 민족의 현주소로 보아 우리의 조국은 "남북, 그리고 200여 만의 동포가 고유문화를 간직하면서 한민족으로 생존하고 있는 저 중공의 동북 3성(옛 만주)"으로 3분되어 있다는 주장이다. "조상 전래의 고유문화와 백의민족의 얼을 그대로 간직"하고 있는 연변조선족자치주야말로 진정 "우리 민족이 살아 있는 현장"이라는 이 논자의 진술이 조금도 공허하게 들리지 않는 것은 무엇 때문인가? 한 재미동포의 중국대륙 관견기(현웅·현봉학, 『중공의 한인들』, 범양사, 1984)에서도 볼 수 있듯, 웃어른을 깍듯이 모시고 존경하는 미풍과 고유의 민요를 서로 어우러져 흥겹게 부르는 강한 공동체적 양속을 그대로 견지하고 살아가는 재만동포들이야말로, 조국의 주변부에서나마 민족적 순결성을 온전히 간직하고 있으면서 앞으로의 역사발전 단계에서 중요한 몫을 감당해낼 뚜렷한 주동세력으로 크게 기대되기 때문이 아닌가 한다.

오늘날 중국 대륙에 거주하는 우리 동포들은 열렬한 민족적 유대감과 한족(韓族)이라는 높은 민족적 자존심, 한족(漢族)을 제외한 54개의 중국 소수민족의 추종을 불허하는 탁월한 자치능력과 고도의 문화능력을 유감없이 발휘하면서 살고 있다. 이들 중국 조선족에 의한 민족의 말과 글의 온전한 사용 등은 다른 소수민족 공동의 경쟁적 준거가 되기에 충분한 것이며, 따라서 그들—일제강점기 재만조선인—은 "앞으로도 중국 소수민족의 으뜸가는 민족으로서 민족적 명성과 발전을 과시할 것"(이영희, 「소수민족정책과 중국 속의 한민족」, 『중공 어제와 오늘』, 동아일보사 1977, 382~426면 참조)으로 전망되고 있다. 오랫동안 기민(棄民)처럼 내동댕이쳐졌던 그들은, 그들의 모국 동포들이 첨예한 이념적 대치상태에서 쓸모있는 힘을 헛되이 탕진해오는 동안 머나먼 저 타관에서 뚜렷한 삶의 진전을 이룩했다는 증좌이다.

곰곰이 헤아려보건대, 이는 하나의 역사적 업보에 다름 아니다. 출중한 민족역량을 소진시키는 데 총력을 기울였다고 해도 과언이 아닌 '해방' 직후의 남북한 이데올로기가 그들을 민족적 연대 속으로 뜨겁게 맞아들이기는커녕 오히려 극력 밀어내는 데 급급했던 치욕의 역사가 낳아 놓은 역사적 자업자득인 것이다. 동족으로서보다는 '적화(赤化)'되어가는 일종의 '적(敵)'으로 용렬하게 그들을 몰아붙이던 '해방' 직후 남한의 황폐한 지적 풍토가 여기서 새삼 상기된다.

그럼 지금은 사정이 다소라도 나아졌는가. 그렇지 않다.

특히 '만주·시베리아 유이민' 문제와 관련한 문학연구를 불모하게 한 데에는 남북분단 이후 만주문제에 대한 문화의 각 부면으로부터의 깊이있는 인식이 전적으로 봉쇄당하도록 파행적으로 진행되어 온 국내외적 정치상황이 본원적으로 작용하였다. 꼭 기민정책(棄民政策)이라고 까지 할 수는 없겠지만, 결과적으로 남·북한 쌍방은 똑같이 그러한 정책에 묵시적으로 동의한 것이나 다름없다는 점을 부인하기는 어려울 것이다. 만주문제에 관한 한, 아마도 북한에서는 지역적으로 맞닿아 있는 '중공'이 그들과 동일이념권이라고 생각한 나머지 그 역사적 중대성을 쉽게 간과했을지 모른다. 또한 중공의 소수민족정책의 대체적 윤곽이 북한 정치집단의 대(對)만주의식을 무디게 하는 요인으로 작용했을 가능성도 무시할 수 없을 것이다.

그러나 백두산이 분할돼 그 과반 이상이 중공령으로 편입되고, '간도(間島)'라는 지명 사용조차 중공 측에 의해 금압되고 있다는 사실 등은 저간의 사태발전이 우리에게 극히 불리한 방향으로 전개되어 왔음을 보여준다. 이런 사정은, 경우는 다소 다르겠지만 우리에게도 그대로 적용된다고 봄이 옳을 것이다. 바로 눈앞에 둔 70여만 명의 재일동포 문제도 제대로 해결하지 못하는 처지에서 재만동포 및 "사할린 벌판을 비롯하여 소련땅 여러 곳에서 고향을 그리워하는 또다른 60~70만의 동포들"(정경균, 앞의 책, 글)의 문제를 정책적 차원에서 심각하게 고려한다는 것은 사실상 기대하기조차 어려운 것이다.

유민시 논의를 한층 어렵고 복잡하게 만든 두번째 이유는, 위의 문제와 긴밀한 관련을 맺는 것으로서 문학 내적인 것이다. 일제의 강도적 식민통치에 대한 현실적 대응이 지극히 어려웠던 시기에 불구적으로 형성된 '순수시', 그리고 그것을 적극 옹호하면서 시로부터 여하한 정치성도 완전히 추방하는 데 온 힘을 쏟은 문학주의자들은 '해방' 후 3년 동안 좌익 문인들과의 줄기찬 논전을 통해 자체논리를 한층 강화하였다. 곧 없어질 줄 알았던 '38도선'이, 외형상으로는 '동족전쟁'이었으되 본질적으로 중요한 이념의 실질에 있어서는 38도선 이북과 이남에 각기 진주해온 미·소 양대 정치열강의 대리적 '이데올로기 전쟁'에 다름 아니었던 '6·25전쟁'을 거치면서 한층 견고한 '현실선'으로 고정되어

가는 시기에 그들은 너무나 쉽사리 냉전논리에 순치·함몰되었으며, 좌익 문인들의 집단월북 이후의 문단적 공백을 고스란히 메꿈으로써 아주 자연스럽게 그들은 한국문단의 주도적 지위를 장악하였다.

그러나 그 출현 배경에 상응하는 시대적 이유에도 불구하고 그러한 순수문학주의가 결과적으로 민족문학의 자생적 기반을 목조르는 독소적 요인으로 작용했다는 사실은 어떤 의미에서도 부인되기 어렵다. 이는 일제하 '친일문학'과는 또다른 방식으로 민족문학의 발전을 가로막았으며, '친일·반공·분단' 문학 등의 특정 체제 또는 이념을 기계적으로 뒷받침해줄 뿐 아니라 더 나아가 그에 예속적으로 기생함으로써 특히 추악한 모습을 노정시켰으니, 이것이 식민지시대 이래 우리 문학의 참 모습이었던 것이다.

그러므로, 자신이 바로 그 계층에 속해 있으면서 국내 유랑민 또는 국외 유이민의 현실적 질곡을 노래했거나 그들 유이민 문제를 다름아닌 자기 자신의 그것으로 절실하게 인식하는 관점, 그리고 저급하게는 단순한 국외자적 입장에서 그들의 비극적 삶을 시적 소재로 끌어들인 유민시가 이러한 문학사적 상황 하에서 조금도 진지하게 논의되지 못한 것은 하나의 역사적 필연이라고나 해야 할 것이다. '연합국' 측의 승리에 따른 덤의 형식으로 일단 손쉽게 주어진 듯한 '해방'이었던 까닭에 더욱 그러했겠지만, 만주·시베리아 및 일본 등지의 국외 유이민에 대한 정치적 및 문학적 관심은 그 이전 시기에 비할 수 없을 만큼 현저히 약화되었다. 그것이 극히 중요한 민족적 관심사로 논의되기에는 해방 직후사가 너무나 숨가쁘게 진행되었던 것이다.

전후 한국문제를 둘러싼 국제열강 사이의 복잡미묘한 정치경제적 이해관계의 첨예한 표출, 민족적 대동단결과는 전혀 딴 방향으로 틀잡혀간 국내 좌우익 사이의 민족에네르기 소모전, 남북한에 각각 진주해온 미·소 정치세력에 재빨리 편승한 정치모리배의 군웅할거, 숨죽여 정세의 추이를 예의 관망한 끝에 새로이 발호하기 시작한 막강한 정치실세로서의 친일세력의 반민족적 작태 등으로 요약되는 이 시기의 어두운 상황 하에서는, 어떤 의미에서 국외로부터의 '귀향 유이민' 또는 전재민(戰災民) 문제 따위는 아예 논의의 쟁점으로 부각될 가치조차 없었을는지도 모른다. 사정이 이러하였으므로 해방 직후 재만동포를 비롯한 국외 유이민 문제는 그들의 고통스러웠던 과거를 간단히 역사의 괄호 속에 묶어 없애는 파렴치한 논리 위에서 자연히 모든 부면에서 관심권 밖으로 밀려나게 되었으며, 따라서 이에 실망한 나머지 귀향유이민의 상당수는 되짚어 만주·일본 등지로 돌아가는, 우리로서는 실로 상상조차 할 수 없는 기이한 사태가 대거 발생했던 것이다.

3

만주유이민 문제를 통해 포착되는 한국 유민시 일반의 현실성은 매우 예각적이다. 무엇보다도 그것은, 우리는 지금도 여전히 민족분단의 고통으로 신음하고 있는 정치적 유민임을 그들 작품이 강력히 충격하는 데서 온다. 이 점은 일제강점기 유민시의 주축을 이루는 국내 농민시·노동시와 국외 유이민시, 그리고 해방 직후의 '귀향유이민 시' 등에서 한결같이 확인되는 사항이다.

유민(流民)이란 정치경제적인 이유 때문에 제 고향을 떠나 정처없이 떠돌아 다니며 살아가는 일종의 '국내이민'으로서의 유랑민과, 혹심한 경제적 곤핍 및 정치적 탄압 등의 이유에 따른 '국외 유이민'을 모두 포괄하는 사회과학적 개념이다. 예컨대 조선정부 말기에 특히 두드러지게 나타난 봉건관료들의 혹독한 가렴주구에 못견뎌 만주·시베리아 등지로 유랑해 간 수많은 유망민(流亡民)들은 말할 것도 없고, 일본 제국주의

자들의 조선침탈이 본격화되면서 한층 심화・확대된 격심한 경제적 빈궁과 강도 높은 정치적 박해의 산물인 집단적 유이민, 그리고 항상적으로 이러한 신분적 위기에 직면해 있었던 '농촌 빈민, 화전민, 도시 노동자, 도시 빈민으로서의 토막민(土幕民)' 등이 모두 이에 해당한다.

조선의 '완전 식민지화'를 목적으로 대한제국의 통감 이토 히로부미[伊藤博文]가 설치한 동양척식회사(1908)는 청일전쟁(1894) 당시 2만여 명에 불과했던 일본인 수를 러일전쟁(1904~1905) 직후부터 추진된 '일본 내 과잉인구 흡수정책'에 상응하게끔 '합방' 당해년도인 1910년에는 17만 1천 5백 43명, 이른바 '토지조사사업'이 완료된 1918년에는 33만 7천 명으로 급증시켰다. 또한 그 산하에 4만 6천 정보(1914년)에 달하는 광대한 땅, 그것도 가장 비옥한 논을 소유한 결과 조선농민은 급속히 분해되었다. 그리하여 그들은 소작농・농업노동자로 금방 전락하거나, 화전민・도시노동자로 전환하는 농민들이 대부분이었으며, 국내에서 유리걸식하는 자, 만주・시베리아 및 일본 등지로 유랑의 길을 떠나는 이농민들이 속출하였다[대한제국(大韓帝國, 1897.10.12~1910.8.29) 시기 중엽 하와이(1902)・멕시코(1905) 지역으로 이주해 간, 노예나 다름없는 '노동이민'들도 넓게는 이에 포괄될 것이다].

또다른 한편으로는 조선농민은 동척(東拓) 소작농이나 농업노동자로 고용되거나, '자작농・부농・지주・고리대금업자' 등의 다면적 역할을 성공적으로 해냄으로써 그 시기 이들의 구조적 수탈에 맹활약한 일본인 '동척이민' 휘하에, 또는 일본인이 경영하는 대규모 농장에 예속되든가 농노처럼 붙박히는 사례가 허다하였다. 일제는 말할 것도 없고, 거기다가 토착지주의 수탈적 횡포 및 고리대 착취, 일제에 의해 주도된 허울만의 '근대화', 그리고 불의의 천재지변 등은 식민지 시대 조선농민의 현실을 가일층 악화시켰다.

이 시기 유민시에는 당대의 이러한 역사적 실상이 잘 형상돼 있다. 일제하 조선농민이 급속히 분해되어 결국 국내외로 유리해 가기까지의 과정을 광범하게 다루고 있는 농민시는 그 시적 주제면에서 매우 다양한 양상을 보여준다. 이 가운데서 특히 우리의 주목을 끄는 것은, 비농민적 수리조합제도의 모순, 일제와 그 예하 대재벌 독점자본의 굳건한 결속 아래서 그 원료나 대줄 뿐인 값싼 공급원으로서 만족해야 했던 당대 농민들의 실속없는 '누에고치 실태' 및 소작쟁의 문제를 다룬 것 등이다.

이러한 농민시의 폭넓고 다양한 주제 양상은 그 자체로서 독립적인 성격을 띠는 것이라기보다는, 시적 주체인 그들 농민이 화전민이나 도시노동자로 전락한 뒤의, 농민이었을 때보다 한층 악화된 삶의 실상을 다룬 시들의 그것과 긴밀히 관련된다. 노동시에서 숫적으로 현저한 우위를 차지하는 것은, 조선이 가진 풍부하고 저렴한 원료와 노동력을 바탕으로 막대한 식민지 초과이윤을 약탈적으로 짜낼 수 있었던 방직공업 부문에 대규모로 동원되었던 제사(製絲) 여직공들의 열악한 노동조건 및 그 삶의 애환을 노래한 작품들이다. 이 노동시 중에서 특히 주목에 값하는 것은 1930년대에 들어서면서부터 유례없이 강화된 사상탄압 및 모든 운동부면에 대한 철저한 금압정책에도 불구하고 열악하기 그지없었던 노동현실을 개선하기 위해 직접 그 현장에 뛰어든 노동운동가들의 삶을 반영한 상당수의 작품들이다. 이러한 노동자들의 '운동적 삶'에 강력히 연대된 여직공 또는 일반 여성을 그 시적 주인공으로 크게 내세우는 경우도 적잖이 눈에 띈다. 또한 여기서 빼놓을 수 없는 게 있으니, 일제 식민통치시대에 있어 농촌빈민・화전민과 더불어 이른바 '3대 빈민층'을 이룬, 헐값의 노동예비군으로서 도시 변두리에 움집[土幕]을 파고 날품팔이로서 가까스로 그 목숨을 부지했던 숱한 토막민들의 어두운 삶을 노래한 시들이 바로 그것이다.

이러한 농민시나 노동시는 국외 '유이민 시'의 전단계에 정확히 놓여진다. 이 국외 유이민시 중에는, 일제의 '국책이민 정책'이 조직적이고도 광범하게 실시된 '만주사변'(1931.9.18) 이후 짐짝처럼 아무렇게나 '이민열차'에 실려 만주 등지로 떠나갔던 그 시기 수많은 이농민들의 역사적 삶을 그 주요한 시적 현실로 수용하고 있음이 특기할 만하다. 이들 유이민의 비극적 현실을 강력히 매개해주는 시적 상관물로서 '두만강·압록강·영산강·낙동강' 등이 자주 등장하고 있는 것도, 그것들이야말로 식민지시대 조선농민에게 있어서는 가장 중요한 삶의 젖줄 바로 그것이었다는 점에서 매우 시사적이다. 뿐만 아니라 그것은 일제에 쫓겨갔다가 어떤 형태로든 다시금 되쫓겨 올 때마다 반드시 지나쳐야 하는 압록강이나 두만강은 그 당시 만주·시베리아 유이민들에게는 실로, 저 유태인들의 '애통의 벽(the Wailing Wall)'에 비견되기에 충분한 '애통의 강'으로 되었다. "아니, 아니다! / 그것은 '여자공출'에 뽑혀 / 목이 메어 국경선으로 끌려가던 / 아, 분이의 그 울음소리다"(임효원, 「두만강 여울 소리」 부분, 『고향은 언제나 내 가슴 속에』(신동욱 편), 정음문화사, 1987, 216면 참조; 현 '중공' 거주 한인동포 시선집)라고 할 수 있을 만큼 참절한 역사적 절규로 자연스럽게 확장될 만한 것이며, 더 나아가 "그것은 한 피를 문 형제간이, 서로 맞총질하던 억울한 세월에 / 너무나도 가슴을 찢던 어머니의 절규"(위의 시) 그 자체에 해당하는 현실적인 시적 표상이기도 한 것이다.

만주유이민의 구체적인 생활사의 시적 수용 실태는 매우 다양하게 드러난다. 중국관헌의 압박, 중국 지주의 횡포, 마적(馬賊)의 폐해, 힘들여 개간한 땅을 중국인 지주 및 '입식(入植) 일본인' 등에게 빼앗긴 후 계속되는 유랑생활의 악순환, 술집 작부로 전락했거나 어린 나이로 '꽃영업'을 해야 했던 많은 조선이농민의 딸들의 비극적인 삶이 극적으로 반주되어 작품 여기저기에 그 모습을 드러내고 있는 것이다.

시베리아 연해주(沿海洲) 유이민에 관련한 작품적 실상은 만주유이민 시의 경우와 비교할 때, '시베리아 유이민 생활사'에 맞먹는 다양한 실적들이 크게 두드러지지는 않는다. 아마도 이는 일제의 중국 침략이 본격화된 1930년대 벽두부터 특히 '일제의 연장세력'으로 간주되어 급기야 1937년 소련 레닌정권에 의해 중앙아시아 지역으로 강제이송된, 흔히 원동(遠東)으로 통칭되었던 중국과의 접경지대에 거주하고 있던 많은 시베리아 유이민들이 겪었던 정치적 현안의 비극성에 밀접히 연관되는 것이 아닌가 한다.

그 기본 성격 면에서 '노동이민'에 근사한 일본 유이민의 집단적 발생은 '합방' 이후 1910년대 후반에 들어 특히 급속하고도 광범하게 진행된 국내의 대규모 '농민이향'과, 바로 그 시기에 제1차 세계대전(1914~1918)의 '군수 붐'에 재빨리 편승함으로써 초유의 전쟁특수를 누리고 있었던 일본 제국주의자본의 '노동력 과부족 현상'이 정확히 시기적으로 맞아떨어진 데 기인하였다. 그 무렵의 노동이민은 대개의 경우 일본인 노무알선업자들에 의해 불법적으로 행해졌는바, 실질적으로 그것은 일종의 '노예무역'에 준하는 것이었다.

더욱이 1927년 이후에는 이미 1차대전 때부터 일본 독점자본에 의해 유지돼 온 '노동시장의 저임금 구조'가 한층 강화되면서 도일(渡日) 조선인 노동이민의 노동실태는 가일층 악화되었다. 그리하여 그 중 대다수는 다시 귀환할 수밖에 없었으며, 계속 일본에 거류하는 경우에는 조선인만의 특수지역 즉 '지구(地區)'를 형성하면서 집단적으로 거주하였다. 일본유이민 시에는 바로 이러한 현실이 일정하게 반영되어 있다. 그러나 주목할 것은, 안용만(安龍灣)의 시에서 잘 드러나듯, 일본인 노동자에 비해 3분의 1 내지 그 절반도 채 안되는 저임금 및 열악한 작업환경 속에서 노예에게나 적용됨직한 '구류노동'을 방불케 하는 장시간 노동을 엄혹하게 강요당했던 조선인 노동이민의 생활상이 꿋꿋하고도 생동감 있게 채색돼 있다는 점이다.

멕시코 노동이민은 조선정부조차 알지 못한 상태에서, 1905년 무능한 조선정부의 부패한 고급관료의 모리배적 책동에 의해 불법적으로 행해진, 단지 '노동이민'의 명분만을 빈 '노예무역' 바로 그것이었다. 그들 '노예노동이민'은 식민모국 스페인으로부터 비롯된 독소적 유제(遺制)인 대규모 식민지농장에서 동물적으로 혹사당하였다. 이러한 시적 상응물은 예컨대 채등진의 연속적 가사체 형식의 「대한제국 만만세야 국민회를 만만세야」(1909) 등에서 그 일단이 명확히 드러난다.

해방 직후의 소위 '귀향 유이민' 실태를 시적으로 형상화한 작품들은 극도로 혼란했던 해방정국의 부정적 측면에 초점을 맞추어 '잘못된 해방' 현실을 노래한 것, 일제 식민 통치시대보다 조금도 나아진 바 없이 오히려 더욱 황폐한 상태에 방치되어 있는 '고향'을 처창하게 읊조린 것, 그리고 극히 예외적이고 극소수에 국한된 경우이긴 하지만 '해방 현실'을 다른 약소민족의 암담한 정치적 국면에 긴밀히 연대시켜 노래한 것 등으로 갈래지워 논할 수 있다.

작품 내용에 따른 그 유형적 다양성 못지않게, 일제강점기 및 '해방' 직후에 그 구체를 드러냈던 한국 유민시의 양식적 성격 또한 매우 다양한 측면을 지니고 있다. 이는 그 장르의 기본적인 속성 면에서 체질적으로 굼뜬 서사문학과는 달리, 이 시기 시문학이 일제 식민통치에 효과적으로 대응하기 위해 가능한 모든 시적 양식을 두루 기동성 있게 동원했다는 명백한 증좌에 다름 아니다. 이 점은 적어도 국내외 유이민 문제가 당대의 가장 핵심적인 현안으로서 사회 전면에 그 모습을 드러낸 1920년대 후반에 이르러 판연해진다. 이 시기의 신문·잡지들은 '무명의 독자시인'들을 위한 특별란을 마련, 농민시·노동시·유이민 시 등을 폭넓게 아우르는 유민시 발굴에 특히 힘썼던 것이다.

여기서 특히 우리의 눈길을 끄는 것은, 흔히 '단편서사시'(1929, 김기진)로 통칭될 수 있는 작품들에서 그러한 유이민 현실의 비극성이 매우 심도 있게 천착되어 있다는 점이다. 어떠한 형태의 정치운동도 합법적 차원에서는 전적으로 불가능했던 시대에, 바로 그러한 정치운동의 대체이념적 성격을 강력히 표방하면서 문학이라는 간접회로를 통한 정치운동을 목표했던 프로문학이 그 목적의식을 한층 명백히 한 시기, 즉 적극적인 문호개방과 조직확대를 통해 프로문학의 반제국주의적인 정치적 지향을 가일층 공고히 한 카프의 제1차 방향전환(1927) 이후 활발히 모색된 시적 양식의 구체라 할 수 있는 이 '단편서사시' 류에 국내외 유이민 문제가 밀도있게 형상되어 있다는 것은 하나의 문학사적 필연이라 할 만하다.

4

한국 근현대유민시 논의와 관련하여 관련하여 결코 간과할 수 없는 것은, '유이민 문제'에 관한 한 상당수 기성시인들에 의해 씌어진 작품들의 시적 성취도가 그리 높지 않다는 점이다. 노천명에게서 보이는 가벼운 에그조티시즘(「국경의 밤」, 『산호림』, 1938)적 취향, 유치환에게서 드러나는 깊은 민족허무주의(「새에게」, 『생명의 서』, 행문사, 1947), 그리고 서정주에게서 엿보이는 황폐한 문화주의(「만주에서」, 『인문평론』, 1941.2) 등은 그 단적인 예이다. 흥미로운 것은 그들의 시적 장치가 유이민 현실을 올바르게 형상하는 데 대체로 무기력했다는 사실이다. 때로는 민요적 전통에 굳건히 의지하면서 평이한 시어, 단순한 시적 장치로써 당대 유이민들의 비극적 삶을 놀라웁게 형상한 적지 않은 수에 달하는 무명시인들의 경우와 이는 매우 대조적이다. 한국 근현대시의 정전(正典) 재편작업이 새삼 절실히 요청된다 하겠다(『물위에 기약 두고–한국 유민시 선집 1』, 실천문학사, 1988).

제 2 부

민족문학의 시적 토대

이용악 시의 문학사적 위치

1

일제강점기 한국 근대시사에서 이용악(李庸岳, 1914~1971)만큼 그 시기에 대규모적으로 발생한 국내외 유이민(流移民)의 비극적 삶을 깊이 있게 통찰하고, 또 이를 민족모순의 핵심으로 명확하게 인식, 자기 시에 정당하게 형상한 시인은 드물다. 이는 식민지 시대의 국내 유랑민과 국외 유이민의 집단적 비극, '해방 조국'을 되찾아 온 무수한 '귀향 유이민'의 현실적 질곡을 다름아닌 자기 자신의 그것으로 통절하게 인식하는 시적 관점에 힘입어 성취된 그의 시의 건강성을 통해 쉽사리 확인된다.

분단 40년이 지났어도 민족통일에 대한 전망은 아직도 극히 불투명하기만 한 이 시점에서, 그가 일찍이 '38선'을 두고

> 누가 우리의 가슴에 함부로 금을 그어
> 강물이 검푸른 강물이 굽이쳐 흐르느냐

> 모두들 국경이라고 부르는 삼십팔도에
> 날은 저물어 구름이 모여
>
> —「38도에서」 부분, 『신조선보』(1945.12.12)

라고 읊은 대목은 지금도 하나의 역사적 아픔으로 우리를 옥죄어 오는 듯하다. 여기서 '38도선'은 인적 및 물적 기초의 단순한 양적 분단이 아니라 민족의 동질성을 원천적으로 망각하게 하고 역사의 전진을 역류시키는 "검푸른 강물"로 명료하게 형상되어 있다. 그것은 민족자해(民族自害)적인 냉전이데올로기에 덮씌어진 역사의 암흑과, 깊고도 날카롭게 각인된 분단의 한(恨)을 동시적으로 표상한다. '6・25전쟁'를 거치면서 한층 견고한 현실선으로 고착되어 온 그 '38도선'이야말로, 정치적 난민(難民)으로서의 일제하 '집단유이민 현상'이 '해방'과 더불어 일거에 종식된 단순과거사가 아니라 그 겉모습을 달리하면서 지금껏 엄히 계속되고 있는 바로 이 시대의 질곡임을 일깨워주는 날카로운 시적 징표인 것이다.

이런 점에 다소라도 유념한다면, 이용악 시에 관한 논의는 결국 오늘의 분단현실을 똑똑히 인식하는 문제와 동궤의 것임을 깨닫게 된다. 오늘 우리민족은 체제와 이념을 달리한 채 민족적 저류에 통합하기를 거부하는 '분단 모국'의 주요한 양대 구성체의 어느 한쪽에 속해 살면서 "모두들 국경이라고 부르는 삼십팔도" 저 너머의 다른 한쪽과 원수처럼 절연・대립하고 있는 정치적 유이민에 다름아니기 때문이다. 극히 때늦은 '해금'(1988.7)에 따른 것이긴 하지만, 이용악 시 논의의 현실성은 여기서 찾아져야 할 것이다.

2

이용악의 집안은 누대에 걸쳐 상업에 종사하면서, 그 주된 생활 근거지로서 그가 태어난 함경북도 경성읍을 크게 벗어나지 않았는데, 줄곧 곤핍한 생활에서 벗어나질 못했던 것 같다. 그의 할아버지는 금을 얻기 위해 일찍부터 몸소 소달구지에 소금을 싣고 러시아 영토를 넘나들었으며, 이러한 생활은 아버지 대에도 계속되었다 한다. 그의 아버지는 바로 그 과정에서 객사한 듯한데, 이는 그의 가족사적 면모가 생생히 반영된 작품 「우리의 거리」(1949)에서 "타향서 돌아가신 아버지"라는 시적 표현을 얻고 있다(자전적 성격이 짙은 작품 「풀버렛소리 가득차 있었다」·「푸른 한나절」 등에서도 이런 점은 어느 정도 해명된다. 이하 작품은 윤영천 편, 『이용악 시 전집』 재판, 창작과비평사, 1995 참조). 필자가 추정하건대 아마도 그의 부망(父亡) 시기는 아무리 늦더라도 1922년 이후로 내려 잡기는 곤란하다고 생각된다. 레닌혁명의 시베리아 제압으로 '극동 러시아령의 소비에트화'가 구체화된 1922년 이후부터는 조선인의 소비에트화를 극도로 경계한 일제에 의해 국경봉쇄가 매우 삼엄해졌으며, 따라서 이 방면으로의 '가족 이주, 집단 이주'는 사실상 불가능하였기 때문이다.

아버지의 객사로 그의 어머니는 국수장사·떡장사·계란장사 등으로 어렵게 생계를 꾸려야 했지만, 그 와중에서도 아들 3형제 — 그의 형 송산(松山)과 동생 용해(庸海)는 모두 시를 썼는데, 용해는 시인 유정(柳星)과 경성고보 동기동창이다 — 만은 모두 고급학교에 진학시키는 억척스런 생활인의 면모를 보여주었다. 가난이 몸에 밴 그는 일본 상지(上智)대학 신문학과 유학 시절(1934~1938) 날품팔이 노동꾼으로 전전하면서 간고한 학창생활을 보내었다. 그런 한편, 함경북도 명천(明川) 출신으로 훗날 『문장』을 통해 등단한 시인 김종한(金鍾漢)과 더불어 『2인』이라는 동인지를 발간하는 문학적 정열을 불태우기도 하였다. 이 기간중 방학 때면 으레 귀향, 우리 동포들이 밀집적으로 거주하는 북간도 등지를 몸소 답파하여 만주유이민들의 비극적인 삶의 전모에 깊이 주목하였으니, 이 유학시절에 잇따라 발간한 시집 『분수령』(동경 : 삼문사, 1937)과 『낡은 집』(동경 : 삼문사, 1938)은 그 구체적인 작품적 결실이었던 것이다. 또한, 이 시기에 그는 단순한 문학주의자로서 처신하지 않고 민족해방운동에도 관여하여 몇 차례의 투옥을 경험(김광현, 「내가 본 시인－정지용 · 이용악 편」, 『민성』, 1948.10 참조)하기도 했다.

일본 유학생활을 마치고 1939년 귀국한 그는 한때 『인문평론』에서 일하기도 했으나, 이 잡지마저 폐간(1941.4)당한 이후에는 『춘추』 · 『국민문학』 등의 친일적 성향이 짙은 잡지에 이따금 작품을 발표하는 게 고작이었다(이 때문에 그의 시는 훗날 '친일문학' 논의의 표적이 되기도 하였다). 그러나 이미 전시체제로 돌입한 일제에 의해 조선인 전체의 삶이 무참하게 유린되고 훼손되기 일쑤였던 그즈음 마침내 그는 서울생활을 청산하고 귀향(1942)하기에 이른다.

'해방'과 함께 이용악은 급거 서울로 귀환, 그 얼마 후 조선총독부도서관(현 국립중앙도서관 전신)의 일본인 도서관장의 관저인 적산가옥을 접수하였다 한다. 시인 유정의 증언에 의하면, 좌우익 사이의 이념적 대립이 발전적으로 해소되기는커녕 오히려 극도의 혼란상의 귀결점이라 할 '이승만 남한 단독정권 수립'(1948.8.15) 전후 시기에 그는 정지용(鄭芝溶) · 정인택(鄭仁澤) · 허준(許俊) 등과 정릉에서 이웃해 살았다 한다. 1950년 2월 6일 '남로당 서울시문화예술사건'으로 피체, 징역 10년을 선고받고 서대문형무소에 복역 중 이던 이용악은 '6 · 25전쟁' 발발 사흘째인 '6 · 28 북한군 서울점령'으로 여기서 석방된다.

박태원(朴泰遠) · 현덕(玄德) · 설정식(薛貞植) 등과 함께 '6 · 25동란' 통에 월북한 그는, 1953년 8월 임화 · 이원조 등 '남로당계 문인' 숙청 당시 종파분자로 지목당해 한동안 집필금지에 묶이기도 하였다. 그 후 그는 메마르고 척박한 언어로 「평남관개시초」(1956) 등을 발표하고 『리용악 시선집』(1957)을 펴내는가 하면, 시인 김상훈(金尙勳)과 함께 『풍요 선집』(1963)을 공역·출간하기도 했는데, 그 이후의 구체적 행적은 제대로 알 길이 없다.

3

1930년대 우리 시사에서 광범한 영향력을 행사한 바 있는 모더니즘적 경향에 주목했던 백철은, '모더니즘의 후예들' 속에 이용악을 위치시키면서도 "일종의 경향시인"이라고 덧붙이기를 잊지 않았다(『조선신문학사조사』 현대편, 백양당, 1949). 말하자면 그의 시인적 좌표를 모더니즘과 리얼리즘 시의 중간에 설정한 셈인데, 여기서 중요한 것은 용악시에 드러나는 이러한 양면성이 상호보족적 필요를 제공하는 두 가지 상이한 측면의 통합적 공유인가, 아니면 단순히 서로 상반되고 대척적이기까지 한 두 측면의 분열적 공존, 다시 말해 아무런 세계관적 기초 없이 당시 문단에서 일종의 문학적 관습으로까지 되었던 모더니즘 시운동에 그가 쉽사리 유인된 결과 빚어진 일시적인 공존인가를 판별해내는 일이다.

이용악의 초기시, 예컨대 「임금원(林檎園)의 오후」(1935)나 「오월」(1936) 등에서 두드러지는 것은, 뛰어나게 감각적인 이미지의 구사에도 불구하고 전체적으로는 그 예술적 형상의 창조에 실패하고 있다는 점이다. 삶의 경험적 세부가 시인의 조급한 추상화에 짓눌림으로써 작품을 전면적으로 지배하는 것은 화자의 주관적 감정의 파편들이다.

용악시에서 엿보이는 모더니즘적 취향은, 20세기 자본주의하 시장경제 체제의 중심부에서 소외된 특정계층에 의해 생산되고 강화된 예술적 태도로서의 일반적 모더니즘과는 일정하게 구분되는 것처럼 보인다.

역사발전에 대한 낙관적 전망의 결여, 암담한 시대현실에 말미암은 사회적 절망감과 미학적 제한성은 그 발생의 단초에서부터 스스로 예비된 것이라 하겠는데, 이런 점에 비추어 볼 때 용악시의 모더니즘 지향성은 선뜻 이해되기 어려운 특점을 지닌다. 우선 흥미로운 것은, 그의 계층적 입지와 그러한 지향에서 드러나는 근본적 상반성에도 불구하고 어떻게 그 양자가 문학적 악수관계에 들어갈 수 있었는가 하는 점이다. 무엇보다도 그 작품을 통해 확인되는 바이지만, 이용악 시의 모더니즘적 취향은 그에 대한 확고한 세계관적 기초 아래 이뤄졌다기보다는 당시의 문단적 추이에 민감하게 반응한 데 따른 것이 아닌가 한다. 양자의 위기적 공존 양상을 내보이는 작품들에서마다 이용악이 철저한 시적 무기력을 노출시키는 것은 그러므로 하나의 당위에 속하는 것이라 할 수 있다.

그런데 주목할 것은 그 양자 사이의 방황이 해방 후 시에서도 그대로 드러난다는 점이다. "조선시에서 가장 난해한 부류"(김광현)로 논의될 만큼 그의 시 가운데는 시적 논리가 취약한 작품이 상당수 포함되어 있기까지 하다. 잘못된 문학적 경향에의 일시적 중독이 작품적 대세를 판가름하는 데 때로는 치명적일 수도 있다는 하나의 교훈적 사례로 기억되어야 할 것이다.

4

민족해방운동에 대한 원천적 봉쇄, 침략전쟁 수행을 위한 인적 및 물적 자원의 강도적 약탈과 동원, 황국신민화 정책의 조직적 강제, 그리고 민족문화에 대한 철저한 탄압 등으로 특징지어지는 일제 식민통치 말기에 있어서 시인의 글쓰기란 자칫 고립된 자아의 자리에로의 도피로 귀착되기 일쑤였다. 일체의 조선어 신문 및 잡지가 폐간 당한 1940년 이후부터는 국어를 통한 어떤 형태의 문자행위도 허용되지 않았으며, 따라서 이 무렵의 '한글시 발표'는 그 자체가 바로 친일문학 행위로 매도되었으니, 이용악 또한 이러한 '친일의 낙인'으로부터 결코 자유로울 수 없었다. 이러한 반문화적 시대일수록 시인에게 절실히 요청되는 것은 무엇인가. 독자에게 시적 진실을 교묘하게 전달할 수 있는 문학적 책략을 강구함으로써 그를 질곡하는 억압적 체제에 방법적으로 저항함이 바로 그것일 터인데, 이런 점에서 볼 때 용악시는 이와 같은 시대적 요청에 적실하게 부응한 대표적 사례라 할 만하다.

이제 오랜 치욕의 사슬은 끊어지고
잠들었던 우리의 바다가 등을 일으켜
동양의 창문에 참다운 새벽이 동트는 것이요
승리요
적을 향해 다만 앞을 향해
아세아의 아들들이 뭉쳐서 나아가는 곳
승리의 길이 있을 뿐이요

—「눈 내리는 거리에서」 부분, 『조광』(1942.3)

여기서 시인은, 조금이라도 세심한 비평적 독자라면 그 시적 의미를 금방 알아차릴 수 있는 지식인 부류의 독자층에 은밀하게 전달하는 일종의 수용미학적 독자사회학의 방법을 원용하고 있다. "동양의 창문에 참다운 새벽이 동트는 것", "아세아의 아들들이 뭉쳐서 나아가는 곳" 등의 구절을 통해 우리가 쉽사리 유추할 수 있는 것은 일제의 대동아주의를 명백히 뒷받침하는 문학적 임전보국 즉 전형적인 '황민문학'의 모습이지만, 이 시의 진정한 주제는 이러한 표면적 의미를 전적으로 배반하는 곳에 놓인다. 고통스런 현재를 딛고 일어서 아름다운 미래적 비전을 실현하고자 하는 시적 자아에게 궁극의 목표로 되는 것은 "오랜 치욕의 사슬"로부터의 온전한 해방이며, 그를 위해 부단한 자기희생적 삶을 스스로 격렬히 고무하는 것, 이것이 이 시의 진짜 주제인 것이다.

식민지 지식인에 대한 철저한 사상통제가 극에 달했던 당대 상황으로 미루어볼 때, 이처럼 협소하고 궁색한 문학적 응전으로나마 현실적 질곡을 돌파하고자 한 이용악의 시적 노력은 그 나름의 중요한 의미를 지닌다.

5

용악시의 탁월함은 모더니즘에의 유혹이 축소·완화되고 그 대신 구체적인 자기 삶에 굳건히 토대한 '이야기시'를 지향할 때 잘 드러난다. 우리 근대시사에서 강력한 서사지향성의 이 이야기시의 출현이 지니는 의미는 대단히 심중한 것인데, 이용악의 경우 우리가 특히 주목할 것은, 그의 시가 1929년 무렵 문단의 핵심적 쟁점으로 떠올랐던 '단편서사시'의 뚜렷한 작품적 결실로 평가되었다는 사실이다. 임화(林和)의 「우리 오빠와 화로」(『조선지광』, 1929.2)를 논하면서 김기진(金基鎭)이 명명한 이 '단편서사시'는 비교적 선명한 서사적 골격을 지닌 일종의 이야기시라 할 수 있겠는데, 악화일로만을 치닫던 당대의 객관적 정세에 비추어 본다면 그것은 절실한 시대적 요청의 결과임이 분명하다. 단순하기 짝이 없는 기성 서정시로써는 미처 급변해가는 서사적 현실의 복잡성을 일정하게 반영하는 것이 아무래도 역부족이라는 양식적 자각, 여러 개의 지배적인 이미지들이 파편적인 형태로 널려 있기 마련인 기성의 단형 서정시가 그러한 파편적 이미지들을 통합적으로 바라보는 재구성력이

미급한 일반 독자들로부터 대중성을 확보하는 데 상당한 난점이 뒤따른다는 인식 등이 복합적으로 작용, 그 결과물로 나타난 것이 바로 '단편서사시'이다.

물론, 임화가 시도한 일련의 단편서사시는 시적 대상에 대한 값싼 감상주의를 현저히 노출시킴으로써 명백한 구조적 취약성을 보여주었다. 그러나 이러한 약점에도 불구하고 그의 시는, 종래의 프로시처럼 이념이나 사건을 세계관에 의하여 설명하는 '개념시'를 부분적으로 극복, 프롤레타리아 서정시의 한 전형을 제시하는 새로운 지평을 열어주었으며, 그 양식적 후속 작업은 안용만(安龍灣)·이용악 등에 의해 이루어졌던 것이다. 말하자면, 임화가 시도한 이러한 시적 양식을 기폭제로 하여 그 시기 한국시의 진정한 방향성 및 대중성 획득에 관한 논의가 활발하게 전개되고, 1930년대에는 그것이 하나의 중요한 시사적 경향성을 띠기에 이른 것이다. 용악의 이야기시가 이러한 시사적 경향성에 정당하게 연결된 소산임은 거의 분명한 듯하다. 그런데 여기서 조심스럽게나마 지적하고 넘어갈 것은, 용악의 경우에 국한시켜 말한다면 그의 '시의 서사화 현상'은 한시(漢詩)적 전통에 깊이 연관된 흔적이 매우 짙다는 점이다.

시의 서사화 현상은, 이를테면 다산(茶山) 정약용(丁若鏞)을 비롯한 조선 후기 시인들의 여러 한시들에서도 쉽게 확인할 수 있는, 우리에게는 결코 낯설지 않은 오래전부터의 건강한 문학적 관습에 속한다. 이러한 시적 양식이 그 표현매체를 달리하면서 1930년대 일제 식민통치 시대에 이용악에 의해 깊이 자각되고, 바로 그것이 당대 민족모순의 핵심이었던 국내외 유이민 현실의 비극성을 매우 심도 있게 형상한 그의 이야기시로 나타난 게 아닌가 여겨진다.

이용악의 이야기시가 제공하는 가장 중요한 매력의 하나는, 식민지 시대 조선 민중의 삶을 긴박하는 정치경제적 강제를 그의 구체적인 경험적 세부에 긴밀히 관련시켜 하나의 분명한 예술적 형상 또는 문학적 전형을 창출해 보이는 데서 찾아진다. 그의 시에 자주 보이는 '가족 이야기'는 그의 치열한 현실인식의 중핵을 이루면서, 그들 가족과 똑같은 처지에 있는 이웃에로의 수평적 확대를 적극 꾀하는 시적 구심점 노릇을 한다.

재를 넘어 무곡을 다니던 당나귀
항구로 가는 콩실이에 늙은 둥글소
모두가 없어진 지 오랜
외양간엔 초라한 내음새 그윽하다만
털보네 간 곳은 아모도 모른다

더러는 오랑캐령 쪽으로 갔으리라고
더러는 아라사로 갔으리라고
이웃 늙은이들은
모두 무서운 곳을 짚었다

—「낡은 집」(1937) 부분

튼튼한 서사적 골격 위에 식민지시대 조선농민의 몰락상, 더 나아가 전 조선인의 파멸적인 삶의 실상이, 이제는 더 이상 퇴락할 여지조차 없는 까닭에 "마을서 흉집이라고 꺼리는 낡은 집"(같은 시, 제1연)에 견주어 명료하게 형상되어 있다. '찻길'로 표상된 파행적인 '근대화'의 허구, 그 과정에서 행해진 민중수탈상의 상징적 묘파, 만주·시베리아 등지로 기약 없는 유랑의 길을 떠나는 조선세궁민의 참상 등이 균형 있게 노래된 이 시는 식민지시대 조선민중의 가장 핵심적인 과제로 떠올랐던 국내 유랑민과 국외 유이민 문제와 직결시켜 볼 때 그 시적 의미는 단연 빛나는 것이다.

일제 식민지 수탈의 가장 명징한 공간적 지표인 '항구'를 쉴새없이 드나든 나머지 너무나 일찍 늙어버려 늠름하고 당당하기만 했던 옛날의 기품의 아예 찾아 볼 수조차 없게 된 "둥글소"나, 이제는 어디에서도 그 건장했던 모습을 털끝만치도 찾아볼 수 없을 정도로 늙고 쇠잔한 "털보"의 보기 흉하게 일그러진 시적 이미지는 "흉집이라고 꺼리는 낡은 집"의 퇴락한 그것과 기묘하게 어우러지면서, 만주·시베리아 등지의 "무서운 곳"으로 떠나간 털보네 일가의 결코 심상치 않은 암담한 미래를 강하게 암시해준다. 일곱 식솔의 털보네 일가가 겪는 불행은 한 가족 단위의 그것이 아니라 당대 민족모순으로 어김없이 확장되는 집단적 비극이었다는 점에서, "낡은 집"의 시적 내포는 그야말로 의미심장하다.

이용악 시에 형상된 만주유이민의 생활사는 어떠한가. 우선 주목되는 것은, 궤멸적인 농민분해에 따른 경제적 파탄 때문에 '이민열차'에 짐짝처럼 실려 만주 등지로 팔려간 조선여인들의 비극적인 삶의 시적 반영이다.

> 호인(胡人)의 말몰이 고함
> 높낮어 지나는 말몰이 고함—
> 뼈자린 채쭉 소리
> 젖가슴을 감어 치는가
> 너의 노래가 어부의 자장가처럼 애조롭다
> 너는 어느 흉작촌(凶作村)이 보낸 어린 희생자냐
>
> —「제비 같은 소녀야」(1937) 부분

여기서 우리가 확인하게 되는 것은 무엇인가. 뼈빠지게 일해도 줄곧 적빈을 모면할 길 없는 어느 소작농의 참담한 실상이, 마치 입도선매되듯 어리디어린 나이로 남의 나라 땅에 팔려와 술집 작부로 잔명해 가는 그 딸의 기구한 삶을 통해 잘 드러난다. 여기서 그녀의 젖가슴을 휘감는 "뼈자린 채쭉"이야말로, 그 시기 만주유이민들에게 가해진 중국인 지주로부터의 가혹한 수탈, 마적의 폐해, 중국 관헌의 무서운 압박, 게

다가 일본 관동군의 괴뢰정권인 '만주국'(1932)의 정책적 비호 아래 만주 유이민을 조직적으로 유린했던 일본인 지주 및 '무장이민'의 횡포 등을 종합적으로 표상한 것에 다름 아니다.

> 우리집도 아니고
> 일가집도 아닌 집
> 고향은 더욱 아닌 곳에서
> 아버지의 침상 없는 최후 최후의 밤은
> 풀벌렛소리 가득차 있었다
>
> ―「풀벌렛소리 가득차 있었다」(1937) 부분

이 시에 우리는, 남의 나라 땅 '아라사(러시아)'에서 비극적인 최후를 마치고 간 아버지의 주검과 마주치게 된다. 그 아들이자 작중화자인 '나'의 아버지에 대한 시선은 무서울이만큼 차갑고 엄격하다. 이러한 사실전달적 어조와 냉정한 시선을 통해, 그 시기 시베리아 유이민 현실을 예각적으로 형상한 것이다. 더욱이 그것은, "아버지의 침상 없는 최후 최후의 밤은 풀벌렛소리 가득차 있었다"라는 구절에서 폭발적으로 드러나는 서정성에 매개되어 보다 명료한 이미지를 획득하고 있다. 슬픔의 감정을 엄격히 통제하는 현실주의적 정신의 높이가 이러한 시적 형상력을 가능케 한 것이라 하겠다.

6

용악시에는 '고향 상실감'에 관련된 결코 단순치 않은 시적 정서가 두드러져 보이는데, 중요한 것은 그것이 이 시인의 현실인식을 일정하게 강화·충격하고 있다는 점이다. 따라서 그의 '고향'은 단순한 향수 대상이 아니라 그가 처한 현실적 상황을 총체적으로 가능하게 하는 예민한 시적 감응체로 기능한다.

> 북쪽은 고향
> 그 북쪽은 여인이 팔려간 나라
> 머언 산맥에 바람이 얼어붙을 때
> 다시 풀릴 때
> 시름 많은 북쪽 하늘에
> 마음은 눈감을 줄 모르다
>
> —「북쪽」(1937) 전편

여기서 고향은 고통받는 삶과 역사의 시적 등가물로 치환되어 있다. 시적 자아의 의식은 '북쪽 고향'을 향해 늘 명징하게 깨어 있는 형상을 취하고 있는바, 이는 남의 나라 땅에서 노예적 삶을 강요당하면서도 고향땅으로부터의 '북쪽 바람'에 즉각 예민하게 반응하는 '호마(胡馬)'의 이미지에 아주 근사하다. "여인이 팔려간 나라"로 그 시적 내포의 비극적 확장을 이루고 있는 고향 이미지 또한 결코 예사로운 것일 수 없다. 무엇보다도 그것은, 정치적 볼모로서 오랑캐 땅에 끌려가 구차한 첩살이로 잔명하면서 통한의 "춘래불사춘(春來不似春)"을 읊조려야 했던 저 왕소군(王昭君)의 애절한 형상에 그대로 통하는 것이기 때문이다. 이러한 한시적 모티프에 힘입어 그녀의 슬픔은 극히 간결하고도 투명하게 객체화되어 노래되고 있다.

이용악에 있어 그의 훼손되고 상처받은 삶을 새로운 힘으로 충전시키고 거듭나게 할 수 있는 시적 공간은 말할 것도 없이 '고향'이다. 그러나, "나는 그리워서 모두 그리워 / 먼길을 돌아왔다만 / 버들방천에도 가고 싶지 않고 / 물방앗간도 보고 싶지 않고 / 고향아 / 가슴에 가로누운 가시덤불 / 돌아온 마음에 싸늘한 바람이 분다"(「고향아 꽃은 피지 못했다」

부분)에서 볼 수 있듯이, 타관으로의 오랜 유랑 끝에 결행된 귀향은 운명적 고난의 종지부가 아니라 그 순환적 고리의 하나일 뿐이다. 남의 수중에 완전히 장악된 황폐한 고향의 모습을 "가슴에 가로누운 가시덤불"로 형상한 데서 이 점은 명료하다.

1942년부터 해방되기까지 약 3년간에 걸친 이용악의 낙향 기간은 그로서는 실로 견디기 어려운 욕된 세월이었던 것 같다. 그는 이때의 심경을, "몇 마디의 서양말과 글짓는 재주와/그러한 것은 자랑삼기에 욕되었도다"(「시골사람의 노래」 부분)라고 읊고 있다. 도시적 사고와 생활 습속에 이미 깊숙이 침윤된, 식민지 지식인으로서의 그의 경성생활은 일종의 유배생활로나 이해될 성질의 것이었을 터이다. 가령 그가 "멀어진 서울을 그리는 것은/도포 걸친 어느 조상이 귀양 와서/일삼는 버릇일까"(「두메산골 3」 부분)라고 노래하면서 자기합리화에 가까운 회고적 귀족주의를 은밀하게 표명하는 데서 그런 면모는 단적으로 드러난다.

"모두 벼슬 없는 이웃이래서/은쟁반 아닌/아무렇게나 생긴 그릇이 되려/머루며 다래까지도 나눠 먹기에 정다운 것인데/서울 살다 온 사나인 그저 앞이 흐리어/멀리서 들려오는 파도소리와 함께/모올래 울고 싶은 등잔 밑 차마 흐리어"(「등잔 밑」 부분)에서, 관념적 대응으로써는 결코 자기통어가 불가능할 만큼 강력한, 이 시인의 뿌리깊은 서울지향주의를 읽어낼 수 있다. "아무렇게나 생긴 그릇"이 아니라 값진 "은쟁반"이기를 의식의 심층에서부터 충동하는 "파도소리"야말로 이 시인의 강한 서울지향을 드러내는 물적 표상이다. '해방'되자마자 즉각 서울행을 단행한 이용악의 처지가 쉽사리 수긍된다.

7

'해방공간'의 용악시가 보여주는 주된 특성 중의 하나는 이른바 '귀향 유이민'의 비극적 실태를 날카롭게 형상한 데서 찾아진다. 이는 이미 일제강점기에 이루어진 국내외 유이민 문제에 대한 그의 정당한 시적 관심의 훌륭한 연장임에 틀림없지만, 극도로 혼미했던 해방정국 또는 당시의 분열적 문단상황과 관련시켜 본다면 그 시기 "우리나라 인민들만이 지니고 있는 비범한 전형적인 분노와 원한을, 심각한 상경(狀景)을 생생하게 발랄하게 노래"(이수형, 「용악과 용악의 예술에 대하여」, 『이용악집』, 동지사, 1949)한 용악 시의 의미는 훨씬 배가될 만한 것이다.

'연합국' 측의 승리에 따른 덤의 형식으로 일단 손쉽게 주어진 듯한 '해방'이었던 까닭에 더욱 그러했겠지만, 특히 국외 유이민에 대한 정치적 및 문학적 관심은 식민지 시대에 비해 현저히 약화되었다. 그것이 중요한 민족적 관심사로 진지하게 논의되기에는 해방 직후사가 너무나 파행적으로 치달았던 것이다. 전후 한국문제를 둘러싼 국제열강 사이의 복잡미묘한 정치·경제적 이해관계의 첨예한 표출, 좌우익 사이의 민족 에네르기 소모전, 남북한에 각각 진주해온 미·소 정치세력들에 재빨리 편승한 정치모리배의 군웅할거, 숨죽여 정세의 추이를 예의 관망한 끝에 새로이 발호하기 시작한 친일잔재세력의 반민족적 작태 등으로 요약되는 이 시기의 어두운 상황하에서는, 어떤 의미에서 국외부터의 '귀향 유이민' 또는 '전재민(戰災民)' 문제 따위는 아예 논의의 쟁점으로 부각될 가치조차 없었을는지도 모른다. 이런 점들에 상도할 때, 일제 식민통치의 정책적 산물로서 해방 뒤에도 계속 국외에 머물러 있어야 했던 숱한 정치적 유이민들에 대한 대국적 통찰에는 이르지 못한 명백한 한계에도 불구하고, 이용악의 '귀향유이민 시'는 주목될 필요가 있다.

"두만강 저쪽에서 온다는 사람들과 / 자무스[佳木斯]에서 온다는 사람들과/험한 땅에서 험한 변 치르고/눈보라 치기 전에 고향으로 돌아간다는/남도 사람들과/북어쪼가리 초담배 밀가루떡이랑/나눠서 요기하며 내사 서울이 그리워/고향과는 딴 방향으로 흔들려 간다"(「하나씩의 별」 부분)에서, 우리는 소련군 화물열차 지붕 위에 덤처럼 얹혀진 "남도 사람들"의 기막힌 모습을 발견한다. 그것은 미소 양대 열강의 정상배적 흥정의 값싼 부산물로 전락, 급기야 민족분단의 비극적 주체로 되고 만 한국인의 정치적 운명을 함축한 것에 다름 아니다.

이용악의 서울지향주의는 여기서도 잘 드러난다. 오장환(吳章煥)에 의해 '병든 도시'로 진단된 바 있는, 그 "서울이 그리워/고향과는 딴 방향으로 흔들려 간다"는 화자의 시적 진술이 뜻하는 바는 무엇인가. 이 시인에게 있어 그것은 문화적 중앙집권이 가장 확실하게 살아 움직이는 서울에서의 문학적 두각을 열망하는 조급성의 한 표현, 달리 말하자면 민중적 삶의 세부를 정확히 포착할 수 있는 생생한 지방주의적 관점으로부터의 때이른 일탈을 뜻할 수도 있다.

그러면, 이용악의 시선에 잡힌 귀향 유이민 현실은 어떠한가. "거북네는 만주서 왔단다 두터운 얼음장과 거센 바람 속을 세월은 흘러 거북이는 만주서 나고 할배는 만주에 묻히고 세월이 무심찮아 봄을 본다고 쫓겨서 울면서 가던 길 돌아왔단다/떠팡을 떠날 때 강을 건늘 때 조선으로 돌아가면 빼앗겼던 땅에서 농사지으며 가 갸 거 겨 배운다더니 조선으로 돌아와도 집도 고향도 없고"(「하늘만 곱구나」 부분)에 명료히 형상된 그대로이다. '거북네' 일가처럼 "추야장장 긴긴 밤에 엄동설한과 과동(過冬) 걱정으로 잠 못 이루는 전재동포의 설움이야말로 남조선 2천만 인민의 다 같은 시름이며 해방조선의 설움"(「거리에서 헤매는 전재동포」, 『독립신보』, 1947.9.19)이었던 것이다.

해방 후 이용악 시가 보여주는 또다른 주요한 측면은, 귀향 유이민의 비극적 실상을 통한 민족현실의 구조적 통찰이다. "이미 아무것도 갖지 못한 우리/일제히 시장한 허리를 졸라맨 여러 가지의/띠를 풀어 탄탄히 돌을 감자 / 나아가자 원수를 향해 우리 나아가자 / 단 하나씩의 돌멩일지라도 틀림없는 / 꼬레이어의 이마에 던지자"(「나라에 슬픔 있을 때」 부분)에서, "자유의 적"으로 규정된 '꼬레이어'(골리앗)와 그에 맞서 싸우는 '다뷔데'(다윗)는 말할 것도 없이 제국주의 열강과 그 압제의 사슬 아래 고통스럽게 신음하는 약소민족을 각각 표상하는 것이라 할 수 있다. '해방'은 되었어도 일제 식민통치 시대와는 또다른 '슬픔'과 '어둠'에 속박당해야 하는 한국인의 서글픈 모습을 개괄해 보이고 있는 것이다. 이런 데서 드러나는 이용악의 시적 지향은 반제국주의 민족문학에 깊이 연관되어 있다. 이는 본질적으로, 이 시에 강하게 암시된 것처럼 '해방'은 현재적 상황에서 향유될 것이 아니라 미래에 새롭게 진취되어야 할 것이라는 적극적인 현실인식의 토대 위해서만 가능한 민족해방문학과 동궤이다.

민족모순의 문학적 탐색을 특히 중시한 조선문학건설본부(1945.8.16)와, 그보다는 계급모순에 주된 관심을 집중시킨 조선프롤레타리아문학동맹(1945.9.17)이 여타 운동부문의 발전적 추이에 발맞추어 조선문학동맹(1945.12.13)으로 통합되고, 그 전진적 의의를 새롭게 확인하기 위한 전국문학자대회(1946.2.8~2.9)—여기서 그 단체명은 '조선문학가동맹'으로 개칭되었다—에 참석한 뒤, 그 감회를 적은 그의 글 「전국문학자대회인상기」(『대조』, 1946.6)에서도 이 점은 잘 나타난다. 그의 민족문학론적 지향은, 가령 "문학운동은 정치운동과 별개라든가, 문학은 정치나 사회에 관심하지 않아도 좋다든가, 혹은 문학은 독자의 길을 걸어야 한다든가 하는 유의 견해, 즉 문학주의"(「문학주의와의 투쟁」, 『문학』, 1947.4)와 명백히 구분될 뿐 아니라, 정치적 첨병으로서의 문학을 유독 강조한 '조선문학가동맹'의 문학적 정치주의 노선과도 본질적인 차별성을 지닌다. 진정한 조선문학의 기준은 '문학주의냐, 정치주의냐'에 있지 않고 얼마나 '민족적'이냐에 근거한다는 논리이다. 말하자면 이용악은 "민족 전원의 이익"(위의 글)을 실현하는 데 구체적으로 기여하는 실질적인 민족해방문학을 지향했던 것이다. 그러나, 앞서 부분적으로 다룬 「나라에 슬픔 있을 때」에서도 확인되는 바이지만 그의 시는 '해방현실'을 다른 약소 민족들의 암담한 정치적 국면에 긴밀히 연대시키는 보다 개방적인 민족의식의 선진성을 확보하는 데까지 이르지는 못하였다.

그렇긴 하지만 민족분단에 따른 고통스런 질곡을 누구보다도 가슴아파한 그 직접 당사자로서, 정치적 노선을 분명히 하는 이념적 '자진 월북'의 측면보다는 당초부터 잘못된 양자택일의 강제 아래 '궁색한 귀향'을 서둘러야 했던 이용악 시의 문학사적 자리는 민족문학의 중요한 시적 토대를 이루는 것임이 분명하다. 이는 앞으로 많은 논자들의 면밀한 검증을 통해 정확히 위치지워지리라 생각된다(『문학사상』, 1988.11).

배인철의 흑인시와 인천(仁川)

1

매우 때늦고 제한적인 것이긴 하였으나, 지난 1988년 7월 정부가 120여 명의 월북작가를 해금, 순전한 연구차원에서조차도 오랫동안 크게 금기시됐거나 억제당해온 '해방공간'의 문학 또는 북한문학 논의가 한때 봇물 터지듯 활기를 띤 바 있다. 이는 물론 그 자체로서는 퍽 다행한 일이었다 아니할 수 없다. 그러나, 기형적인 해방후사(解放後史)의 주요한 원인적 부분을 이루는 까닭에 특히 해방공간(1945.8.15~1948.8.15)에 이룩된 남북한 문학현상에 대하여는 한층 예리한 현실주의적 시각과 섬세한 문학사적 조명이 크게 요청된다.

그런데 이 해금 문제와 관련하여 절실히 요구되는 것은, 특히 '월북문인들의 작품적 성과'가 과연 한국현대문학의 골격 형성에 얼마나 내실 있게 기여했는지를 과학적으로 검증하는 일이다. 지난 40여 년간 엄청난 문학외적 강제로 작용해온 반공주의에 대한 일종의 적개심이 자칫 그들 작품세계를 왜곡해서 바라보게 할 수도 있기 때문이다. 그들 중 상당수가 일제강점기 친일문학에 깊이 연루되어 있다는 점, 이 시기 월북시인들의 작품 형상력이 그 기대치를 훨씬 밑돌거나 목소리만 높은 경우가 의외로 허다하다는 점 등이 쉽게 간과될 수 있는 것이다. 문학운동적 측면이 유달리 강조될 수밖에 없었던 당대적 특수성이 마땅히 고려되어야 하겠지만, 그러나 작품적 실천이 뒷받침되지 않는 문학운동이란 공허로 떨어지기 쉽다. 이런 뜻에서 배인철(裵仁哲) 시세계는 각별히 주목될 필요가 있다.

배인철은 월북문인도 아니고 '명망가 시인'은 더욱 아니다. 그럼에도 불구하고 몇 안되는 그의 시편들이 또렷한 문학사적 의미를 획득할 수 있는 것은 무엇 때문인가. 아마도 그것은 2차세계대전(1941~1945)을 통과하면서, 세계지배체제 주도세력으로 우뚝 부상한 전승국으로서 38선 이남에 진주한 미국의 실체적 의미를 그의 흑인시(黑人詩)가 생동하게 각인한 데 있을 터이다. 자국 주도하에 세계자본주의체제의 유지 및 재편성을 줄기차게 모색하던 전후 미국의 역사적 존재의미에 대한 날카로운 시적 통찰을 보여주는 까닭이다.

여기서 필자는 이 시인의 개인사・문단활동, 그 흑인시의 주요 특성 및 문학사적 의미 등을 간략히 살펴보려 한다.

일찍이 20대에 부산에서 인천으로 솔가한 배명선(裵明善, 본관 金海)의 4남 5녀 중 3남으로 태어난 배인철(1920.4.1~1947.5.10)은 인천 제일공립보통학교(현 창영초등학교)를 졸업, 중앙고보(1934.4~1940.3.5)를 거쳐 일본대학(日本大學) 영문과에서 수학(1940~1942)하였다.

이 시인의 일본대학 시절 및 흑인시를 쓰던 해방 뒷무렵의 일을, 주로 영문학 관계의 글들을 번역하면서 간혹 시도 발표했던 윤태웅(尹泰雄)은 아래와 같이 회고하고 있다.

배인철 군이 해방후에 흑인을 주제로 하는 시를 들고 나왔을 때 시비의 말들을 했다. 신기한 것을 가지고 인기를 끌어보려는 것이라고도 했다. …… 내가 배군을 처음 안 것은 8~9년 전(1941~1942년 : 필자) 동경(東京)에서였는데, 그 때 군은 권투선수이며 한편 대학에서 영문학 공부를 하고 있었다. …… 그는 권투선수가 가지는 명랑 · 활달한 성격이었지마는, 나의 소극적인 성격도 작용하고 해서 아주 가까워질 기회는 없었다. 그러다가 해방후에 우리는 다시 알게 되었다. …… 그의 흑인을 주제로 하는 시가 어떤 기분적인 자세에서 생겨진 것이 아니라, 그의 정신적인 의식의 오랜 준비와 발전을 통하여 태생된 것임을 알게 되었다. …… 그는 흑인문제에 대해 많은 관심을 가지고 그 방면의 많은 서적을 읽었고, 새로 각성해가고 있는 흑인들의 사회의식의 반영적 표현으로서의 흑인문학과 그 문학운동을 숙지하고 있었다. 그러므로 그가 흑인을 주제로 한 시를 쓴 것은 어떠한 현실도피를 위한 기분적인 자세에서가 아니라, 그것이 우리가 직면한 현실에 대한 인식으로서의 적극성을 띠고 있는 것 …… 그가 씨를 뿌린 탓인지 이 면에 우리 사회에서도 관심이 커진 바 있어, 이번 『신천지』(1949.1)에서도 '흑인문학'을 특집 ……[1]

여기서 우리는 흑인인식 또는 흑인문학에 대한 이 시인의 관심이 이미 일본 유학시절에 형성된 매우 뿌리깊은 것임을 확인할 수 있다. 또한 그의 흑인시가 당대 현실과의 긴밀한 연대 아래 산생된 노래들임을 분명히 알게 해준다. 그의 "흑인시가 상징하고 있는 것은 피압박 약소민족의 슬픔이고 울분이자 피부색의 어두운 숙명성과 강렬한 저항의 함축이었다. …… 배인철은 민족시인이고 반서정주의 모더니스트였다"고 한 시인 김차영(金次榮, 1922~1994, 인천 강화도 출생)의 지적[2]은 이 점에서 적실하다.

일본 체류 기간이 2년을 넘지 않는 것으로 보면, 아마도 배인철은 일본 대학 수학을 중도에서 폐한 것 같다. 귀국(1942) 후 일제 징용령(1944.2.8)을 피해 중국 상하이[上海]로 간 그는, 거기서 무역업에 종사하던 백씨(伯氏)

---

1) 윤대웅, 「고 배인철군에 대하여」, 『신천지』, 1949.1.
2) 김차영, 「암흑시대를 흑인의 아픔으로 조명-배인철 스토리」, 『시문학』, 1988.6.

배인복(裵仁福, 1911~1997)씨 곁에 머물면서 3개월 남짓 상해 영미조계(英美租界) 내의 영국계 쎈죤스(St. Jones)대학에 다니다가, 그해 초여름 밀선을 타고 급거 충남 서산(瑞山)으로 잠입, 1년 여를 은거하다 바로 거기서 해방을 맞았다.

해방 직후 잠시 인천중학교(현 제물포고등학교) 영어교사로 재직하였으며, 1946년 1월부터는 진해(鎭海) 해양대학으로 자리를 옮겨 교편을 잡기도 한 배인철의 시작활동은 『1946년판－조선시집』(조선문학가동맹, 1947. 3.20)에 「인종선－흑인 쫀슨에게」를 발표한 시기부터 1947년 5월 10일, 서울 남산에서 모 여인과 산보 중 불의의 총격을 받고 급작스런 의문사를 당하기까지 고작 1년도 채 못되는 극히 짧은 기간에 이뤄졌다.

총격사고 발생 사흘만에 사건을 서둘러 종결짓고 그 전모를 발표한 경찰—'1급 친일파'로 당시 수도경찰청 수사과장이었던 노덕술 총경—은 배인철의 죽음을 당시 이화여대 문과 2년생이던 김모 양과의 '치정에 얽힌 살인사건'으로 규정하고, 혐의자로 시인 김수영(金洙暎, 1921~1968)·박인환(朴寅煥, 1926~1956) 등을 지목하기도 하였다.[3] 그러나 배인철의 총격사는 우익에 의한 백색테러일 가능성을 배제하기 어렵다. 그가 남로당(1946.11.23 창당)에 깊이 관여했다는 점, 월북시인 이병철(李秉哲, 1918~1994)[4]과 우익청년단체를 이끌었던 정치인 김두한(金斗漢, 1918~1972)의 밀회장면을 목격한 뒤부터 줄곧 신변위협에 시달려왔다는 점 등을 시인 자신이 그의 맏형에게 직접 토로했다는 데서 이런 유추는 강한 현실성을 부여받을 수 있겠기 때문이다.

---

3) 문제의 여대생은 김현경(金顯敬)으로, 「시집」(『민성』, 1946.7)으로 문단에 갓 데뷔한 여류시인이었는데, 뒷날 그녀는 김수영의 부인이 되었다. 「불장난 끝의 천국행－여대생 싸고 삼각갈등」, 『한성일보』, 1947.5.14; 최남진, 『명동야화』, 신원문화사, 1982 참조.

4) 경북 영양 출신 월북시인. 해방전 대표작으로 「나막신」(1942)·「하늘이 트인다」(1945)가 있으며, 종군작가로 6·25전쟁에 참전하여 「양덕」(1951) 등의 전쟁시편을 남겼다(시집 『내 삶의 한생은』, 평양문학예술종합출판사, 1995, 159~162면 참조).

2

시인 배인철의 개인적 행적이나 문인(예술가)들과의 교유관계는 좀 특이한 데가 있다. 우선 두드러지는 것은, 해방 직후 몇달을 빼고는 그가 철저히 서울 중앙문단에 속해 있었다는 점이다. 아마도 이는 그 자신이 태어나 성장한 인천의 지역문화 또는 지식인사회에 대한 경멸적 태도의 한 표현이라기보다는 당시 인천 문학예술인들 사이에 폭넓게 형성되어 있었던 강한 계급주의적 지향과 자신의 문학적 관점과의 간단히 지나치기 어려운 차별성 때문이 아닌가 한다.

바로 분단선에 맞붙은 지정학적 특점 때문에, 이북과 중원대륙으로의 뱃길이 끊기면서 인천은 러일전쟁(1904~1905) 이래 구가했던 국내최대 국제무역항의 번성과 활력을 잃고 창졸간에 '죽음의 도시'로 추락하였다. 김차영의 지적처럼 미군정기 인천은 일반경찰서를 비롯한 제1관구경찰청 · 수상(水上)경찰서 · 철도경찰서 · 여자경찰서 및 군 정보기관 등이 즐비한 '경찰도시'[5]였으니, 배인철의 서울지향은 한층 가속화되었을 것이다.

해방 직후 인천 지식인사회에 즉각적이고도 광범한 영향력을 행사한 가장 핵심적인 인물은 '조선건국준비위원회'(건준, 1945.8.30)를 주도한 몽양(夢陽) 여운형(呂運亨, 1886~1947, 경기도 양평 출생)과, 이 지역이 배출한 걸출한 정치지도자 죽산(竹山) 조봉암(曺奉岩, 1898~1959, 인천 강화도 출생) 및 훗날 남로당 제2인자로서 1953년 김일성체제의 희생물로 된 이승엽(李承燁, 1905~1953, 인천 영흥도 출생) 등이었다. 해방 직후 배인철은 건준 인천지부 일원으로 '치안대' 활동을 적극 전개[6]하였으며, 그의 이런 운

---

5) 김차영 · 백승철 · 윤영천, 「대담-인천문화의 재건을 위하여」, 『학산문학』 창간호, 한국문협인천지부, 1991, 13~14면 참조.

6) 위의 글, 30면.

동가적 면모는 '조선인민공화국'('인공', 1945.9.6, 주석 이승만, 부주석 여운형)[7] 및 그 지방적 하층통일전선이라 할 '인천시인민위원회'(1945.10.16) 출범 시기까지 지속된 듯하다.

해방 직후 인천의 진보적 지식인들은 '신문화협회'(1945.8.16)를 발족시켰다. 정치·경제·문화 방면 30여 명의 지식인들로 구성된 신문화협회는 '건준' 및 '인공 인천시인민위원회' 외곽단체로 특히 정치투쟁에 주력했지만, 한민당을 비롯한 민족우파의 집요한 파괴공작으로 급격한 파국의 위기를 맞는다. 그러나 다수의 반동분자를 제거하고 전열을 재정비, '인천문학동맹'(1945.12.18)으로 새롭게 출범[8]한다.

> 일방으로 우리 동포의 살과 뼈 속에는 아직도 그 악독한 쇄범(鎖犯)이 얼마나 남아 있는지 모르며, 타방으론 일본제국주의의 주구배(走狗輩)와 민족반역자들의 갖은 모략과 음모는 민족통일과 자주독립을 지연시키고 있다. 우리들 문화에 종사하는 자, 특히 문학 종사자로서 이 과도기적인 정치형태에 처하여 우리들이 가진 바 최선의 정열을 태울 때 ······ 36년간 왜곡된 예술운동이 사지(死地)를 벗어난 새로운 의식과 새로운 양식을 탐구함은 우리들의 의무 ······ 이 임무는 전(全)조선 문화종사자 급(及) 예술가의 일치단결의 토대에서만 달성할 수 있는 까닭에 지방에 있는 우리 문학인들도 단결 ······ 우선 현단계의 정치적·사회적·경제적 현실을 정확히 파지(把持)하여 진보적 민족문학의 건설을 통하여 신생될 국가에 이바지 ······[9]
>
> 금반 '조선문학동맹'이 발족(1945.12.13)함에 있어서 표방한 강령은 우리가 가질 바 진보적 민주주의 국가건설의 이념을 여실히 간파하는 바로 믿고, 이 당면한 노선 위에서 우리문화 건설에 이바지하고저 종래의 ······ 각 단체(신문

7) 박헌영(朴憲永, 1900~1955)의 재건파 공산당 주도로 장안파 공산당, 여운형의 건준, 보수·중도 계열의 '애국적 우익'(이승만·김구·김성수·조만식·안재홍) 등이 이에 합작하였다.

8) 이약슬(李約瑟), 「반동파와 싸우는 인천의 문화운동」, 『문화통신』, 조선정판사, 1946.1; 이종호(李鍾昊), 「지방정세 보고-인천편」, 『신세대』, 1946.7 참조.

9) 「인천문학동맹 선언」(1945.12.18), 『문화통신』, 1946.1.

화협회 · 문예탑사 · 동화세계사—필자)는 이에 발전적 규합을 도모하고, 각자 해산을 감행 ……[10]

전자는 이 단체가 표방한 「선언」(1945.12.18)이며, 후자는 '조선문학건설본부'(문건, 1945.8.16, 중앙집행위원장 임화) 및 '조선프로문학동맹'(프로문맹, 1945.9.17, 위원장 이기영) 양 단체가 통합 · 결성된 '조선문학동맹'(1945.12. 13) 노선을 좇아 기왕의 인천지역 문화단체들이 발전적으로 해소한다는 「합동성명서」 일절이다. 이로 미루어 신문화협회가 표방한 원래 문화노선은 강한 계급주의를 표방한 프로문맹 또는 프로예맹의 그것과 대체로 일치한 것으로 여겨진다. 이는 신문화협회 산하 '인천음악협회'가 '프로음악동맹 인천지부'로 추인(1945.11.10)된 사실과도 무관하지 않다.[11]

인천문학동맹의 주요 멤버는 소설가 엄흥섭(嚴興燮, 1906~미상, 월북) · 송종호[12] 및 시인 김차영 · 윤기홍(尹基洪)[13] 등인데, 당시 인천에서 발간된 『대중일보』 기자로 활동한 시인 김차영의 경우만 예외일 뿐 엄흥섭으로 대표되는 이들의 문학노선은 프로문맹의 기본적 지향과 거의 일치한다.

그 자신 '건준'에 투신하는 등의 운동경력에도 불구하고, 강한 계급적 성향의 문화단체들에 대하여 배인철은 유달리 냉소적이었던 듯하다. 그의 주된 관심사는 민족예술의 깊이있는 탐색이었으며, 기본적으로 부르조아민주주의 실현을 목표한 임화 중심의 '문건' 이념노선이 그의 생각과 다소 부합되는 것으로 여겼던 것 같다. 그리하여 그는 '신예술가

---

10) 「문학동맹 결성—인천문화단체 통합」, 『대중일보』, 1945.12.21.

11) 인천음악협회는 '신문화협회 음악부'(10여 명)가 1945년 8월 독립 · 출범한, 신문화협회의 "방계단체"이다. 이약슬, 앞의 글 참조.

12) 인천 덕적도 출신으로 소설 「그물 소동」, 『신천지』, 1949.5 등이 있음. 월북(김차영 증언).

13) 생몰연대 미상. 인천 대부도 출신으로, 해방 직후 인천에서 발간된 『대중일보』에 「초설(初雪)」(1945.12.10) 등 몇 편의 작품을 선보임. 6 · 25 당시 인천시 인민위원회 문화부장. 월북 추정(김차영 증언).

협회'(1945.10.22)를 결성하였으며, "인천에서 제일 큰 일본인 요정 '긴쓰이'[銀水]를 접수해 '예술가의 집'이라는 간판을 내걸고 중앙의 시인·화가·조각가 등 20여 명을 모아 한때 공동생활을 영위"[14]하기도 하였다. 이 신예술가협회의 주요 구성원은 배인철(대표)을 비롯하여 시인 오장환(吳章煥, 1918~미상, 충북 보은 출생, 월북)과 서정주(徐廷柱, 1915~2000), 극작가 함세덕(咸世德, 1916~미상, 인천 강화도 출생, 월북), 평론가 김영건(金永鍵, 생몰년대 미상, 월북), 조각가 조규봉(曺圭奉, 1917~1997),[15] 화가 김만형(金晩炯, 1916~1984)[16]·최재덕(崔載德, 1916~미상),[17] 그리고 당시 인천 월미도(月尾島)에 주둔했던 미군 흑인부대 병사 린우드 E. 브라운[18] 등이었다.[19] 이런 분위기 속에서 배인철의 흑인시 및 그 동류라 할 수 있는 오장환의 「가거라 벗이여-흑인병사 L. S. 브라운에게」(1945.12.8)[20] 등이 씌어졌다.

뒤이어 배인철은 그 당시로서는 제법 큰 규모의 문화강연회를 문학(林和·金南天·李源朝, 모두 월북)과 미술(金周經, 1902~1981),[21] 연극(安英一)·영화(金正革) 등 여러 분야에 걸쳐 개최(1945.10.27)하고 오장환의 '시낭독 및 강연회'(1946.1.28)도 열었으나, 그 활동이 활발하게 후속되지는 못

---

14) 김차영, 앞의 글, 「암흑시대를 흑인의 아픔으로 조명-배인철 스토리」 참조.

15) 인천 출생으로 동경미술학교 졸업. 시 「영구차 속에서 학병 박진동이 부르는 노래」(『학병』 제2호, 1946.2.25)를 발표하였으며, 1946년 월북 후 「김일성 동상」(1949) 제작. 대표작으로 「항일빨지산영웅들」(1956)·「남녘땅의 어머니」(1959) 등이 있음. 리재현, 『조선력대미술가편람-증보판』, 평양문학예술종합출판사, 1999, 239~242면 참조.

16) 경기도 개성 출생. 일본 제국미술학교 서양화과 졸업. 1950년 월북, 대표작으로 「어로공들」(1958) 등이 있음. 리재현, 위의 책, 325~328면 참조.

17) 경남 산청 출생. 6·25전쟁 기간 중 월북. 대표작으로 「말」(1945)·「사과 따는 처녀」(1961) 등이 있음. 리재현, 위의 책, 341면 참조.

18) "린우드 에이 뿌라운"(배인철, 「흑인부대」, 『현대문학』, 1963.2)의 오류일 것이다.

19) 『대중일보』, 1945.10.22 참조.

20) 오장환, 『병든 서울』, 정음사, 1946.

21) 충북 진천 출생으로 일본 동경미술학교 연구과 수료. 일본 체류시 '일본프롤레타리아미술동맹' 회원. 1946년 10월 월북하였으며, 대표작으로 「묘향산」(1958) 등이 있음. 리재현, 앞의 책, 239~242면 참조.

하였다.

1946년에 들어서면서부터 작고하기까지 배인철의 활동무대는 서울로 옮겨지는데, 우선 그것은 '조선문학가동맹'(1946.2.8~2.9)을 중심으로 전개된다. 물론, 그의 실질적인 데뷔작이라 할 「인종선 — 흑인 쫀슨에게」가 『1946년판—조선시집』(조선문학가동맹 1947.3.20)에 발표된 것도 이러한 사정과 무관하지 않을 것이다. 그런데 여기서 유념할 것은, 앞서 언급한 조선문학동맹(1945.12.13)이 외형적으로는 그 명칭변경을 포함한 공식출범 절차로서 '조선문학자대회'(1946.2.8~2.9)를 치르면서 좌우파를 망라한 조선문학가동맹으로 환골탈태하지만 실질적으로는 '문건'이 '프로문맹'을 흡수·통합하였다는 사실이다. 조선문학가동맹의 문학노선은 그 결성 초기부터 박헌영 주도의 남로당(1946.11.23) 외곽단체임을 명시적으로 드러낸 셈이다.

그 둘째는 박인환이 경영한 서점 마리서사(茉莉書舍)를 중심으로 한 일군의 리버럴리스트 주변에서 주로 이루어진다.

> 그[박인환 — 인용자]의 시에는 내가 모르는 요란스러운 현대용어들이 마구 나열되어 있었다. 요즘의 소위 '난해시'라는 것을 그는 벌써 그 당시에 해방 후 처음으로 본격적으로 시작하고 있었다. 그의 책방에는 그 방면의 베테랑인 김기림(金起林)·김광균(金光均) 등도 차차 얼굴을 보이었고, 그밖에 이흡(李洽)·오장환·배인철·김병욱(金秉旭)·이한직(李漢稷)·임호권 등의 리버럴리스트도 자주 나타나게 되어서 전위예술의 소굴 같은 감을 주게 되었지만 ……[22]

마리서사 멤버였을 뿐 아니라 그 자신 난해시를 썼으면서도 바로 그 점을 들어 박인환을 극도로 경멸했던 김수영의 윗글에서 고작 우리가 취할 것은, 마리서사에 모여든 시인들이 한결같이 리버럴리스트였다는

22) 김수영, 「마리서사」, 『김수영 전집』 2, 민음사, 1981, 72면.

사실이다. 배인철의 경우에만 국한시켜 분명히 해둘 것은, 그의 흑인시가 그 별스런 시적 화제 때문에 천박한 소재주의 또는 가짜 전위예술 등의 이름으로 간단히 매도되어서는 안 된다는 점이다. 어디에 얽매이기를 싫어한 그의 리버럴리스트적 면모는 남로당 결성과 함께 문학적 정치주의 노선을 급격히 강화시켜간 조선문학가동맹과도 보조를 같이 하기 어렵게 했을 것[23]이다. 어쨌든 이 모더니스트들 사이에서 배인철의 요절을 애도한 추모시 두 편이 태어나니, 김광균(1914~1993)의 「시를 쓴다는 것이 이미 부질없고나」(『신천지』, 1947.10) 및 임호권(林虎權, 생몰연대 미상, 월북)의 「검은 슬픔—고(故) 배인철에게」(『새한민보』, 1948.3)이 바로 그것이다. 이들은 인천에 내려가 배인철의 상여를 메었으며, 오장환의 구슬픈 조사와 함께 주안묘지에 묻힌 그의 무덤 앞에 '인민의 시인 배인철의 묘'라는 비명의 조그만 빗돌을 세워놓기도 하였다.

3

1910년대 들어 미국은 특히 1차세계대전(1914~1918)을 경과하면서 엄청난 물질적 역량을 축적하였다. 영국·프랑스·러시아 등의 연합국이 '연맹국 미국'(독일에 선전포고하면서 이 전쟁에 연합국으로 참전한 1917년 2월 9일 이전 시점)에 요청한 식량·무기·병력 공급을 완벽하게 수행한 '강대한 신예 미국'의 괄목할 생산력 증대는 결국 이 전쟁을 승리로 이끌었던 것이다.[24] 이를 가능하게 한 결정적 요인은 그 물량과 질 양면에서 두루 충분한 가치를 인정받고 있었던 흑인노동력이었으며, 이는 흑인

---

23) 김광균, 「이미 죽고 사라진 사람들」, 『동서문학』, 1988.8 참조.
24) A. 모로아, 신용석 역, 『미국사』, 홍성사, 1984, 506~507면 참조.

자신의 정체성을 실현하고자 한 1920년대 미국 '신흑인운동(New Negro Movement)'에 강한 추동력을 제공[25]하였다.

그러나 F. 파농(1925~1961)에게서 분명한 바이지만, 여전히 "피부의 검은 빛 즉 미개발상태"[26]에 머물러 있는 흑인은 일찍부터 "열등한 가치의 원형"[27]이라는 모독적 표현으로 명명되어 왔다.

새벽이 되면
넓은 들로 그들은 간다
소작농 차지농(借地農) 품팔이꾼
깜둥이와 하양이
그들은 살아있는 목화의 목을 누른다
죽어서 잿빛 된 목화를 분주스러이
따기자루에 집어넣는다
남부 최대산업의
부드러운 육체를 위한
휴대용 묘지—[28]

백인들의 뿌리깊은 인종적 편견에 맞서 1930년대 초엽 '흑인예술운동(Black Arts Movement)'에 열혈적으로 투신한 바 있는 흑인시인 F. M. 데이비스(1905~1987)의 윗 작품에서 "품팔이꾼 / 깜둥이"의 존재는 전적으로 '목졸린 잿빛 주검'의 목화 형상, 즉 백인의 "부드러운 육체를 위한 / 휴대용 묘지"라는 싸늘한 시적 표현을 얻고 있다. 이처럼 미국 흑인은 오랫동안 '제2급시민'으로서 오직 비인간적 착취와 압박의 대상으로 존립

---

25) 김종욱, 「흑인문학개관」, 『신천지』, 1949.1 참조.

26) F. 파농, 김남주 역, 『자기의 땅에서 유배당한 자들』, 청사, 1978, 20면(원제 : 『검은 피부, 흰 가면』(*Black Skin, White Masks*, 1952)).

27) 위의 책, 189면.

28) F. M. 데이비스, 김종욱 편역, 「면업남부(綿業南部)의 점묘」 부분, 『흑인시집—강한 사람들』, 민교사, 1949, 81면.

해왔을 따름이다. G.S. 샤이라에 의하면, 흑인은 "백인이 갖는 윤리나 교양과는 절망적으로 서로 용해할 수 없다.…… 미국의 대다수 도시에서는 흑인청년이 백인여성을 데리고 대로를 산보한다는 것은 유례없는 자살형식을 취하는 결과"29)를 서둘러 자초하는 것이다.

그중에서도 미국군대 내의 흑인차별은 유별난 것30)이었다. 미국 흑인시인 L. 휴즈가 '유색(有色)'에 대한 미국의 오랜 전통적 편견을 통매하면서 "우리는 흑인부대가 대부분 백인장교에 의해서 지휘되는 차별적 육군을, 그리고 우리들이 단지 요리인이나 회식계(會食係)밖에 될 수 없는 미합중국 해군을 필요로 하지 않는다"31)고 항변한 것도 바로 이런 맥락에서이다. 이는 "미국이 주둔하는 전세계 인민에 대하여 미국식 민주주의가 얼마나 편협한 것인가를 구체적으로 보여줄뿐더러, 군대 자체는 흑백 양 인종의 소격도장(疏隔道場)"32)임을 말해주는 명백한 증좌이다. 2차대전에 내몰린 근 100만의 흑인병사들은 거의 예외없이 단순반복적·기계적인 미숙련노동 즉 포탄작업·화물운반 등에 집중적으로 투입되었다.

배인철이 제 집처럼 드나들던 인천 월미도 '흑인부대'의 인적 구성도 필시 이러했을 것이다. 그렇다면, 배인철이 흑인시에 특유의 열정을 내보인 것은 어쩐 연유에서인가?

여기서 잠시 미국 흑인시의 사적 전개를 간략히 살펴볼 필요를 느낀다.

15세기에 시작되어 19세기 중반까지 약 400년간, 영국을 필두로 프랑

---

29) G.S. 샤이라, 장갑상 역, 「흑인을 둘러싼 '지킬-하이드적' 대우」, 『흑인문학전집』 5, 휘문출판사, 1966, 277~278면.

30) 미국 육군사(陸軍史)에서 가장 치욕적인 한 페이지는 '웨스트 포인트'에서 흑인후보생 입학을 철저히 거부한 사건이다. 1802년 개교 이래 19세기 100년간 이 사관학교를 거친 흑인은 조지아주의 노예 출신 장교(H.O. 후리퍼, 1877년 졸업)를 포함, 3명에 불과하다. W.L. Katz, *Black Officers from West Point, The Black West—A Documentary and Pictorial History,* New York : Doubleday & Company Inc., 1973, pp.219~221.

31) L. 휴즈, 정명우 역, 「흑인은 무엇을 요구하는가」, 『흑인문학전집』 5, 273면.

32) 김상형, 「흑인과 미국공산당」, 『민주주의』, 1947.6.29 참조.

스 · 포르투갈 · 스페인, 곧 이들을 뒤따른 네덜란드 · 스웨덴 · 덴마아크 등에 의해 폭력적으로 광범하게 자행된 흑인노예무역은 적게는 6천만, 많게는 1억에 달하는 아프리카인들을 값비싼 '상품'으로 서양 각국에 골고루 수출함으로써 18세기 후반부터 19세기에 걸친 거대한 산업혁명의 필수불가결한 인적 토대를 제공[33]하였다.

화약도 나침반도 발명하지 못한 사람들
그러나 그들은 알고 있는 것이다
고통의 나라 구석구석까지
강제로 실려가는 것밖에는 여행이라는 것을 몰랐던 사람들
양순하게 길들여지고 기독교의 가르침으로 멍든 사람들
퇴화의 독소를 주입받은 사람들[34]

자유롭고 광활한 자신의 땅을 등진 채 흑인노예들은 7,8명이 한 조를 이루어 목에는 칼, 다리엔 족쇄를 차고 소나 양처럼, 갖가지 형태로 된 소유주의 소인(燒印)이 찍혀 배에 실리었다. E. E. 윌리엄스의 『자본주의와 노예제』(1944)에 의하면, 그들은 각기 할당받은 '길이 2.25m, 폭 0.4m'의 비좁은 공간에 마치 "책꽂이의 책처럼 처넣어진 채로 숨이 콱콱 막히는 뜨거운 대서양으로 송출"[35]되었다. A. 세제르(1913~)의 시적 증언 『귀국노트』(1939)에서도 분명한 것처럼, 백인 노예무역업자들은 이 야만을 극(極)하는 '적재 및 운송' 과정을 힘겹게 통과한 흑인들을 "고통의 나라 구석구석까지" 대량공급, 그들에게 "퇴화의 독소를 주입"했던 것이다. 물을 필요도 없이, 흑인노예의 드넓은 상품시장은 바로 미국이었다.

33) 오자와 유사쿠[小澤有作], 백산서당 편집부 편역, 『민족해방과 교육운동』, 백산서당, 1985, 13~15면 참조.

34) A. 세제르, 『귀국노트』(1939) 부분. F. 파농, 『자기의 땅에서 유배당한 자들』, 128면 재인용.

35) 오자와 유사쿠, 앞의 책, 17면 재인용.

그들은 너이를 고국으로부터 끌어왔다.
그들은 너이를 염주같이 쇠사슬로 묶었다.
그들은 너이를 더러운 뱃간 속에 통조림 생선같이 처박아 실었다.
그들은 너이를 몇사람의 넉넉한 신사들에게 팔아치웠다.

그들은 너이를 거세된 황소같이 길들게 했다.
그들은 너이를 채쭉질했다.
그들은 너이를 화인(火印)찍었다.
그들은 너이네 부녀를 애배게 했다.[36)]

얼핏, 혹독한 일본식민통치에 내몰려 중국 동북변방의 만주유이민(滿洲流移民)으로 영락한 한 조선소녀의 비애를 명징하게 점묘한 이용악(李庸岳, 1914~1971)의 절창 「제비 같은 소녀야」(1937)를 떠올리게 하는 작품이다. 미국의 근대도시 시카고의 부두노동자·트럭운전사들의 비속어를 과감히 시어로 끌어들여 무섭게 급성장해가는 노동계급 특유의 활력과 강대한 힘을 발랄하게 노래함으로써 당시 미국시단을 크게 충격한 C. 샌드버그(1878~1967)의 아포리즘 "강한 사람들은 오고 있다"를 작품 앞머리에 배치한 시적 책략이 우선 주목된다. 일체의 감정수식을 배제하면서 엄혹한 흑인현실을 낱낱이 톺아내는 시적 어조 또한 예사롭지 않다.

코트디부아르 시인 B. B. 다디에(1916~)가 "흰색은 어쩌다 있는 빛깔이며 / 검은 색은 영원히 있는 빛깔 / 나는 첫날 밤부터 세계를 머리위에 인다"[37)]고 노래한 데서 분명한 바이지만, 이 작품엔 A. 세제르나 L. S. 생고르(1906~2001) 같은 프랑스 식민지 출신 흑인시인들이 주창한, 흑인문화에 대한 높은 자존감의 표현이라 할 이른바 네그리튀드(Negritude)의 흔적

36) S. A. 브라운, 김종욱 편역, 「강한 사람들」 부분, 앞의 책, 55~56면.
37) R. 자하르, 최정섭 역, 「식민주의와 소외」, 『프란츠 파농 연구』, 한마당, 1982, 91면 재인용.

을 찾아보기 어렵다. 그만큼, J. P. 싸르트르(1905~1980)가 '반(反)인종주의적 인종주의'로 규정하기도 한 좁은 '흑인성'에 폐쇄되지 않는 건강한 개방성을 보유하고 있는 것이다.

C. 막케이(1889~1948), L. 휴즈(1902~1967)들과 더불어 흑인들의 비애와 절망・승리 등 일상적 삶의 디테일을 능란하게 노래[38]한 S. A. 브라운(1901~1989)은 당대의 사회개혁운동가들조차 무관심하였던 미국남부 흑인노예들의 조악한 사회경제현실 타개에 가장 헌신적이었다. 브라운의 '시적 기획' 또한 그러한 운동적 범주를 결코 벗어난 바 없었으니, 브라운 문학의 궁극적 지향은 그 시적 '주제의 고상화'가 아니라 이미 오래 전부터 향유해온 흑인들의 높은 기품과 고결성을 드러내는 일[39]이었다.

좀더 나은 직업과 안정적 삶을 얻고자, 시기적으로는 1910~1916년 경부터 1940년대에 걸쳐 미국 남부로부터 뉴욕 맨하탄 등지로의 '흑인 대이동(Negro Migration)'이 지속적으로 이루어졌다. 그 결과 뉴욕에는 대규모 흑인공동체 즉 맨하탄지역 '할렘(Harlem)'이 출현하였으며, 이를 중심으로 '신흑인운동' 또는 다양한 분야의 예술(문학・음악・미술・연극 등) 주체들에 의한 이른바 '할렘 르네상스(the Harlem Renaissance)' 운동이 활발히 전개되었다. 시인 C. 막케이, L. 휴즈, S. A. 브라운, 화가 J. 로렌스(1917~2000) 등은 그 두드러진 인물들이다. 특히 C. 막케이는 L. 휴즈, J. 로렌스 등에게 심중한 예술적 영향력을 끼친 '할렘 르네상스'의 중핵적 존재[40]이다.

흑인의 고귀한 자존감을 비장하게 읊조린 C. 막케이의 「만일 죽어야 된다면은」(1919)[41]을 매개하여 J. 로렌스는 단순한 흑인옹호론의 편협성에 갇히지 않고 피압박 민중의 고통과 슬픔의 근원을 통찰하는 자리로 훨씬 나아간다. 흑인소녀 애리스의 일그러진 얼굴, 연분홍 원피스와 스

38) Michael S. Harper & Anthony Walton, *An Introduction, African American Poetry, Vintage Books*, New York, 2000, p.26.

39) 위의 책, p.29.

40) Ellen Harkins Wheat, *Jacob Lawrence—American Painter*, Seattle Art Museum, 1986, pp.15~28.

41) 김종욱 편역, 앞의 책, 34~35면 참조.

토킹, 유방과 국부·정갱이를 관통한 일곱 개의 화살과 선혈, 짓밟힌 꽃, 사방을 둘러싼 포식자들의 뒤틀린 웃음 등의 기묘한 조합을 통하여 '콜라주 큐비스트 양식(collage cubist style)'의 뛰어난 예술적 감수성을 내보인 J. 로렌스의 「애리스(Alice)의 시련」(1963)이 다름아닌 C. 막케이의 이 시편 「만일 죽어야 된다면은」의 회화적 등가물[42]이라는 점에서도 이는 잘 확인된다.

요컨대, S. A. 브라운의 「강한 사람들」에서 감득되는 흑인의 강렬한 전투성은, 김기림(金起林, 1908~미상, 월북)이 적절히 지적했듯 이미 1차대전에서 발휘된 미국의 거대한 생산력에 불가결한 중추로 되었던 흑인 노동력이 "피부의 문제로부터 생산관계의 문제로 전환"된 결과[43]라 해야 옳을 것이다.

일본대학 영문학 전공자로서 일찍부터 미국 흑인문학의 실체성을 접한 배인철의 흑인인식은, 흑인에 대한 단순 동류의식을 넘어서는 깊은 '혈육적 친연성'을 획득함으로써 결국 '흑인시'로 한발짝 더 나아가게 한다.

4

미군정기 남한의 정치경제적 및 문화적 상황은 '들끓는 도가니' 형국 바로 그것이었다. 『중국의 붉은 별』(1937)로 저명한 미국 언론인 E. 스노우(1905~1972)의 명쾌한 지적 즉 "미국의 조선진주에 관련된 제 현상 중 가장 중요한 것은, 우리가 이 나라에서 혁명을 정지시켰다는 사실 ……

42) Patricia Hills, Jacob Lawrence's Expressive Cubism, *Jacob Lawrence—Amerocan Painter*, pp.15~6.
43) 김기림, 김종욱 편역, 「흑인시에 대하여」, 앞의 책, 3면.

적어도 우리가 조선의 반부분(半部分-남한, 필자)에서 일종의 혁명을 정지시켰다"[44]는 말을 빌 필요도 없이, 그들 "정복한 해방자 혹은 해방한 정복자"[45]는 한국인의 역사적 전통과 삶의 이해에 철저한 무지로 일관하였다. 가령, 1947년 1월 8일 호남선 열차에서 '5명의 미군병사에 의한 조선부녀자 윤간사건'이 발생하자, 이를 계기로 '미군에 의한 각 점령지역에서의 부녀능욕 사건 빈발'을 극력 탄핵하는 반미여론이 전국적으로 비등[46]했던 것은 그 부분적 사례에 지나지 않을 것이다.

그러나 다른 한편으론 "일제의 인종차별의 우민화정책에 화근(禍根)되어 우리들은 흑인을 멸시하며, 그들을 우매스런 인종으로 간주"[47]하기 일쑤였으므로, 남한에 머무는 흑인병사들은 한층 복잡한 형태의 인종적 편견과 냉대를 감수해야만 하였다. C. 막케이의 적절한 시적 비유처럼, 그들은 흑인의 "청춘을 훈련시키는 개화된 지옥"(「아메리카」) 미국을 벗어난 순간 또다시 '미개한 연옥'으로 떨어진 꼴이었다.

> 미군 진주지역 내의 조선사람이라는 것은, 미국 내의 흑인과 흡사하다고 나는 생각한다. 일인(日人)을 도와 조선을 망친 반역자였거나, 조선국민을 도와 일인과 싸운 지하운동자거나 아무런 차이도 없었다. 그저 조선인은 '국(gook : 미국인이 조선인을 얕잡아 부르는 말)'일 따름이다. …… 우리 병사들은 '국 풍습'을 저주하고, '국 여자'를 추격하고 …… 어떤 날 '국 나라'에 눈물 없이 작별을 한다.[48]

미군정기 남한현실, 미군행태 및 미국인의 한국인식의 진면모가 참으로 여실하다. 그런데 당시 미국병사들에 의한 '조선부녀 능욕'은 일상

44) E. 스노우, 「미소 공동점령하의 조선의 현상」, 『독립신보』, 1946.5.1.
45) R. 라우터백, 『한국미군정사』(1948), 돌베개, 1984, 14면.
46) 『독립신보』, 1947.1.11.
47) 김종욱 편역, 앞의 책, 150면.
48) N. 프리쉬, 「미군인이 본 조선 안의 미군인 행장(行狀)-미군 장교와 병사는 조선인을 적으로 만든다」, 『독립신보』, 1947.1.17.

다반사였던 듯하니, 1947년 인천 남구 옥련동에서 발생한 미군의 '부녀 윤간 사건'[49]은 한낱 빙산의 일각이었을 것이다.

배인철의 흑인시가 갖는 진정한 의미란 무엇인가. 흑인에 대한 인종적 편견이 궁극적으로 정치경제적 착취의 문제와 긴밀히 맞물려 있다는 것, 해방후 남한 현실이 미국내 흑인문제와 전적으로 동일한 맥락 속에 있다는 것, 무엇보다 미군정하 한국인에게서 뚜렷이 드러나는 '흑노'적 형상의 시적 실현을 동시대 시인들에게 훌륭히 매개하였다는 점 등일 것이다. 예컨대,

> 머얼리 출장 온
> 월 스트리트 상관(商館) 옥상에 꽂은
> 깃발에 예의를 드리기 위한
> 우리의 힘찬 건설이 아니다
>
> 어째서 우리의 땅을 달라고
> 넘실거리는 것이냐
> 어째서 우리더러
> 흑노(黑奴)의 노래를 부르라는 것이냐[50]
>
> 억눌린 뱃전에
> 스사로 노를 젓든
> 그 옛날, 흑인의 부르던 노래
> 어찌하여 우리는 이러한 노래를
> 다시금 부르는 것이냐[51]

---

49) 「미헌병의 만행—취침중의 인처(人妻) 윤간」, 『대중일보』, 1947.2.21.

50) 김상오, 「우리는 모멸로써 그것을 돌려보낸다」 부분, 『문학예술』, 1948.4; 생몰년대 미상, 월북. 주요 시집 『우리의 날』(1950)·『아름다운 기슭』(1959) 등이 있음. 김상오 시집, 『나의 조국』, 평양: 문예출판사, 1988 참조.

51) 오장환, 「찬가」 부분, 『문학』, 1946.7.

등의 시편들에서 우리는 또다른 한국적(韓國籍) 흑인의 목소리와 고통스럽게 대면하게 되는 것이다. “흑노의 노래”(김상오)와 “흑인의 부르던 노래”(오장환), 이는 배인철을 매개항으로 하여 미군정기 남한의 예속적 현실을 다양한 스펙트럼으로 변주한 또다른 흑인시에 다름 아니다.

미군정하 남한현실에 대한 제3세계문학적 인식이 몇몇 시인들 사이에 제법 활기차게 이뤄졌음을 보여준 것인데, 배인철 흑인시도 바로 이런 관점에서 마주할 때 그 실체적 의미가 보다 확연해질 것이다.

아프리카 연안 SLAVE COAST는 아직도 울고 있는가
깊은 바닷 속 물결이 일 때마다 네들의
울음소리 내고 있는가

네들의 발과 목 쇠사슬 늘이어 햇빛조차
올 수 없는 뱃창(艙)에 절그럭 절그럭
얽매인 쇠울음 가슴을 찌르는구나

아! 또 발광을 하였다
또 쓰러져 버렸다
목마른 물 대신에 산 채로
동무여 아느냐 산 채로 수장(水葬)을 당한 것이다

동무들이여
또한 내 흑인부태여
이 고장 떠난 자유로운 내 땅에서도
또다시 새로운 노예상
아니 낯설은 손님마저
SLAVE COAST를 그리고 있다[52]

---

52) 배인철, 「노예해안」 부분, 『독립신보』, 1947.1.1.

이 시의 독해에 앞서, 여기서 잠시 흑인노예무역의 형성과 전개 및 백인들의 흑인인식 실상 등을 개괄적으로 검토해 보기로 한다.

1450년 경 새로운 사탕수수농장 확대를 위해 포르투갈 선박이 아프리카에 첫발을 내딛은 이래, 16세기 중엽부터 19세기 중반까지 약 300년간의 서아프리카 기니(Guinea)만 북쪽연안의 이른바 '황금해안 · 상아해안 · 곡물해안 · 후추해안 · 노예해안' 등은 유럽 문명국들의 불꽃튀는 무역각축장이었다. 이 중 토고(Togo) · 베넹(Benin), 서부 나이지리아(Western Nigeria)에 걸쳐 형성된 노예해안(Slave Coast)은 '특상품목' 흑인노예의 대량거래를 위한 결전장으로 되었으며, 여기서 처리된 수많은 흑인들은 주로 미국의 대규모 상설노예시장을 거쳐 동부의 버지니아 · 매릴랜드, 남동부의 조지아 · 사우스캐롤라이나 주로 매매되었으며, 간혹 운좋은 노예들은 뉴욕 · 매사추세트 · 펜실바니아 등지의 도시지역으로 팔려나갔다.[53)]

19세기 초반 통계에 의하면, 미국의 지주 1인당 많게는 100명 이상(이 경우에 드는 지주는 1,800명, 이하 같은 방식의 집계임), 중간급 50명 이상(약 6천명), 다소 아랫급 10명 이상(5만 2천명), 그리고 9명 이하(약 25만 5천명)의 노예를 소유하였다. 1818년 현재 '일류 노예'는 무려 1천 달러를 '호가', "단일작물의 연작(連作)으로 농토가 황폐 …… 토지가격이 급속히 저락"했던 1850년에는 '흑인노예 보유'가 재산증식 최대의 관건[54)]으로 되기에 충분했다. 서양제국주의자들이 300~400년간 줄기차게 노예무역에 광분했던 까닭이 여기 있다.

우리가 잘 알고 있는 서양 유수의 지성인들은, 국적과 지위를 불문하고 선뜻 무차별적인 인종적 편견의 소유자 또는 스스럼 없는 노예제 옹호론자로 되었다. 프랑스 계몽주의자 몽테스키외는 "흑인노예라면 발톱끝에서 머리 꼭대기까지 새까맣고 코는 납작하기 때문에 이것에 동정

53) H. Didson & S. A. Diouf, *In Motion : The African-American Migration Experience*, National Geographic, 2004, pp.15~23.

54) A. 모로아, 앞의 책, 321~322면 참조.

하는 따위의 짓은 거의 불가능하다"고 폭언하였으며, 그 자신 흑인노예 소유자로서 「미국독립선언서」(1776)를 기초한 미합중국 제3대 대통령 T. 제퍼슨(1743~1826)은 "백인에 비하여 흑인은 상당히 열등하며, 상상력은 무디고 저급하며 비정상적"이라 간단히 폄하하였다. 그런가 하면 영국의 '경건한 캘비니스트(Calvinist)' T. 칼라일(1795~1881)은 "신이 부여한 노동능력에 따라…… 검둥이는 자신의 생활을 유지하는 데 필요한 노동을 해당 토지소유자에 의해 강제받는 권리를 갖는다"는 '명언'을 남기기까지 했다. '20세기 최대의 휴머니스트, 아프리카 밀림의 성자'로 추앙받은 프랑스의 독일계 의사 A. 슈바이처(1875~1965), 영국 낭만주의 시인 W. 워즈워드(1770~1826) 등도 여기서 예외는 아니다.[55)]

흑인노예무역의 이같은 사회·경제적 배경을 감안할 때 배인철의 시 「노예해안」의 서사적 골격은 꽤나 견고하며, 그 상황적 세부에 대한 시적 표현은 사뭇 리얼하다. 특히 제3연은 "18세기 말 영국의 어떤 노예선의 선장은 항해 중에 음료수 부족을 이유로 132명의 노예를 바닷속으로 던져넣어 수장해버렸다"는 E. E. 윌리엄스의 언급[56)]을 한층 실감나게 한다.

앞에서 배인철 흑인시의 의미를 대략 3가지 차원에서 이미 언급한 바 있거니와, 그렇다면 「노예해안」(1947)이 획득한 시적 미덕은 무엇인가? 아마도 그것은 압박받는 흑인현실과 "새로운 노예상"의 진정한 시적 내포라 할, 일본을 대체한 새로운 제국주의세력 미국에 정치·경제적으로 점차 속박돼가는 '해방조선 현실'을 절묘하게 병치시킨 시인의 통합적 감수성과 무관하지 않을 것이다.

55) 이상 오자와 유사쿠, 앞의 책, 22~23면 참조.

56) 위의 책, 17면 재인용.

5

시인 배인철이 애절하게 부르고 있는 '노예해안'의 진정한 시적 함의는 무엇인가? 그것은 이제 저 머나먼 아프리카 땅의 그것이 아니라 '지금, 여기' 한국의 인천항(仁川港)으로 강하게 다가온다. 그리고 거기엔 정지용의 "침울하게 울려 오는 / 축항(築港)의 기적소리",[57] 박팔양의 "월미도(月尾島)와 영종도(永宗島) 그 사이로 / 물결 헤치며 나가는 배의 / 높디높은 마스트",[58] 박인환의 "밤이 가까울수록 / 성조기(星條旗)가 퍼덕이는 숙사(宿舍)와 주둔소(駐屯所)의 네온싸인"[59] 등 일제와 새로운 미제국주의의 어두운 역사적 이미지들이 서글프게 한데 얼룩져 있다.

배인철은 2차대전의 전승국으로 인천에 진주(1945.9.6)한 미군 통역관으로 얼마간 활동했으며, 이를 계기로 특히 청일전쟁(1894~1895) 및 러일전쟁(1904~1905) 기간 중 일본·중국·러시아의 가장 중요한 병참기지 각축장으로 떠오른 월미도[60]의 미군흑인부대 병사들과 깊은 교유관계를 맺은 것으로 알려져 있다. 이러한 사적 경험은 일본유학 시절부터 날카롭게 벼려진 종래의 흑인인식과 상승적으로 결합, 그로 하여금 천연스런 '흑인시인'으로 태어나게 하였다. 「노예해안」의 시적 화자는 바로 이 '흑인부대 동무들'에게 침통한 어조로 'Slave Coast, 바닷속 물결, 쇠사슬'들의 울음소리를 고통스럽게 상기시킨다.

잘 살펴보면 이 작품은 떠나간 흑인부대 병사들을 위한 하나의 전별사이기도 하지만, 그러나 오히려 그 실상은 "새로운 노예상 / 아니 낯설은 손님"으로부터 옥죄임 당하는 "이 고장 …… 자유로운 내 땅"에 바치

57) 정지용, 「슬픈 인상화」 부분, 『학조』, 1926.6.
58) 박팔양, 「인천항」 부분, 『조선지광』, 1928.7.
59) 박인환, 「인천항」 부분, 『신조선』, 1949.4.
60) 최성연, 『인천향토사료-개항(開港)과 양관역정(洋館歷程)』, 경인문화사, 1959, 205면 참조.

는 절절한 사랑의 노래라 함이 마땅할 것이다. 자칫, 미국 남부 흑인민요의 일절 "이 세상에 껌둥이들은 / 무엇이나 하려고 나왔나 / 목화를 딸 사람이 없어서 / 우리 껌둥이가 나왔다네"[61] 속 껌둥이 신세로 떨어질지도 모를 이 땅의 주인들을 향한 깊은 연민의 노래로 육박해오기 때문이다.

그렇다
네 아름다운 고향 산과 들
한번 백인의 노예선 찾아간 다음—
이제는 정다이 흐르는 나일강 저녁이 오면
바람 속에 노래 부르면
아아 자연 그대의 수목(樹木) 같은 아가씨

뉴육(紐育) 거리에, 시아고(市俄古)에 샤틀에
아니 항구마닥 길이 뚫린
촌 주막 뒷거리에도
고향 잃은 딸이여
시퍼런 눈알 무지한 사나이
술취한 힐쓱한 허연 놈에게
값싼 알콜에 네 살결 맡기는구나

유리야!
막상 알고 보면 너도 이런 것에 하나이다
뉴기니, 하와이, 필리핀
누구를 위하여 돌아다니며
짓밟힌 몸이냐
이 땅에서도 우리의 누이들
낯설은 이토(異土)에서

61) 한흑구, 「흑인문학의 지위 1」, 『예술조선』, 1948.2 재인용.

원수에게 꺾인 꽃들이
해방이 되었다는 고향에
다시금 창살 없는 우리[檻]에
네 몸을 함부로 던지는구나[62]

'허연, 힐쓱한, 시퍼런' 같은 빛깔 이미저리의 교차적 배합으로 하여 한결 두드러진 백인들의 탐욕적 야수성과 순결한 "자연 그대로의 수목 같은 아가씨"의 선명한 대비, 미국 흑인노예시장의 전형적인 지리적 표상이라 할 '뉴욕·시카고·시애틀'의 거침없는 폭식성 등이 한눈에 잡힐 듯 생채롭다. 그리고 바로 여기 "비 쏟는 밤거리 아니 눈발치는/길거리" 도처에 널려 있는 "수천의 유리야, 수십만의 유리야"(같은 시, 마지막 연)를 포개어 놓음으로써 시적 리얼리티는 한층 배가된다. 그러나 정작 중요한 시적 특장은 다른 데 있다.

'자존자위(自存自衛)의 성전(聖戰)'이라 선전한 것과는 달리 일본제국주의는 동아시아 식민지배와 자원약탈을 폭력적으로 자행했을 뿐인 이른바 대동아전쟁(1941)을 도발, 하와이 기습(1941.12.7)에 잇따라 개전 5개월 만에 서남태평양의 뉴기니·필리핀을 포함한 동남아시아 전역을 점령하였다. 이 전쟁에서 우리의 '꽃'들은 일본제국주의 군인들의 "값싼" 성적 노리개로 떨어졌으니, 이 「흑인녀」에는 조선여자 정신대(挺身隊)의 슬픈 역사가 아로새겨져 있는 것이다.

그런데 이 작품에서 비상히 우리의 눈길을 끄는 대목은 그들 "원수에게 꺾인 꽃들이/해방이 되었다는 고향에/다시금 창살 없는 우리[檻]에/네 몸을 함부로 던지는구나"라는 뒷부분이다. 한낱 허울뿐인 '해방 조국'은 하나의 거대한 감옥으로 암유되고, 거기서 여전히 무자비한 성적 폭력과 혹심한 인간적 모멸을 감내해야 하는 "우리의 누이들"이 "시퍼런 눈알 무지한 사나히/술취한 힐쓱한 허연 놈에게/값싼 알콜에 네 살

62) 배인철, 「흑인녀」 부분, 『백제』, 1947.1.

결 맡기는" 흑인녀로 생동하게 형상돼 있는 것이다. 하나의 창조적인 시적 변용이다.

그러나 간과하지 말아야 할 것은, 시적 자아의 '인종적 시각'이 단순히 흑인과 백인을 고정된 양분법으로 바라보는 데서 시원스럽게 벗어나 있다는 점이다. 어떤 의미로 시인 배인철은, 이미 미군정기에 '제3세계문학'의 현실적 필요를 민감하게 각성한 최초의 시인이라 할 수 있으며, 이런 점에서 배인철이 "흑인의 설움을 대변하는 시인이 되고 만 것"[63]은 하나의 당위였다고 하겠다.

> ―없애라 니그로
> ―죽여라 깜둥이
> 그렇다
> 너의 레프트
> 네 뒤에는 수만의 레프트, 검은 주먹이
> 수천만의 검은 원한이
>
> 빌이 콘을 때리는 것이다
> 빌이 콘을 넘어뜨리는 것이다
> 빌이 콘이 백선(白線)으로
> 아니 노예상으로 보이는 것이다
> 루이스여
>
> 굳건히 살아라, 늬 몸이
> 늬 하나의 몸이 아니라
> 너와 함께
> 새로운 세계를 향하여
> BLACK AMERICA는 아니
> 온세계 약소민족은 싸우고 있다[64]

63) 이봉구, 『명동(明洞)－세월 따라 바람 따라』, 삼중당, 1967, 45면.

1937년부터 1949년까지 장장 12년간 헤비급 세계타이틀을 보유했던 '갈색 폭격기(Brown Bomber)'란 별명의 전설적인 흑인 권투왕 J. 루이스(1914~1981)에게 바치는 '헌시' 형식을 취한 이 작품에서 우선 두드러지는 형태적 특성은, '권투'라는 시적 소재에 걸맞는 매우 속도감 있는 시적 진행을 보여주고 있다는 점이다. 『라이프』·『타임』지 등에서 권투기사만 골라 읽을 정도의 '매니아'[65]이자 그 자신 '아마튜어급 권투선수'이기도 했던 배인철은 여기서 약소민족의 설움을 대변하는 시인으로 자임하고 나선다.

갖가지 왜곡과 파행의 연속 그 자체였던 해방정국은 시인 배인철에게 무엇이었던가. 꽤나 길다란 부제 "세계권투선수권 쟁탈전 쪼 루이스 대 빌이 콘 : 6월 22일, 양키 스타디움"이 잘 시사하듯, 그것은 백선(白線) 노예상과의 치열한 혈투의 공간이며, 그 주된 표적은 다름아닌 'WHITE AMERICA의 대리인 빌이 콘'이다.

쇠사슬 늘이어
흑노의 아들로서 시장에 팔려온
이제는 고이 쉬는 할아버지는
시아고에 활발한 인종선(人種線)에
무지한 백인이 던지는 벽돌에
집앞에서 쓰러졌으며
원수를 갚겠다는 미친 아버지마저
식칼에 찔리어
길바닥에 자빠져버렸다
원통함이여
색(色) 있는 슬픔이여
웃집에선 여인마저 까뀌에 찍혔다[66]

---

64) 배인철, 「쪼 루이스에게」 부분, 『문화창조』, 1947.3.
65) 이봉구, 앞의 책, 47면 참조.
66) 배인철, 「인종선-흑인 쫀슨에게」 부분, 『1946년판 조선시집』, 조선문학가동맹,

흑인문제에 대한 정신분석학적 해석을 집요하게 시도한 F. 파농에 따르면, 모든 흑인은 비록 고통스런 일일지라도 하나의 명확한 결론 즉 "흑인에게는 오직 하나의 운명이 있다는 것, 그리고 그 운명은 '백색'이라는 것"[67]을 확인하지 않으면 안된다. 한마디로 그것은 '흑인성의 부정을 통한 백색으로의 투항'으로 완결될 터인데, 그렇다면 여기서 "원통함이여 / 색(色) 있는 슬픔이여"를 웨치는 시적 주체는 과연 누구인가? 결코 벗어날 수 없는 '흑색'의 운명을 자신의 그것으로 깊이 연민하는 배인철의 시적 퍼스나일 것이다.

그 시적 기본서사를 흑인부대 쪼슨의 가족사에서 취재했음이 분명한 이 작품의 핵심적 구도는 앞의 책, 「노예해안」·「흑인녀」·「쪼 루이스에게」 등과 너무나 방불하다. 다만, 여기에 병렬적으로 제시되고 있는 흑인박해의 구체적 세목들 즉 '아버지 · 아들 · 여인' 등에 가해지는 백인의 광포한 행태가 역설적으로, 일련의 극사실주의(hyper-realism)적 이미저리를 동반하는 작품적 차별성으로 인정될 수 있을지 모른다.

그러나 마지막 연에서 화자가, "쪼슨이여 / 인종선은 늬 곳에만 있는 줄 아느냐 / 동무들이 찬미하던 이 땅에서도 / 나라 있는 곳마닥 / 온 세계에 전선은 펼쳐 있는 것이다"(같은 시)라고 말할 때 시적 메시지는 그 내용의 온당한 반영에도 불구하고 돌연 상투적 동어반복으로 떨어지기 쉽다.

> 린우드 에이 뿌라운, 엘리니오스 테일러
> 젬스 에이 쪼슨, 윌리 켐프, 모리스
>
> 오늘같이 조용히 비내리는 밤이면
> 그대들의 이름이

1947.

67) F. 파농, 앞의 책, 11면.

한 절의 서글픈 서정시
한방울 비 한방울은
그대들의 이름을
먼 나라로 싣고 온 한 절의 노래

고요히 눈을 감으매 홀로
늬들의 노래 SO LONG
나직이 부른다
그대들을 보낸 뒤
나는 BLACK BOY를 우리말로 옮겨놓는다

뿌라운이여
아프리카의 역사를 읽고 있는가[68)]

인천 월미도에 주둔했던 미군 흑인부대 병사들과 작별 이후 시점에 씌어진 작품이다.

'인천 월미도'란 대체 어떤 섬인가. 오래도록 '서울의 목구멍[咽喉]'이라 불려온 인천, 특히 "한강(漢江) 하구에 서울의 표석(標石)처럼 서 있는" 월미도(月尾島)[69)]는 외세침탈로 점철된 한국근대사의 기형적 전개를 웅변적으로 보여주는 전형적인 지리적 표상이다. 일찍이, 자국 프랑스의 리델(Ridel) 신부를 포함한 '대원군(大院君, 1820~1898)의 천주교 대탄압'을 빌미로 조선원정길에 올라 이른바 병인양요(丙寅洋擾, 1866.10.13)를 주동한 프랑스극동함대 사령관 로즈(P. G. Roze) 제독에 의해 '로즈섬'이라는 불명예를 떠안았던 것이다.

「흑인부대」의 주된 시적 대상은 배인철과 가장 절친했으며 신예술가협회(1945.10.22) 회원이기도 했던 린우드 A. 브라운이다. 이 작품엔 그를

---

68) 배인철, 「흑인부대」 부분, 『현대문학』, 1963.2.
69) 신태범, 「월미도」, 『인천 한 세기』, 홍성사, 1983, 16~17면.

비롯, 다른 두 개의 시적 인유(引喩)가 내장돼 있다. 1920~1930년대 신흑인운동과 '할렘 르네상스' 운동의 중추 L. 휴즈(1902~1967)의 「아메리카 흑인단장(黑人斷章)」(1930~1931), R. 라이트(1908~1960)의 자서전적 소설 『검둥이 소년』(1945)이 그것들이다.

시적 주제의 강화 및 미학적 긴장의 견인을 아울러 촉발하는 이들 인유 중 가장 선차적인 것은, 「할렘」(1951)의 시인 랭스턴 휴즈의 「흑인단장」(Afro-American Fragment)이다.

> 힘도 빠지고 가락도 잃었고나
> 북소리들—그래도 여전히
> 어느 거대한 안갯속 길을 거쳐
> 이 노래 들려오고 있고나
> 참으로 길고도
> 또 멀고도 멀어라
> 아프리카의
> 검은 얼굴이여.70)

고통스런 노예현실과 내세해방을 그윽하게 노래한 '흑인영가(negro spirituals)', "우리 고향은 요르단강 너머 / 오오, 깊고 깊은 강 / 주여 우리는 이 강을 넘어 평화의 땅을 / 가고 싶습니다"71) 일절이 떠올려진다. 그런데 2연 24행의 이 길지 않은 시에서 "참으로 길고도 / 또 멀고도 멀어라(So long, / So far away)"는 세 차례나 반복적으로 읊조려진다. 쉽사리 극복할 수 없는 깊은 단절, 불가항력적 고통의 기나긴 여정을 각각 표상하는 "깊고 깊은 강"과 "거대한 안갯속 길"은 이미 시적 화자의 곁을 떠난 「흑인부대」의 "그대들"에게 고스란히 이월된다. 그만큼 백선(白線)과 대치하고 있는 '나와 그들'의 힘겨운 고투는 여전히 현재진행형이라는 뜻이다.

---

70) L. 휴즈, 「흑인단장」 부분, 『흑인문학전집』(송경준 역) 5, 94~95면.
71) '흑인영가' 「깊은 강」 부분, 오자와 유사쿠, 앞의 책, 16면 재인용.

6

배인철의 흑인시는 해방 직후의 우리 민족문제와 흑인현실을 지나치게 단순도식적인 연결고리로 묶어 평면적으로 처리했다는 점, 미군정기 남한현실을 보다 다채로운 시적 형상으로 창출하는 데는 미흡했다는 점 등의 한계를 지닌다. 그러나, 이 땅에 진주한 미국의 실체적 의미를 그나마의 시적 성과로 가늠하고자 한 배인철의 존재는 매우 고귀하다. 작품적 실천을 가볍게 여기는 어설픈 문학운동적 구호주의나, 분단된 민족현실을 애써 외면하는 문학주의 어느 쪽으로부터도 현명하게 비켜설 줄 알았던 그의 시인적 입지 또한 값진 부분으로 기억되어 마땅할 것이다.

고작 다섯 편[72)]의 흑인시만 달랑 남긴 채 스물 여덟로 일찍 생을 마감한 배인철 문학의 너무 얇은 적층은 사뭇 우리를 안타깝게 한다. 마치 읍소하듯, “해방 후 우리나라를 쓸어간 정치의 광풍 속에 피었다 속절없이 져버린 애닯은 청년 배인철, 뉴욕 할렘(Harlem)가에서 비어홀이나 하나 했으면 좋겠다 한 인철이는 왜 세상에 태어나 흑인문학도 내던지고, 똑똑한 시집 하나 남기지 못하고 늦은 봄 길가에 피었다가 지는 들꽃 같은 가련한 일생을 마쳤는가”[73)]고 한 시인 김광균의 탄식이 절로 생각난다(『황해문화』, 2004년 겨울호).

---

72) 시인의 매씨(妹氏) 배경숙(裵慶淑) 교수는, 배인철이 중국 유년노동자의 곤핍과 슬픔을 읊조린 「어린 쿠리[苦力]의 노래」의 발표 사실을 필자에게 술회했지만, 이는 아직 확인되지 않고 있다.

73) 김광균, 앞의 글 참조.

〔본고 작성에 있어 특히 배인철의 행적과 문단활동 관련사항은 중앙고보 학적부 및 이 시인의 맏형 고(故) 배인복 선생과 매씨 배경숙 인하대 명예교수, 시인 고(故) 김차영 선생의 도움말이 크게 참조되었다. 이 자리를 빌어 세 분께 감사드린다. 이 글은 「배인철의 흑인시에 대하여」(『창작과비평』, 1989 봄호)를 전면 확대 · 개고한 것임을 아울러 밝혀둔다.〕

'해방'과 남북문단 추이

1

1945년 8월 15일 정오, 라디오를 통해 흘러나온 일본 천황의 사뭇 건조하고 상창(傷愴)한 '항복 선언'으로 우리는 갑자기 '해방'을 맞았다. 함석헌의 절묘한 비유처럼, 실로 그것은 "도둑같이 뜻밖에" 들이닥쳤던 것이다. 꼭 60년 전의 일이다.

> 이 나라의 지사(志士)·사상가·종교가·교육자·지식인·문인(文人) 에, 또 해외에 '유랑 몇 십년' 이름은 좋아도…… 하와이나 샌프란시스코우에서는 미국인 심부름꾼 노릇을 하며 세력다툼을 하던 사람들이 알기는 무엇을 알았단 말인가? 이 나라가 해방될 줄을 미리 안 사람은 하나도 없다. …… 해방 후 참분한 일은, 이 해방을 도둑해 가려는 놈들이 많은 것이다. 그것은 그들이 이를 자기네가 보낸 것처럼 말하여 도둑해 가려는 심장에서 하는 소리다. 그러나 그것은 거짓말이다(함석헌, 『뜻으로 본 한국역사』 제4판, 제일출판사, 1974, 330~331면).

바빌론에 끌려가 종살이하던 구약시대 '유다 민중'의 설움과 질곡을 절절하게 노래했던 「시편」(137편 1~9절) 기자처럼, 우리민족의 간고한 역사를 충일한 시적 직관과 예언자적 통찰로 간명하게 개괄한 함석헌의 글에도 잘 암시되어 있듯, 해방 후의 혼란과 갈등은 이미 예정된 것이었다. 그 감격과 환희를 미처 실감할 겨를도 없이 곧장 남북분단으로 이어진 '해방공간'이야말로, 남북한에 진주한 미·소 점령군을 각각 사이에 두고 일제강점기 민족해방투쟁세력들, 가령 남한의 상해임시정부(김구)·건국동맹(여운형), 북한의 조선항일유격대(김일성)·조선독립동맹(김두봉) 등 상호간의 민족국가 건설을 위한 "힘의 재편성 과정"(김윤식)에 다름 아니었던 까닭이다.

'독립국의 회복, 민주주의 원칙하의 발전, 일본통치의 폐해 청산'등을 목표로 5년 이내의 「조선에 대한 4개국 후견의 협정」(신탁통치안)을 확인한 '미·영·쏘 모스크바 3상회담'(1945.12.27)의 후속적 논의체인 미소공동위원회는 결렬(1946.7.10)되었으며, 결국 한반도는 남한의 이승만 '단정'(1945.8.15)과 북한 김일성 체제(1945.9.9)로 양분되었다.

그러나 해방기의 혼란은 분명 '의미 있는 혼란', 바로 그것이었다. 외형상 그것은 좌우익의 첨예한 대립, 계급적 이해의 상충 등의 극심한 난맥상을 연출하지만, 내용적으로는 민족사의 전진적 구심점을 모색하기 위한 민중의 비상한 열정과 고투로 점철된 격동의 시대였기 때문이다. 일제로부터의 해방이 우리의 주체적 역량으로 전취한 것이 아니라 전후 세계질서 재편과정에서 주어진 것이었으므로 불가피하게 또다른 제국주의 세력의 개입을 허용, 결국 민족분단을 자초하였으나 이 역사적 혼돈을 걷어내고 통일된 자주적 민족국가 건설을 위하여 일로매진한 것이 다름아닌 해방기였던 것이다.

연합국 측의 승리에 따른 '덤'처럼 일단 손쉽게 주어진 형국이어서 더욱 그러했겠지만, 해방 직후사는 사실상 파행 일로로 치달았다. 전후 한국문제를 둘러싼 국제열강 사이의 복잡미묘한 정치경제적 이해관계의 첨예한 표출, 좌우익 사이의 극단적인 민족에네르기 소모전, 남북한에 각각 진주해온 미・소 정치세력들에 재빨리 편승한 정치모리배의 군웅할거, 특히 남한의 경우 숨죽여 정세의 추이를 예의 관망한 끝에 새로이 발호하기 시작한 '친일잔재세력'의 반민족적 작태 등이 이 시기의 어두운 상황을 명시적으로 보여주는 구체적 지표들이다.

2

1945년 8월 26일 평양에 진주한 쏘련군은, 그 열하루 전인 8월 15일 북한 주둔 '제25군 사령관'(치스차코프) 이름으로 「포고문」을 발포하였다.

> 조선 인민들이여! 조선은 자유국이 되었다. …… 화려한 과수원은 사람 의 노력과 고려의 결과이다. 일제의 통치하에서 살던 고통의 시일을 추 억하라! 담우에 놓인 돌멩이들까지도 피땀에 대하여 말하지 않는가? 이제는 모든 것이 죄다 당신들한테 달렸다.(조선중앙통신사 편, 『해방후 10년 일지－1945～1955』, 평양 : 조선중앙통신사 1955, 1면)

포고문 치곤 꽤나 서정적이기까지 한 글귀이다. 이에 비할 때, 인천을 거쳐 서울로 진주(1945.9.9)하기 직전 '태평양 미국 육군 최고지휘관' 맥아더가 발동한, "일본측 천황과 정부와 대본영을 대표하여 서명한 '항복 문서'의 조항에 의하여 본관 휘하의 전첩군(戰捷軍)은 본일 북위 38도 이남 조선 지역을 점령"(위의 책, 1면)한다는 「포고 제1호」(1945.9.7)는 자못 사무적이고 엄의(嚴儀)적이다.

'해방'에 대한 지배적인 문학적 반응은 특히 시의 경우 '감격과 울분의 단선적 포효'이기 일쑤였다. 월북시인 배호(裵晧)의 예리한 표현처럼, 그 "흥분의 물결은 넘치었으나 그것은 조리 없는 함성의 탁류"(배호, 「서」, 『예술과 생활』(김동석), 박문출판사 1948, 1면)에 불과하였다. 우후죽순과도 같이 정치·사회 단체들이 재바르게 난립하였으며, 문학예술 분야도 거기서 예외일 수 없었다.

소련 점령군과 심각한 마찰 없이 북한정국을 기민하게 장악한 김일성 체제와 견줄 때, 이러한 국면은 특히 남한의 경우 매우 복잡다기하게 전개되었다. 좌파의 경우, 조선문학건설본부(1945.8.16, 중앙집행위원장 임화), 조선프로문학동맹(1945.9.17, 위원장 이기영), 이 두 단체가 통합·결성된 조선문학동맹(1945.12.13), 그리고 그 명칭 변경을 포함한 공식적 출범 절차에 해당하는 '조선문학자대회'(1946.2.8~2.9)를 계기로 좌우파를 망라한 범문단적 성격의 '조선문학가동맹'이 잇달아 출현한다. 그러나 이같은 문학단체들의 구성 과정에서마다 번번이 임화 등에게 선편(先鞭)을 빼앗긴 '구 카프계'(비해소파)의 이기영·한설야·안함광·한효·송영 등은 1945년 11월 경 일찍이 월북, 북한문단의 중추적 핵을 이루며 독자적인 활동을 전개한다. 물론 여기엔 임화 등의 '문건'(조선문학건설본부) 문학노선이 계급모순의 중대성을 간과한 채 민족모순의 문학적 탐색에 주력한 점이 깊게 작용하였다.

조선문학가동맹은 그 결성(1945.12.13) 초기 단계부터 실질적으로는 박헌영 주도의 남로당(1946.11.23) 외곽단체적 성격이 점차 명시적으로 드러나고, 미군정이 테러·파업 등 「신전술에 대한 지시」(1946.7.26)의 주동자로 '박헌영 체포령'(1946.9.5)을 발동하면서 남한 문단은 또 한차례 크게 요동한다. 반미의식이 급격히 노골화하면서 1946년 초엽 이태준을 필두로, 같은해 10월 경 박헌영·임화·김남천·이원조·오장환 등이 한꺼번에 월북한 것이다.

조선문학가동맹 회원들의 세 번째 집단월북은 '제2차 미소공동위원회'가 결렬(1947.7.10)되고 곧이어 미증유의 대규모 좌익검거 선풍이 몰아

닥친 1947년 여름부터 '단정 수립'(1948.8.15)까지의 본격적인 반미투쟁 단계에서 이뤄졌다. 특히 이를 가속적으로 촉발한 현실적 계기를 이룬 것은, 김구 · 김일성으로 대표되는 '남북연석회의'(1948.4.19)였다. 이 무렵의 주요 월북문인은 박팔양 · 조벽암 · 조영출 · 조남령 · 박영호 · 안회남 · 함세덕 · 엄흥섭 · 허준 등이다.

마지막 네 번째는 '6 · 25전쟁' 기간 중의 월북이다. 여기엔 ① 이승만 정부 수립 후 '전향'이라는 외적 절차 또는 '보도연맹'을 거치거나, ② 서대문형무소 등에 수감돼 있다가 북한군의 '서울 점령'(1950.6.25)으로 풀려나온 경우, ③ 북한 '조선의용군'을 지원하거나, ④ 납북된 경우, ⑤ 또다른 경로의 월북 등을 상정할 수 있다. 아마도 ① 설정식 · 임학수, ② 이용악, ③ 김상훈 · 우봉준, ④ 김기림 · 정지용, ⑤ 박태원 · 현덕 · 상민 등이 위의 5가지 경우에 각기 해당할 것이다.

이처럼 4단계에 걸쳐 월북한 조선문학가동맹 회원 상당수의 행적은 일종의 진공상태에 갇혀 있다고 할 만큼 불투명하다. 남한문학사에서는 두말할 필요도 없거니와, 그들이 귀착한 북한 문학사에서도 각각의 정치적 행로에 따라 그 종적이 묘연한 경우가 허다하다.

우익 문학단체 또한 좌익의 그것을 능가할 만큼 신속하고 기민하게 결성되었다. 주요한 것으로는 중앙문화협회(1945.9.18, 변영로 · 김영랑 · 김광섭 등), 전조선문필가협회(1946.3.13, 회장 정인보)와 그 문학투쟁적 전위라 할 조선청년문학가협회(1947.2.12, 회장 김동리), 그리고 바로 위의 두 모임의 연합체인 전국문화단체총연합(1947.2.12) 등을 들 수 있는데, 이승만 단독정부 수립 후 이 단체들은 결국 한국문학가협회(1949.12.17)로 총결되었다. 그런데 주목할 것은 이들이 앞서 언급한 좌파 문학단체들의 매 운동단계에서마다 매우 조직적으로 대응했다는 사실이다.

북한의 문학예술단체 결성은 기본적으로 정당사회단체들의 그것과 긴밀한 상응관계 속에서 이루어졌다. 해방 직후 각 지역에서 산발적으로 전개된 문학운동의 작품적 성과[1)]들이 축적되는 한편, 쏘련과의 우호적 문화교류 증대를 위해 조소문화협회(1945.11.11)가 발족[2]되면서 기관지 『조쏘문화』(1946.7)가 창간된다.

이 무렵을 전후하여 이기영・한설야・안함광 등 조선프로문학동맹의 주요 맹원들이 북한문단 핵심부에 진입, 1946년 마침내 북조선문학예술총동맹(1946.3.25, 위원장 한설야, 부위원장 리태준) 및 북조선문학동맹(1946.9.27, 위원장 안함광) 등이 정식 출범하면서, 기관지 『문화전선』(1946.7) 및 그 후신 『조선문학』(1947.9)을 각각 펴내기에 이른다. 물론 이러한 문화단체들의 성립 배경에는, ①'김일성장군 조국개선 평양시 환영대회'(1945.10.14), ② 당시 문화예술의 기본방향에 대한 기본 지침이라 할 김일성의 대규모 대중연설 「문화와 예술은 인민을 위한 것으로 되어야 한다」(1946.5.24), ③ 북조선로동당(위원장 김일성, 1946.7.29) 창건 등의 주요한 정치문화적 사건들이 깊숙이 연동되어 있다(『해방후 10년 일지-1945~1955』, 73면, 『조선중앙년감—1950년판』, 평양, 362면 및 『조선문학사 년대표』, 평양: 교육도서출판사 1957, 106~107면 참조).

3

일제의 식민지적 모순이 지양되지 않은 채 '이승만 단정'으로 낙착된 남한의 해방 직후사 3년간의 숨막히는 반동화 과정은 끝내 냉전이데올로기에 덮씌워진 분단체제의 고착으로 이어졌지만, 그 역사적 의미는

---

1) 예컨대 함흥의 한설야・리찬・한식 등이 크게 역할한 '해방 1주년 기념 시집' 『려명』, 함흥예술련맹, 1946이 그 구체적 사례이다.
2) 1949년 현재 조쏘문화협회의 기본 단위조직인 '조쏘반'은 19,523개에 달한다. 『조선중앙연감-1950년판』, 평양: 조선중앙통신사, 1950, 362면 참조.

실로 막중하다. 단지 '즉각적인 현실감응 양식'이란 차원을 넘어 당대의 혼란과 갈등을 과감히 돌파하는 하나의 '혁명적 무기'로까지 인식되었던 해방기 시를 결코 소홀히 취급할 수 없는 이유이다.

아연 "도둑같이 온 해방"(함석헌)에 갑자기 노출당한 이 시기 문인들에게 부여된 첫 번째 과제는 다름아닌 '자기비판'의 문제였다.

당시 경기도 양주에 칩거하면서 일본군의 승리를 기원하는 「적함대를 찾았노라」(『신시대』, 1944.12) 등의 친일적인 글을 간간이 기고하는 한편 "온전히 무념무상의 심경으로 세계와 우리민족의 장래에 대하여 명상할 여유"에 빠져 있었던 이광수는 8월 16일 오전에야 '해방'의 소식을, 그것도 간접적으로 전해 들었다. 훗날 그는 그때의 심경을, 독립의 기회가 이렇게 쉽게 온 것, …… 조국이 전장이 되지 않고 만 것, 동포가 일본의 손에 학살을 당하지 아니하고 만 것이 다 기쁜 일이었다"고 토로하고, "전쟁중에 내가 천황을 부르고 내선일체(內鮮一體)를 부른 것은 일시 조선민족에 내릴 듯한 화단(禍端)을 조금이라도 돌리자 한 것"(이광수, 「나의 고백」(1947), 『이광수전집』 7, 삼중당, 1971, 282~283면)이라고 덧붙였다.

1939년 4월 박영희 · 임학수 등과 '황군위문작가단' 일원으로 만주까지 다녀온 김동인이 '해방'을 접한 것은 8월 16일 오전 11시쯤, 그때 그는 "46년 전생을 아무 야심도 없이 허심탄회 오직 소설도(小說道)에만 정진, …… 지금 모두 정치적 야망이 뒤끓는 판국에서도 글 쓸 만한 집 한 채를 구하고자 하는 지극히 담박한 욕망"(김동인, 「망국인기(亡國人記)」(1948), 『김동인 문학전집』 11, 대중서관 1983, 70면)의 실현에 골똘하던 중이었다.

1946년 초, 조선문학가동맹 회원으로선 매우 일찍 월북한 이태준은 일제 식민통치 시절의 미덥지 못했던 삶의 뿌리를, 「해방 전후」(『문학』, 1946.7)의 주인공 '현'의 입을 빌어, 어떻게든 "정말 살고 싶었다. 살고 싶다기보다는 살아 견디고 싶었다."는 심정적 고백으로 대체하였으며, 다른 한편 채만식은 소설 「민족의 죄인」(『백민』, 1948.10~1949.1)을 통해 '어느 누구도 죄인일 수 없다'는 일종의 순환논법으로 자기비판론을 봉합하는 데 그쳤다.

조선프로문맹의 '제1차 월북' 평론가 한효의 문제제기는 이광수나 김동인의 경우보다 한결 진취적이다. 일제강점기 "캄캄한 현실 속에서 우리는 과연 얼마나 조선사람인 것을 슬퍼했고, 특히 문학자인 것을 한탄했던고! …… 소시민의 비애 — 그것은 벌써 걷잡을 수 없는 하나의 체관(諦觀)이었다. 이 체관은 문학자로 하여금 오로지 소시민의 자위(自慰)에 안주케 하였을 따름"(한효, 「문학자의 자기비판」, 『우리문학』, 1946.2)이라는 자기반성의 토대 위에서 왜곡된 현실에 대한 향후의 '적극적 부정'을 일정하게 표명하고 있기 때문이다. 그 당시 "준열한 자기비판을 한다는 것은 결코 불명예스러운 일이라 할 수도 없다"(『중성』, 1946.2)는 자신의 입장을 오히려 떳떳이 밝히고 있는 것이다.

임화의 관점은 여기서 한발짝 더 나아간다. 자기비판의 근거를 '양심 또는 마음의 비밀'로까지 끌고 내려갔다는 점에서, 본질적이기 때문이다. 그것은 "이번 태평양전쟁에 만일 일본이 지지 않고 승리를 한다, 이렇게 생각해 보는 순간에 우리는 무엇을 했고 어떻게 살아가려 했느냐, …… 이것이 자기비판의 근거가 되어야 한다"(임화, 「문학자의 자기비판」, 『우리문학』, 1946.2)고 보는 관점이다.

4

해방 직후 특히 우리의 눈길을 끄는 것은, 일제 강점하에서 만주·일본 등지로 떠나갔던 대규모 유이민(流移民) 또는 전재민(戰災民)들의 '귀향 시편'들이다. 이것은 가령 「해빙기의 재령강반(載寧江畔)」(『동아일보』, 1935.2.14)을 통해 일제강점기 조선농민의 비애를 실감 있게 묘파한 바 있는 민병균

(「고향」(1946.3), 『서정시 선집』(강승한 외), 평양: 조선작가동맹출판사 1955 및 민병균, 『민병균 시선집』, 평양: 조선작가동맹출판사, 1958)이나 김우철(「꽃다발」, 1947.3.26) 같은 '재북시인'의 작품들에서도 공통적으로 드러난다.

고려(高麗)의 맑은 피 평화촌 이룬
중앙아세아 생활도 향기 높은 따스껜트를 바라보며
우랄산맥을 넘고 바이칼호를 지나, ……

'아무르'에 네 모습 비최보고
장춘(長春) 봉천(奉天) 다시 얄루강을 건너
조국의 가슴팍에 뻗어온 국제궤도(國際軌道)－

—김우철, 「꽃다발」(1947.3.26) 부분, 『나의 조국』
(평양: 문화전선사, 1947)

1937년, 창졸간 스탈린 정부에 의해 저 머나먼 중앙아시아의 황량한 벌판으로 내몰렸던 '고려인'의 귀환을 격동적으로 노래한 「꽃다발」(1947.3.26)의 일절인데, "오로라 빛나는 북방의 붉은 군사" '쏘련 해방군'과의 동반귀국 정경이 꽤나 이채롭다.

이제 내가 돌아왔노라 말 물어보자 다시 말 물어보자－
모이면 웃통 벗고 씨름이나 하던
우리 백두산 직계—나의 동무들은 어대로 가구
절개 높은 춘향이와 효자 표본 심청이를
형님같이 사모하던 그네 잘뛰던 배꽃같은 빨래질 잘하던
삼단같은 머리 드리운
훌륭한 젖꼭지를 가진 처자(妻子)들은 어대로 가구
찾어오면 …… 아아 괴로운 고향이어

—박산운, 「고향에 돌아와서」 부분, 『신천지』(1946.6)

만주로부터 귀향한 남성 화자가 황폐한 고향의 퇴락상을, "모이면 웃통 벗고 씨름이나 하던 / 백두산 직계 — 나의 동무들", "훌륭한 젖꼭지를 가진 처자들" 등의 생동하는 육체적 이미지를 통해 빼어나게 형상한 박산운[3]의 작품인데, 시사적으로 이용악의 「하나씩의 별」(1945), 박두진의 「어서 너는 오너라」(1946)와 연맥되어 있다.

해방된 조국을 되찾은 귀향 유이민 현실은 실로 참담무비(慘憺無比)한 것이었다. 이러한 사정은 박세영의 「서울 부감도(俯瞰圖)」(1946)에서도 약여하다.

> 추울세라 따뜻한 골방에서 왜놈은 길러줘도,
> 고국이라 찾아온 동포들은,
> 갈곳없어 한데서 잠자거니
> 칠칠한 놈들의 집 누가 다-들었느냐
>
> — 박세영, 「서울 부감도(俯瞰圖)」 부분, 『신문학』(1946.11)

「아, 여기들 모였구나-야앵(夜櫻)은 시민의 마음을 떠봤다」(1946.4.6, 박세영, 『진리』, 문화전선사, 1947)에서도 명료하게 반영되었듯, 1946년 6월에 월북(『박세영 시선집』, 조선작가동맹출판사, 1956, 343면 참조)한 이 시인은, "친일파, 반역자, 모리간상배들"이 판치는 해방기 혼란의 원천을 다름아닌 '친일파의 새로운 발호'에서 찾고 있다.

그러나 잘 알려진 대로, 당시 대대적인 사회적 이슈로 대두된 이 문제는, 「부일(附日)협력자처단법수정안」(1947.5.20)이 미군정에 의해 구성된 '과도정부입법의원'에 단지 상정되는 것으로 흐지부지되었다. 단정 수립 후 「반민족행위자처벌법」(1948.9.7)의 발효와 함께 최남선·이광수가 검거(1949.2.7)되는 등 한때 그 시행이 본격화하는 듯하다가, 결국 친일경

3) 시인 박산운은 경남 합천 태생으로 1948년 월북하였으며, 『버드나무』(조선작가동맹출판사, 1959)·『내가 사는 나라』(문학예술종합출판사, 1992) 등의 시집을 펴냈다. 「남의 나라」(1948)·「38선을 넘으며-구두를 두고」(1949) 등이 특히 인상적이다.

찰에 의한 '반민특위' 포위 및 완전 해체(1949.5.29~6.6)로 이어지고 곧 김구 피살사건(1949.6.29)이 터지는 와중에서 이 문제는 해방기 역사에서 완전 공중분해되고 말았다.

1947년에 들면서 뭔가 '잘못된 해방'이라는 시적 인식이 부쩍 두드러진다. 임학수에게서 그것은 "또하나 8 · 15"로 표상되어 있다.

> 벅찬 가슴에 칼자욱만 남았고나
> 눈감으면 서언한 그 깃폭 그 물결
> 귀 기울이면 우뢰처럼 들려오는 만세소리
> 모든 고을 들끓고 산이란 산 우줄대던
> 그때가 그리워라
> 또하나 8 · 15는 언제 오느냐
>
> —임학수, 「다시 8 · 15에」 부분, 『한성일보』(1947.8.15)

이승만정부 수립 후 '보도연맹'에 가입하는 등의 구차한 이념적 전향 절차를 거쳐 6 · 25전쟁 중 월북한 것으로 추정되는 임학수[4]는 영문학 전공자로서 북한 번역문학의 초석을 든든히 다지는 업적을 남기었다.

김윤식의 적절한 표현처럼 해방기란 "국가라는 가장 원초적인 체제 선택이 가능한 희유한 역사공간"(김윤식, 「해방 후 남북한 문화운동」, 『해방공간의 문학운동과 문학의 현실인식』, 한울, 1989, 30면)이었다. 그렇기에 상당수 문인들은, 김동석에 의해 "자본주의와 사회주의가 균형을 얻은 실력선"(김동석, 『예술과 생활』, 151면)으로 명명된 '38도선' 월북을 대거 감행하기에 이른다.

조선프로문학동맹 서기장을 역임한 시인 박석정은, 1946년 초여름 '6 · 10만세운동' 기념캠페인 직후 10여 명의 조선프로문학동맹 회원들

---

4) 대표적인 것으로는 C. 디킨즈의 『올리버 트위스트의 모험』(평양: 조선문학예술서적출판사, 1958), G. G. 바이런의 『챠일드 하롤드의 편력기』(평양: 국립문학예술서적출판사, 1959) 및 『바이론 시선』(평양: 문예출판사, 1991) 등이 있다.

과 함께 38선을 넘은 것으로 보이는데, 「월경 도중」(1946.6, 박석정, 『개가』, 평양: 문화전선사, 1947)은 그 뚜렷한 시적 기록이다. 일제강점기 모더니스트로서 노예처럼 '국책이민열차'에 실려 저 북간도로 끌려가는 유이민의 비애를 실감나게 노래했던 조영출은 「38선을 넘어」(1948, 3부작 「북조선으로」 첫째편)를 남기었다.

우리는 지금
38선 패말이 섰는
황폐한 산협의 길을 뛴다
아무런 증명서 한 장 없이

쐐기에 찔리며
발톱에 피흘리며
살육의 총소리 귓전에 들으며
쏜살처럼
삼팔선을 넘었다

—조령출, 「38선을 넘어」 부분, 『조령출 시선집』
(평양: 조선작가 동맹출판사, 1957)

"북으로 / 북으로 / 장단역을 떠나서 / 25키로"(같은 시, 제1연) 38선을 도망치듯 숨가쁘게 넘어가는 정황이 선명하다.

말을 타고 전차(戰車)를 타고
그대들은 빛나는 기ㅅ발 날리며
하이랄평원 북만(北滿)의 삼림
흑룡강(黑龍江) 송화강(松花江)을 건너
아아 피에 젖은 우리 국토
함경도 평안도로 들어오는가

—임화, 「발자국」 부분, 『赤星』(1946.6)

일찍부터 '쏘련해방군 조선진주'를 열렬히 예찬한 바 있는 임화는 '남북연석회의'(1948.4.19) 때 입북, 평론가 이원조와 함께 해주에 머물러 있으면서 여전히 조선문학가동맹을 지휘하는 한편, 유엔한국위원회 감시하의 '5 · 10선거'(1948.5.10)의 부당성을 폭탄으로 저지한 한 청년의 죽음을 칭송한 시 「고향이여! 한층 더 아름다워라」(1948) 등을 간혹 발표(박남수 외, 『한 깃발 아래에서』, 평양: 문화전선사, 1950 참조)하다가, 1953년 8월 3일 그는 결국 이승엽 · 설정식 등과 함께 "공화국 정권 전복 음모와 반국가적 간첩 행위"(『해방후 10년 일지-1945~1955』, 165면)로 사형언도에 처해진다.

한때 조쏘문화협회 부위원장으로 활약하기도 했던 그는, "카프문학의 혁명전통을 계승하고 위대한 쏘련의 선진문학을 섭취, 급진적으로 발전"한 해방후의 문학적 성과를 한낱 "'문학 이전'이라고 경멸 · 조소"하면서 김남천 · 이태준과 더불어 반당적인 부르죠아 문학노선을 추종한 자로 간단히 매도(송영, 「림화에 대한 묵은 논고장」, 『조선문학』, 1956.3)되었다. 말하자면, 문학의 레닌적 당성을 거부하고 "민족적이란 미명 밑에 문학의 초계급성과 창작의 정치로부터의 자립"을 제창(한설야, 「전후 조선문학의 현 상태와 전망」, 『제2차 조선작가대회 문헌집』, 평양: 조선작가동맹출판사, 1956, 12면)하는 등 '소부르조아적 문학관'을 공공연히 표명하는 심각한 오류를 범했다는 것이다. 북한체제의 정치적 희생물로 되고 만 것이다.

5

북한현대사에서의 소위 '평화적 건설시기'(1945.8~1950.6) 및 '조국 해방전쟁 시기'(1950.6~1953.7)를 통틀어 볼 때, 이 시기 북한문단의 주요 구성은, ① 리찬 · 민병균 · 안룡만 · 리원우 · 김우철 · 박남수 · 양명문 등 '재북파'(넓게는 백석도 이에 포함시켜 무방할 것이다), ② 김조규 · 김북원 · 천청송 등의 '만주파', ③ 조기천 · 정률 등의 '쏘련파', ④ 조선프로문학동맹 · 조선문학가동맹 양대 산맥의 '월북파' 등이다. 그러나 뭐니뭐니 해도 당시 북한문단의 추축은 역시 월북파, 그 중에서도 단연 조선프로문학동맹 그룹이라 할 수 있다. 이는 무엇보다 그 문학노선상의 우위에 따른 결과적 현상이라 하겠는데, 상대적으로 임화 중심의 조선문학건설본부, 즉 조선문학가동맹 측의 부침은 매우 격심한 것이었다.

납북문인 이광수 · 김동환, 정치적 파란의 벼랑으로 내몰린 끝에 남로당 수뇌부 박헌영 · 이승엽 등 "미 제국주의자들의 고용간첩"(한설야, 앞의 책, 글)으로 단죄돼 문학적 단명을 고한 임화 · 설정식 및 김남천 · 이태준, 1950년 이후에는 이렇다 할 문학활동이 전무하다는 사실로 미뤄볼 때 6 · 25전쟁 중 사망한 것이 거의 분명해 보이는 정지용 · 오장환 · 김동석 · 함세덕 등은 일단 차치하고라도, 특히 조선문학가동맹 회원 상당수는 남북한문학사 양쪽으로부터 모두 '실종'[5]되는 비극적 운명을 맞았다.

평안북도 정주 태생으로 해방 직후까지 「남신의주 유동 박시봉방」(『학풍』 1948.10) 같은 품격 높은 작품을 선보인 백석(1912~1995)은 북한문단에 본격 귀속되면서는 1961년까지 드문드문 시를 발표하는 데 멈추었다. 그러다가 그 이듬해 불어닥친 '복고주의 비판'에 연루, 유폐당하듯 저 함경북도 오지인 삼수군의 한 국영농장 관리인으로 일생을 마감하기까지 거의 절필하다시피 하였다. 오히려 그는 1950년대 내내 주로 아동문학 · 아동문학평론 및 쏘련문학 번역에 주력[6]하였다.

---

5) 지금껏 상당 수준까지 진척되긴 했지만, 예컨대 오장환의 경우 『남조선의 문학예술』(평양 : 조선인민출판사, 1948), 「찬가―조선인민군에게 드리는 시」(8 · 15해방 3주년기념예술축전 지도부 편, 『창작집』, 평양 : 문화선전성, 1948) 등 일체의 관련자료들을 거두는 작업이 활발히 후속돼야 할 것이다.

6) 백석, 동화시 「까치와 물까치」 · 「집게게네 네 형제」(이상 『아동문학』, 1956.1), 동시

조선문학가동맹 회원으로 1949년 8월, 시인 배호 등과 함께 '조선문화단체총연합' 서울지부 핵심요원으로 활동하다 피체돼 서대문형무소에서 복역중 1950년 6월 28일 북한군의 서울 점령시 풀려나 곧장 북한군과 동반 월북한 이용악(1914~1971)은 『리용악 시선집』(평양: 조선작가동맹출판사, 1957)을 출간하였으며, 경남 거창 출신으로서 보도연맹에 가입해 있다 6·25전쟁 통에 의용군 입대 절차를 거쳐 월북한 김상훈(1919~1987)과 함께 풍요(風謠) 및 악부시(樂府詩) 번역서 『풍요 선집』(평양: 조선문학예술총동맹출판사, 1963)을, 그리고 상민·김상훈·한진식 등과 공동번역 『박인로 작품선』(평양: 국립문학예술서적출판사, 1961) 등을 펴내기도 했으나, 아쉽게도 그는 해방기 이전의 시적 활력을 지속적으로 발현하지는 못하였다. 이병철[7]과 박산운·김광현·유진오 등의 합동시집 『전위시인집』(1946), 개인시집 『대열』(1947)·『가족』(1948) 등을 펴낸 김상훈은 그 강한 이념적 지향에도 불구하고 서정성 드높은 「남쪽땅아」(1951)·「열무김치」(1980) 등의 우수 시편들을 담은 시집 『흙』(평양: 문예출판사, 1991)을 출간하였다.

일찍이 농촌 출신 제사(製絲) 여직공의 깊은 애한을 처연하게 읊조린 바 있는 「가을」(『조선일보』, 1930.11.2)의 시인 홍종린(洪鍾麟)은 이같은 시적 정서와 이념적 지향을 적정하게 융합하여 「우리는 담벽같이 일어섰다」(1950.12)·「봉선화」(1962.7.24) 및 시집 『우리는 조선 사람이다』(1952)를 선

「메'돼지」·「강가루」·「산양」·「기린」(이상 『아동문학』, 1957.4), 「동화문학의 발전을 위하여」(『조선문학』, 1956.5)·「작은 문제 큰 고찰」(『조선문학』 1957.6), 「막씸 고리끼」(『아동문학』, 1956.3) 및 「마르샤크의 생애와 문학－그의 탄생 70주년을 맞으며」(이상 『아동문학』, 1957.11) 등은 전자의 대표적 사례이다. 쏘련 번역문학의 주요 업적으로는 『이사꼽쓰끼 시초』(연길: 연변교육출판사, 1954), 숄로호프의 『고요한 돈』 1~2(1949), 『레르몬또브 시선집』(평양: 조쏘출판사, 1956)과 『찌호노브 시선집』(평양: 조쏘출판사, 1957), 『쏘련시인선집』 1~3(평양: 국립도서출판사·국립출판사, 1953~1955) 등이 있으며, 이밖에도 엔 아 꾼, 『희랍신화집』(평양: 국립문학예술서적출판사, 1958) 등이 주목된다.

7) 주요 시집으로 『내 삶의 한생은』(평양: 문학예술종합출판사, 1995) 등이 있다.

보였으며, 번역에도 뚜렷한 족적을 남기었다.[8)]

1920년 강원도 횡성에서 출생해 원주에서 성장, 휘문고보에서 정지용에게 시를 배우고 해방후 시집 『옥문이 열리던 날』(1948)을 선보인 김상민(金常民) — 본명 정기섭(丁驥燮)은 상당한 지주의 아들로서 한문에 특히 조예가 깊었던 것으로 알려져 있다. 자신의 계급적 기반을 송두리째 부정하고자 변성명(變姓名)까지 했는데, 6·25전쟁 중 월북, 「전야의 우등ㅅ불」(1962)·「진달래」(1962) 등 시창작에도 힘쓰는 한편, 김상훈과 번역 한시집 『사가시선(四家詩選)』(평양: 국립문학예술출판사, 1958)을 간행하였다.

일찍이 함형수·천청송·김북원·유치환·김달진 등과 함께 『재만조선시인집』(김조규 편, 간도 예문당, 1942)에 모더니스트풍 시편들을 발표했고, 해방기엔 '4·3제주민중항쟁'(1948.4.3)에 참여한 일반 민중들의 투쟁적 삶을 형상화한 「산(山)사람들」(『문학』, 1948.7), 귀향 유이민들의 집단적 비극을 빼어난 서정으로 훌륭히 노래한 「행색(行色)-고국을 찾은 사람들」(임학수 편, 『시집』, 한성도서주식회사, 1949) 등을 발표한, 이용악의 동향(함경북도 경성) 시인 이수형(李琇馨)은 시 「권양기 운전공 처녀」(『조선문학』, 1957.6)·「어머니」(『조선문학』, 1964.1) 및 평론 「시의 진실과 민족적 정서」(『문학신문』, 1962.2.2), 그리고 현지보고 실기(實記) 「고래 잡는 사람들」(『문학신문』, 1959.8.28) 등 다양한 장르의 작품 활동을 펼치었다.

경기도 강화에서 출생해 인천에서 성장, 해방 직후 신진 아동문학가로 활약하다 6·25전쟁 시기 북한군으로 입대, 함경도 원산 전투에 참여하기도 했던 우봉준(禹奉俊)은 아동문학 평론 「동화문학에 대한 생각」(『조선문학』, 1962.10), 동시 「형님 가신 길」·「바다에 핀 꽃」 및 동화 「조그만 화분」·「가짜 주인과 진짜 주인」 등의 가편(佳篇)을 거두었다(『조선

8) 홍종린은 「크레인」(『아동문학』, 1956.8) 등의 동시도 발표하였으며, H. 하이네가 극찬하고 노신(魯迅)이 고평한 헝가리 혁명시인 S. 뻬떼피의 『뻬떼피 시선집』(평양: 국립출판사, 1957) 등을 우리말 특유의 미적 질감을 되살리어 옮김으로써 번역문학 차원을 고양시키는 데 크게 이바지하기도 하였다.

아동문학문고 15－해방후 동요·동시편』, 평양: 학생소년출판사, 1966 및 『조선아동문학문고 14－해방후 동화편·하』, 평양: 학생소년출판사, 1966 참조).

고향인 평양에 머물러 있으면서 북한 전기산업 부흥의 단면을 감정적 수식 없이 담담하게 노래한 「성장」의 박남수(오장환 외, 『조국의 깃발』, 문화전선사, 1948)나, 김일성 체제로의 고착이 점차 현실화돼가는 북한 전역의 '도·시·군 인민위원회 위원선거'(1946.11.2)의 축제 분위기를 간명하게 스켓치한 「풍경」의 일절, 가령

청청한 솔문엔 태극기 나부끼는데
선거장에선 엄숙한 기침소리 발걸음소리

초가집 기와집 할것없이
집집이 기빨을 띄워놓고
삥 둘러선 마당 마당에서는
꽹가리 새납 삘리리 꿍땅

— 양명문, 「풍경」(1947.1.31) 부분, 『송가』(평양: 문화전선사, 1947)

의 시인 양명문 등은 훗날 6·25를 전후하여 '월남'을 결행한다.

그런가 하면 재북시인 김우철은 자신의 이념적 성취 공간으로 남한을 선택하는 서정적 주인공을 내세운다.

산길은
가도 십리,
－가도 십리.

고개를 넘어서니 조국의 남쪽 땅
저기 송도를 바라보며
가슴에 뜨거운 불ㅅ길을 안는다.

나는 간다, 남쪽—
싸움의 마당으로……

—김우철, 「찬우물고개」(1945.10) 부분, 『나의 조국』
(평양 : 문화전선사, 1947)

평안북도 의주군 태생으로 1931년 경 일본으로부터 귀국, 안룡만과 더불어 '프로문학 아동문학연구회'를 결성하여 적극 창작활동에 나섰던 김우철(『김우철 시선집』, 평양 : 조선작가동맹출판사, 1957 참조)의 「찬우물고개」(1945.10)의 일절인데, 이로써 보더라도 분명 해방기는 이념적 통풍의 역할을 톡톡히 논 셈이라 아니할 수 없다. 엄혹한 긴장과 전율 속에서도 남북한 넘나들기가 팽팽히 유지된 시기였던 까닭이다.

1916년 평안북도 신의주에서 출생하였으며, 임화에 의해 "조선플롤레타리아 시의 최초의 발전"적 면모를 보여준 "진실한 낭만주의의 전형"(『신동아』, 1935.12)으로까지 고평된 데뷔작 「강동(江東)의 품―생활의 강 아라가와(荒川)여」(『조선중앙일보』, 1935.1.1)를 발표하여 한때 문단의 이목을 집중시킨 안룡만의 아래 시편 역시 넓게는 이같은 유형에 드는 작품이다.

츠렁 츠렁 새까맣게
윤나는 머리채
그 머리채 댕기끝에
송이 송이 꽃이파리 꽂고
바닷가 저녁노을
조개줍던 그날의 동백꽃

—안룡만, 「동백꽃―항쟁의 제주도여」(1948.2, 1950 개고) 부분,
『한 깃발 아래에서』(림화 외, 평양 : 문화전선사, 1950)[9]

---

9) 안룡만, 『동지에의 헌사』, 신의주 : 평북예술련맹, 1946; 『안룡만 시선집』, 평양 : 조선작가동맹출판사, 1956; 『새날의 찬가』, 평양 : 조선문학예술총동맹출판사, 1956 등 참조.

'4·3제주민중항쟁'을 한층 고무·추동하는 일종의 아지프로시임이 한눈에 분명한데, 지금은 고향땅 제주를 떠나 압록강변 방직공장에서 일하고 있는 한 아릿따운 여공을 시적 매개 인물로 하여 '붉은 이념'적 지향을 선명하게 형상한 점이 크게 이채를 띤다. 무엇보다 그것은 검은 머릿결, 선혈 같은 동백 꽃이파리, 붉은 저녁노을 등의 빛깔 이미지들이 서로 교직하면서 빚어내는 드높은 서정적 환기력에 말미암는다.

그런가 하면, 실제로는 남한에 체류하면서도 '월남'하는 서정 주체를 내세워 남한사회의 이념적 전복을 꾀하는 시인의 모습을 그대로 투사한 작품도 있다.

가자
가자 이렇게 푸르고 또 뜨겁게 하며
꿀과 노래로 청춘과 총알 사이로 가자
꿀범벅 피범벅
붉은 아가웨 열매를 삼키면서
남조선으로 가자

—설정식, 「붉은 아가웨 열매를」 부분, 『조광』(1946.8)

위 안룡만의 경우와 흡사한 시적 방법에 의거, '남조선' 현실을 혁신코자 하는 시적 페르소나의 정치사회적 열망이 선명하게 아로새겨진 또다른 형태의 선전선동시라 할 만하다. 그 시적 현실에서 거의 공공연하게 '월남'을 지향하는 이런 작품들[10]의 출현은 무엇을 의미하는가? 물을 필요조차 없이 정치적으로 그것은 '미국에 강점당한 남조선 해방'이라는 시적 메시지의 표명일 것이다.

10) '남조선총파업 대구시 투쟁위원회'가 주도한 이른바 '10월항쟁'(1946.10.1)에 가담한 한 운동가가 여전히 '6·25전쟁'에서 투사로 활약하는 모습을 노래한 한진식의 「빨찌산은 인민군과 함께」(1950)도 이 연장선상에서 논의할 수 있을 것이다. 앞의 책, 조선인민군전선문화훈련국 편, 『시집—영광을 조선인민군에게』 참조.

6

해방기 남한문단에 속해 있으면서 시작활동에 종사하다가 월북한 특히 조선문학가동맹 출신 시인, 구 쏘련이나 중국으로부터 북한 해방문단에 편입된 시인, 당초부터 북한에 거류한 재북시인들을 가릴 것 없이 그들에 의해 '제작'된 거개의 시편들은 비록 정도차는 있을망정 좌파계급주의적 경직성 또는 북한체제의 '우수성'을 일방적으로 예찬하는 데 집중하는 단선적·기계적 아지프로시의 수준에 머물러 있다.

지난 7월 20일부터 25일까지 엿새 동안 남한 민족문학작가회의와 북한 조선작가동맹 공동 주관으로 '6·15 공동선언 실천을 위한 민족작가대회'가 치러졌다. 북한의 '평양, 백두산·묘향산' 등지에서 남쪽 문인 98명, 북쪽 문인 100여 명, 미국·러시아 등지의 재외동포 문인 등 총 200여 명이 역사적 회합을 가진 것이다. 2000년 6월 15일, 남북정상들이 합의한 3가지 사항, 즉 ①우리 민족끼리의 자주적 통일, ②남측 '연합제 안'과 북측의 '낮은 단계의 연방제 안'의 공통성에 바탕한 통일 지향, ③경제협력과 사회문화 등 여타 분야의 협력 등을 실현하기 위한 문학쪽의 공동모임이었다.

1945년 12월 13일, 조기 월북한 조선프로문학동맹(1945.9.17) 계열의 한설야 등 19명과 남측의 임화를 주축으로 한 조선문학건설본부(1945.8.16) 회원들이 연석하여 조선문학동맹으로 통합된 지 정확히 60년만에, 그리고 '1989년 3월 남북작가회의 무산' 16년만에 이룬 쾌거였다. 회의 첫날 남북 문학인 대표들은 즉각 '6·15민족문학인협회'를 구성(2005.7.20)하였으며, 이 단체를 통해 남북 문학인을 대상으로 하는 '6·15통일문학상'을 시상하고, 문예지 『통일문학』(임시명) 발행을 합의한 것이다.

별다른 성과 없이 2주도 채 못돼 휴회에 들어가고 말았지만, 특히 시기적으로 북한 핵문제 타결을 위한 '제4차 6자 회담'이 가까스로 재개되는 긴장된 시점이었다는 점, 인도나 이란과는 또달리 동일한 사안을 놓고도 한반도에 대해서는 요량할 수 없을 만큼 위협적인 핵정책을 구사하는 미국의 일방주의 등을 고려할 때 더욱 그러하다.

이번에 새롭게 구성된 '6·15민족문학인협회'에는 6·25 당시 16세 소년으로 인민의용군에 입대, 동족상잔의 전투에 가담했던 전남 장성 태생의 오영재 시인도 참여하였다.

> 그대는 이 밤 위해 지새여 왔는가
> 장백의 눈보라 길을 밝히며

에서처럼 김일성 항일유격대투쟁을 기린 「좋은 밤이여!」(조벽암 외, 『당에 영광을』, 평양: 조선작가동맹출판사, 1961 참조)를 비롯한 「혁명의 홰ㅅ불」(『청년문학』, 1962.5), 「이 벌판에 내리는 함박눈은」(『문학신문』, 1962.12.11) 등 혁명적 열기의 위엄을 가파른 서정적 호흡으로 이끌어올리는 데 능란한 솜씨를 발휘한 그는 '김일성상 계관시인'(최재봉, 「북에서 만난 작가들—오영재」, 『한겨레』, 2005.8.3)이기도 하다.

함경북도 경성고보 시절 김기림으로부터 영어와 시를 접하고 정지용·박태원의 문학을 탐독했던 김규동은 김일성대학 조선어문학부 3학년생으로 진입 직전인 1948년 1월 단신 월남하였다. 거기서 이미 "3년간 생활했으니 다음 기회에 가겠다"(김규동, 「김일성대 출신 김규동 시인의 월남기」, 『조선일보』, 2005.8.6)고 한 그는 이번 방북을 고향 우물가의 '느릅나무'에게 보내는 안부로 대신하였다.

> 나무
> 너 느릅나무
> 50년 전 나와 작별한 나무
> 지금도 우물가 그 자리에서 서서
> 늘어진 머리채 흔들고 있느냐

아름드리로 자라
희멀건 하늘 떠받들고 있느냐

—김규동, 「느릅나무에게」 부분, 『느릅나무에게』(창작과비평사, 2005)

혼란으로 점철된 '해방 서울'의 겨울 한밤중, 고향땅 경성을 향한 사무친 정한을 그윽히 토로한 이용악의 「그리움」(1945)과 깊은 시적 친연을 이루고 있는, 실로 가까운 듯 아득한 60년 전의 다음 노래와 너무나 방불하다.

눈이 오는가 북쪽엔
함박눈 쏟아져내리는가

잉크병 얼어드는 이러한 밤에
어쩌자고 잠을 깨어
그리운 곳 차마 그리운 곳

—이용악, 「그리움」 부분, 『협동』(1947.2)

반세기가 훌쩍 경과하면서 이미 양자 간의 '문화적 이질성'의 편폭이 거의 회복 불가능 상태로 넓혀진 오늘의 상황에서, 남북한 상호간의 문학적 협력이 과연 단기간 내에 얼마나 가능할지 의문이지만, 지난 60년간의 분단문학을 단단히 긴박한 이데올로기적 협애성으로부터 멀리 벗어나기 위해서도, 특히 남북한 문학사에서 그 '존재 증명'의 기회조차 망실당한 채 가뭇없이 스러져 간 '조선문학가동맹' 문인들의 행방을 현 단계 시점에서 온전히 자리매김하는 일이 참으로 긴요하다.

좌파 조선문학동맹(1945.12.13)과 우파 전조선문필가협회(1946.3.23)로 나뉜 채 남북문단이 지구상의 유일한 '분단국가 60년' 남짓의 고통스런 현대사를 정확하게 공유해온 이 시점에서, 새삼 해방기 남북문단 추이를 거칠게 개괄한 소이는 결코 다른 데 있지 않다. '북핵문제'를 중심으로 여전히 오랜 답보상태를 맴돌고 있는 '6자회담' 향후의 도정과 긴밀히 연관되는 것이지만, 무엇보다 지난 2005년 7월 20~25일간에 걸쳐 남북문인들이 어렵게 합작했던 '민족작가대회'를 계기로 새로운 차원의 남북간 교류와 화합을 통한 진정한 '통일문학시대'를 힘있게 개창(開創)하기 위함이다(『대산문화』, 2005년 가을~겨울호).

제 3 부

민중시의 시대적 의미

신경림 『가난한 사랑노래』

1

첫 시집 『농무』(1973)로 한국 현대시의 발전적 계기에 새로운 전기를 마련했다고까지 평가되는 신경림은, 가령 고은이나 김지하 등과 더불어 우리 시대의 '시적 영웅'이라 일컬어질 만큼 그 이후에도 꾸준한 시적 성취를 이뤄온 것이 사실이다. 그러나, 신경림 시에 대해 폭넓게 형성된 기왕의 긍정적 평가라는 것도 오늘에 이르러서는 그 초기의 신선한 충격과는 달리 훨씬 퇴색하였다는 점 또한 부인할 수 없는 사실이다. 그러므로 이 시점에서 정작 중요한 것은, 그 시적 성취의 폭과 질이 얼마나 크고 가치 있는 것인가, 즉 그의 시에 대한 일종의 통합적 합의가 아직도 얼마큼 유효한 것인가를 냉정하게 되물어 보는 일일 것이다. 그의 시적 특장과 결함을 찬찬히 뜯어보는 일이야 말로 이 시인 자신은 물론 한국시의 발전적 미래를 위해서도 매우 중요한 것이기 때문이다.

특히 1970년대 시단에서 그의 시가 하나의 주요한 자극일 수 있었던 까닭은 무엇인가. 우선 그것은 시와 독자 간의 바람직한 관계에 대한 사회적 성찰의 계기를 그의 시가 충격하였다는 점이다. 이것은 시가 시인의 단순한 사적 소유에 머무는 것을 거부하고 그 시적 경험을 독자에게 개방, 그로 하여금 그것을 창조적으로 공유하게 하는 이 시인의 특이한 시적 방법과 긴밀한 관련을 맺는다. 신경림 시는 일반 독자에게 더 이상 내밀한 사적 담화 또는 난해한 개인적 어법으로 비쳐지지 않는다. 그만큼 그의 시는 독자 위에 위압적으로 군림하지 않는다. 어느 의미에서 이는, 시의 기본적 지향에 대한 예리한 정치적 통찰을 보여주었음에도 불구하고 특히 시의 '난해성' 문제로부터는 미처 자유롭지 못했던 김수영과 일정하게 차별되는 특점이라 할 만하다.

둘째는 서정시의 기존 통념을 혁신코자 한 점이다. 삶의 구체성이 배제되고 일체의 상황적 의미가 사상된 초역사적 '순수 서정'이 아니라, 시인 자신의 표현대로 "삶에서 생기는 때와 얼룩"(신경림)이 묻어 있는 '생활적 서정'에 주목함으로써, 진정한 서정시란 삶의 구체적 세부가 명료하게 개괄되는 현실주의 시와 전적으로 동일한 것임을 분명히 한 것이다. 신경림 시의 우수성이 서사적 골격을 지닌 이야기시 류에서 한층 돋보이는 것도 이와 무관하지 않다. 셋째는 시적 소재를 민중적 차원으로 확대시켰다는 점인데, 이는 주로 여행하는 시적 자아를 통해 이루어진다. 농민의 궁핍상, 피폐한 광산촌 이야기, 떠돌이 노동자 문제, 도시로 유입된 이농민의 후일담 등을 생생한 시적 형상으로 제시하고 있는 것이다.

신경림 특유의 것이라고는 결코 말할 수 없는, 그리고 훌륭한 예술이 항용 지니기 마련인 강한 사회적 기능이나 정치적 함축 등을 고려할 때 시인이라면 마땅히 지향해야 할 이러한 시적 면모로 하여 그의 시인적 입지가 확고해졌을 뿐 아니라, 그의 '쉬운 민중시'가 동시대 젊은 시인들에게 시적 모범으로 되었다는 것은 하나의 기이한 아이러니가 아닐 수 없다. 그 무렵 한국시의 반역사성을 가히 짐작케 하는 대목이다. 이렇게 보면, 신경림 시는 일종의 반대 급부로서 '순수시 프리미엄'을 톡톡히 넘겨받은 셈이다.

위의 세 측면은 그의 후속 시집 『새재』(1979) · 『달 넘세』(1985), 그리고 여기서 간략히 살펴볼 『가난한 사랑노래』(1988) 등을 통해 보다 깊이 있게 관철되고 있다. 민요 가락의 도입, 서사무가(敍事巫歌)의 수용 등으로 민중현실을 한층 생동하게 반영하는가 하면, 이야기시의 구조적 확장을 통한 장시(『남한강』, 1987) 창작이 활발히 모색되기도 한다. 또한 화자의 발길이 남한 곳곳에 두루 미치면서 그 시적 소재 영역이 수몰지구 이농민, 영세 어민, 도시빈민, 재개발지구 철거민, 민통선을 드나드는 농민 등의 삶의 세목으로 넓혀지고, 시적 주제도 무가 형식을 차용하여 원통하게 죽어간 수많은 넋들—휴전선 · 민통선을 떠도는 혼령, 수유리 무덤 속의 4 · 19 혼령 등—을 위로하는 등 민족분단의 비극을 포괄하는 다양성을 확보하고 있다.

2

이 시집이 주요하게 다루고 있는 시적 주제의 하나는 도시빈민들의 희망 없는 삶의 한과 설움이라 할 수 있는데, 이는 특히 제1부 시편들에서 그 집중적 표현을 얻고 있다.

옛고장 사람들은 우리들더러
도망질쳤다 종주먹질하고
이 고장 사람들은 또
숨어들어왔다 눈흘긴다

저쪽에선 되돌아오지 말라 침 배앝고
이쪽에선 발 들여놓지 말라
금줄 쳐 막는다
달구지에 용달차에 화물차에 실려온
누더기라 헌 짐짝 서덜에 풀어놓고
산비알에 까맣게 움막을 치니
그래도 좋아라 갈갬질하는 내 새끼들아
이게 간데없이 명매기 집이로구나

—「명매기 집」 부분

생활적 서정을 담은 이야기시를 통해 서정시의 양식적 제한성을 일직이 극복한 바 있는 이 시인의 역량이 새삼 확인되는 작품이다.그러면서도, 가령 「시골 큰집」(1966)이나 「농무」(1971) 같은 이전 시와 견줄 때 주목되는 것은, 똑같은 이야기시 형식을 취하고 있다 하더라도 삶의 구체적 사연들을 압축하고 배열하는 시적 방법과 어조, 시의 형태적 면모 등은 한결 원숙한 진경을 열어보이고 있다는 점이다.

농업부문의 일방적 희생 위에서 가능했던 고도성장의 혜택으로부터 철저히 소외되면서 하강분해를 거듭한 끝에 급속히 몰락해간 5·16 군사정권 하 농민의 비극적 형상이 『농무』를 일관하는 시적 주제를 이루고 있음은 주지의 사실인데, 위의 작품들도 그 예외는 아니다. 하나의 짤막한 산문적 이야기에 무리한 행길이를 감행, 시행의 길이가 고만고만한 단정한 서정시의 외형을 갖추고 있음에도 불구하고 형태적으로는 극도의 불안정성을 띠고 있는 「시골 큰집」이나, 비교적 정비된 시적 통사에 힘입어 그나마의 형태적 견고성을 가까스로 유지하고 있는 형국이지만 아직은 무르녹은 농민의 목소리를 실감나게 들려주는 데는 이르지 못한 「농무」로부터 「명매기 집」은 훨씬 나아간 자리에 있다.

화자의 연치나 신분에 걸맞는 안정된 시적 어조, 이에 상응하듯 자연스럽게 이룩된 형태적 안정성, 그리고 인생살이의 묘리를 깊이 터득한 경우에나 가능한 적절한 시적 인유의 활용 등으로 하여, 이 시에 형상된 도시빈민들의 오갈 데 없는 딱한 처지는 아주 생동한 바가 있다. 시인 자신이 작품 말미에 덧붙여 놓은, 그 눈에서 파란 빛이 일면 큰 재앙이 닥친다는 불길한 새라 하여 동네에 들어오는 것을 사람들이 매우 금기시한다는 '명매기 이야기'가, 삶의 근거를 잃고 애물처럼 이리저리 내몰리는 도시빈민들의 시적 현실에 충실히 안받침됨으로써 획득된 고도의 시적 형상력은 특히 인상적이다.

이런 데서도 시인의 깊은 경지가 유감없이 발휘되고 있는 셈이지만, 그러나 "우리가 왜 모르겠느냐/너희 눈에 담긴 눈물이 머잖아/파랗게 번득일 것을"이라고 한 이 시의 결말부가 드러내는 안이한 미래전망 또는 일종의 상투적 시각은 끝내 문제로 남는다. 무엇보다 그것은 도시빈민 일반의 목소리가 아니라, 단지 그렇게 되기를 바라는 시인 자신의 관념적 발언에 다름 아니기 때문이다.

앞서 든 「농무」도 그 사정은 크게 다르지 않지만, 신경림 시에서 적잖이 나타나는 이러한 시적 어조의 불통일성은 작품현실을 앞질러 나가고자 하는 시인의 엘리트주의적 관점과 결코 무관하지 않다. 그리고 이와 관련하여 지적해둘 것은, 그 시적 대상을 주로 사회구성의 하층에서 구하는 이 시인의 경우 작품의 지배적 정서가 대체로 양면성을 띠기 쉽다는 점이다. 민중적 삶에 질곡을 가하는 지배계층에 대한 '원한, 분노'의 감정이 그 하나이고, 그러한 현실 모순을 교정하지 못하는 시인 자신을 향한 '부끄러움'의 시적 정조가 다른 하나이다.

그런데 문제는 그러한 '분노, 부끄러움'이 삶의 구체에 매개되지 않음으로써 그것이 단지 무의미한 동어반복으로 떨어지거나 민중현실의 무수한 갈등과 다채로운 굴곡을 지나치게 평면화시킨다거나 하는 데 있다. 가령, 우리가

새벽은 아우성 속에서만 밝는다.

어둠을 영원히 몰아내리라
굳은 다짐 속에서만 밝는다
비바람 진눈깨비 다시 못오리라
힘껏 낀 어깨동무 속에서만 밝는다

—「새벽은 아우성 속에서만」 부분

와 같은 명제적 진술이나

이 땅을 짓이기고 뭉개는 구둣발을
갈갈이 갈라놓고 찢어놓는 총칼을
내 노래 내 얘기 폭풍되어
몰아내게 해 주십시오

—「팔월의 기도」 부분

와 같은 직정적 토로에 선뜻 감복하지 못하는 것도, 그 시적 진실성을 의심해서가 아니라 그것이 한낱 도덕적 추상의 되풀이에 불과한 때문이다. 이렇게 본다면 사뭇 신중하게 사용된 시어들, 예컨대 '어둠 · 구둣발 · 총칼' 등의 사회적 및 정치적 내포가 삶의 구체적 형상에 연결되지 못함으로써 마치 공중을 헛도는 듯한 느낌을 주는 것은 차라리 당연한 노릇이라 해야 할 것이다.

이처럼 시인의 시선이 일종의 도덕주의에 강박될 때 쉽사리 예상할 수 있는 시적 버릇의 하나는 대상을 단순 양극화하는 것이다.

돌 깨는 소리 멎은 지 오래인
채석장 뒤 산동네 예배당엔
너무 높아서 하느님도 오지 않는 걸까
아이들과 함께 끌려간 전도사는
성탄절이 되어도 돌아오지 않고
블럭 담벼락에 그려진

십자가만 찬 바람에 선명하다
눈도 오지 않는 성탄절날 새벽
복받은 자들만의 찬송가 소리는
큰 동네에서 큰 교회에서
골목을 타고 뱀처럼 기어올라와
가난을 어리석음을 비웃고 놀리는데
새벽달은 예배당 안을 들여다보는구나
갈 곳 없어 시멘트 바닥에
서로 안고 누운 가난한 연인들을 깨우면서

—「새벽달」 부분

여기서 모든 이미지들은 서로 창조적 긴장을 이룩하는 살아있는 개체로서 기능하지 아니하고 한낱 장식적인 소도구로서 단지 산동네 도시 빈민들의 간고한 삶을 나열적으로 모자이크하는 데 머물러 있다. "갈 곳 없어 시멘트 바닥에/서로 안고 누운 가난한 연인들"도 시적 실감과는 거리가 먼 진술처럼 들린다. '산동네의 적막, 눈 없는 성탄절, 끌려간 전도사, 가난' 따위가 그 하나의 이미지 계열을 이룬다면, 그 대극에 놓이는 것이 '복받는 자, 큰 동네, 큰 교회' 등이다. 여기서 '전도사는 왜 끌려갔는가'는 그리 대수로운 게 아니다. 무엇보다 시적 대상을 사뭇 기계적으로 양분하는 이 완강한 도식주의 속에는 그런 논리가 끼여들 여지가 마련되어 있지 않기 때문이다.

시인의 각별한 애착을 받는 시어—서덜 · 갈램질 · 말강구 · 너설 · 깊드리 · 누게집 등—가 몇몇 시편에 너나들이로 공유됨으로써 어슷비슷한 시적 상투형이 단순재생산되거나, 극히 드문 경우이지만 시적 현실의 진실성 여부가 문제된다거나 하는 것도 잘 따져보면 그같은 사정과 무관하다고 보기는 어렵다. 가령 '1 · 4후퇴' 당시 백인 미군장교를 시중들던 소년 화자가

전쟁으로 잿더미가 된 읍내를 어슬렁거리며
삽작을 열어보기도 하고 거적대기를 들쳐보기도 하는
지아이보다도 읍내 처녀애들이 더 미워
영어마디나 배우겠다고 따라 다니는 여학생애들이 더 미워

―「홍천강」 부분

라고 했을 때, 특히 3~4행의 진술 내용은 저으기 미심쩍은 것이 아닌가.

3

신경림 시에 짙게 드리워진 국가허무주의 또는 정치에 대한 불신은 유별난 바 있다. 그 중에서도 제2시집 『새재』의 「다시 남한강 상류에 와서」, 제3시집 『달 넘세』의 「내 땅」 등은 그 전형적 사례라 하겠는데, 이 시집에서도 시인의 뿌리 깊은 정치불신이 누그러졌거나 혹은 거기에 모종의 궤도수정이 가해진 흔적은 별로 발견되지 않는다. 그런데 어느 면에서 이는, 민중적 삶을 향한 이 시인의 끈덕진 애정, 간단없는 낙관적 믿음 등과 매우 날카로운 대조를 이루는 것이어서 자못 흥미롭다.

우리는 서로 손톱을 세워
동무들의 얼굴에 깊은 상처를 내고
돌아서는 야윈 어깨에 칼을 꽂고
원수들의 날라리 장단에
병신춤을 추는구나.
십년 이십년 삼십년을 달려온 걸음
추위와 굶주림에 떨면서 협박과

꼬임에 뒤뚱대면서 절뚝이면서
쓰러지면서 엎어지면서 달려온 걸음
그 어려운 걸음 되돌려진다는 걸 모르면서

—「올해 겨울」 부분

민중역량을 분산시킴은 물론 그 운동노선에 심대한 혼선을 자초, 결국 공동의 힘으로 제압해야 할 '원수들'로 하여금 "번뜩이는 총칼 새로 벼려 든 채 / 큰길에서 신바람에 망나니춤"(같은 시)을 추게 한, '1987년 겨울 대통령선거'에서 그 추악상을 여지없이 드러낸 야당 현실정치권의 분열주의를 시인은 엄중하게 꾸짖는다. 그들이 내건 온갖 구호에도 불구하고 마침내 공작정치에 놀아난 꼴로 되고 만 보수야당, 이들에 이끌려 "원수들의 날라리 장단에 / 병신춤"(같은 시)을 되풀이 재연하는 추종자들의 졸렬한 행태, 그리고 역사의 자업자득으로 된 참담한 현실적 패배 등을 지켜보는 화자의 심정은 실로 착잡하다.

그 착잡함은 이 시인의 여전한 정치불신을 그대로 반영하는 것일 터인데, 그럼에도 불구하고 그를 결과한 계층적 입지가 어떤 것인가는 그리 분명치 않다. 그러나 조심스럽게 규정해 본다면, 아마도 그것은 지식인의 범주를 넘어선 것은 아니라고 생각된다. 민중의 역사변혁력을 아직은 적극 동의하지 않은 유보적 관점이라 하겠는데, 이는 신경림 시의 현재적 모습이 '민중적 문학주의'의 그것임을 잘 말해주는 것이기도 하다.

그런데, 필자가 보기에 이 시집에서 가장 이채를 띠는 것은 뭐니뭐니 해도 「강물을 보며」를 비롯한 일련의 사물시들이다. 「갈대」(1955)·「묘비」(1956) 등의 초기시에서 이미 충분한 싹을 보였으며, 특히 「주천강 가의 마애불—주천에서」(『달 넘세』)에서 뚜렷한 시적 성취를 거둔 바 있는 이 사물시의 가능성이 여러 작품을 통해 한층 구체화되고 있는 것이다.

물론 같은 계열의 작품이라 해도 초기작과 그 이후 작품들 사이에는 중요한 차별성이 존재한다. 시대의 구체적 삶과 절연된 존재론적 슬픔을 노래하고 있는 초기작 「갈대」를 대할 때 우리가 특히 유의하게 되는 것은, 그 시적 방법 면에서 이 작품이 「갈대」의 개인사를 서술하는 이야기시 형식에 의존하고 있다는 점이다. 아직은 그 슬픔이 구체적인 삶에 매개되지 않아 그러할 뿐, 일단 그 현실적 계기가 주어지기만 하면 억제된 서사적 욕구가 쉽사리 외화할 수 있는 형국인 것이다. 후기 작품들은 바로 그러한 작품적 귀결이라 할 만하다.

「주천강 가의 마애불」은 소시민 지식인의 관점에서 민중적 낙관주의의 그것으로 전이되는 시인의식의 발전적 면모가 짙게 투영된 작품이라는 점에서 각별한 주목을 요한다. 이런 측면은 가령 이 시집의 「언덕을 오르며」에서 "더러운 것 온갖 먼지에 쓰레기/총이며 칼 따위까지도/몸 한번 크게 흔들어/털어 버리고 싶어 몸살난/백두산" 등의 표현에 그대로 이어지고 있다.

이 계열에 드는 것으로서뿐 아니라 이 시집 전체를 통틀어 가장 빼어난 작품으로 서슴없이 들 수 있는 것은 「산에 대하여」가 아닌가 한다.

> 산이라 해서 다 크고 높은 것은 아니다
> 다 험하고 가파른 것은 아니다
> 어떤 산은 크고 높은 산 아래
> 시시덕거리고 웃으며 나즈막히 엎드려 있고
> 또 어떤 산은 험하고 가파른 산자락에서
> 슬그머니 빠져 동네까지 내려와
> 부러운 듯 사람사는 꼴을 구경하고 섰다
> 그리고는 높은 산을 오르는 사람들에게
> 순하디순한 길이 되어 주기도 하고
> 남의 눈을 꺼리는 젊은 쌍에게 짐즛
> 따뜻한 사랑의 숨을 자리가 돼주기도 한다.
>
> —「산에 대하여」 부분

구차한 사족이 불필요할 만큼 '더불어의 삶'을 열망하는 시인의 철저한 인간주의적 지향이 산을 매개로 적실하게 형상되고 있다.

4

신경림 시는 때로 현실의 기계적 반영 또는 그것의 단순 추수로 떨어질 위험성을 간직하고 있음에도 불구하고, 이른바 '쉬운 민중시'의 시대를 여는 새로운 이정표 구실을 톡톡히 해냈을 뿐 아니라, 시의 존립근거와 올바른 시적 방법에 대한 사회적 인식 토대를 형성하였다는 점에서 그 시사적 의의는 결코 과소평가될 수 없을 것이다.

그러나 그의 시에 전혀 문제가 없는 것은 아니다. 서사적 뼈대가 취약할 경우 그 시적 논리가 애매한 점, 시세계의 결이 너무 단조롭다는 것, 아직도 그 시적 정조가 직설적 토로의 수준에서 맴도는 예가 적지 않다는 것, 그리고 시적 호흡의 생동성에도 불구하고 일종의 소재주의로 기우는 경향이 강하다는 점 등이 그러하다. 이 시집에서도 이러한 한계가 깨끗이 극복되지 못했음은 이미 앞에서 간략히 살펴본 그대로이다.

이런 관점에서 볼 때, 과거 시에서 극히 미흡한 선에 머물렀던 '내면성의 모색'이 이번 시집에서 일련의 사물시들을 통해 하나의 진경을 보여주고 있음은 매우 고무적이다. 이 시인의 발길을 기다리는 곳으로 아직 북한이 남아 있긴 하지만, 그러한 외적 여행 못지않게 중요한 것이 바로 그러한 내적 탐사를 한층 깊이있게 천착하는 일이다. 그렇게 하는 데서, 이 시인에게 붙여진 '시적 영웅'이라는 칭호가 이미 지나간 과거의 것으로 끝막음하지 않고 오히려 미래를 향해 더욱 빛나게 하는 하나의 유력한 시의 지름길을 제공받을 수도 있겠기 때문이다.

그러나 이 시점에서 신경림이 심각하게 고려해야 할 것은, 강한 계급주의적 지향과 그에 걸맞는 작품적 깊이를 보여주기에 이른 오늘의 노동시 · 농민시나, 현상적으로는 한국시의 여전한 주도세력이라 할 수 있는 이른바 순수시가 그 나름의 시적 전문성을 확보하고 있다는 사실이다. 이런 점을 간과한 채 그의 시가 앞으로도 빈번히 시적 관점의 불투명성 또는 단선적인 시적 방법 등의 작품적 결함을 노출시킬 경우, 특히 1970년대 한국시에 끼쳐놓은 바 그 역사적 기능의 현재성은 크게 반감될 것이 분명하다(『문학사상』, 1989.11).

고향, 우울한 풍정(風情)

최병관 『잠들고 싶은 고향』

여기저기 벙글은 벚꽃들로 하여 온 교정이 봄빛으로 더욱 휘황했던 지난 4월 중순께였던가. 고향 후배 최병관이 느닷없이 두툼한 보퉁이를 들고 내 연구실을 찾아왔다. 뜻밖에도 그것은 시집 원고였다. 나는 그가 내로라 하는 중견 사진작가로만 알았지 유정(有情)하고 다감한 시인인 줄은 까맣게 몰랐던 것이다.

한마디로 그는 '고향의 사람'이다. 곤궁하기만 했던 어린 시절, 그러나 쉬임없이 솟구치는 온갖 경험의 요람인 고향에 운명적으로 매여 있는 사람이 곧 최병관이다. 그가 고향을 테마로 한 개인사진전 『살아온 인천』(1993)과 『소래포구의 향기』(1997)를 선보인 것이 바로 그의 이런 면모를 잘 보여준다.

화가이자 저명한 사진작가이기도 한 영국의 D. 호크니가 "사진은 내가 살았다는 증거물이고 기억의 현존"이라 한 바 있지만, 이는 실로 최병관에게 꼭 들어맞는 언급이라 아니할 수 없다. 그의 사진은 자신의 리얼한 내면일기 또는 하나의 자서전적 성격을 띤다. 무계획한 도시화·산업화에 밀려 속절없이 소멸해 간 고향 인천의 풍물적 세부, 그의 시 「빛바랜 흑백 증명사진」의 제목처럼 이미 우리들 기억의 저편으로 아련하게 사라진 고향의 풍정들은 거의 빠짐없이, 그의 공격과 열정의 흠뻑 집중된 숱한 사진작품들 속에 강렬하게 각인되어 있다. 단언컨대, 앞으로 이 작품들은 인천, 아니 우리 국토의 재보로서 그 특유의 아름다운 빛을 발하게 될 것이다.

그러나 그의 사진작업은 자전적 평면성 또는 단순한 고향풍물의 재현에 머물지 않는다. 반 세기가 지나도록 여전히 지구상의 유일한 분단국가로 남아 있는 뼈아픈 민족현실로 그의 시각은 날카롭게 확대되고 있기 때문이다. 우리나라 '건국 · 건군 50주년 기념사진집' 『회한과 긴장, 그리고 희망의 땅—휴전선 155마일』(육군본부 정훈공보실, 1998)은 바로 그 단적인 사진예술적 성취이다. 450일 동안의 대장정, 그야말로 "목숨 걸고" 세 차례에 걸쳐 도보횡단한 "249.4㎞ 휴전선"의 생생한 기록이라 할 이 작품집 곳곳에 배어 있는 탁발한 현실감각과 풍부한 서정적 시취(詩趣)를 맘껏 맛볼 수 있음은 우리의 크나큰 행복이다. 이러한 예술적 흥취는, '육군사관학교 개교 50주년 사진집' 『오래 머물고 싶은 화랑대』(1996)에서도 또다른 맛으로 우려진다.

중국 북송(北宋)의 시인 소동파(蘇東坡, 1036~1101)는 '시(詩) · 서(書) · 화(畵)'에 두루 능하였던 성당(盛唐) 왕유(王維, 701~761)의 예술세계에 관하여 "시 속에 그림이 보이고, 그림 가운데 시가 있다[詩中有畵, 畵中有詩]"라고 일렀으며, 북송(北宋)의 미술평론가 장순민(張舜民)은 "시란 형체 없는 그림이요, 그림은 다름아닌 형체 있는[詩是無形畵, 畵是有形詩]"라 하였다. 그림에서 엿보이는 경물묘사의 공교함이나 그림 속에서 은밀하게 배어 있는 시적 의경(意境)을 잘 지적한 말들이다.

다른 예술 장르에서는 쉽사리 흉내내기 어려운 뛰어난 사물묘사력을 지니고 있는 사진에서 특히 후자를 함께 아우를 수 있음은 사진작가 최병관의 남다른 능력에 속한다. 철모와 꽃, 가시철조망과 초록풀 등의 선명한 대비를 통해 참혹한 분단현실의 아픔을 명료하게 아로새겨 보여주는 그의 사진이야말로, 어떤 의미에서 하나의 또다른 '그림'이라 할 수 있는 사진예술의 진정성을 새삼 확인시켜 주는 것이라 아니할 수 없다.

최병관의 시는 그의 사진작업 과정에서 얻어진 하나의 낙수(落穗) 같은 것이다. 말하자면, 사진에서 미처 손쓰지 못한 자잘한 일상적 세목들을 시로써 거두어들인 것이다.

그와 동향의 사람이어서 특히 그러하겠지만, 그의 작품들을 찬찬히 읽어나가다 보면 그 서정의 주체나 시적 사물들이 한결같이 필자 자신의 어린 시절의 자화상을 들추어낸 듯한 느낌에 쉽게 빠져들게 된다. 그것은 주로 '이야기' 골격을 갖춘 작품들에서 한층 두드러진다.

인천의 진산(鎭山)인 문학산(文鶴山) 즉 일명 '배꼽산'을 지척에 두고 마주한 산, 이름 그대로 다섯 봉우리가 오순도순 야트막한 어깨를 겯고 정겹게 서 있는 오봉산(五峰山) 둘째 산자락에서 태어나 자라난 이 시인의 유년기 삶의 축도를 실감나게 그려내 보이고 있는 작품들, 예컨대 「소래역 이야기 1」·「점심 심부름」·「저승에서도 잠들고 싶은 고향」 등이 먼저 성큼 눈에 들어온다.

시를 가리켜 누군가 '원초적 삶의 재현'이라 한 바 있거니와, "오봉산 다섯 봉우리 북풍을 막고/꼬불꼬불 논두렁 지나노라면/4월이면 솟아나는 행자나문재//마을 앞 휘어 뻗은 수인선 철길/아지랑이 아롱아롱 꽃 피울 때/숨가쁘게 달려오는 기차 소리"(「저승길에서도 잠들고 싶은 고향」 부분)에서 그의 고향은 또렷한 생채를 띤 시적 형상을 이루고 있다.

보리가 익어가는 계절이 오면
백두산보다 높은 보릿고개를
헐떡거리며
힘겹게 넘던 고갯길이었습니다.
보리는 여물어갈 줄 모르는데

성급한 아버지는
때가 되면 익어갈
푸르른 보리밭 바라보시며
애꿎은 보리잠자리만 나무라신다.

—「보릿고개」 전문

"깎인 水晶같이 마른 네몸"이란 청신한 은유적 형상으로 하여 정치 경제적으로 짓눌린 1970년대 후반의 민중적 한을 빼어나게 돋울새김한 서정주의 같은 제목의 작품 「보릿고개」(1977)가 있지만, 이 작품은 이렇다 할 복잡한 시적 장치를 통하지 않고도 저 남북동족전쟁의 참화가 휩쓸어 간 1950년대 농민들의 간난 어린 삶을 평명하게 노래하고 있어 자못 인상적이다.

최병관의 시의식은 대개는 과거를 향해 열려 있다. 그러므로 그 시적 정서는 사뭇 아련하고도 쓸쓸한 모습을 취하게 마련이다. 그것은 회고주의와 쉽게 연결될 성질의 것이긴 하나, 그러나 최병관의 경우 기본적으로 거기엔 삶의 모태로서의 고향에 대한 밀도 높은 육친적 애정이 강력하게 밑받침되어 있음을 잊어서는 안된다. 시집 제2부에 수록된 작품들, 특히 「미루나무」·「겨울 염전」, 그리고 「담장」 등이 이런 예에 속한다 할 수 있다.

파란하늘 치솟아
은빛 찬란한 네 모습
바라 볼 수 없는 부끄러움에
내 작은 가슴은 뛴다.

흔적 없이 사라지는 고향마을
그 자리를
영원히 지켜 줄 수 있겠니?

—「미루나무」 부분

"폭풍우 눈보라의 전쟁"에 견주어지고 있는 산업화의 발빠른 행보에 압도당한 고향의 황폐한 모습, 복권될 수 없는 아름다운 과거에 대한 강렬한 그리움, 억누를 수 없는 회한의 토로 등이 시적 정서의 주조를 이루고 있는 이 작품에서 우리가 특히 간과하지 말아야 할 것은, 고향의 순결한 수호신에 다름아닌 '미루나무'를 마주 바라보지 못하는 시적 화자의 깊은 내면적 부끄러움이다. 어느 의미에서 그것은 '사랑'의 다른 이름일 터인데, 이런 모습은 "염전으로 가는 길 / 하얀 서리 내리고 / 오랜 세월 소금에 절여 온 / 검은 목조 창고만이 / 눈보라 치는 긴긴 겨울을 / 외롭게, 외롭게 / 홀로 남아 염전을 지킨다"(「겨울 염전」 부분)에서 "검은 목조 창고"라는 시적 표상으로 이월되고 있다. 이러한 시적 사물들이야말로 다름아닌 시인 자신의 물화된 자화상이라 함이 옳지 않을까?

이 시집의 제3~4부에는 시인 자신의 삶의 과정의 편린을 엿보게 해주는 일종의 '성장 시편'들이 들어 있다. 이를 통해 우리는, 이 시인이 소년다운 순수함과 예민한 감응의 사람임을 어렵지 않게 확인할 수 있다. "하늘처럼 끝없이 넓은 / 파란 종이 위에 / 하얀 글씨를 쓸 수 있다면 / 땅만큼 크게 / 사랑이라고 쓰겠지요."(「사랑」 전편) 바로 이 어름에 그의 시인적 지향의 극점이 놓여 있다. 간혹 그가 시적 언어를 짙은 허무의 빛깔로 채색하는 경우가 있다 할지라도

인생은 버릴 거 버리며
사는 거다
마음을 버리며
세월을 버리며
허허롭게 사는 거다
술잔을 비우면서
그렇게 사는 거다.

—「빈 마음 빈 세월」 전문

에서 보듯, 근본적으로 그는 밝은 옵티미스트인 것이다.

도탑고 정겨운 서정을 은은히 맛보게 해주는 이 '시와 사진 모꼬지'는 그러기에 더욱 우리에게 각별한 몸짓으로 다가오는지 모른다. 그러나 나는 그의 시에서 아쉬움 또한 적잖이 느끼었다. 무엇보다도 고향의 풍정에 대한 사진예술가적 정밀성, 자신의 삶의 구체성 등의 결핍이 매우 안타깝게 여겨졌던 것이다. 앞으로 그의 시세계가 좀더 깊이있는 자기응시와 치밀한 시적 응축을 확보하는 데로 나아갔으면 한다. 최병관에게는 좀 섭섭하게 들릴지 모르지만, 사실 좀더 깊은 진정을 토로한다면 나는 시인으로서보다는 사진작가 최병관의 이름이 한층 올연한 모습으로 두드러지길 소망한다.

이 짤막한 글을 위해 참으로 너그러운 인내를 보여준 후배 최병관의 앞길에 화락(和樂) 있을진저!(최병관, 『잠들고 싶은 고향』, 가을문화사, 1999)

표박(漂泊)과 회귀

신경림 『뿔』

신경림의 『뿔』(2002)은 '노경'이란 말을 새삼 실감하게 한다. 연치의 늙음, 시적 노숙성을 아울러 보여주고 있기 때문이다. 똑같이 개인사적 정회를 직정적으로 토로하면서도 『어머니와 할머니의 실루엣』(1998)과 달리 이 시집엔 「편지」·「강 건너」에서처럼 '죽음' 이미지가 친근하게 드리워져 있다. 평명한 생활어의 천연스런 시적 활용, 표현의 구체성, 정교한 사생과 밀도 높은 서정적 환기 등의 솜씨가 여전하고 시의 사회성도 한결 무르녹아든 형국이다. 작품 구성은 한층 견고해졌고, 종래와는 유다른 시적 방법도 새롭게 선보이고 있다.

여기서 신경림의 시적 행로를 간략히 되짚어 볼 필요가 있다. 첫 시집 『농무』(1973)는 당시 시단에 매우 신선한 자극제로 작용하였다. 무엇보다도 초역사적 순수서정이 아니라 삶의 무게가 얹힌 생활서정을 명료하게 형상, 서정시의 기존 통념을 크게 창신함으로써 민중시의 시대를 연 것이다. 이는 『새재』(1979)·『달 넘세』(1985), 그리고 장시 『남한강』(1987)에서 보다 발전된 형태, 가령 민요나 무가의 창조적 수용을 통한 민중현실의 깊이있는 탐색으로 이어진다. 『가난한 사랑노래』(1988)에서는 화자의 발길이 이농민, 영세 어민, 도시 재개발지구 철거민들의 막막한 삶의 현장으로 확장되고, 시적 주제 또한 정치적 민주화, 반외세·통일 문제 등을 광범하게 포괄한다.

1990년대 들어 신경림 시는 여행하는 시적 자아를 통한 이야기시 형식을 견지하면서도 상당한 질적 변모를 겪게 된다. 이는 『길』(1990)에서는 미미한 편이지만 『쓰러진 자의 꿈』(1993)에 오면 확연하다. 민요에의 집착, 인간사 위주의 소재주의, 과도한 서사로 말미암은 서정성의 약화, 현실추수 등의 경향성이 일정하게 극복되고, 시적 자아의 내면탐구, 사물시의 집중적 모색, 균제된 시적 어조의 확보 등 진일보한 양상을 보여준다. 시적 치장물쯤으로 종종 격하되곤 했던 자연과 사물이 독립적인 시적 대상으로 생채롭게 부각된 것, 특정 계층에 대한 냉소적 시각이 크게 완화된 것도 가벼이 지나칠 수 없다. 음울하고 단색적인 지난날의 시적 정조와는 판연히 구분되는 이러한 작품상이 당대의 정치적 온난기류의 시적 반영임은 물론이다.

그 무렵 신경림에게 시란 본질적으로 "괴롭고 슬픈 자들, 쓰러지고 짓밟히는 것들의 동무" 같은 존재로 인식된다. 이때 그 시적 상상력의 원천은 맹자(孟子)의 '측은지심(惻隱之心)'에 다름 아니다. 그런데 『어머니와 할머니의 실루엣』(1998)에 이르러 그의 시는 다시 굴곡을 겪는다. 최루탄과 화염병으로 표상되는 저 '6·10대투쟁'의 뜨거웠던 "여름을 되돌리려는 자들에 섞여, / 오히려 그들에게 이끌리고 떠밀리는"(「추운 가을」) 현실의 아이러니와 마주치는 것이다. 기억을 추스려 1987년의 명동성당과 1960년 4월의 종로를 찾아나선 시적 자아는 "내 삶의 흔적은 아무데도 없었다 / 내가 남긴 발자국도 체취도 없었다"(「별」)고 쓸쓸히 토로한다. 그것은 "바뀌는 것은 강물 위의 흐름뿐이고 저류를 흐르는 것은 같다"(「후기」)는 쓰디쓴 자기확인의 성질을 띤다. 이 시인이 나무의 생태를 통하여 인생사를 곡진하게 묘파하는 일종의 사물시(「흔적」·「굴참나무들을 위하여」·「찌그러진 작업화」 등)나 가족사적 이야기시(「어머니와 할머니의 실루엣」·「더딘 느티나무」·「아버지의 그늘」)에 주력하거나, 「그녀는 집이 멀어서」·「감이 붉으면」 같은 그윽한 사랑노래로 또다른 시의 활로를 마련한 소이연일 터이다.

이번 시집에서 특히 눈길을 끄는 것은 '표박(漂泊)' 이미지가 충일하다는 점인데, 이를 뒷받침하는 주요 시어들은 '가다, 걷다, 서성이다, 헤매다, 찾다' 등이다. 그렇다면 신경림의 시적 자아들은 과연 무엇을 찾아 어디로 가고자 하는가? '삶의 본향, 궁극의 자유를 향한 회귀' 바로 그것이다. 비교적 사회성이 강한 시편들도 여기서는 감정 착색이 엄격히 여과된 하나의 그림처럼 제시된다.

> 들판이 내려다보이는 산역에서 차를 버리자
> 그리고 걷자 발이 부르틀 때까지
> 복사꽃숲 나오면 들어가 낮잠도 자고
> 소매 잡는 이 있으면 하룻밤쯤 술로 지새면서
>
> 이르지 못한들 어떠랴 이르고자 한 곳에
> 풀씨들 날아가다 떨어져 몸을 묻은
> 산은 파랗고 강물은 저리 반짝이는데
>
> —「특급열차를 타고 가다가」 부분

무리한 행갈이를 감행함으로써 서정시의 외양은 갖추었지만 형태적으로는 극도의 불안정성을 띠고 있는 초기시와는 달리, 구두점마저 배제한 시적 통사의 고도의 단순성과 정치한 행간 걸치기가 2연에서 특히 돋보인다. "어느 삭막한 간이역에 누군가를 버리고 온 것 같다"(「떠도는 자의 노래」)는 생각에 훌쩍 긴 여정에 오른 시적 퍼스나는 얼핏 A. 랭보의 「감각」의 서정적 주인공을, "복사꽃숲"은 도연명(陶淵明) 「도화원기(桃花源記)」의 이상적인 공간 이미지를 연상시키기도 한다. 「누항요(陋巷謠)」·「그 길은 아름답다」·「봄날」 등도 시인의 이러한 근원적 지향을 여실하게 양각하고 있다.

> 가볍게 걸어가고 싶다, 석양 비낀 산길을.
> 땅거미 속에 긴 그림자를 묻으면서.
> 주머니에 두 손을 찌르고
> 콧노래 부르는 것도 좋을 게다.
> 지나고 보면 한결같이 빛 바랜 수채화 같은 것,
> 거리를 메우고 도시에 넘치던 함성도,
> 물러서지 않으리라 굳게 잡았던 손들도.
>
> —「집으로 가는 길」 부분

"긴 그림자"로 암유된 무거운 세상 잡답을 훌훌 떨쳐버리고 땅거미 속을 가볍게 걸어가는 화자의 탈속적 형상이 자못 인상적이다. 단순한 경물 묘사에 그치지 않고 시인 자신의 철학이 짙게 투영된 하나의 인생 화폭, 즉 일종의 철리시(哲理詩)의 풍격을 닮아 있다. 여기서 그의 발길은 삶의 쓸쓸함보다는 '존재의 외로움'을 향해 있다. 지난 시절 "거리를 메우고 도시에 넘치던 함성도" 이제 그에겐 한낱 빛 바랜 수채화에 지나지 않는다. 그것은 마치 역사성이니 사회성이니 하는 것들이 몽땅 휘발한 밋밋한 단색화 같은 것이다. 이런 경지란 아마도 "이쯤에서 길을 잃어야겠다 / 돌아가길 단념하고 낯선 처마 밑에 쪼그려 앉자 / 들리는 말 뜻 몰라 얼마나 자유스러우냐"(「내가 살고 싶은 땅에 가서」)고 말할 수 있을 때 비로소 가능한 것인지 모른다.

> 쓰다 버린 것들과 남은 것들이 모두 이곳에 와서 모여 있다.
>
> 밤이 깊으면서 모두들 옛날을 재연한다. 1987년 그 우렁찬 함성 …… 1980년의 육중한 탱크 소리, 비명 소리 …… 1960년의 그 빛나던 환 …… 그리고, 아아 1941년, 석탄재 풀풀 날리는 화물칸에 실려 압록강을 건넜지, 그 광활한 외인의 땅 ……

—「비에 젖는 서울역」 부분

"비에 젖은 눈물에 젖은 이 나라의 지도"(같은 시)를 일호의 감정적 분식 없이 그려 보이고 있는데, 정녕 그 시적 발상이 백석의 「모닥불」과 매우 방불하다. 삶의 주변부로 밀려나 늘 짓눌리고 소외되어 온 '민중'이란 이름의 슬픈 광대들의 몸짓이 꽤나 칙칙한 색조의 회화적인 애니메이션처럼 점묘되어 있다.

잘 잤느냐고
오늘따라 눈발이 차다고
이 겨울을 어찌 나려느냐고
내년에도 또
꽃을 피울 거냐고

늙은 나무들은 늙은 나무들끼리
버려진 사람들은 버려진 사람들끼리
기침을 하면서 눈을 털면서

—「눈 온 아침」 전문

앞서 언급한 '나무 시편'의 후속 작품인데, 「활엽수」·「장미에게」 등도 이에 해당한다. 사물에 의탁하여 인간의 사상과 감정을 표현하는 탁물우정(托物寓情) 기법은 한시의 오랜 전통 속에서 가다듬어져 온 것인데, 여기서 그 현대적 활용을 다시 보는 듯하다. 일찍이 중국 유협(劉勰)의 『문심조룡(文心雕龍)』에 "사물의 본성을 체득함이 곧 오묘한 작법으로 되며, 작품의 공력은 외물의 밀착적 묘사에 달려 있다[體物爲妙, 功在密附]"고 한 바 있거니와, 바로 이 점에서 나무에 내재한 고유의 본성에 입각하여 사물을 파악하는 이른바 이리관물(以理觀物)의 관점을 통해 인간사의 실상을 핍진하게 천착하고 있다. 자연과 인간사의 묘리를 식목

(植木)에 결부하여 실감나게 표현한 유종원(柳宗元)의 '나무 잘 심는 사람' 이야기 「종수곽탁타전(種樹郭橐駝傳)」이 다시금 시의 형태로 체현된 듯한 느낌이다. 시집 후기에서 "나는 요즈음 시도 한 그루 나무와 같다는 생각을 한다. 그래서 나는 나무를 심는 마음으로 시를 쓴다."고 한 시인의 충심을 가히 헤아릴 만하다.

『뿔』에서 가장 신선한 충격으로 다가오는 것은 '시적 환타지'라 일컬을 만한 작품들이다.

> 눈을 떠라 네 눈을 통해 네 속으로 들어가마
> 네 속에 들어가 네 기억을 타고 멀고 달콤한 여행을 떠나마
> 황량한 초원을 질주하고 다시 고량밭 옥수수밭도 내달리마
> 너와 함께 서서 지평선에 지는 방석만큼 큰 해도 보고
> 낯선 거리를 짓누르는 둔중한 찻소리도 들으마
> 양철 차양에 듣는 빗방울 소리에 귀도 세우고
> 마방집 떠들썩한 술추렴에도 코를 벌름거리마
> 네가 눈을 감으면 나는 네 속에 갇힐 것이다
> 나갈 수가 없어 비로소 자유로워질 것이다
> 부끄러움도 뉘우침도 사라질 것이다

―「말을 보며」 전문

"보지 못하는 꿈이 만들어 오히려 살아 있는 것들이 / 거꾸로 세상을 아름답게 바꾸어 갈 것이다"(「맹인」)에서 도출되는 휘황한 명제, 즉 '꿈이 세상을 변혁한다'는 에피그람이 여기서는 '나갈 수 없어 비로소 자유로워진다'로 변주된다. 신약성서에서의 바울의 자유론에 언급된 '노예'의 존재를 "세계 안에 있으면서도 세계에 예속되지 않는 자유인"으로 명징하게 해석(안병무)한 예도 있지만, 이와는 좀 다르게 일상적 자아를 철저히 유폐시키고 타자에 자신을 가탁함으로써 오히려 진정한 사

랑과 자유, 해방에 도달하고자 하는 시인의 정신적 높이를 여기서 우리는 어렵지 않게 간취할 수 있다. 「걸인행(乞人行) 1-손」의 시적 발상 역시 이 연장선상에 있다.

『어머니와 할머니의 실루엣』에서와 마찬가지로 이번 시집에도 중국(특히 연변조선족자치주) 및 베트남 기행시가 상당수 수록되어 있어 좋은 읽을거리를 제공해주고 있다. 그러나 시적 성취가 미급한 시편들도 더러 눈에 뜨인다. 서로 유사한 시적 전개를 보이고 있는 「뿔」과 「개」의 시적 발상은 다소 진부하다. 이런 맥락에서 전자를 시집의 표제작으로 내세운 게 필자로선 매우 아쉽게 느껴진다. 신경림 작품세계의 질적 상승과 전회를 또다시 기대해본다(『서평문화』, 2002 가을).

감각과 비정(批正)

유종호 『다시 읽는 한국시인』

서양 이론의 무잡한 모자이크식 개론서가 아직도 버젓이 횡행하는 척박한 풍토에 『문학이란 무엇인가』(1989) · 『시란 무엇인가』(1996) 등의 소중한 씨앗을 착근시켜 문학에 대한 깊이 있는 이해를 가능케 했을 뿐 아니라 시교육의 든든한 토대를 마련해준 유종호 교수가 이번에는 자칫 세상의 관심권 밖으로 가뭇없이 사라질 뻔한 4명의 '월북시인'들을 우리의 뇌리에 새롭게 각인함으로써 특히 지난 세기의 마지막 10년 이래 일종의 고질처럼 된 '연구'라는 중립주의적 타성에 혼곤하게 빠져들었다 해도 과언이 아닌 국문학계에 매우 높은 텐션의 생산적 담론을 제기하여 눈길을 끌고 있다.

'한국시인'이란 표제에서도 드러나듯 통일문학사를 겨냥하고 있는 듯한 이 저술은, 한결같이 비참하고 쓸쓸한 생애를 마감한 월북작가들의 시적 행로를 매우 섬세하게, 그리고 입체적으로 재구성해 보이고 있다. 1953년 군사재판으로 처형된 임화, 6 · 25전쟁 중 폭사한 것으로 알려진 오장환, 『리용악 시선집』(1957)을 펴낸 이후 거의 시작 활동을 하지 않다가 1971년 폐결핵으로 사망한 이용악, 그리고 1959년부터 궁벽한 시골의 국영협동농장 양치기로 종사하다 1995년 83세로 작고한 백석이 바로 그들이다.

이들 시세계에 대한 저자의 기본적 관점은 시적 성취도가 높은 작품 위주의 철저한 본문 분석에서 출발한다. 저자는 작품 외적 사실들을 통한 손쉬운 연역적 해석이 아니라 텍스트의 꼼꼼한 독해 과정을 경과한 귀납적 평가 태도, 즉 텍스트에 대한 '구심적 충실'이야말로 작품과 시인에 대한 진정한 경의의 표현이라는 입장을 견지한다. 이때 개개 시어 선택의 엄밀성, 작품 특유의 시적 형태나 구문, 시적 방법 등이 일차적인 검증 대상으로 부각된다. 언어를 구성하는 여타 요소들과 동등한 위상을 획득하는 시에서의 구두점 활용 문제도 여기서 예외일 수 없다.

이 점에서 얼핏 유종호 교수는 협애한 형식주의자로 비쳐질 수 있다. 그러나 임화의 「현해탄」이나 이용악의 「낡은 집」 분석에서 여실한 '내적 텍스트성(intratextuality)'의 정교한 적용과 치밀한 '상호텍스트성' 논의, 개개 작품을 당대의 문학사적 및 정치경제적 맥락과 긴밀하게 연관시키는 데서 드러나는 일종의 문화주의적 시각 등은 그가 결코 단선적인 신비평론자가 아님을 잘 반증해준다. 그런가 하면, 서정주·오장환 등의 문학적 거점이었던 동인지 『시인부락』의 표제를 통해 '시인들이 모여 사는 피차별부락'이라는 사회적 의미를 발굴하고 그들 의식의 심층에 내재한 '낭만적 허영'을 간파하는 예민한 감각, 백석의 절창 「남신의주 유동 박시봉방」이 일제강점기 소산이 아니라 해방 직후 작품임을 여러 경로를 통해 확인한 견고한 실증정신은 이 저술이 풍부한 비평적 실감과 '연구'의 객관성을 행복하게 결합한 드문 사례이기도 하다는 것을 잘 보여준다. 아래에 이 저작의 핵심적 내용을 간추려본다.

지금껏 '평론가 임화'에 가려 '시인 임화'에 대한 본격적 천착이 이뤄지지 않았다. 일찍이 김동석은 "알짱 구체적이라야 할 데 가서는 추상적이 되어버리는 것이 시집 『현해탄』(1938) 전체가 지니고 있는 흠"(『예술과 생활』, 1948)이라고 지적한 바 있지만, 초기 임화 시는 짤막한 서정시에서 사회현실에 기초한 서사 충동을 추구함으로써 '정치시'의 원형을 보여주었다. 그의 정지용 비판은 이 연장선상에서 행해지는데, 그것은 '사회파 시인의 기교파 비판, 낭만주의자의 고전주의자 비판, 정치적 인간의 비정치적 인간 공격'의 의미를 지닌다. 해방 이후 그의 시는 독특한 예기와 박력을 지닌 짧고 간결하며 긴박한 호흡의 격문시(檄文詩)를 개발, 당대 좌파시인들(이용악 · 오장환 · 설정식 등)에 큰 시적 영향력을 행사하였다.

오장환은 김기림이 적절히 언명했듯 시집 『성벽』(1937)을 통해 "연옥을 통과하는 현대의 지식인의 특이한 감정"을 노래했다. 그러나 그것은 사회통념과 인습에 대한 사회적 외방인(外邦人)의 관념적 반항시편에 지나지 않는다. 그가 뛰어난 리듬 감각의 소유자임에도 불구하고 『헌사』(1939)의 시세계가 낭만적 허영을 통어하지 못함으로써 종종 시적 실패로 귀결되고 만 것도 바로 이에 기인한다. 그러나 외방인에서 사회중심부로의 신분 이동이 가능해지면서 오장환은 과거의 과장된 반역과 거부의 자세로부터 전통적 가족주의로의 회귀, 당시 좌파시단으로부터 '반동'으로 단죄될 만한, 그러나 20세기 한국 서정시의 조그만 승리라 할 수 있는 「다시 미당리」(1946) 등 일련의 일탈시편을 남겨놓았다. 일제 말엽 '연민의 시학'을 아름답게 노래한 「성탄제」(1939) 등도 빼놓을 수 없는 그의 시적 성취이다. 그러나 월북 후 오장환의 친체제 시편들은 지난날의 시적 성취를 일거에 훼손시켜 버린다.

해방 이전 이용악 시세계는 '식민지 현실의 충실한 서정적 재현'으로 요약된다. 물론 「두메산골」 연작처럼 현실도피적 성향의 작품도 있지만, 그것 역시 현실부정의 계기로 읽힐 소지가 없지 않다. 요컨대 일제 강점기 이용악 시는 생활과 현실이 높은 수준의 서정력으로 형상된 하나의 문학사적 사건이라 할 수 있다. 해방 직후 「나라에 슬픔 있을 때」(1946) 같은 시인 특유의 어법과 시적 위의를 갖춘 빼어난 청치시를 솜씨 있게 빚어낼 수 있었던 것도 이와 긴밀히 연관된다. 이 점에서 그는 리얼리즘 시인들이 종종 범하기 쉬운 '기교 경시'와 소재주의로부터 멀찍이 벗어난, "현실주의 시인은 현실주의자이기 이전에 시인이어야 한다는 것을 보여준 20세기 전반의 최초의 사례"로 기억될 것이다.

「북방에서」(1940)에서 확연한 바이지만, 개인적 서정 토로가 곧장 집단적인 시적 파토스로 직결된다는 점에서 백석은 단순한 서정시인이 아니다. 초기의 백석 시세계는 쾌락원칙에 의해 지배되는 유아기의 고향이라는 잃어버린 낙원에 대한 그리움의 토로이자 그 복원의 절실한 호소에 다름아니다. 백석의 고집스런 방언 지향, 작품에서 쉽사리 간취되는 '심정적 표박(漂泊)'의 이미지 등도 잘 따져보면 이러한 '시원 회귀 성향'의 문제의식과 결코 무관하지 않다. 즉 그것은 자기 시대나 사회와의 순탄치 못한 관계로부터 말미암은 것이다. 북한에 체재하면서 돌연 그는 시와 절연하고 러시아 작품 번역 및 아동문학 평론 활동에 주력한다(필자가 생각건대, 이런 행위 자체가 체제와의 밀월을 스스로 거부한 하나의 특이한 방식이 아닌가 한다). 1958년 들어 문득 몇 편의 체제 찬양시편 발표를 마지막으로 그의 문학적 생애는 1995년 작고하기까지 40여 년 가까이 실질적인 '죽음'의 상태로 일관하였다.

이 저술에서 매우 인상적인 것은 특정 개념을 원용하여 논의의 실감을 한층 드높였다는 점이다. 나치즘이라는 희대의 문화적 재난을 자초한 독일정신의 정치적 무의식성과 관련하여, 임화의 정지용 비판에 T. 만의 '비정치적 인간'을 적용한 것이라든지, E. H. 곰브리치의 '예사로움(sprezzatura)' 개념을 빌어 백석 시의 천의무봉(天衣無縫)을 설명한 것, 그리고 E. G. 샥텔의 용어('원격 감각, 근접 감각' 등)를 통해 백석 '기억 시편'들의 의미를 심도 있게 고찰한 것 등이 그러한 예이다. 한국 근대시의 형태적 원류를 번역시에서 찾고, 그 계보를 임화 · 이상 등의 '직역된 번역시 모형'과 김소월 · 김영랑 · 정지용 · 서정주 · 이용악 등의 '의역된 번역시 모형'으로 양대별한 것은 하나의 논쟁적 이슈로 떠올릴 만하다. 앞으로 좀더 깊은 학적 탐구가 밑받침돼야 할 것이다. '모더니스트 백석'이란 통설을 바로잡은 것도 가볍게 볼 수 없다. 김기림이 촉발하고 오장환에 의해 더욱 굳어진 이 논점이 단순한 시적 기법상의 친연성에 근거한 오류임을 밝히고, "백석은 반(反)모더니즘의 시인"으로 붙박은 것이다.

그러나 이 저술에 전혀 문제가 없는 것은 아니다. 우선, 과연 임화가 신동엽에게까지 영향력을 미친 '정치시·격문시'의 중심적 존재인가 하는 점이다. 프로시가의 대중화가 강조된 1927년 이후 특히 30년대에 들어 이런 류의 시는 강한 시적 경향성을 띠고 폭넓게 노래되었기 때문이다. 저자가 오장환의 「고향 앞에서」(1940)의 '잿내비'를 시인 자신이 일종의 새 이름으로 알았던 듯하다고 한 것은 잘못이다. 시적 현실과 실제 사실(한국에는 '원숭이'가 없다)의 차이를 의도적으로 강조함으로써 '슬픔의 극대화'를 꾀한, 한시적 전통에 의거한 일종의 인유적인 시적 표현이라 해야 할 것이다.

북한에서 펴낸 『리용악 시선집』이 작품의 '대폭적 변개'를 시도한 것도 반드시 진진한 흥밋거리로만 볼 일이 아니다. 간혹 작품 발표연도를 명기하여 시 이해에 도움을 주는 경우도 없지 않으나, 가령 '전면적 개고'라 할 수 있는 「거리에서」(1946)를 비롯한 몇몇 작품은 명백한 '개악'에 해당하기 때문이다. 비교적 폭넓은 백석의 번역활동에 대해서도 한층 상세한 정보가 뒤따라야 그가 어째서 시와 절연했는지에 대한 근본적 성찰이 가능할 것이다. 그러나 유종호 교수의 이번 노작에서 엿보이는 이같은 흠결은 그야말로 '옥의 티'에 지나지 않는다. 이 평론집 출간이 우리 비평풍토에서 시적 실체를 관통하는 올바른 작품주의적 비정(批正)에 굳건히 기반하여 덧붙여 '연구'의 중립성까지도 훌쩍 뛰어넘는 진정한 비평의 정립에 중요한 계기가 되었으면 한다(『창작과비평』, 2002년 가을).

시와 행동

정희성론

1

최근 나는 두 가지 소리판을 통해 정희성 시의 존재와 그 의미를 새삼 되새겨볼 기회를 얻었다. 하나는 1960년대 이래 줄곧 '교육민주화 운동'의 열렬한 선참이었던 고(故) 성내운(成來運) 선생의 〈분단시대의 민족혼과 민족시 낭송〉(1985)이다. 작품 특유의 개성적인 시적 정조와 가락을 곡진히 되살려 사뭇 격동적으로 읊고 있는 그의 육성 속에는 엄혹했던 박정희 · 전두환 철권통치의 강고한 물리력을 돌파하고자 한 김지하의 「타는 목마름으로」(1974), 양성우 「겨울 공화국」(1977), 고은 「화살」(1978), 문익환 「꿈을 비는 마음」(1978), 그리고 정희성의 「8 · 15를 위한 북소리」(1984)들이 나란히 어깨를 겯고 있다. 광주를 유린한 전두환 신군부의 광포가 한창인 1982년 초여름께였던가, 당시 해직교수 신분으로 몇몇 지인들과 함께한 청주 근교의 한 산행에서 선생의 그 비장한 신동엽 · 김지하 · 양성우들의 '귀글'을 몸소 접했던 기억이 또렷이 되살아나면서 그것은 내게 새삼스런 감개로 다가왔다.

다른 하나는 〈정희성 시낭송집—저문 강에 삽을 씻고〉(2007)이다. 작곡가 백창우의 곡과 노래 등이 곁들여져 한층 높은 시적 실감을 획득하고 있는 이 시낭송 음반은 열두 편 대표작들로 오롯하다. 서울의 한 고등학교 국어교사로 한평생을 갈무리한 소회를 쓸쓸히 대신하려는 듯 시인 자신의 애절하게 그윽한 목소리에 깊이 녹아든 「숲속에 서서」(1973), 「답청」(1974), 「저문 강에 삽을 씻고」(1978), 「한 그리움이 다른 그리움에게」(1979), 「길」(1984), 「사랑」(1997), 「눈」(2000) 등이 참으로 돌올하다. 한갓 눈으로만 '읽어치우는' 소모적 대상으로 떨어진, 삶의 굴곡을 힘차게 추동하는 살아있는 맥박과도 같은 가락이 결락되기 일쑤인 요즈막 시편들과 견줄 때 더욱 그러하다.

정희성 시의 역정을 되살피는 일은 그러나 여러모로 '회고적'이기 쉽다. 문득 중국 옛 문사들의 시화(詩話) 류가 떠오르는 소이연이다.

> 깊숙이 온축한 소회를 세상에 펼치지 못한 많은 선비들은 산골과 물가 찾기를 스스로 즐겼다. 밖으로 벌레·물고기·푸나무·바람·구름·새·짐승들을 보면서 왕왕 그 기괴함에 빠져들었고, 안으로는 근심어린 생각과 울분이 쌓이면 이를 원망과 풍자로 읊조리었다. …… 그러한즉, '시가 능히 사람을 곤궁하게 만드는 게 아니라 도리어 곤궁해진 뒤에야 공교해지는 것이다'[然則非詩之能窮人, 殆窮者而後工也].
>
> —歐陽修, 「梅聖兪詩集序」 부분

그의 지음(知音)임을 적극 자처하면서 극도의 궁경 속에서 되려 빼어난 시적 진경을 보여준 동시대의 문사 매요신(梅堯臣, 1002~1072)의 창작 실천을 들어 "일종의 문학사적 보편 현상"을 탐색(丘振聲, 『中國古典文藝理論例釋』, 南寧 : 廣西人民出版社 1981, 46면)한 것으로 평가되는 구양수(1007~1072)의 일절이다.

주지하듯, 절차적 민주주의를 견인한 '1987년 체제' 이래 국내외 정치경제적 상황은 급박하게 변환하였다. 나라 밖으로는 독일 '베르린 장벽 붕괴'(1989)와 '독일 통일'(1990), 동유럽 '현실사회주의' 몰락(1989~1991), 소비에트 해체(1991) 등 거대한 이념적 지각변동의 높은 파고가 요동쳤으며, 나라 안으로는 '한·소 수교'(1990), '한·중 수교'(1992), '김영삼 문민정권' 출범(1993) 등으로 간명히 요약되듯 정치적 탈냉전 및 탈군사 해빙기류가 완연했던 것이다. IMF 외환위기로 촉발된 '1997년 체제' 이후의 김대중·노무현 정권 10년은 그러나 실질적 민주주의의 급격한 퇴색을 동반, 격심한 민생 불평등과 양극화로 귀결되었으며, 2007년 이명박 체제'는 향후 그 완결편을 내놓을지 모른다.

과연, 1987년 이래 지난 20년간은 '근대·민족·리얼리즘·친일문학' 등 거대담론이 점차 가뭇없이 사라져간 연대로 기록될 것이다. 역사학계에서 '식민지 근대화론'(안병직, 1993)이 부쩍 고개를 드는가 하면, 문학 쪽에서는 '리얼리즘과 모더니즘의 회통'(최원식, 1999), "일상·신체·욕망·성·가족·생태"(황종연, 2001), "탈중심화된 사적 공간"에서의 "사소한 정치성"(이광호, 2002) 등의 중요성을 강조하는 유연화 경향 즉 일종의 '해소론'이 과거의 특정 문학진영을 가릴 것 없이 본격 제기된 것이다.

무엇보다도 저간의 시적 지형이 이러한 사정을 잘 말해준다. 푸나무·벌레 따위의 자연 물상에 탐닉하는 사물시, 인간적 연관이 희박한 생태시의 근본주의적 지향, 특히 2000년대 들어 한층 두드러진 시적 주제의 쇄말화와 생활의 실종, 사회성 증발 현상 등이 그것이다. 여하한 '거대담론'도 흡사 썰물처럼 급격히 퇴조해버린 것이다.

이러한 시대의 주조로부터도 여전히 비껴서 있다는 점뿐 아니라, 아래 시화와 관련하여 정희성 시를 읽는 우리의 입장 또한 다분히 '회고적'일 수밖에 없다.

도연명(陶淵明, 365~427)이 17년간 아홉 편을 지었으니, 그 시의 진정성을 꼭 물어야 하겠는가. …… 그 시를 읊으매, 도리어 그 사람을 알 만하지 않겠는

> 가? 그러나 능히 회포를 자연스럽게 깃들도록 하지 못한다면, '병이 없는데도 신음함'[無病呻吟]과 전혀 다를 바 없다.
>
> —劉熙載(1813~1881), 「詩概」 부분, 『藝概』

몇년들이로 꼬박꼬박 시집을 펴내곤 하는 오늘의 수다한 시인들의 가벼운 세태를 크게 나무라는 듯하다. 삶의 현실적 세부와 절연하기로 작심이라도 하듯, 1990년대 후반 불길한 징후처럼 나타나 특히 2000년대 중・후반 들어서는 하나의 시적 주류인 양 그럴싸한 '전복'의 이름 아래 온갖 맹랑한 공상과 환상계를 오락가락하는 저 '미래파 시인' 류의 알쏭달쏭한 무병신음을 준열히 타매하는 것 같기도 하다.

"훌륭한 문인은 본디 입신과 현달을 가증스럽게 여긴다", "선비의 벼슬은 몸을 망치게 한다" 한 두보(杜甫, 712~770)가 명망과는 딴판으로 '철저한 지배계급적 이념, 과도한 문벌관념, 빈곤의 과장, 끝없는 공명욕망, 권력자에 대한 철저한 비굴'의 소유자였는바, 그 시를 제대로 분별하기 위해선 무엇보다 "'시성'이니 '인민시인'이니 하는 백내장 같은 선입견"부터 과감히 떨쳐버려야 한다(郭沫若, 『李白與杜甫』, 北京: 人民出版社, 1971, 203면) 한 곽말약(1892~1978)의 귀띔도 참조할 만하다.

종종 '글은 그 사람'이라 일컫는 바이지만, 이야말로 정희성 시인에게 꼭 적실한 표현이 아닐 수 없다. '40년 시력, 네 권 시집, 작품 200여 편'이라는 빈곤한 외적 지표와 결코 무관하지 않기 때문이다.

2

정희성에게 시란 무엇인가?

만약에 침묵이
이 세상을 사는 우리들의
유일한 대답이라면
비본질적인 질문으로 더 이상
아이들을 괴롭히지 않으리라
아아 말 못할 우리들의 시대
이루지 못한 꿈의 빛깔로
낙엽은 저렇게 떨어져
가을은 차라리
우리들의 감동이다

—「침묵」(1983) 부분

"메마른 몇 개의 낱말과 / 눈먼 문법"(같은 시)에 대한 "비본질적인 질문"만 존재하는, 이른바 '은행저금식 교육'(P. 프레이리)이 무섭게 관철되는 고등학교 국어교실의 건조하고도 황막한 정경이 떠오른다. 시인 자신임이 거의 분명한 시적 퍼스나는 그 한복판에서 상호 의사소통이 철저히 봉쇄된 '침묵의 시대'를 힘겹도록 고통스러워 한다. 아름다운 빛깔의 가을낙엽을 통해 "이루지 못한 꿈"의 대리적 실현을 그나마의 작은 위안으로 치부해야 하는 선생과 학생들의 모습이 실로 눈물겨울 지경이다.

사물을 끌어들여 서정주체의 감회를 넌지시 드러내는 흥탁(興托), 인물유지(因物喩志)의 시적 발화가 특히 인상적이다. 여기서 시란 김수영의 표현을 빌면 "곧은 소리"(「폭포」, 1957) 즉 '구부러짐, 비정상'을 바로잡아 일으켜 세우는 하나의 통렬한 직언(直言) 같은 것이다. 궁핍한 민중의 삶과 유리한 채 아름다운 글귀만 좇던 당대의 부화한 문풍(文風)을 엄중히 질책하듯, "어찌하여 바른 소리 사라졌는가, 슬픔이 시인을 흥기시킨다[正聲何微茫, 哀怨起騷人]"(「古風」)고 노래한 저 이백(李白, 701~762)의 "바른 소리"가 바로 그것일지 모른다.

박종철군의 죽음이 보도된 신문을 펼쳐 들며
이 참담한 시대에
시를 쓴다는 것이 무엇일까를 생각한다
살아 남기 위하여 죽어 있는 나의 영혼
싸움도 사랑도 아닌 나의 일상이
지금 마포 강변에 떨어져
누구의 발길에 채이고 있을까
단 한번, 빛나는 사랑을 위해
아아 가뭇없이 사라지는
저 눈물겨운 눈발 눈발 눈발

—「눈보라 속에서」(1987) 부분

5공 말기, 공안당국의 물고문이 빚은 한 대학생의 참사 소식 을 접한 쁘띠브르주아 시인의 음울한 자의식이 깊은 생채기처럼 날카롭게 각인돼 있다. 삶조차 마다하는 '눈발'의 자발적 투신 앞에서 시적 자아는 "싸움도 사랑도 아닌 나의 일상"의 지리멸렬과 무의미를 곱씹는다. 혹여 그에게 시란 "살아 남기 위하여 죽어 있는 나의 영혼"의 물적 잔여에 그치는 것은 아닌가 골똘히 반추하는 것이다. B. 브레히트의 「살아남은 자의 슬픔」(1944)의 탄력적 변주라 할 이 시적 표현은 그래서 더욱 형형한 시안(詩眼)처럼 특유의 정채를 발한다. 요컨대, 그즈음 정희성에게 시는 '사회적 실천'을 지향하는 행동언어의 다른 이름으로 인식된다.

말이 곧 절이라는 뜻일까
말씀으로 절을 짓는다는 뜻일까
지금까지 시를 써오면서 시가 무엇인지
시로써 무엇을 이룰지
깊이 생각해볼 틈도 없이
헤매어 여기까지 왔다
경기도 양주군 회암사엔

절 없이 절터만 남아 있고
강원도 어성면 명주사에는
절은 있어도 시는 보이지 않았다
한여름 뜨락에 발돋움한 상사화
꽃대궁만 있고 잎은 보이지 않았다
한줄기에 나서도
잎이 꽃을 만나지 못하고
꽃이 잎을 만나지 못한다는 상사화
아마도 시는 닿을 수 없는 그리움인 게라고
보고 싶어도 볼 수 없는 마음인 게라고
끝없이 저잣거리 걷고 있을 우바이
그 고운 사람을 생각했다

—「시를 찾아서」(1997) 전문

은근히 제자 안회(顔回, BC 521~BC 490)를 유념하면서 "말은 더듬듯 서툴되, 실천궁행엔 날래다[訥於言而敏於行]"(『論語』, 「里仁」 篇) 한 공자(孔子)나, "남들은 쉽게 말하는 것을 나는 적게 말한다[人所易言, 我寡言之]"고 이른 북송(北宋) 시인 황정견(黃庭堅, 1045~1105)의 언급이 난데없는 실감으로 와닿는 것은 어쩐 일인가? 일찍이 유협(劉勰, 465~521)은 "시란 '지닌다'는 것이니, 곧 '인간의 감정·본성을 간직한다'는 뜻[詩者, 持也, 持人情性]"(『文心雕龍』)이라 했지만, 그러나 정희성은 짐짓 "시는 언행일치의 발화 형식이며, 시인은 그 실천의 주체인 군자(君子)"라고 말하는 듯한 까닭이다.

화자는 그 한자적 구성에 착안, 시(詩)란 '말[言]이 곧 절[寺]이라는 뜻일까 / 말씀[言]으로 절[寺]을 짓는다는 뜻일까', 더 나아가 "시가 무엇인지 / 시로써 무엇을 이룰지" 헤아려본다. 여기서 상사화(相思花)는 '말'과 '사물'의 행복한 공존을 꿈꾸는 시적 퍼스나에게 '절 / 절터', '절 / 시'의 운명적 불일치를 환기시키는 하나의 물적 표상이다. 이때 '시인'이란 대지에 든든히 뿌리내리고 원력(願力) 정진(精進)에 오로지하면서 "끝없이 저잣거리 걷고 있을 우바이"이며, 시란 끝내 "닿을 수 없는 그리움" 같은 것이다. 결국 정희성에게 "시란 저잣거리에 존재하는 도(道)"(정희성, 1997)이며, 따라서 자연스럽게 그는 세상살이의 순평과 화락을 장애하는 모든 것들을 향해 끊임없이 이의 제기하는 리얼리스트로 된다(2007년 겨울, 인천의 한 문학강연회에서 정희성은 시인의 존재를, 잔뜩 오염된 "갯벌의 모래를 씹어서 유기물을 빨아먹고 깨끗해진 모래만 다시 뱉어낸다"(엄원태, 「말이 필요한 게 아니다」, 2007)는 염낭게·바지락 같은 '갯벌 청소부'에 빗대어 피력한 바 있다).

3

정희성의 데뷔작 「변신」(1970)에는 이제 막 20대 후반에 들어선 시인의 고통스런 현실인식이 사뭇 혼돈스런 모습으로 칙칙하게 부조되어 있다. 일제의 국토유린을 거쳐 '해방'을 통과하면서 외려 더욱 피폐해진 민중의 삶의 간난과 시대의 우울을, '전 7부, 20연, 104행'의 꽤 긴 규모—초기 시편 「유두」(1971)와 「해가사」(1972) 등도 그 동류이다—의 이 작품은 동서양의 다양한 고전적 인유, 모더니즘 풍의 시적 수사, 고도의 비유적 언어를 통해 자못 냉소적으로 노래한다.

'밤, 어둠, 우리[檻]' 등 암울하고 유폐적인 이미저리로 넘쳐나는 "곱게 미칠 수 없는 시대" "빛이 외면한 땅"에서, 중년의 일인칭 남성화자는 강변에 나가 "빠지고 싶은" 충동을 가까스로 억누르며 읍소하듯 논개(論介)를 호명한다.

晋州南江 버드나무 가지에

우리가 우리들의 手琴을 걸었느니
여인이여
바빌론의 여러 강변 거기 앉아서
우리가 시온을 기억하며 울었노라

저 임진왜란의 참화, 가까이는 일제강점의 어두운 기억을 되살리며 시적 퍼스나가 "일상의 구획된 거리"에 갇힌, "흐르는 물처럼 그렇게/마디를 풀고 흐를 수 없는 우리" 삶의 부자유와 차꼬로부터의 해방을 거듭거듭, 왜장 게야무라 로쿠스케[毛谷村六助]를 끌어안고 촉석루에서 몸을 던진 그녀에게 의탁하는 것은 어떤 연유에서인가.

> 우리가 바빌론의 여러 강변 거기 앉아서 시온을 기억하며 울었도다
> 그 중의 버드나무에 우리가 우리의 수금(竪琴)을 걸었나니
> 이는 우리를 사로잡은 자가 거기서 우리에게 노래를 청하며 우리를 황폐케 한 자가 기쁨을 청하고 자기들을 위하여 '시온 노래' 중 하나를 노래하라 함이로다
> 우리가 이방에 있어서 어찌 여호와의 노래를 부를꼬
> 예루살렘아 내가 너를 잊을진대 내 오른손이 그 재주를 잊을지로다
>
> —「시편」(137편 1~6절)

느브갓네살 왕에 의해 멸망(B.C. 586) 당한 유다왕국 백성들이 전승국인 바빌론 포로로 끌려가 겪은 온갖 수모와 불퇴전의 결의, 예루살렘을 향한 열애 등을 다름아닌 그 이방의 여러 강변에서 절절히 노래한 대목이다. 여기서 "버드나무에 우리가 우리의 수금을 걸었나니"란, 승전가를 위한 '기쁨의 악기'를 결단코 압제자에게 들려줄 수 없다는 뜻이다.

터키 무력지배에 신음하는 그리스 민중의 처지를 깊이 동병상련한 G. G. 바이런(1788~1824)의 「바빌론의 강가에 앉아 *By the Rivers of Babylon We Sat Down and Wept*」(1815), 이은상의 「저, 예루살렘아—홍원(洪原) 옥중에서

친일문사의 소식을 듣고」(1943)도 그러하지만, 특히 이 작품은 원 텍스트의 창조적 변용을 통한 고도의 미학적 긴장을 성취한 매우 뛰어난 사례이다. "뒤척이는 물결 속에선 銃彈이 박힌 머리가 / 조국이 무섭다고 떠오르고", "아이들은 지금 / 소리없는 전쟁의 기류를 타고 / 하얀 껍데기처럼 흐느끼고 있는", "눈을 뺀다, 빌어라, 빌어라, 눈을 뺀다" 윽박지르는 고문과 살육의 시대, 끊이지 않는 투석전과 최루탄 연기 속에 "내 자식은 거리에서 죽었다"고 통분해하는 화자의 결연한 '변신'과 전회를 강하게 견인하고 있기 때문이다.

> 光明은 다시 어둠 속에서
> 神지핀 누이마냥 亂舞하던 적과
> 이방인의 자취를 흡수해 가버렸지만
> 빛은 언제나 陰影을 거느리고 찾아들 듯
> 기껏 우리가 찾은 적은 우리의 벗,

"빛은 언제나 陰影을 거느리고 찾아들 듯 / 기껏 우리가 찾은 적은 우리의 벗"으로 규정함으로써 시적 자아의 목소리는 한층 분명한 방향성을 획득하는 것처럼 보인다. 정희성의 시적 개성이 유감없이 발현된 이 작품은 그러나 시적 인유(「시편」, 『삼국유사』, 「청산별곡」, 정지용, T. S. 엘리엇 등)의 과도한 사용, 한자 노출, 아르카이즘 빈발 등으로 하여 되려 시적 활력을 손상하는 역기능을 드러낸다(이는 첫 시집 『답청』(1974)에 두루 적용되는 제한성이기도 하다).

그런데 주목할 것은 「변신」이 여러 후속작들의 꽤나 광범한 시적 태반으로 되고 있다는 사실이다. 바이런의 「바빌론의 강가에 앉아」에서 확연한 '강변 모티프'는 정희성 시에서 하나의 연면한 흐름을 이룬다. 「유두」(1971) · 「해가사(海歌詞)」(1972) · 「저문 강에 삽을 씻고」(1978) · 「청명」(1979)과 「8 · 15를 위한 북소리」 · 「눈보라 속에서」(1987) 등에서 그것은 매우 다양하게 변주돼 나타난다. 조금이라도 유념해 본다면, 「不忘記」(1974)·「露天」(1974)·「길을 걸으며」(1976)·「어두운 지하도 입구에서」(1977)도 이 작품을 모태로 한 곁가지들임이 금세 드러난다. 이다. 그러나 이는 자칫 하나의 관습적인 시적 상투형으로 낙착할 위험을 동반하기도 한다.

궂은 일을 덜기 위해 '동류(東流) 물에 머리감는' 신라의 옛 풍속으로부터 시적 발상을 취한 「유두」의 화자는 "몇번이고 몇 번이고 울며/이른 아침 流頭의 아침 강변으로 나가/우리는 출발을 기약했다"고 토로한다. 바닷속의 수로부인(水路夫人)을 향한 화자의 이 상상적 '바다여행'은 그러나

> 여기는 억류당한 나라
> 잠적한 옛 고장의
> 모든 길은 깊이깊이 매몰되고
> 소망 밖에서 붉게 울며 떠난 꽃밭

에서 비유적으로 잘 드러나듯 실패로 끝난다. "출발을 기약하는 머리감기와 그것의 무용성을 쓰디쓰게 확인"(김현, 1971)한 것이다.

비장한 토운, 독특한 시적 형태, 초현실주의적 이미저리의 자유로운 상호교직 등의 공통적 면모로 하여 얼핏 G. 세페리스의 '바다 노래'『신화』의 구조와 매우 방불한 「해가사」에서 화자는 또다시 "출항"을 결행한다. "시인의 말이 나뭇잎 하나 울릴 바 없"는 황량한 이승에서 그는 "여러 사람의 입은 쇠도 녹인다[衆口鑠金]" 한 저 「헌화가」의 노인(『三國遺事』「紀異」篇 「水路夫人」條)을 자임, "우리가 꽃이 되어/그대 魂에 닿으리니/흐르며 다시 울지 않을 그 땅으로/水路여, 우리들의 물길을 트라"고 절규한다. 그러나 시인 화자에게 되돌아오는 것은 "죽은 자와 여자를 함께 울릴/다른 방법을 찾으리라"는 쓸쓸한 자기선언일 뿐이다.

바로 이 "다른 방법"의 탐색은 몇 갈래의 우회적 통로를 거친다. 「梅軒 옛집에 들어」(1973) · 「歲寒圖」(1973)는 지사적 비감과 회한의 토로로, 「踏靑」(1974)은 민속적인 모티프를 매개하는 우의적 방법 — 훗날의 「쥐불」(1977) · 「청명」(1979) 또한 이에 속한다 — 으로, 그리고 「숲속에 서서」(1973)는 자연으로의 퇴각 형식으로 나타난다. 여기서 둘째 경우는 강한 음악성을 띤 고전적 형식을 지향한다는 점에서 특히 우리의 시선을 끈다.

이미 초기(『답청』 시대, 1970~74) 단계에서 새로운 시적 방법 모색에 적극성을 보이기 시작한 정희성의 시에서 「불망기」(1974)와 「노천」(1974)은 하나의 변곡점을 형성한다. "은유, / 직설, / 우화, / 그러나 이것만으론 부족하다"(「해가사」)고 언명한 지점에서, 「불망기」의 퍼스나는 '4월에 사살당한 친구'와, "아름다운 말도 가락도 다 잊었다"며 붙잡혀간 '시인' 곁으로 바짝 다가선다. 그런가 하면, 「노천」의 내포화자는 지식인 부류에서 노동자로 존재 전환하기에 이른다.

> 내 조국은 식민지
> 일찍이 이방인이 지배하던 땅에 태어나
> 지금은 옛 전우가 다스리는 나라
> 나는 주인이 아니다
> 어쩌다 아비가 물려준 남루와
> 목숨뿐
> 나의 잠은 불편하다
> 나는 안다 우리들 잠 속의 포르마린 냄새를
> 잠들 수 없는 내 친구들의 죽음을
> 죽음 속의 꿈을
> 그런데 꿈에는 압핀이 꽂혀 있다
>
> —「불망기」(1974) 부분

단호한 어조, 속도감 있는 진행, 평명한 시어의 적실한 배치 등에 힘입어, 공권력의 이름 아래 고문과 학살이 마구 자행되던 1970년대 '박정희 유신시대'의 오싹한 정치적 기류가 선연하게 재현되는 듯하다. 특히 '포르마린, 압핀' 류의 싸늘하고도 가학적인 이미저리에 뒷받침되어 그것은 한층 명료한 시적 리얼리티를 획득한다. 일제의 오랜 지배, '6·25'의 참화, 옛 전우의 노예로의 영락 등으로 점철되어 온 한국 현대사의 비참을 명징하게 환기시키면서, 화자는 새삼 "우리는 갇혀 있다 / 신화와 현실의 어중간 / 포르마린 냄새나는 꿈 속 깊이"(같은 시)라고 고통스럽게 노래한다(이 작품은 이가림의 「반도의 눈물」(1972), 김지하 「타는 목마름으로」(1974), 양성우의 「겨울 공화국」(1975)과 더불어 그 무렵의 뛰어난 '반체제 시편'으로 기록될 것이다).

4

제2시집 『저문 강에 삽을 씻고』(1978)에 와서 정희성 시는 여러모로 일신된다. 간간이 시적 소재주의로 떨어지기도 하지만, 우선 이농민·어부·화전민·광부 및 도시 노동자 등 빈궁계층에 대한 시적 관심이 완연해진다. 분단, 농민분해, 베트남 파병, 공안정국의 냉기류 등 거시적인 시적 주제의 다변화도 활발히 이뤄진다. 평이한 시어, 시적 통사의 투명성이 두드러지는가 하면, 「들리는 말로는」(1977)이나 「어머니, 그 사슴은 어찌 되었을까요」(1978)처럼 긴 호흡의 이야기시가 등장하고, 한자 노출은 거의 말끔히 가시어진다. 한결 자유로와진 듯한 자기검열, 시인의 막중한 역사적 책무의 강조, 당대 현실의 깊이있는 천착을 위한 시적 방법의 실험 등도 눈에 띈다.

내 말은 허공을 떠돌지 않고
내 말은 죽지 꺾인 물새처럼
바다로 가서 혼자 울지 않는다
이제 내 말은
더 이상 슬퍼하지 않는다

—「이제 내 말은」(1977) 부분

이 시집 「후기」에서 "『답청』의 시세계를 부정하고 싶다" 한 시인의 의도가 분명한 자기확인의 시적 의미로 정립되어 있음을 본다. "슬픔을 위한 말, / 슬픔을 꾸미는 말, / 모든 어둠의 하수인인 / 슬픔에 봉사하는 말"(같은 시)과 단호히 결별, 종래의 「유두」·「해가사」에서처럼 더 이상 "바다로 가서 혼자 울지 않는다"고 스스로에게 굳게 다짐하고 있는 것이다.

흐르는 것이 물뿐이랴
우리가 저와 같아서
강변에 나가 삽을 씻으며
거기 슬픔도 퍼다 버린다
일이 끝나 저물어
스스로 깊어가는 강을 보며
쭈그려 앉아 담배나 피우고
나는 돌아갈 뿐이다
삽자루에 맡긴 한 생애가
이렇게 저물고, 저물어서
샛강바닥 썩은 물에
달이 뜨는구나
우리가 저와 같아서
흐르는 물에 삽을 씻고
먹을 것 없는 사람들의 마을로
다시 어두워 돌아가야 한다

—「저문 강에 삽을 씻고」(1978) 전문

2음보의 주조적 율격에 3~4음보를 절묘히 엇섞어 강한 율동감을 살리고 있는 이 시의 화자는 산업사회의 급류에 떠밀린 낙백의 지식인처럼 보인다. 무엇보다 그 은근하고 진중한 어조나 행동거지로 미루어, 좀체 "삽자루에 맡긴 한 생애"에 어울리지 않게 그는 사색적이다. 앞서 언급한 '강변 모티프'의 또다른 변주라 할 이 작품의 서정 주체는 마치 흐르는 한강물을 물끄러미 바라보며, "가는 것이 이와 같은가, 밤낮을 쉬지 않는구나!"라고 읊조리는 저 『논어』의 한 주인공을 떠올리게 할 정도이다. 어쩌다 거대한 흉물 같은 서울의 한 모퉁이로 나앉은, 지금은 보잘것없는 일용 노동자로 전전하는 그의 경계인적 면모는 그래서 더욱 예사롭지 않다.

샛강 취로사업장의 날품팔이 노동자의 출구 없는 삶을 그저 평면적으로 노래한 것처럼 보이는 이 작품은 그러나 의외로 난해하다. 가령 4행씩의 네 개 의미단락 중 특히 둘째 단락의 지배적 정서는 자신의 무능력과 유약에 대한 화자의 누그러뜨리기 힘든 강한 회한 같은 것으로 비치기도 한다. 그러나 일종의 연구(練句)로서 제2~3행, 13~14행에 걸쳐 두 차례 반복되는 "우리가 저와 같아서"와 '삽을 씻다'의 전후 문맥을 섬세하게 고려한다면, 이 작품을 관통하는 시적 정조는 그와는 정히 상반된 것임을 깨닫게 된다.

제2행이 함축하는 바는 무엇인가. 삶은 본질적으로 전변무상한 물의 흐름처럼 생동하는 것이므로 거기에는 한시도 슬픔과 좌절이 끼여들 수 없다는 의미이다. 제13행에서 그것은 "샛강 썩은 물"에까지 떠오르는 달의 휘황하고도 비극적인 낭만적 이미지와 긴밀히 조응한다. 이는 절망 속에서도 마침내 희망을 투시하려는 시적 자아의 결의, 비장감을 증폭시키는 비유적 텐션이다. 강력한 '남성 상징(phallic symbol)'으로서의 '삽을 씻는다'는 것은 그러므로 삶의 무기를 한층 날카롭게 벼리어 밝은 미래를 앞당기고자 하는 하나의 거룩한 통과의례의 의미로 읽힌다.

「저문 강에 삽을 씻고」의 값진 덕목 중 하나는, 근대화 과정에서 반드시 수반되기 마련인 자연과 인간의 괴리 또는 환경파괴의 위험성을 앞질러 통찰한 생태시의 전위적 존재로 자리매김될 수 있다는 점이다. 1970년대 한국 시사에서 하나의 절창으로 되는 또다른 이유이다. "저물어서 / 샛강바닥에 썩은 물"에 얼비친 달의 일그러진 형상이야말로 파행적 근대화의 한 진경(眞景)이니, 이미 그것은 "즈믄 강에 출렁이는 하이얀 달빛[月印千江]"의 장엄과는 무관한 것이다.

그러나 "먹을 것 없는 사람들의 마을로 / 다시 어두워 돌아가야 한다"는 마지막 구절과 그 전언 방식에서 어렵잖게 간취할 수 있듯, 이 작품은 빈궁한 도시공동체에 대한 퍼스나의 연대의식 표명 또는 자기결의 수준에 머물러 있다. 화자의 시각이 여전히 지식인 부류의 계층적 한계에 묶인 때문일 것이다.

> 윌리엄 블레이크와 그의 시대와
> 시를 생각하며, 나는 걷는다
> 법망이 뒤얽힌 거리를 빠져나가며
> 마주치는 모든 눈동자 속에서
> 공포에 질린 피의자를 만난다
> 신경을 감춘 모든 건물과
> 담밑에서 만난 사람들이 웬일로
> 말없이 눈시울을 붉히고
> 등뒤에서 번득이는 보안등,
> 불빛이 이룬 가장 깊은 그늘을 본다
> 사람들이 황망히 어둠 속으로 사라지면
> 문마다 빗장을 거는 소리,
> 집집마다 문틈에서 새어나오는
> 어둡고 비탄에 잠긴 한숨과
> 모든 침묵 속에서

나는 한 시대가 이룩한
가장 두렵고 아픈 소리를 듣는다

—「길을 걸으며」(1976) 전문

"사실을 그대로 보고, 그것을 솔직하게 말하는 사람이야말로 예언자이며 시인"이라 언명한 W. 블레이크의 「런던」(1794)을 인유한 이 작품은 일종의 '산책시편'이다. 영국의 근대 산업사회화 과정에서 지배권력에 의해 자행되는 비인간적 탄압을 조용히 고발했듯, 시적 퍼스나는 '걷고, 만나고, 보고, 들으며' 시대의 침울과 압착, 고통을 극히 절제된 목소리로 들려준다.

이 시는 바야흐로 유신정권이 말기적 증상을 드러내기 시작한 1970년대 후반의 음습한 풍경화, "법망이 뒤얽힌 거리"의 우중충한 세밀화이다. 화자의 시야에 잡힌 인간과 사물들은 한결같이 무신경한 주검과도 같다. 그들을 엄습하는 '공포, 울음, 그늘, 어둠, 비탄, 한숨, 침묵, 빗장 거는 소리, 아픈 소리'를 혹독하게 강제하는 진원은 "등뒤에서 번득이는 보안등"이다. 비극적 종말을 향해 치닫던 당대 군사정권의 음험한 포악상을 간결히 축약한 매우 뛰어난 정치적 스케치라 하겠는데, 여기서 특별히 강조되는 것은 시와 시인의 막중한 시대적 소임이다.

「길을 걸으며」도 그렇지만, 정희성 시에서 여전한 지속성을 보여주는 시적 방법은 인유이다. 「석탄」(1978)과 김지하(「서울길」, 1970), 「이곳에 살기 위하여」(1978)와 P. 엘뤼아르(「이곳에 살기 위하여」), 후일의 「버스를 기다리며」(1987)와 김수영(「어느 날 고궁을 나오면서」, 1965) 등이 모두 이런 경우에 속한다. 비평적 독자로서는 상호텍스트성 독해가 그만큼 필수적이다.

5

시인의 제3시집 『한 그리움이 다른 그리움에게』(1991)는 종래의 그것과 일정하게 차별되는 몇 가지 시적 특성이 덧붙여진다. 「우리들의 그리움은」(1980) · 「달빛세」(1991)는 '반미'를, 「버스를 기다리며」(1987)는 소시민의 비애를 노래한다. 「옹기전에서」(1981) · 「길」(1984) · 「넋두리」(1984) · 「상계동에 이사 와 살면서」(1990) 등에서는 자전적 성격이 전면화되고, 「황토현에서 곰나루까지」(1987) · 「우금치 고개」(1987)는 일종의 '사실시(事實詩, fact poetry)'를 지향한다. 배움의 스승 정병욱 · 신호열, '통일꾼' 문익환 · 성내운, 판화가 오윤 등에 보내는 인물시도 그 나름의 개성으로 다가온다.

그러나 이 작품집에서 쉽게 지나칠 수 없는 것은 잡답한 사회현실, 혼탁한 정치상황에 대한 시적 발언이 종래의 날카로움으로부터 '부드럽게 에둘러 말하기' 쪽으로 대폭 전환하였다는 사실이다. 고전적 패러디의 적극적 활용을 포함하는 이러한 경향성은 「업보」(1989) · 「자본주의식 신사고」(1990) · 「유신헌법」1990) · 「동요」(1990) 등에서 역연하다.

정희성 시의 이런 다양한 세목들은 1979년 '10 · 26정변'과, 곧장 뒤이은 유신체제의 종말, '12 · 12 전두환 신군부 등장'과 그 체제의 온존을 위한 새로운 체제개편, 이듬해의 '5월 광주민중항쟁'(1980), 그리고 1987년 1월의 '박종철 고문치사' 사건 발발과 '6월 민주화 대투쟁'에 따른 '87년 체제' 성립 등 저간의 숨가쁜 민주화 일정에 기민하게 상응한 시적 성취의 구체라 할 것이다.

> 어느날 당신과 내가
> 날과 씨로 만나서
> 하나의 꿈을 엮을 수만 있다면

나는 기다리리, 추운 골목에서
오랜 침묵과 외로움 끝에
한 슬픔이 다른 슬픔에게 손을 주고
한 그리움이 다른 그리움의
그윽한 눈을 들여다볼 때
어느 겨울인들
우리들의 사랑을 춥게 하리

—「한 그리움이 다른 그리움에게」(1979) 부분

어디선가 이 작품에 대하여 "분단의 사슬을 끊고 통일을 성취하려는 열망을 암유한 노래"라고 시인 스스로 토로한 바 있지만, 그러나 실상은 이와는 전혀 무관하게 그 자체로서 강한 환정(喚情)의 울림을 지닌 정통 서정시이다. 고전적 용사라 할 견우직녀 이야기를 창조적으로 변용한 셈인데, 이른바 '의도의 오류'를 경계해야 할 작품이다. 여기서 시인은 격절한 두 남녀의 지극한 연민을 '한 슬픔과 다른 슬픔'이 "날과 씨로 만나서 / 하나의 꿈"을 엮어내는 부드럽고 애절한 사랑노래로 들려준다.

이 세 번째 시집에서 또 하나 주목되는 것은 시인의 자전적 시편들이다.

아버지는 내가 법관이 되기를 원하셨고
가난으로 평생을 찌드신 어머니는
아들이 돈을 잘 벌기를 바라셨다
그러나 어쩌다 시에 눈이 뜨고
애들에게 국어를 가르치는 선생이 되어
나는 부모의 뜻과는 먼 길을 걸어왔다
나이 사십에도 궁티를 못 벗은 나를
살 붙이고 살아온 당신마저 비웃지만
서러운 것은 가난만이 아니다
우리들의 시대는 없는 사람이 없는 대로

맘 편하게 살도록 가만두지 않는다
세상 사는 일에 길들지 않은
나에게는 그것이 그렇게도 노엽다

—「길」(1984) 부분

사실 정희성처럼 시인과 퍼스나가 거의 몸을 맞대고 있는 경우는 매우 드물다. 어쩌면 이는 곧 상상력 빈곤으로 이어질 수 있지만, 달리 그것은 경험적 세부가 얹힌 시적 실감의 원천으로 작용하기도 한다. 고등학교 국어선생으로 갓 마흔 줄에 들어서는 시인이 자신의 지난 이력과, "없는 사람이 없는 대로/맘 편하게 살도록 가만두지 않"는 시대를 곰곰 짚어보는, 다름아닌 시인 정희성의 진짜 면모가 고스란히 사생된 가편이다. "내 사람아, 울지 말고 고개 들어 하늘을 보아라" 아내에게 주문하고, "바람이 딴 데서 불어와도/마음 단단히 먹고/한치도 얼굴을 돌리지 말아야지"라고 자신에게 결연히 다짐하는 장면은 아연 높은 진정성을 발한다. "세상 사는 일에 길들지 않은/나"에서 분명한 바이지만, 요컨대 이 시는 사회에 넘쳐나는 '죄'의 광람(狂濫)에 순치되기를 거부하는 정희성의 시대와의 불화를 피력한 것이다.

"남들이 술값 낼 때/구두끈만 매면 다냐"(「넋두리」, 1984)고 자조하듯 되뇌는 시인은 어쩔 수 없는 소시민 지식인의 자리로 복귀한다. '여공의 죽음'을 접하고 "동전밖에 없는 제 자신도 잊은 채/울먹이는 못난 나는 얼마나 작으냐(「버스를 기다리며」)"고 자책하는 퇴근길의 화자는 영락없는 정희성의 시적 투영이다. 강력한 라이트모티프로 어김없이 등장하는 '버드나무 강변'에 서서 "봄도 오면 무엇하리/온 나라 저무느니"라고 탄식하는 지사비추(志士悲秋)의 시편 「청명」(1979)의 주인공도 그 예외는 아니다. 그 어두운 시적 정취가 "청명의 때 비는 추적추적/길 가는 저 나그네 슬픔 가득하누나[淸明時節雨紛紛, 路上行人欲斷魂]"라 노래한 만당(晩唐) 시대 두목(杜牧, 803~853)의 「청명」과 매우 닮아 있다.

제4시집 『시를 찾아서』(2001)에 이르러 정희성 시는 그 형태뿐 아니라 전언 방식에 있어서도 적잖은 변모를 보인다. 해방기 박두진·설정식 등의 예언자적 목소리를 얼마쯤 계승한 듯한 「유두」·「해가사」로부터 시인은 전면 퇴각한다. 대다수 작품은 10행 안팎의 단형시이며, 그 절반 가량은 3~6행의 극도로 단순화된 '서정 소품'들이다. 언어경제를 위한 공력의 집중이 여실할 뿐 아니라, 여기저기 개작의 흔적도 뚜렷하다.

국내외 기행시편이 부쩍 늘고, 시의 존재론적 의미를 천착하는 데 시인은 골몰하기도 한다. 새삼 "말하는 법을 새로 배워야겠다"(「말」, 1996)고 선언하는가 하면, "내 말은 때가 묻어 / 천지와 귀신을 감동시키지 못"한다(「민지의 꽃」, 1999)고 스스러워 하기도 한다. 그러나 단연 눈길을 끄는 것은, 경고하듯 "이제 내 시에 쓰인 / 봄이니 겨울이니 하는 말로 / 시대 상황을 연상치 말라"(「봄소식」, 1996)며 선보인 「소나기」(1996)·「눈」(2000)이나, C. 보들레르의 「지나가는 여인에게」에서 착상한 듯한 「섬광」(2000) 등 일련의 짤막한 사랑시편이다. 시인의 연수의 자연스런 반영이기도 하겠지만, '에둘러 말하기'의 시적 전언은 더욱 강화된다. 지난 시기 5·6공화국 대통령의 용속한 행태를 고전적 인유를 들어 은근하지만 통쾌하게 풍자한 「여름날의 독서」(1996) 같은 사회시도 바로 이 어름에서 출현한다.

> 사랑아 나는 눈이 멀었다
> 멀어서
> 비로소 그대가 보인다
> 그러나 사랑아
> 나도 죄를 짓고 싶다
> 바람 몰래 꽃잎 만나고 오듯
> 참 맑은 시냇물에 봄비 설레듯
>
> —「사랑」(1997) 전문

본디 "위대한 시는 부도덕한 것"(W. 블레이크)이라 했거니와, 퍼스나는 저 '꽃잎'처럼 사뭇 은밀하게 "나도 죄를 짓고 싶다"고 속삭인다. 얼핏 E. 파운드의 「불륜」을 연상케 하기도 하는 이 시는 그러나 A. 브르똥의 「자연스런 결합」의 관능, F. G. 로르카의 「부정한 유부녀」의 능청, P. 피카소의 「가랑이」의 방일, P. 네루다의 「한 여자의 육체」의 박력 등과는 거리가 멀다. 간명 직절한 언어를 통한 순혈적 정신주의의 모습이 도드라질 뿐인데, 육체성을 결한 정희성 사랑시편의 아쉬운 측면이기도 하다.

세상이 달라졌다
저항은 영원히 우리들의 몫인 줄 알았는데
이제는 가진 자들이 저항을 하고 있다
세상이 많이 달라져서
조항은 어떤 이들에겐 밥이 되었고
또 어떤 사람들에게는 권력이 되었지만
우리 같은 얼간이들은 저항마저 빼앗겼다
세상은 확실히 달라졌다
이제는 벗들도 말수가 적어졌고
개들이 뼈다귀를 물고 나무 그늘로 사라진
뜨거운 여름 낮의 한때처럼
세상은 한결 고요해졌다(전문)

—「세상이 달라졌다」(1999) 전문

장장 32년간의 오랜 군부통치가 종식되고 '문민'이란 명색의 꼬리표도 상당 부분 떨어낸 김대중 '국민의 정부' 하의 야릇한 사회풍경을 아니러니칼하게 형상한 정치시편이다. "우리 같은 얼간이들"이라는 화자의 냉소적 어조에서 아주 자명한 바이지만, 시인의 풍자적 시선은 "가진 자들", 지난 시기엔 일종의 직업적인 '저항꾼'이었지만 지금은 당당히 "권력" 대열에 진입한 "어떤 사람들"을 한꺼번에 겨냥하고 있다. 특히 후자를 "개들이 뼈다귀를 물고 나무 그늘로 사라진"으로 형상한 대목이 꽤나 이채롭다. 줄곧 시와 행동의 행복한 일치를 꿈꾸어 온 이 시인에게는 필시 '글과 행위'가 아무런 상호모순 없이 각각 따로 노는 표리부동의 '글쟁이'들도 여기서 예외는 아니었을 터이다.

『시를 찾아서』(2001) 이후의 40편 남짓한 작품들에서 특징적은 것은 두 가지이다. 2001년 평양에서 개최된 '8·15평화축전' 참가의 소회가 씁쓸하게 표명된 「낯선 나라에서의 하루 밤」(2001)·「서경별곡」(2001) 등의 북한 기행시편과, 「이 좋은 봄날에」(2003)·「그가 안경 너머로 나를 쏘아보고 있다」(2002)처럼 아프가니스탄·이라크 등지에서 걸핏하면 전쟁을 일삼는 "미국의 야만주의자들"을 부드럽고도 한층 정심하게 탄핵하는 반미시의 존재들이 바로 그것이다.

주지하듯, 국가·민족의 완강한 경계를 급속하게 지워나가면서 간단없는 자기증식 운동을 지속하는 초강대 미국글로벌자본주의는 특히 1990년대 이후 한국을 그 손쉬운 시험장으로 급속히 전락하게 했으니, 2007년 4월 2일의 '한·미 자유무역협정' 타결(추가협상 타결 : 2007.6.29)은 그 명징한 외적 증표이다.

> 6월의 마지막 날 마침내
> 우리는 조상 대대로 물려 온
> 나라를 시장에 내다 팔았다
> 이로써 새만금과 한미 FTA를 완수한
> 대통령은 모든 게 다 잘될 거라고
> 자신의 믿음을 천명하였다
> (…중략…)
> 개펄에서 어린 게가 이의를 제기하던
> 집게손을 힘없이 늘어뜨리는 순간
> 이제 더 내다 팔 아무 것도 없이
> 시장의 논리에 맡겨진 이 나라도
> 대통령도 할 일이 없어졌다

보시기에
평화로웠다

—「2007년 6월의 마지막 날」(2007) 부분

반생태주의적 개발론을 거듭 정당화하는가 하면, 자신의 정치적 손실을 무릅쓰면서까지 향후 세계시장 변화를 미리 예측해내는 소위 '큰 장사꾼' 안목으로 협상을 마무리했다는, '한미 FTA 타결' 직후 발표된 국정 최고책임자의 철통 같은 "믿음"은 그러나 여기서 강도 높은 시적 반어에 의해 여지없이 거부되고 있다. 이는 구약성서 「창세기」(1편 1~31절)에 일곱 번이나 되풀이 반복되는 "하나님의 보시기에 좋았더라"의 교묘한 변형이라 할 "보시기에 / 평화로웠다"에서 잘 드러난다. 그런데 "보시기에"의 시적 주체는 대체 누구인가? 미국 또는 그와 이해관계를 함께하는 국내의 소수 기득권층을 가리킬 것이다. "이의를 제기하던 / 집게손을 힘없이 늘어뜨리는" '어린 게'의 대극점에 웅크리고 있는 내부 특정세력을 희화화한 것일지도 모른다.

다양한 고전적 인유, 꼿꼿한 지사적 이미저리, 짙은 한시적 교양과 강한 율동감, 시와 행동의 일체성을 향한 집요한 시인의식, 사랑시편에서조차도 예외를 찾기 난망한 감정의 절제 등은 정희성 작품세계의 남다른 특점이라 할 만하다. 그러나, '시와 시인'의 연속성이 유난히 두드러지는 정희성 시에서 이러한 특장들은 오히려 때로는 자유로운 시적 개성의 활발성을 폐쇄하는 일종의 저애 요인으로 작용해온 것도 부인할 수 없다.

모름지기 정명(正名)에 값하는 '시인'이란 특히 정희성에겐 "엄청난 고생 되어도 / 순하고 명랑하고 맘 좋고 인정이 / 있으므로 슬기롭게 사는 사람"(김종삼, 「누군가 나에게 물었다」)이라 해야 할는지 모른다. 그렇더라도 이제부터 그의 시는 안으로 깊이 걸어잠근 빗장들을 좀더 느슨히

풀고, 한결 시원한 소요의 자리로 나왔으면 하는 희망을 품어본다(『시와 시학』, 2008 여름).

문학과 종교

한국 현대시와 기독교

1

이 글에서 논하고자 하는 주제는 '문학과 종교'의 유사성 · 상관성 및 그 차별적 양상에 관한 것이다. 그러나 그 각각의 사항이 워낙 광범하고도 복잡한 논의를 필요로 하는 것일 뿐 아니라, 더욱이 상호 이질적이거나 전적으로 상반된 듯한 이 양자의 관계를 깊이 있게 고찰한다는 것은 필자의 능력 밖의 일이다. 그러므로 여기서는 이 문제를 '한국 현대시와 기독교적 연관'으로 한정하여 간략히 논하고자 한다.

라틴 속담에 "종교 없는 인간이란 고삐 풀린 망아지 같은 존재다(E. Sommer & D. Weiss, *Metaphors Dictionary*, Visible Ink Press, 1996, p.358)"라 하여 종교의 중요성을 적극 강조한 경우가 있는가 하면, "종교에서의 불행은 동시에 현실에서의 불행의 표현이며 현실에서의 고난에 대한 항변이다. 종교는 압박받는 자의 탄식이며, 정신 없는 상태의 정신과 마찬가지로 감정 없는 세계의 감정이다. 종교는 인민의 아편이다(K. 맑스, 『헤겔 법철학 비판』(1844), 『맑스 엥겔스 전집』 1, 평양 : 조선로동당출판사, 1961, 467면)"라 한 K. 맑스처럼 그 폐해를 극단화한 사례도 있다. 그런가 하면 "우주적 · 종교적 경험은 과학적 연구를 뛰어넘는, 가장 강력하고도 고상한 운동력(Ehrlich · M. Bruhl, *The International Thesaurus of Quatations*, Harper Perennial, 1996, p.574)"이라 한 세계적 물리학자 A. 아인슈타인에서 잘 드러나듯, 종교적 존재의 위대성을 제시한 경우도 있다.

'종교'란 무엇인가? 함석헌에 의하면 그것은 곧 "변하지 않는 이를 찾는 일, 즉 무상(無常)에 못 견디는 인생이 항상적인 것을 찾는 것"(함석헌, 「새 시대의 종교」, 『생각하는 백성이라야 산다』, 생각사, 1979, 306면)과 다르지 않다. 본질적으로, 가장 참되고 아름다운 '이상적 삶'의 상태를 열렬히 지향한다는 점에서는 종교와 문학 양자가 공통성을 지닌다 할 수 있다. '영원한 미성년'이고자 했던 시인 C. 보들레르(1821~1867)는 "완성된 인간, 다시 말해서 '진부한 인간(l'homme prosaïque)'으로서 행동하기를 고의적으로 거부"했다고 한 G. 바타이유(1897~1962)의 언급(최윤정 역, 『문학과 악』, 민음사, 1995, 42면)도 이런 맥락에서 쉽사리 수긍된다.

그런데 종교는 '형상(image)'을 특히 중시하는 예술과 달리 '엄격한 도덕적 추상, 현실과 절연된 초월' 등을 쉽게 떠올려 준다. 이와 관련하여, 삶의 막바지에 통일운동에 열혈적으로 투신했던 문익환 목사는 종교(신앙 · 신학)와 예술(문학)의 원천적 차별성을 아래와 같이 간명하게 요약한 바 있다.

> 신앙이 위축되고 생동하는 생명력과 감격을 잃고 논리만이 남을 때 신앙은 문학과는 번지수가 달라진다. 이렇게 해서 문학은 귀찮게만 구는 시어머니 같은 신학과는 아무 미련 없이 결별을 선언한다. …… 문학은 어떤 도그마(dogma)건 도그마의 사슬에 매여 쭈그리고 앉아 있는 위축된 인간을 해방시키는 데서 시작……
>
> —문익환, 「신학과 문학의 만남」, 『현대 문학과 기독교』(김주연 편), 문학과지성사, 1984, 20면

원래부터 의도한 것은 아니었다 할지라도 결과적으로는 종교가 자칫 인간을 억누르고 구속하는 생경한 교의(教義) 즉 엄격한 도그마로 함몰하기 쉬운 데 반하여, 여기서 문학은 인간을 자유하게 하는, 하나의 '치유적 기능'을 지닌 어떤 것으로 파악되고 있다. R. 해젤튼의 명쾌한 지적처럼, 오히려 문학(예술)이야말로 "인간을 더러움에서 건지는 효능"을 보유하고 있을 뿐 아니라, 더 나아가 "비참 · 절망 · 부도덕 · 좌절 · 부조리 · 죽음에 뒤범벅이 되어 딩구는 인간의 생에 기쁨 · 희망 · 생명의 환희, 사랑의 아름다움을 불러일으킨다(문익환, 위의 책, 20면 재인용)" 할 수 있다.

일찍이 공자(孔子)가 "시에서 감흥이 일고, 예(禮)를 통해 세상을 보는 눈이 바로서며, 음악에서 완성된다"(『論語』)고 이른 근본 취지도 이와 다르지 않다. 딱딱하기 이를 데 없는 예도(禮度)를 부드럽게 하는 데는 시와 음악의 존재가 그만큼 필수적이라는 관점이 곧 그것이다. 그 세 가지 요소들의 상호적 긴밀성의 확보가 도덕적 삶의 균형적 완성을 위한 선결 조건이라고 본 것이다.

그 역사적 전개 과정을 통해 어렵지 않게 간파할 수 있는 바이지만, '종교－예술'의 행복한 관계는 양자 간의 상호 밀접성이 유지되었을 때 비로소 가능했다. 이런 의미에서 예술이란 다름아닌 "종교적 초월과 역사적 현실고(現實苦)의 조화 속에서 아름다움을 추구"(유동식, 『종교와 예술의 뒤안길에서』, 한들출판사, 2002, 137면)하는 것이라 할 수 있다.

> '예술 없는 종교'는 도덕을 위한 종교로 변하든가, 영적 구원을 파는 '상업종교'로 변해갔다. 종교의 타락을 몰고 온 것이다. 한편 '종교 없는 예술'은 자신을 우상화한 예술지상주의로 흐르든가, 아니면 기술(art, technique)의 균형 없는 발전으로 인해 오늘의 문화적 위기를 초래했다.
>
> —유동식, 『종교와 예술의 뒤안길에서』, 31면

예술과 종교의 불가분리적 관계 또는 그 상호밀착성의 역사적 중대성에 대한 명료한 통찰이 엿보이는 대목이다. 여기서 우리는, 감내하기 어려운 현실적 고통과 극도의 부자유로부터의 해방을 꿈꾸는 예술의 궁극적 지향이 어떠한 것인지를 올바로 가늠할 수 있다. 『시경(詩經)』에 언급된 바 '낙이불음(樂而不淫)'의 진정한 의미, 즉 휘황한 자유와 거리낌 없는 유유자적(悠悠自適), 그러나 방탕과 외설 등 온갖 '넘쳐남'을 강력히 절제하도록 견인하는 균형추 같은 존재가 곧 예술임을 깨닫게 된다. F. 쉴러(1759~1805)의 적절한 표현처럼 "자유의 딸"(F. 쉴러, 안인희 역, 『인간의 미적 교육에 관한 편지』, 청하, 1995, 15면)인 예술의 아름다움을 통해 우리는 '자유'에 한층 가까이 육박할 수 있다. 예술을 경유함으로써 가까스로 도달할 수 있는 '자재로운 정신의 소요(逍遙)', 아마도 이것이야말로 일찍이 장주(莊周)에게서 독특한 표현을 얻은 '노닐음[游]'의 경지(조요한, 『예술을 사랑하는 마음』, 한길사, 1996, 164면)가 아닐까 한다.

문학의 경우도 결코 예외일 수 없지만, 예술을 통해 획득하는 깨달음을 우리는 흔히 '형상적 인식'이라 일컫는다. 그런데 여기서 각별히 유념해야 할 것은, 모든 예술은 본질적으로 특정의 도그마에 갇히기를 단호히 거부한다는 사실이다.

> 작가는 추상 · 공식 · 교의(敎義), 그리고 신학(神學) 등에 대하여서는 조심해야 한다. 작가가 취급하는 것은 언제나 형언키 어려운 구체적인 체험이며, 객관적인 인간의 영혼이며, 또한 너무나 복잡하여 순수한 감정으로써는 전달될 수 없는 정감(情感)인 것이다. …… 그의 노래는 감수성에서 나오는 것이지 교의나 공식화된 진리에 대한 충실성에서 나오는 것은 아니다. 따라서 예술은 종교의 대용물이 될 수는 없다. …… 문학은 모든 삶의 중심에서 벌어지는 갈등을, 어두움과 빛, 선과 악, 확신과 부인, 거룩함과 비속함, 육신과 정신, 죽음과 영원에의 갈구, 신과 무(無), 그런 것들 사이의 투쟁을 투영해 주어야 하는 것이다(C. I. 글릭스버어그, 최종수 역, 『문학과 종교』, 성광문화사, 1981, 59~69면).

어떤 형태의 이데올로기 또는 특정 교의에 얽매이면 얽매일수록작품은 금세 특유의 개성적인 맛과 빛깔을 잃어버리고 단순한 '종교적 대용물'로 전락하고 마는 운명을 맞게 된다. S. 모음이 언급했듯, 이때 작품이란 "어떠한 이유로 억제하여 온 본능 · 소망 · 백일몽의 승화(S. 모옴, 김성한 역, 『톨스토이와 도스토옙스키』, 신양사, 1959, 83면)"에 진배없기 때문이다.

앞서 언급한 바이지만, K. 맑스가 종교를 "인민의 아편"이라 폄훼하는 데서 그치기는커녕 한발짝 더 나아가 "인민의 '환상적' 행복으로서의 종교의 폐기는 곧 그들의 '현실적' 행복에 대한 요구"(K. 맑스, 앞의 책, 467면)라고까지 극언하면서도, 아니 되려 그 때문에 한층 높아진 문학과 예술에 대한 그의 편집증적 애호는 실로 특기할 만한 것이다. 그의 필생의 역작으로 평가되는 『자본론』(전3권, 1867~1894) 곳곳에 W. 세익스피어(1564~1616)의 『베니스의 상인』 등을 인용한 것은 그 좋은 본보기이다. 예컨대 한낱 기만적 · 요식적일 뿐인 '법'의 허울 아래 "자본은 8세의 유년 노동자를 비단 오후 2시뿌터 저녁 8시 반까지 쉴새없이 고역(苦役)시킬 뿐 아니라 굶기기까지 하는 쾌락을 요구하였으며 또 달성하였다!"는 사실을, 『베니스의 상인』(1596~1597)의 전형적인 자본가 형상 샤일로크(Shylock)의 입을 빌어 "내가 하는 일에 부당한 것은 없다! / 나는 법의 심판을 요구한다! / 나는 증서에 있는 위약금을 요구한다!"고 명징하게 확인(윌헬름 립크네히트, 「맑스에 대한 회상」, 『문학예술론』(K. 맑스 · F. 엥겔스), 평양: 조선로동당출판사, 1966, 479~481면 참조)하고 있는 것이다. 뿐만 아니라 그가 거의 매일같이 괴테 · 쎄르반테스의 작품을 애독했다든가, 특히 단테의 『신곡』을 거의 전부 암송했다는 것(K. 맑스, 『자본론』, 『맑스 엥겔스 전집』 제23권 제1분책, 평양: 조선로동당출판사, 1964, 344면) 등도 이러한 문제의식과 결코 무관하지 않다. "바닷가의 모래가 부드럽다는 것을 책에서 읽는 것만으로는 만족할 수 없다. 같은 맥락에서, 나의 맨발이 그것을 느끼고 싶은 것이다. 먼저 감각이 앞서지 않은 지식은 일체 나에게는 소용이 없다"(A. 지드, 김붕구 역, 『지상의 양식』, 혜원출판사, 1999, 24면)고 한 A. 지드의 언급 또한 여기서 예외가 아니다.

2

'구체적 형상을 통해 독자로 하여금 감득(感得)하게 하는 것', 과연 예술은 어떠한 방법으로 이를 실현하는 것일까? 몇 편의 시를 통해 그 실상을 다소 구체적으로 알아보기로 한다.

정을 주는 일이 이제는 무섭지 않아요
지아비도 자식도 없이
몸팔아 살아온 지 벌서 스무 해!
한번도 마음속 옷고름 푼 적 없이
숱한 밤과 숱한 사내들만 먼 강물처럼 흘러왔다 흘러가고
말라붙은 개울의 모랫바닥으로 혼자 누워 있지만

정을 주는 일이 이제는 무섭지 않아요
사는 일이 추워서 떠는 이를 만나면
썩은 몸둥어리 저 깊숙이 살아오는 온기.
끝끝내 마른 모랫바닥 적시는 흥건한 온기.

—송기원, 「옷고름」(1990) 전문

한국 근대시의 역사적 전개 과정을 돌아볼 때 일제강점기 이용악(李庸岳)의 절창 「전라도 가시내」(1939)나 1970년대 박정희 군사정권 아래서의 김지하의 「서울길」(1970)의 후속 작품이라고도 할 수 있는 이 작품의 서정 주체는 사회의 가장 밑바닥 인생 즉 '창녀'이다. 비록 "썩은 몸둥어리"의 소유자라 할지라도 결코 "한번도 마음속 옷고름"은 푼 적 없는 진정으로 순결한 여성, 기꺼운 마음으로 그 어떠한 고통도 감내할 준비가 되어 있는, 저 G. 모파쌍의 「비계 덩어리」(1880)의 여주인공이나 J. P. 싸르트르의 「존경할 만한 창녀」(1946)와 전적으로 동류에 속하는 여인이

라 할 수 있다.

이 시는 매우 남다른 서정성을 그 바탕에 깔고 있다. 특히 그것은 일종의 강한 민중적 삶에 기초한 것이라 하겠는데, '활등같이 굽은' 그녀의 기구한 인생 역정, "사는 일이 추워서 떠는 이"라는 시적 표현 등이 이러한 사실을 잘 밑받침하고 있다. 시적 현실로부터 유추해 보건대, 아무래도 서정 주체의 신원은 1960년대 후반에 급속적으로 진행된 공업정책의 최대 희생자인 농민의 딸임이 분명하다. 그런데 이 작품에서 간과할 수 없는 또다른 중요한 시적 요소들이 있으니, 살아있는 민중적 가락, 생기발랄한 성적 이미저리, 그리고 우리의 고루한 사회적 통념을 여지없이 깨뜨려버리는 시적 화자의 당당하면서도 지극한 '겸손과 경탄'의 목소리 등이 그것이다.

A. 지드의 날카로운 시적 통찰처럼 "현자(賢者)란 모든 것에 경탄하는 사람"이며, "시인의 재능이란 자두처럼 하찮은 것에라도 감동할 줄 아는 것"(A. 지드, 앞의 책, 24~27면)이라면, 겉보기엔 정히 최하층의 사회적 천민임이 분명한 이 여인이야말로 진정한 '시인 · 현자'라 일컬어 마땅하지 아니한가! "사는 일이 추워서 떠는 이를 만나면/썩은 몸둥어리 저 깊숙이 살아오는 온기"라고 힘차게, 굿꿋이 말할 줄 아는 이 여인에게 있어 '낮아짐'과 '사랑'이란 과연 무엇인가?

여기서 "겸손(humilitas)으로 의미된 '낮아짐'은 결코 개인의 덕(德)이 아니고, '낮은 자' 및 '낮아진 자'와의 연대관계에 사회적으로 들어가는 것"(J. 몰트만, 박봉랑 외역, 『성령의 능력 안에 있는 교회』, 한국신학연구소, 1982, 95면)을 뜻한다. 오스트리아 철학자 M. 부버(1878~1965)에 의하면 "온갖 참된 삶은 '만남(Begennung)'"이며, '사랑'은 바로 "'나'의 안에 있는 것이 아니요, '나와 너'의 '사이'에 있는 것 …… 사랑 안에 스스로의 입장을 마련한 사람의 눈에는 모든 사람이 다 어수선한 세상으로부터 해방되어 자유로운 존재"(M. 부버, 김천배 역, 『너와 나』, 대한기독교서회, 1973, 23~27면 참조)로 된다. "사는 일이 추워서 떠는 이"와 시적 주인공 창녀의 '관계 맺음'의 양상이 바로 이러한 것이 아닐까.

'구체적 형상을 통한 감동으로의 견인', 이것이야말로 모든 훌륭한 예술의 가장 고귀한 속성이라 할 수 있다. 7세기 중국의 저명한 문학비평가 유협(劉勰, 465~521)이 『문심조룡(文心雕龍)』에서 분명하게 밝혔듯, '감동'이란 감정 · 정서가 "사물에 느끼어 움직인다[感于物而動]"는 뜻이다.

눈을 감고 잠잠이 생각하라
무거운 짐에 우는 목숨에는
받어 가질 安息을 더하랴고
반드시 힘있는 도움의 손이
그대들을 위하야 기다릴지니.

그러나 길은 다하고 날이 저무는가.
애처럽은 人生이어
鐘소리는 배밧비 흔들니고
애꿎은 弔歌는 빗겨올 때
머리 수그리며 그대 歎息하리.

—김소월, 「신앙」(1924) 부분, 『신여성』(1924.6)

삶의 근원적 슬픔을 R. 타골(1861~1941)은 『기탄잘리』(1910)에서, "오 멍텅구리, 스스로의 어깨 위에 자신을 나르려고 애쓰다니! 오 가난뱅이, 스스로의 문전(門前)에서 구걸을 하다니!(박희진 역)"라고 비장하게 읊조린 바 있지만, 이와 매우 방불하게 여기서 소월은 "무거운 짐에 우는 목숨"에 불과한 "애처럽은 인생"이 끝내 의탁할 것은 "반드시 힘있는 도움의 손", 즉 "아름답은 神"(3연)뿐임을 힘주어 노래하고 있다.

시간의 덫에 채여 허덕이는 인생의 유한성을 '배밧비 흔들리는 종소리, 애꿎은 조가' 등의 음울한 청각 이미지로 사뭇 실감나게 표상하고 있는 그 시적 특장에도 불구하고, 결국 이 작품은 "그대의 맘가운데 / 그대를 지키고 있는 아름다운 神을 / 높이 우러러 敬拜하라”(3연)는 시적 메시지에 너무 쉽게 갇혀버림으로써 ‘감동’의 차원에는 아직 미급한 상태에 머물러 있다.

> 어머니는 매무새를 단정히 하고
> 산(山)위 조그만 성당(聖堂) 안에 촛불을 켠다.
> 적은 바람이 성서(聖書)를 날리고
> 멀리서 오는 병사(兵士)의 발자국 소리들!
> 아들은 어느 산맥을 넘나보다.
> 적(敵)의 땅에 달리고 있나보다.
> 애달픈 어머니의 뜨거운 눈엔
> 피 흘리는 아들의 십자가(十字架)가 보인다.
> 주(主)여!
> 이기고 돌아오게 하옵소서
> 이기고 돌아오게 하옵소서!
>
> —모윤숙, 「어머니의 기도」(1951) 부분

‘성당, 성서, 십자가, 주(主)’ 등의 시어들을 통하여 한층 분명해지는 바이지만, 시적 주인공 어머니는 지금 시골의 한 조그만 성당에서 촛불 밝혀 전장에 나아간 아들의 무사귀환을 빌고 있다. 상잔(相殘)의 고통스런 기억으로 여전히 남아 있는 ‘6 · 25 남북동족전쟁’의 비참을 노래한 것인데, 그러나 그 시적 시선이 참으로 천박하다. 냉전이데올로기에 덮씌워지고 강박당한 나머지 ‘주(主)’의 호명 행위가 고작 ‘증오’를 부추기는 데 머물고 있는 까닭이다.

이러한 면모는 일제강점기에 발표된 그의 다음 작품, 예컨대

> 검은 얼굴아!
> 외로왔던 마래(馬來)의 처녀야!
> 네 슬픔이 너무 길어

네 아픔이 너무 진하여
너는 오래 일어나지 못하였다

2월 15일 밤!
대아세아(大亞細亞)의 거화(巨火)!
대화혼(大和魂)의 칼이 번득이자
사슬은 끊이고
네 몸은 한번에 풀려나왔다

— 모윤숙, 「호산나 · 소남도(昭南島)」(1942) 부분

에서도 그대로 드러난다.

욱일승천의 기세로 일본제국주의가 말레이(Malay) 반도를 속속 점령(1942.2.15)한 것을 기화로, 승전의 기치를 높이 휘날리며 하느님 이름으로 '호산나!'를 외치는, 제법 낭만적이기까지 한 '친일 시인'의 모습이 참으로 약여하다. 앞서 말한 '감동'과는 너무나 거리가 먼 작품이다.

가능하기만 하다면 누구라도 훌쩍 넘어서고자 하는 인간적 욕망의 주된 대상이랄 수 있는 '죽음'의 문제 또한 우리의 정감의 촉수가 예민하게 반응하는 하나의 '사물[物]'에 불과하며, 시인에게 그것은 종종 또렷한 형상으로 포착 · 감득되곤 한다.

새우마냥 허리 오구리고
누엿 누엿 저무는 황혼을
언덕 넘어 딸네 집에 가듯이
나도 인제는 잠이나 들까

으시시히 깔리는 머언 산 그리메
홑이불처럼 말아서 덮고
엣비슥히 비기어 누어
나도 이제는 잠이나 들까.

—서정주, 「저무는 황혼」(1968) 부분

천상병의 「귀천(歸天)—주일(主日)」(1970)에서 "새벽빛 와 닿으면 스러지는/이슬"로 아름답게 형상된 바 있는 '죽음'이란 우리네 인생에 있어 결코 회피할 수 없는 거대한 운명과도 같은 것이다. 일찍이 구약성서의 「시편」 기자는 그 애절한 이미지를 그윽히, "인생은 풀과 같은 것/들에 핀 꽃처럼 한번 피었다가/스치는 바람결에도 이내 사라져/그 있던 자리조차 알 수 없는 것"(「시편」 103편 15~16절)으로 곡진하게 읊조리었는바, 천상병의 싯구는 이와 매우 흡사하다.

이에 견줄 때 서정주의 '죽음 노래'는 우리말의 익숙한 가락에 자연스레 얹히어 더더욱 깊은 친근감을 자아낸다. 저물녘 인생의 황혼을 향해 그야말로 천연덕스럽게 흡사 막내딸 집으로 가벼이 발걸음 옮겨놓는 늘그막의 친정어미 형상으로, 어둑어둑 짙어가는 산그림자를 이불 삼아 "나도 이제는 잠이나 들까" 하는 가벼운 장난기까지 발동시키면서 '죽음'에 의젓하게 다가가는 시적 화자의 모습은 우리 모두가 진정으로 열망해 마지 않는 '진짜 죽음'의 모습 바로 그것이다.

> 복사꽃이 피었다고 일러라. 살구꽃도 피었다고 일러라. 너이 오래 정 드리고 살다 간 집, 함부로 함부로 짓밟힌 울타리에 앵두꽃도 피었다고 일러라. 낮이면 벌떼와 나비가 날고 밤이면 소쩍새가 울더라고 일러라.
>
> 어서 너는 오너라. 별들 서로 구슬피 헤여지고, 별들 정답게 모이는 날, 흩어졌던 너이 형 아우 총총히 돌아오고, 흩어졌던 네 순이도 누이 도 돌아오고, 너와 나와 자라나던, 막쇠도 돌이도 복술이도 왔다.
>
> 복사꽃 피고, 살구꽃 피는 곳, 너와 나와 뛰놀며 자라난 푸른 보리 밭 에 남풍은 불고, 젖빛 구름 보오얀 구름속에 종달새는 운다. 기름진 냉 이꽃 향기로운 언덕, 여기 푸른 잔디밭에 누어서, 철이야. 너는 늴 늴 늴 가락 맞춰 풀피리

나 불고, 나는, 나는, 두둥싯 두둥실 붕새춤 추며, 막쇠와 돌이와, 복술이랑 함께, 우리, 우리, 옛날을 옛날을 딩굴어 보자.

—박두진, 「어서 너는 오너라」(1946) 부분

일제로부터의 '해방'의 기쁨을 노래한 시편이라 하겠는데, 폭죽처럼 터져나오는 격렬한 감정의 아로새김이 그야말로 눈부실 정도이다. 흐드러지게 만발한 복사꽃과 앵두꽃, 무수한 벌들의 합창, 5월의 기름진 냉이꽃, 향기로운 언덕, 푸른 보리의 물결, 풀피릿소리의 감미로움 등이 빚어내는 대향연, 그러나 아직 돌아오지 않은 친구 '철이'를 향한 화자의 절절한 안부가 한껏 어우러짐을 목도함으로써 우리는 당시 '해방'의 감격이 생생한 형상으로 돋울새김되어 있음을 확연히 느끼게 되는 것이다.

3

영국의 문학평론가 T. 이글턴의 견해에 의하면, 구체적 형상으로서의 '작품'이란 일반적으로 3가지 관점에서 이해될 수 있다. "상상적인 글"과 "일상 언어의 특수한 변형"으로 파악하는 길이 있는가 하면, 독자가 그것에 "자신을 관련시키는 어떤 방식"으로 접근하는 방법이 있을 수 있다는 것(T. 이글턴, 『문학이론입문』(김명환 외역, 창작사, 1986), 7~19면 참조))이다. G. 바슐라르의 지적처럼, 진정한 시인에게 있어서 작품이란 그를 우주적 몽상의 길로 인도하는, 휴식과 어린시절과 세계의 행복을 다시 되찾게 해주는 갖가지 환상들의 요람과도 같다. 독자의 견지에서 보면 그것은 "가장 소박하고 '허양한 영혼'들조차 맞아들이는 터전"(정명환, 『문학을 찾아서』, 민음사, 1994, 373면 참조)으로 된다.

그만큼 행복한 날이
다시는 없으리
싸리빗자루 둘러메고
살금살금 자자리 쫓다가
얼굴이 발갛게 익어 들어오던 날
여기저기 찾아보아도
먹을 것 없던 날

—심호택, 「그만큼 행복한 날이」(1992) 전문

인간의 근원적 행복이 결단코 물질적 풍요에 있지 않음을 역설적으로 노래하고 있는 이 시가 가난과 끼니걱정을 겪어보지 아니한 오늘의 대다수 젊은이들에게 과연 어떻게 받아들여질까 궁금해진다. 정신없을 정도로 급속히 진행되는 반인간적 산업화와 농약공해, 환경오염 등으로 '싸리빗자루, 잠자리'조차 발견하기 어려운 삭막하기 그지없는 현실이 먼저 떠올려진다. 그러나 조금만 사려 깊은 독자라면 이 시를 통해 사뭇 특이한 경험을 맛볼 수 있을 것이다. 인간과 자연의 조화, 가난의 의미, 행복의 본질, 산업화가 몰고 올지도 모를 공동체적 삶의 전면적 위기 등이 그것이다.

'작품'을 "상상적인 글"로 보는 위의 첫 번째 관점은 작가의 창조적 상상력을 중시하는 입장인데, 독자 또한 활발한 상상작용을 통하여 작가와는 역순(逆順)으로 다양한 체험을 공유할 수 있다. 그렇다면 '상상력(imagination)'이란 무엇인가. 함석헌은 이를 '동정(同情, sympathy)'이란 말로 대신한 바 있는데, 매우 그럴 듯한 용어이다.

이런 측면에 비추어 미국 여류시인 E. 디킨슨(1830~1886)의 다음 작품을 읽는 것은 매우 유익할 것이다.

길 위에 홀로 딩구는
하찮은 돌멩이들은 얼마나 행복할까,

성공을 걱정하지도 않으며
위기를 결코 두려워하지도 않으며—
그의 코트는 자연의 갈색,
우주가 지나가며 걸쳐 준 것
태양처럼 자유로이
결합하고 또는 홀로 빛나며,
덧없이 꾸밈없이
절대적인 신이 섭리를 지키며—

—E. 디킨슨, 「길 위에 홀로 딩구는」(강은교 역) 전문

화자는 "길 위에 딩구는 / 하찮은 돌멩이들"에 대하여 깊은 선망의 눈길을 던지고 있다. 세상사로부터의 장엄한 초월, 자연과의 자유로운 결합을 통한 '다채로운 존재성의 성취, 꾸밈없음, 절대자에의 온전한 순종' 등이 그로 하여금 바로 그 "하찮은 돌멩이"에게 무릎 꿇게 만들고 있는 것이다.

한 그루 전나무 외로이 서 있네,
북방의 헐벗은 산마루 우에
눈과 얼음에 덮이여
흰옷 입고 조는듯 서 있네.

전나무 꿈 속에서 종려수 그리네,
머나 먼 동방의 나라
불볕 쪼이는 절벽 우에
외로이 말 없이 슬퍼하는 종려수를.

—H. 하이네(1797~1856), 「한 그루 전나무 외로이 서있네」 전문, 『하이네 시선』
(조맹연 외역, 평양: 조선문학예술총동맹출판사, 1963)

고통스런 처지에 빠져 간신히 잔명(殘命)을 추스르고 있는 '전나무'가

자신의 비극적 정황은 돌아보지 않은 채 저 "머나 먼 동방의 나라/불별 쪼이는 절벽 우에/외로이 말 없이 슬퍼하는 종려수"를 향해 보내는 동정과 연민의 시선은 차라리 눈물겹다 아니할 수 없을 지경의 것이다. 이때 분출되는 '동정의 힘'으로서의 상상력은 맹자가 논급한 '측은지심(惻隱之心), 불인지심(不忍之心)' 등과 본원적으로 동류이다. M. 웨버가 먼저 말했고 E. 프롬이 이를 다시 힘주어 "노예반란의 연설"이라 복창(E. 프롬, 김진홍 역, 『소유냐 삶이냐』, 홍성사, 1978, 79면)한 저 「마태복음」(5장 3~8절) '산상수훈(山上垂訓)'의 빛나는 한 대목(4절),

> 애통하는 자는 복이 있나니,
> 저희가 위로를 받을 것임이요.
> (Blessed are those who mourn,
> For they shall be comforted.)

에서의 '애통함' 역시 그 훌륭한 연장이라 할 수 있으며, 불가(佛家)에서 이르는 '대자대비(大慈大悲)' 또한 이와 조금도 다를 바 없을 것이다.

> 대자(大慈)란 모든 중생들에게 즐거움을 주는 일이고, 대비(大悲)란 모든 중생의 고통을 없애주는 일이다. 또 '대자'는 기쁨과 즐거움의 원인을 중생들에게 주고, '대비'는 고통에서 벗어나는 원인을 그들에게 주는 것이다.
>
> —법정(法頂), 「大智度論」 부분, 『말과 침묵—불교의 명언들』, 샘터, 1982, 177면 재인용

여기서 '비(悲)'는 '신음한다'라는 뜻인바, 이웃 또는 "중생이 앓기 때문에 나도 앓는다"는 의미이다. 이 '큰 슬픔'은 '사랑'의 다른 이름이기도 하다.

4

작품을 바라보는 두 번째 관점은 그것을 "일상 언어의 특수한 변형"으로 파악하는 것이다. 그런데 여기서 중요한 것은, 다양한 문학적 장치들은 어디까지나 작품의 주제를 극적으로 드러내기 위한 하나의 수단에 지나지 않는다는 점을 분명히 인식하는 일이다.

숨겨둔 情婦 하나
있으면 좋겠다.
몰래 나 홀로 찾아드는
외진 골목 끝, 그 집
불 밝은 창문
그리고 우리 둘 사이
숨막히는 암호 하나 가졌으면 좋겠다.

아무도 눈치 못 챌
비밀 사랑,
둘만이 나눠 마시는 죄의 달디단
축배 끝에
싱그러운 젊은 심장의 피가 뛴다면!

숨겨둔 情婦 하나
있으면 좋겠다.
머언 기다림 하루 종일 전류처럼 흘러
끝없이 나를 충전시키는 여자,
그 악마 같은 여자.

—이수익, 「그리운 악마」(1994) 부분

이 작품의 시적 상황과 관련하여 E. 마네(1832~1883)의 석판화 〈고양이의 밀회〉(1868)가 언뜻 떠오른다. 칙칙한 도시 풍경, 우뚝한 굴뚝들이 삐죽삐죽 들어선 우중충하고 음습한 분위기, 마치 상호 애정을 도발적으로 확인하려는 듯 높이 치켜든 검은 꼬리의 수컷과 이에 화답하는 흰 꼬리 암컷의 은밀한 만남, 그리고 흰 암코양이의 향에 깊이 취한 듯한 검은 수코양이의 뜨거운 눈길 등이 균형 잡힌 구도를 이루고 있는 그림이다.

마흔 줄은 실히 넘어 보이는 듯한 한 남성 화자가 일상적 삶의 되풀이 속에서 비록 상상적 차원에서나마라도 그 지루한 답습을 종결하고 새로운 삶의 충전을 욕망하는 모습이 자못 산뜻하게 점묘돼 있다. 지금 그에게 필요한 것은 "하루 종일 전류처럼 흘러 / 끝없이 나를 충전시키는 여자"일 뿐이지만, 독자 편에서 보자면 그 정부(情婦)는 또다른 정부(情夫)로 뒤바뀌어도 전혀 무방하다.

말하자면 이 시는 모든 '꿈꾸는 자'들의 순수한 욕망의 노래로 폭넓게 읽힐 수 있는 꽤나 '건강한 작품'에 속한다 할 수 있다. '몰래, 홀로, 외진, 끝, 암호, 비밀' 등의 시어들을 미루어 볼 때, 이 시적 주인공이야말로 현대 도시문명 사회에서 전적으로 소외된 '고독한 개아'들의 시적 표상에 다름 아니다. 따라서, 이 시를 싸늘하기 이를 데 없는 도덕적·윤리적·종교적 잣대로 단번에 포획해버린다면 작품 행간행간에 깊숙이 스며 있는 시적 의미는 철저히 고갈돼버리고 말 것이다. 특유의 미묘한 언어적 장치에 대한 섬세한 고려, 고정관념의 완전한 무장해제, 이것이야말로 이 작품을 올바로 독해하기 위해 긴절히 필요한 요건이 아닐 수 없다.

만약 이 작품을 한창 대학입시 준비에 골몰하고 있는 고등학생들에게 가르친다면 어떠할까? D. H. 로렌스(1885~1930)에 기대어 말한다면, 아마도 어떠한 형태의 불상사도 발생하지 않으리라 단언할 수 있을 것이다. 『채털리부인의 사랑』(1928)이 자신의 고국에서 내쳐진 끝에 이태리의 한 시골 소도읍에서 그나마 가까스로 인쇄되는 아픔을 몸소 목도해야 했던 로렌스는 이 작품을 "17세 처녀들에게 읽히면 적당할 것"(D. H. 로렌스, 유영 역, 「『채털리부인의 사랑』에 대하여」, 『채털리부인의 사랑』, 학원출판공사, 1983, 12면)이라고 서슴없이 말하였다.

> 육체의 생활은 감정과 정서의 생활이다. 육체는 참다운 기갈(飢渴)을 느낀다. 태양이나 눈[雪]에서 참다운 기쁨을 발견하고, 장미꽃 향기나라 일락 덤불에서 참다운 즐거움을 느낀다. 모든 정감은 육체의 것이다. …… 두 줄기 피의 강, 이것이 바로 남자와 여자의 강인 것이다. 그리고 그 두 줄기는 접촉하고, 교류하고, 서로를 새로운 존재로 하는 힘을 가지고 있다. …… 남근(男根)은 그 두 가지 사이를 연결하는 고리인 것이다.
>
> —D. H. 로렌스, 위의 책, 15~35면 참조

요컨대, 문학 작품에 묘파된 인간의 성(性)의 구체적 세부에 대한 선부른 종교적 재단(裁斷)은 매우 위험천만하다는 것이다. 이런 맥락에서 볼 때, R. M. 릴케(1875~1926)가 일종의 반(反)기독교적 입장에서 '성의 감각성'을 적극 옹호한 것은 오히려 자연스럽다 할 것이다.

> 기독교는 이 지상의 사랑에 대해, 경멸과 질투와 호기심이 이루 말할 수 없이 뒤섞인 태도로 '감각적인 것'이라는 이름을 붙여놓았습니다. 그 이름 아래 모든 것은 왜곡되었고 억압되었습니다. …… 왜 그들은 우리를 우리의 가장 은밀한 영역으로 들여보내주지 않는 걸까요? 왜 우리는 그 주변을 살금살금 기어다니다가 마침내 강도나 도둑처럼 우리들 자신의 그 멋진 성(性) 안으로 들어가, 그곳에서 헤매다가 서로 부딪쳐 헛발을 디디며 결국엔 현장에서 붙잡힌 범인처럼 다시 기독교의 어스름을 찾아 후닥닥 뛰쳐나오는 걸까요? 왜 그들은 우리가 마음껏 즐길 수 있는 축제를 성 쪽에다 놓지 않고, 우리의 성을 고향 없는 떠돌이로 만들어 놓았을까요?(R. M. 릴케, 김재혁 역, 『황홀의 순간』, 생각의나무, 2002, 94~95면)

유동식도 언급한 바이지만, "하나님의 뜻에 복종하는 데에는 자기의 욕망에 대하여 죽는 것이 필요하다. 그러나 기독교는 결코 금욕주의와 결부되어 있는 것은 아니다"(유동식, 『한국종교와 기독교』, 대한기독교서회, 1965, 261면). '문학—종교'의 상관성 또는 그 차별성을 논함에 있어 이러한 사실의 확인은 매우 중요하다.

인간에게 성(性)은 대체 무엇인가?

> 어떠한 형편에든지 내가 자족하기를 배웠노니, 내가 비천에 처할 줄 도 알고 풍부에 처할 줄도 알아 모든 일에 배부르며, 배고픔과 풍부와 궁핍에도 일체의 비결을 배웠노라. 내게 능력 주시는 자 안에서 내가 모든 것을 할 수 있느니라.
>
> —「빌립보서」 4장 11~13절

사도 바울(St. Paul)의 거침없는 '자유론'의 일절이다. 그런데 결코 간과할 수 없는 것은, 여기서 보이는 '온전한 자유의 인간' 바울의 면모란 하나의 기본 전제 즉 "내게 능력 주시는 자 안에서"만 비로소 가능하다는 점이다. 만일 성욕을 절제할 수만 있다면, 그가 세 차례씩이나 '처녀 · 미혼자 · 미망인'들에게 한결같이 "그냥 지내는 것이 좋으니라"(「고린도전서」 7장)고 권고한 것이야말로 인간의 절제력에 대한 바울의 강한 불신을 명백하게 드러낸 것이기 때문이다.

성서 성문학(性文學)의 가장 두드러진 예는 아마도 '노래 중의 노래'로 불리는 솔로몬(Solomon)의 「아가(雅歌) *Song of Songs*」가 아닐까 한다. 가령 「내 사랑 그대는 어여쁘구나(「아가」 4장 1~7절)의 경우, 그 드높은 서정성과 다채롭고 생동감 넘치는 시적 비유는 특히 빛난다. '그대'의 눈과 머리채, 입술과 입, 뺨 · 목 · 젖가슴 등 자연의 사물들을 이른바 '객관적 상관물'로 적확하게 끌어들임으로써 성취된 생채로운 이미저리는 실로 뛰어난 것이라 아니할 수 없다. 프랑스 초현실주의 시인 A. 브르똥(1896~1966)의 「자유로운 결합」(1923)은 바로 위의 시편에 빚지고 있는 것처럼 보인다.

이들 노래 중에서도 특히 「내 사랑, 내 즐거움이여」(「아가」 7장 6~9절)는 가장 아름다운 '사랑의 시'라 하겠다.

> 내 사랑, 내 즐거움이여, 그대 정녕 아름답고 정답구나!
> 키는 종려나무 같고
> 앞가슴은 종려 송이 같구나.
> 나는 종려나무에 올라가
> 그 가지를 휘어잡으리라.
> 종려 송이 같은 앞가슴 만지게 해다오.
> 능금 향내 같은 입김 맡게 해 다오.
> 사랑하는 자를 위해 달콤하게 흘러 내려
> 자는 자의 입술까지도 움직이게 하는 포도주 같은
> 그런 단 맛을 그대의 입 속에서 맛보게 해 다오.
>
> —조신권 편역, 『성서의 명시』, 한림출판사, 1983, 39면

'감정 과잉(sentimentality)'의 엄격한 통제, 직유적 표현의 적실한 운용 등을 통한 '균제된 아름다움'이 특히 돋보이는 사랑의 노래이다. 앞서 말한바 '낙이불음(樂而不淫)'의 전형적인 시적 사례라 할 만하다.

5

독자가 '작품과 자기 자신을 관련시킨다'는 세 번째 관점은 대체 무엇을 의미하는 것인가? '작품을 매개하여 자신의 삶을 각성적으로 인식하는 쪽으로 나아간다'는 뜻이다. 사실 작가의 본디 의도도 이와 긴밀히 연관된 것이다.

강산(江山)을 덮어, 화창한
진달래는 피어나는데,
출렁이는 네 가슴만 남겨놓고, 갈아엎었으면
이 균(菌)스러운 부패와 향락의 불야성(不夜城) 갈아엎었으면
갈아엎은 한강(漢江) 연안(沿岸)에다
보리를 뿌리면
비단처럼 물결칠, 아 푸른 보리밭.

강산을 덮어 화창한 진달래는 피어나는데
그날이 오기까지는, 사월(四月)은 갈아엎는 달.
그날이 오기까지는, 사월은 일어서는 달.

—신동엽, 「사월은 갈아엎는 달」(1966) 부분

이 작품의 시적 정황은 결코 소망스럽지 못한 것으로 나타나 있다. 시적 퍼스나는 "부패와 향락의 불야성" 서울을 뒤엎고 거기 "보리를 뿌리면/비단처럼 물결칠" '일어서는 4월'을 꿈꾸고 있다. 스스로 '전경인(全耕人)' 즉 '온전히 갈아엎는 사람'으로서의 시인 을 열망했던 신동엽이 이 작품을 통해 노래하고자 한 것은 무엇일까? 단언컨대, 저 '5·16'의 반민중적 물리력을 퇴치하고 순결한 '4·19'의 온전한 회복, 바로 그것이었을 것이다.

그는 닭이 울기 전에 세 번 부정했다
'베드로'는 점령지구로 나아가
입과 눈을 반납했다
평생을
바다에서 늙을 작정이었다
베드로는 이제 중년이 되었고
머리도 벗겨졌다
그 동안 자식새끼와 마누라까지 두었다

인간이란 태어나면서
등허리에 과녁판을 짊어지고
태어난다는 사실
자식새끼와 마누라에게도
어김없이 창 끝이 휘뚝 날아간다는
이 넌더리나는 상식
그는 상식을 존중하기 위해
오늘도 더 멀리 바다로 나간다
그의 소원은 부둣가에 차려놓은 어물전이
더욱 번창하기를 기대하는 것뿐이다.

—조정권, 「베드로 1」(1991) 부분

'점령지구, 반납, 과녁판, 창' 등의 시어를 통해 엄중한 군사문화적 분위기가 금방 감지되는 이 작품에서, 2천여 년 전의 열혈청년다운 베드로의 모습은 그 어디에서도 찾아볼 길 없다. 시대적 상황에 걸맞게 창조적으로 변형된 이 베드로를 바라보는 시인의 눈길은 일견 냉소적이지만 다른 한편으론 한없는 연민으로 그득하다. 아마도 그것은 한낱 평범한 소시민으로 떨어진 시인 자신의 모습을 반성적으로 형상화한 것인지도 모른다. "세계 안에 있으면서 세계에 거하지 않는 존재"(안병무, 『성서적 실존』, 한국신학연구소, 1977, 3면)로서의 '실존'이 망실된 상태의 비참을 그렇게 노래한 것일 수 있기 때문이다.

레바논 태생의 시인이자 철학자 · 화가이기도 한 K. 지브란(1883~1931)이 다음처럼 또렷하고도 아름다운 형상으로 각인한 베드로의 모습은 여기서 온데간데 없이 사라져버렸다.

> 내가 나의 주요 스승이신 예수를 첨으로 뵌 것은 갈릴리 바닷가에 있을 때였습니다. 내 동생 안드레가 나와 같이 있어서 우리는 물 속에서 그무질을 하고 있었습니다. 물결은 사납게 높았고, 고기는 몇 놈 못잡고, 우리는 가슴이 무거웠습니다. 갑자기 예수께서 우리 옆에 서셨습니다. 그 순간 어디서 솟아난

듯했 습니다. 그는 우리들의 이름을 부르시고는 말씀하셨습니다. "너희가 나만 따라 온다면 고기가 씨글씨글 하는 개통으로 너희를 인도할 것이다."

그래 그의 얼굴을 바라보고 있는 동안에 그물이 내 손에서 떨어지고 말았습니다. 내 속에 불꽃이 일어서고 나는 그를 알아보게 됐기 때문입 니다.

—K. 지브란, 함석헌 역, 『사람의 아들 예수』, 한샘문화사, 1976, 36면

비록 예수를 세 번씩이나 부인한 수치스런 이력을 달고 다녔지만, 그러나 늘 폭탄 같은 "불꽃"을 가슴에 묻고 산 베드로의 모습은 위의 조정권 시에서 자기 '시대의 형상'으로 새롭게 덧입혀져 거듭나 있다.

이러한 사정은 마치 "엉터리 환쟁이" 히틀러의 나치 치하에서 끝까지 시대의 증인으로 서기를 멈추지 않았던 독일 시인 B. 브레히트(1898~1956)가

왜 나는 단지 사십대 소작인 여인이
꾸부정하게 걸어가는 얘기만 하는가?
처녀들 젖가슴은
예나 다름없이 따스한데.

내 가슴 속에서는 서로 다투고 있다
꽃이 만발하는 사과나무에의 감동과
엉터리 환쟁이의 연설에 대한 경악이.
하지만 두 번째 것만이
나를 책상에 앉도록 한다.

—B. 브레히트, 「서정시가 어려운 시대」(오징자 역) 부분,
『동구 현대시인선집』(중앙일보사, 1993)

고 읊조린 것과 크게 다르지 않다.

6

문학작품에 등장하는 '성서적 이미저리'의 역사는 매우 깊은 유서를 지녀 왔다. 「다윗과 밧세바」 이야기(「사무엘하」 11장 1~27절)를 정교하게 삽입한 N. 호오손(1804~1864)의 『주홍글씨』(1850), 「야곱과 에서」 이야기(「창세기」 27장 15~35절)가 주요한 문학적 장치로 역할하고 있는 T. 만(1875~1955)의 『요셉과 그 형제들』(1933~1942), 「샤론의 백합」(「아가」) 노래를 참신한 인유로 적극 활용한 A. 마블(1621~1678)의 「동산」 등 이루 그 수를 헤아릴 수 없을 정도이다(D. Jasper · S. Prickett(ed.), *The Bible and Literature*, Blackwell Publishers, 1999 참조).

성서 속의 많은 노래와 이야기들은 특히 서양문학에서 오랜 역사를 통해 하나의 문학적 원형(archetype), 즉 '근원적 이미지(primordial image)'를 형성해왔다.

> 바빌론의 강ㅅ가에 앉아 우리들 눈물을 흘렸어라,
> 무도한 원수들이 처들어 와서
> 살렘의 언덕 피바다로 잠겼던
> 원한의 그 날을 생각하면서.
> 아, 황폐한 이 나라의 딸들이여!
> 눈물 뿌리며 머나멀리 흩어졌구나.
>
> 슬픔에 잠겨 자유로운 강물을 바라보는데
> 놈들은 노래하라 강박하누나.
> 무도한 외방인들 아무리 호령하여도
> 아, 놈들은 우리의 노래 듣지 못 하리!
> 오른손이여, 영원히 굳어져 다오,
> 이 나라의 고결한 하프 원수 위해 탈 수 없어라!

—G. G. 바이런, 「바빌론 강가에 앉아」 부분, 『바이론 시선』
(임학수 외역, 평양: 조선문학예술총동맹출판사, 1963)

구약성서 「시편」 중 「바빌론 기슭」(137편 1~9절)은, B.C. 586년 바빌론 왕 느브갓네살에 의해 멸망당한 유다 왕국의 한 시인이 다름아닌 적국 '바빌론의 포로'로 영락한 처지에서 부른 참절무비한 애가(哀歌)이다. 윗 시는 바로 이 노래를 창조적으로 변형시켜 인유함으로써 스페인 및 희랍의 민족해방 투쟁을 고무·추동(임학수, 「바이론의 생애와 예술」, 위의 책, 6면 참조)한 바이론(1788~1824)의 작품이다.

일찍이 중국의 이백(李白, 699~762)은 "슬픔과 원망(怨望)이 시인을 흥기시킨다[哀怨起騷人]"고 하였다. 이처럼 시인이란 '소리지르는 사람, 시끄러운 사람[騷人]'이다. 민생의 고통스러움과 원통함이 솟구칠 때, 나라의 위태로움이 극단에 처할 때 분연히 일떠나 격동적으로 노래하는 '예언자적 지성'이 다름아닌 시인인 것이다. A. 랭보(1854~1891)가 이런 시인의 존재를 그리스 신화 속의 진정한 인간주의자 프로메테우스(Prometheus)에 견주어 '정녕 불을 훔치는 사람'으로 칭하고, G. 바슐라르가 '우주의 아이'라 한 것 등은 모두 이와 같은 맥락 위에 놓인다 할 수 있다.

성서적 이미지를 생산적으로 차용, '해방'(1945.8.15) 직후 남한의 극도의 혼란상을 직정적으로 노래한 다음 시편을 보기로 하자.

하늘에서
또 하나 다른 소래 있어 일렀으되—
일찍이
내 너희를
꿀과 젖이 흐르는
복지(福地)에 살게 하과저
애급(埃及)땅에서 너희를 거느리고 떠나
광야(曠野)를 헤매기 36년

이슬에 자고 뿌리를 삼키니
이는 다 '아모라잇' 기름진 땅을 기약한 것이어늘

이제 너희가
권세(權勢) 있는 이방(異邦) 사람앞에 무릎을 꿇고
은(銀)을 받고 정의(正義)를 팔며
한켜레 신발을 신기 위하여
형제(兄弟)를 옥(獄)에 넣어 '에돔'에 내어주니

그러므로
헛된 수고로 혀를 간사케 하고 또 돈을 모으랴 하지 말며
이방인이 주는 꿀을 핥지 말고
원래(原來)의 머리와 가슴으로 돌아가
그리로하여 가난하고 또 의로운 인민의 뒤를 따라
'사마리아'산(山)에 올라 울고 또 뉘우치라

—설정식, 「제신(諸神)의 분노」(1948) 부분

훼파된 예루살렘 거민들을 향해 치솟는 분노와 지극한 비탄을 노래한 구약성서의 선지자 예레미야의 「애가(哀歌) *Lamentation*」의 송곳 같은 시적 목소리가 미군정기(1945.8.15~1948.8.15)의 '잘못된 해방'을 겨냥하여 자못 도도하게, 그리고 선연히 흘러넘치는 듯하다. 일본제국주의자들의 사슬 아래 "광야를 헤매기 36년", "이슬에 자고 뿌리"를 삼켜 온 숱한 민중들의 풍찬노숙과 초근목피의 거친 생활 형상이 선명하고, 새로운 제국주의 세력에 아유구용하는 굴종적 이미지가 살아 움직이고 있다.

이집트의 노예로 전락한 이스라엘 민족을 "'아모라잇' 기름진 땅"으로 이끄는 하나의 장대 서사시 「출애급(出埃及) *Exodus*」 이야기와, '인류 해방의 스승' 예수(Jesus Christ)를 단돈 '은 서른 냥'에 팔아치운 가룟 유다(Judas Iscariot) 형상을 통해 '해방기 남한'의 기형적 현실 즉 극도의 정치적 분열주의 및 일제강점기의 그것을 능가하는 상층 부르조아 친미주의자

들에 의한 '민중수탈'의 실상 등을 날카롭게 노래한 작품인바, '예언자적 지성'으로서의 시인의 엄중한 질타가 그야말로 탄력적이다.

성서적 모티프를 동원함으로써 '신생'의 기쁨과 황홀을 노래한 또다른 시를 보기로 한다.

이 어둠이 내게 와서
요나의 고기 속에 나를 가둔다.
새 아침 낯선 눈부신 땅에
나를 배앝으려고.

이 어둠이 내게 와서
밝음으론 밝음으론 볼 수 없던
나의 눈을 비로소 뜨게 한다!

—김현승, 「이 어둠이 내게 와서」(1975) 부분

구약성서의 「요나」 이야기를 끌어들인 작품인데, '가둠, 어둠' 같은 폐쇄적이며 음침한 이미지야말로 오히려 궁극적으로는 인간의 진정한 해방과 개안(開眼)을 비로소 가능케 하는 위대한 역설의 단초임을 나즈막한 어조로 인상깊게 노래하고 있다. 그 본질적 구조 면에서 흔히 '예수 부활 사건'과 정확히 상응하는 것으로도 논의되곤 하는 '요나(Jonah) 전설'의 기독교적 상징성이 잘 발현된 경우라 할 수 있다.

바로 이 지점에서 우리는 T. S. 엘리엇의 다음 견해에 귀기울일 필요가 있다. "문학비평은 윤리적 · 신학적 관점에 토대한 비평에 의해서만 완성될지 모른다. …… 문학의 '위대성'은 단지 문학적 표준에 의해서만 결정될 수 없는 노릇이다. 그렇긴 하나 우리는 다음 사실을 유념해야 한다, 그것이 문학인가 아닌가 하는 것은 오로지 문학적 기준에 의해서만 판별된다는 사실을"(F. Kermode(ed.), *Selected Prose of T. S. Eliot*, London : Faber and Faber, 1975, p.106).

마지막으로, 근 30년간 어느 한적한 시골교회 문간방에서 새벽종을 울려온, 한국 기독교(인)에 대해 특유의 '비판적 견지'를 지니고 있는 동화작가 권정생 글의 일절을 소개함으로써, '문학과 종교'라는 주제의 이 길지 않은 '이야기 자리'를 대신하여 거두고자 한다.

내가 만약 교회를 세운다면, 뾰족탑에 십자가도 없애고 우리 정서에 맞는 오두막 같은 집을 짓겠다.…… 정면에 보이는 강단 같은 거추장스런 것도 없이 그냥 맨마루바닥이면 되고, 여럿이 둘러앉아 세상살이 얘기를 나누는 예배면 된다.…… 성경책 얘기도 하고, 가끔씩은 가까운 절간의 스 님을 모셔다가 부처님 말씀도 듣고…… 단오날이나 풋굿 같은 날엔 돼지 도 잡고 막걸리도 담그고 해서 함께 춤추고 놀기도 해서, 그래서 어려운 일, 궂은 일도 서로 도와가며 사는 그런 교회를 갖고 싶다.…… 1960년대만 해도 농촌교회의 새벽기도는 소박하고 아름다웠다. 교 인들은 모두 가난하고 슬픈 사연들을 지니고 있어 가식 없는 대화를 나 눌 수 있었고, 그 중에 6·25때 남편을 잃고 외딸 하나 데리고 살던 김 아무개 집사님의 찬송가 소리는 가슴이 미어지도록 애절했다. 새벽기도 시간이면 제일 늦게까지 남아서 부르던 503장 「고요한 바다로」 찬송가는 그분의 전속곡이었다. 마지막 4절의 "이 세상 고락간 주 뜻을 본받고/내 몸이 의지 없을 때 큰 믿음 줍소서" 하면서 흐느끼던 모습은 보는 사람들을 숙연하게 했다. 가난한 사람의 행복은 이렇게 욕심없는 기도를 할 수 있기 때문이다. 새벽기도가 끝나 모두 돌아가고 아침 햇살이 창문으로 들어와 비출 때, 교회 안을 살펴보면 군데군데 마루바닥에 눈물자 국이 얼룩져 있고, 그 눈물은 모두가 얼어 있었다

—권정생, 「우리들의 하느님」, 『녹색평론』, 1992.11·12; 『황해문화』, 2004 겨울

제 4 부

베트남전쟁과 동아시아 문학의 연대

북베트남 · 한국 현대시를 중심으로

1

간단 없는 외세간섭을 떨치기 위한 장구하고도 강력한 내셔널리즘적 전통에다, J. K. 페어뱅크의 적실한 표현처럼 "불행히도, 기묘하게 길다랗고 좁게 생긴, 새로이 확대된 허리 부분에서는 산맥이 해안과 병행"[1]하는 두드러진 지리적 특성 때문에, 일찍부터 베트남은 지배권력의 분단을 초래하였다. 한(漢) · 당(唐) 왕조에 걸친 약 1,000여 년간의 중국지배(B.C. 111~A.D. 907), 하노이(河內)를 근거한 북부베트남의 쭈어 찐(鄭主, 1539~1786) 및 중남부 베트남의 쭈어 응우엔(阮主, 1558~1775) 세력의 양립 등이 '외세, 분단'의 전형적 지표이거니와, 이것이야말로 1954년 7월 '응오 띵 지엠(吳廷琰, 1901~1963)의 남, 호치민(Hồ Chí Minh, 胡志明, 1890~1969)의 북'으로 각각 고착된 베트남 분열의 오랜 선례라는 흥미로운 해석이다.

---

1) J. K. 페어뱅크 외, 전해종 · 민두기 역, 『동양문화사』 하, 을유문화사, 1969, 503면.

베트남 근현대사에 가장 깊숙이 틈입한 외세의 양대 주축은 프랑스와 미국이다. 16세기 초~17세기 말의 약 200년간 서구 여러나라의 베트남진출은 주로 상인[포르투갈·네덜란드·영국] 및 선교사[프랑스·스페인]들이 주도하였다. 그러나 19세기 중엽부터 그것은, 특히 프랑스·스페인의 경우에서 분명하듯 '베트남 정부의 그리스도교 탄압'을 빌미로 한 해외팽창의 실현 즉 군대를 앞세운 무력침공이었다. 1858년 9월 1일 프랑스·스페인 연합군의 '중부베트남 소재 다낭항구 점령'을 계기로 베트남 식민지화의 첫발을 내딛은 주력 프랑스는 1862년 '제1차 사이공[西貢]조약'(1862.6.5)을 체결하면서 곧장 남부베트남[交趾中國, Cochin China : 프랑스인들의 통칭]을 식민지로 편입하였으며, 1864년에는 캄보디아를, 1867년엔 중부 안남(安南)과 북부 통킹[東京]을 각각 보호령으로 만들었다.

이후 프랑스의 식민지확장이 물론 순탄한 것은 아니었다. 또다른 외세 중국과의 청·불전쟁(1883.12~1885.6)이 그 가파른 고비였으나 여기서 승리한 프랑스는 1887년 위의 네 지역을 통할, '인도차이나연방'을 조직하였다. 인도차이나에서의 프랑스의 이같은 독점적 지위는 2차대전을 도발한 일본의 위협으로 1940년대 전반(前半, 1940.6~1945.8)에 일시 중단되다가, 세계대전이 종결되면서 분단된 남베트남의 관리당사국[2]이었던 영국의 호의로 어렵잖게 복귀, 호치민 휘하의 보 응우엔 찌압(Võ Nguyên Giáp, 武元甲) 장군의 베트남독립동맹(베트민, 1941.5 결성) 군대에 의해 1954년 5월 7일 디엔 비엔 푸[Điện Biên Phủ, 奠辺府]에서 패퇴하기까지 근 100년간 지속되었다.[3]

1941년 일본이 촉발한 태평양전쟁을 치르면서 이 지역의 중요성을 뒤늦게 주목하기 시작한 미국은, 팜 반 동(Phạm Văn Đồng, 范文同)의 제네바회의(1954) 연설에서 명징하게 드러나듯 "인도지나로부터 점차적으로 불란서를 축출하고 인도지나를 미국의 식민지로 전변시키며, 인도지나의 경

2) 북베트남 경우 루한(盧漢) 장군이 이끈 중국 국민당 정부군.

3) 유인선, 『새로 쓴 베트남의 역사』, 이산, 2002, 266~94면 및 380~384면 참조.

제와 자원을 략탈하여 인도지나 인민들의 민족해방운동과 민주주의운동을 억압하여 인도지나를 동남아세아 정복을 위한 발판으로 전환, …… 미국의 군사기지로 만들려는 목적을 추구"[4]하는 데 집중하였다. 중국 마오 쩌뚱(毛澤東, 1893~1976)의 공산당 승리(1949)를 확인한 미국 트루먼정부는 '인도차이나의 공산화 저지'라는 미명 아래 1950년 2월 7일 응우엔 왕조(阮朝, 1820~1945)의 바오 다이 황제(保大帝, 1926~1945년 재위)를 복권시킴으로써 '세계의 경찰'을 본격 자임하고 나섰다. 베트남민중의 대(對)프랑스 '8년 항쟁'(1946.12.9~1954.5.7)인 이른바 '제1차 인도차이나전쟁'이 베트남독립동맹의 승리로 낙착되기 무섭게 미국은 이 자리를 고스란히 대체한 것이다.

"한번 발을 들여 놓으면 끝없는 미로에 빠져들 것"이라는 C. 드골(1890~1970) 프랑스 대통령의 뼈아픈 충고[5]도 아랑곳 없이 인도차이나문제 해결을 위한 군사사절단 파견(1950.10.10)을 서두른 시점부터 치욕스런 패배(1973.1.24)를 맛보기까지 옹근 22년 동안 미국은 북베트남 군대와 남베트남민족해방전선('베트콩', 1960.12.20)이 연합한 '호랑이'의 반복적 기습으로 "서서히 힘이 빠지고 출혈이 지속되어 죽어가는 코끼리"[6]의 운명을 길고도 지루하게 학습하였다. '공산주의의 프란체스코 수도사 대통령'(D. 에므리) 호치민이 "우리가 미국에 진정으로 바라는 것은 도덕적인 지원밖에 없다"(1945)[7]고 한 직언을 가볍게 저버린 사필귀정이라 아니할 수 없다.

여기서, 호치민은 베트남의 위대한 민족적 영웅이기에 앞서 "뛰어난

---

4) 「1954년 5월 10일 회의에서 범문동의 연설」, 『조선중앙년감-1954~1955』, 평양 : 조선중앙통신사, 1954, 357~358면.

5) 이영희, 「베트남 전쟁 II」(1973), 『전환시대의 논리』, 창작과비평사, 1974, 316면 재인용.

6) 호치민, 「호랑이와 코끼리의 전투」(1946), 『호치민-혁명과 애국의 길에서』(D. 에므리, 성기완 역), 시공사, 1998, 160면 재인용.

7) M. 매클리어, 유경찬 역, 『베트남-10,000일의 전쟁 : 1945~1975』, 을유문화사, 2005, 1면 재인용.

시인 · 소설가이자 혁명적 저널리스트"[8]임을 명념할 필요가 있다. 서양의 한 문필가(Helene Tourmaire)로부터 "붓다의 지혜, 예수의 동포애, 맑스의 철학, 레닌의 혁명적 천재성, 집안어른 이미지 등의 가장 자연스럽고도 완벽한 결합"[9]으로 일컬어지기도 한 시인 호치민, "이론가이자 행동가였던 그는 항상 시적 · 열정적이었으며, 또 언제나 평화롭고 시처럼 투명한 사람"[10]이었다.

내리찧는 절굿대 밑에서 볍씨는 빻아지지만, 고통이 지나면
그 흰빛이 감탄스럽다!
사람의 세상살이도 이와 마찬가지,
진정한 인간이 되려면 '불행'이라는 절구가 있어야 한다.[11]

얼핏, 뜨거운 가마솥에 갇혀 불가항력적 고통과 마주하고 있는 '콩'의 가엾은 처지를 실감나게 노래한 중국 위(魏)나라 조식(曹植, 192~232)의 「칠보시(七步詩)」를 연상시키는 작품이다. 다름아닌 지배권력으로부터 그 식민모국 프랑스 파리로 추방당해 사진사로 근근이 연명하던 초기 베트남 독립운동의 선구 판 쭈 칭(Phan Châu Thinh, 潘周楨, 1872~1926) 밑에서 사진정정사로, 도자기 그림솜씨에도 매우 남달랐던 호치민의 예술가적 천분이 새삼 확인된다. 사정없이 내리찧는 거대한 절굿대의 압착 때문에 작은 볍씨는 오히려 '흰빛'으로 아름답게 번신(翻身)한다는 것, 세상살이의 이치 또한 전혀 이와 똑같다는 점을 시적 자아는 확호히 노래한다. 무엇보다 그것은 단선적 아지프로의 차원에서는 결코 달성될

8) Nguyễn Văn Linh, *We Shall Forever Follow the Path Chosen by President Hồ Chí Minh*, Mai Lý Quảng(ed), *Hồ Chí Minh Thought Will Light Our Path Forever*, Ha Noi : The Gioi Publishers, 2002, p.89.

9) Phạm Văn Đồng, Hồ Chí Minh－A Man, A Nation, An Age, and A Cause, Ha Noi : The Gioi Publishers, 2006, p.12 재인용.

10) 위의 책, p.62.

11) 호치민, 「벼 찧는 노래」(1942), D. 에므리, 앞의 책, 158면 재인용.

수 없는, '불행'이라는 절구의 연단을 통과한 자만이 직관적으로 토로할 수 있는 감탄 어린 시적 토운에 의해 훌륭히 밑받침되고 있다. 그 어느 누구보다도 민족혼의 회복을 열망한 호치민이 "이 세상엔 수천 가지 괴로움 얽혀 있지만/그러나, 그 어떤 고통도 자유의 상실과 견줄 수 없다!"[12]고 토로한 것도 이같은 시적 모티프에 토대한 것이다.

> 겨울의 혹한과 황량함 없이
> 따뜻하고 찬란한 봄 어찌 볼까!
> 운명은 나를 강철처럼 단련시켜
> 내 결의 더욱 굳세게 하노나(1942)[13]

그의 또다른 옥중시편 「스스로 격려함」 전문인데, 위의 「벼 찧는 노래」와 동일한 시적 주제를 한층 날카롭게 벼리고 있다. 겨울 혹한을 이겨낸 자만이 누릴 수 있는 "따뜻하고 찬란한 봄"의 의미를 4행으로 간명하게 처리한 시적 성취 역시 든든하다.[14]

'한국'[15]과 베트남의 직·간접적 연관은 주로 힘겨운 공통의 식민지 경험, 이데올로기적 차이 등으로 하여 '동질적 연대—적대적 긴장'이라는 매우 상이한 관계양상을 보여준다. 베트남 반불민족운동의 전위적 기수라 할 판 보이 쩌우(Phan Bội Châu, 潘佩珠, 1867~1940)가 1905년 일본

---

12) Võ Nguyên Giáp, *The World is still Changing, but Thought will Live Forever: Hồ Chí Minh Thought Will Light Our Path Forever*, p.106.

13) Hồ Chí Minh, *Advice to Myself, Prison Diary*, Ha Noi : Foreign Language Publishing House, 1985, p.55.

14) 호치민에게 있어 시는 곧 '투쟁의 무기'로 일관하였다. 프랑스군대와의 '8년 항쟁'(1946.12.9~1954.5.7) 기간중인 1951년 가을, 이 '제1차 인도차이나전쟁'에 자원한 젊은 병사들을 고무적으로 격려한 시, "결단코 어려움은 없는 법/오직 두려워할 것은 결심하지 않는 것뿐/산을 움직이고 바다 메우는 게 우리 몫이라면/단단히 결정하기만 한다면 우린 꼭 해낼 수 있다!"고 읊조린 것도 같은 연장선상에 놓인다. Võ Nguyên Giáp, *The Road to Điện Biên Phủ*, Ha Noi : The Gioi Publishers, 2004, p.48.

15) 여기서 이 용어는 남·북한 및 중국조선민족을 편의적으로 통칭한다.

망명길에 올라 당시 같은 처지로 요꼬하마[橫濱]에 거류하던 중국의 량치초우(梁啓超, 1873~1929)와 나눈 대화를 특유의 문학적 필치로 거둔 『월남망국사』(1905)[16]에서 양국간의 연관은 그 앞머리에 실린 량치 초우의 「서」에 간명하게 집약되고 있다. 러일전쟁(1904.2.8~1905.9.5) 종결직전 시점, "이제 1년 안에 일본이 조선 대접하는 일을 볼지어다. 아직 싸움이 끝나지 아니하였으나 벌써 월남의 모양이 보이니, 일본이 조선을 도모한 지 수십년이라. …… 이제 곧 조선이 '영국의 이집트'로 되니 소위 독립이라는 것은 말뿐"[17]이라는 량치초우 언설의 간접매개를 통한 판 보이 쩌우의 조선인식은 비록 그 구체성의 미급에도 불구하고 비교적 명료한 방향성을 획득한다.

근대베트남 애국운동의 흐름은 판 보이 쩌우의 '무장투쟁론'과 판 쭈 칭의 '민주개혁 및 정치투쟁주력의 빨찌산활동'으로 양대별된다. 특히 후자는 반불제국주의투쟁의 선봉의 역할을 놀았으니, 1926년 판 쭈 칭의 장례식을 기화로 수만 명의 군중이 격렬한 반불시위를 점화한 것은 하나의 구체적 사례이다. 열일곱 살의 고등학생 시인 팜 떳 덕(Phạm Tất Đắc, 1910~35)의 장시 「나라의 영혼 위해 간구하노니」(1927)는 바로 이 군중데모 한복판에서 출현[18]한다.

> 캄캄한 밤중 사막에서, 홀로이
> 내 붉은 선혈 우리의 산과 강물들이고 싶어라
> 바람은 방으로 스며들고, 여윈 램프불 떨고 있다.
> 까마귀 우는 소리 ……
> (…중략…)

---

16) 량치초우(梁啓超) 편저, 『월남망국사(越南亡國史)』, 上海 : 廣智書局, 1905. 여기서 텍스트는 주시경 역본, 『월남망국사』, 노익형책사, 1907이다.

17) 주시경 역본, 위의 책, 13~14면.

18) Hữu Ngọc, *Wandering through Vietamese Culture*, Ha Noi : The Gioi Publishers, 2006, pp.814~816.

전장 위에 나리는
행복과 광휘, 말가죽에 싸인 수많은 시체들.
…… 바람은 방으로 스며들고, 램프불은 고투를 벌인다,
이제 기름은 바닥나고, 남은 건 오직 눈물뿐![19]

매우 우울한 시적 어조와 강한 상투성에도 불구하고 대다수 학생 및 쁘띠 부르주아의 반불제국주의투쟁을 강력히 추동한 이 선동시는, 1925~36년간의 전후(前後) 운동조직들을 상호밀착시키는 하나의 강력한 도화선으로 작용하였으니, '베트남청년동지회(1925.6), 베트남국민당(1927)' 등을 잇는 운동적 연결고리 구실을 톡톡히 해냈던 것이다.[20]

그러나 그 후속 혁명세대의 영도격 호치민에게서 반불제국주의 투쟁 인식은 한층 본질적인 데로 성큼 나아간다. 일본제국주의 손아귀로 떨어진 '불쌍한 한국' 및 영국 착취자들의 노예로 낙인찍힌 광대한 풍요로움의 나라 인도를 깊이 동병상련한 그는 인도차이나가 고작 "프랑스 자본주의의 몇몇 비곗덩어리들의 배를 불리는 데 봉사"[21]하고 있음을 통견(洞見)하였다. 이 프랑스와의 '디엔 비엔 푸 전투 승리'를 확인한 호치민이 "과거엔 산악과 숲, 칠흙 같은 밤뿐이었지만, 이제 우리는 강과 바다와 밝은 대낮을 맞았다. 우리 국토는 넓고 광대하며, 우리에겐 수많은 형제들이 있다"(1954.12.25)[22]고 공언한 것은 그러므로 더욱 의미심장하다. 박해받는 수억 아시아인들의 각성과 연대, 식민자들의 야비한 착취로부터의 해방, 그리고 제국주의 소멸을 통해 일찍이 공자(孔子, B.C. 551~479)가 꿈꾸었던 '보편공화국' 실현을 그만큼 열렬히 지향했던 것이다.

---

19) Phạm Tất Đắc, *The Invocation of the Nation's Soul* 부분; Hữu Ngọc, *Wandering through Vietamese Culture,* Ha Noi : The Gioi Publishers, 2006, pp.816~817.
20) Hữu Ngọc, An Incendiary Poem, Wandering through Vietamese Culture, pp.814~816.
21) 호치민, 「공산주의와 아시아」(1921), D. 에므리, 앞의 책, 155면.
22) Lê Kinh Lịch(ed), *The 30-Year War : 1945~1975*, Ha Noi : The Gioi Publishers, p.1.

2

일제강점기에 대규모적으로 발생한 국내 유랑민과 만주·시베리아 및 일본 등지의 국외 유이민의 비극은 왜곡된 한국근대사의 집약적 표현이다. 험난한 일본 뱃길의 한복판 「현해탄(玄海灘)」(1938)에서 시인 임화(林和, 1908~53)는 인텔리 조선청년의 수척한 비애와 시대고(時代苦)를 "낯선 물과 바람과 빗발에 / 흰 얼굴은 찌들고, / 무거운 임무는 / 곧은 잔등을 농군처럼 굽혔다"고 읊조리었으며, 황막한 만주(滿洲)벌로 내몰린 한 황해도 농민의 입을 빌어 김소월(金素月, 1902~1934)은 "왜 왓느냐 / 왜 왓드냐 / 자곡자곡이 피땀이라 / 고향산천이 어듸메냐"(「나무리벌 노래」, 1924)고 탄식하였다. 머나먼 동토 시베리아에서 귀환한 형의 싸늘한 주검을 애통하는 이용악(李庸岳, 1914~1971)의 「눈보라의 고향」(1940)도 돋보이지만, 어찌어찌 저 동남아시아의 변방 베트남으로 흘러든 한 적빈한 시적 주인공의 노래는 단연 이채를 띤다.

> 섬ㅅ돌은 풀숲에 가리우고
> 나려앉은 들ㅅ보에는 달팽이 하폄하고
>
> 할아버지는 어린손자 등에 업고
> 시어머니는 며누리 손목을 잡고
>
> 그들은 어데로 갔나
> 멀리 어데로 갔나.
>
> —安南에서[23)]

관북방언 '하폄(하품)' 등으로 미뤄볼 때 필시 함경도 태생임이 분명한

23) 김명희, 「떠나간 그들」 부분, 『여성』, 1937.5.

시적 화자에 의해 포착된 고향집의 퇴락과 당대 유이민들의 비극적 형상이 손에 잡힐 듯 선명하다. 그런데 당시 중부베트남(安南) 조선외방인의 삶의 정황은 과연 어떠하였을까? 아마도, “월남사람을 겨우 몸이나 가리고 배에 풀이나 하게 하는 외에는 다시 실 한올과 쌀 한톨의 나머지”[24]도 용납지 않은 30여 년 전 프랑스 식민통치의 가혹성을 떠올리는 것으로 족할지 모른다. 서정주체가 여전히 고향 이웃의 안부를 그리워하는 장면은 그래서 더욱 처창하다.

사회주의국가체제 동맹국으로서 베트남공화국(1945.9.2 출범, 주석 호찌민. 이하 ‘북베트남’으로 통칭)과 조선민주주의인민공화국(1948.9.9 출범, 수상 김일성. 이하 ‘북한’으로 통칭)은 다양한 형태의 공식교류를 통해 강고히 결속되었다.[25] 1957년 11월 북베트남 호치민의 북한방문 및 1958년 11월 그 답방 형식으로 이루어진 북한 김일성(1912~1994)의 북베트남방문에서 두 나라는 돈독한 형제적 우의를 거듭 확인하였다. 북베트남 대표언론『인민』(1958.11.28)은 북한방문단의 역사적 의의와 관련하여 양국의 공동처지 즉 ‘남북분단, 대미투쟁’의 현실적 필요를 특히 강조[26]하였는바, 판 수언 핫(潘春轄)의 아래 작품은 이 답방행사에서 발표되었다.

> 나는 조선을 사랑하노라
> 우리 월남의 간고한 나날 돌이켜보며
> 조선을 더욱 사랑하게 되노라
>
> 제주도의 산과 나무들에
> 검은 구름 드리웠나니

---

24) 량치초우, 앞의 책, 주시경 역본,『월남망국사』, 114~115면.

25) 중화인민공화국 출범(1949.10.1)을 계기로 1950년 중국 · 소련 · 몽골 · 북한 · 체코 · 동독 · 헝가리 · 루마니아 · 폴랜드 · 불가리아 · 알바니아 등은 북베트남과 공식 외교관계를 수립했다. Võ Nguyên Giáp, *Memoirs of War—Fighting under Siege*, Ha Noi : The Gioi Publishers, 2004, p.287.

26) 조선로동당출판사 편집부,『영원한 친선』, 평양 : 조선로동당출판사, 1959, 139면.

우리 모두 남북 분렬의 원한이 있나니
평양과 하노이는 함께 손잡는다[27)]

터키 혁명시인 나즘 히크메트(Nazim Hikmet, 1902~1963)로부터 3년간에 걸친 '6·25'는 "피부빛 노란 사람들이 흰 배암들과 싸우는" 전쟁[28)]이라는 강렬한 시적 표현으로 채색된 바 있거니와, 여기서도 그런 빛깔이 미지는 약간 변주되어 나타난다. "미국놈의 폭탄에 집들이 무너지고/과수원도 불타던 날/어머니 흰옷에 붉은 피 물들었다"(같은 시)에서 잘 드러나듯 남북분단의 책임당사국은 다름아닌 미국이라는 것, 오랜 "간고의 나날"의 원상회복을 위해서는 '평양—하노이'가 굳건히 연대해야 한다는 것 등을 힘주어 노래한 '항미시'라 하겠는데, 양국 대표단의 「공동성명」(1958.12.1)에 강력히 표명된 '미국군대의 남조선 강점, 미국의 영구적 조선분할'[29)] 책동의 부당성을 소리높여 탄핵하고 있다.

물론 한국전쟁에 대한 판 수언 핫의 문학적 관심이 새삼스런 것은 아니다. 전쟁이 발발하면서부터 특히 여타 사회주의국가들에서 즉각적인 시적 응전이 행해졌으니, 『시집—세계의 분노』[30)]는 그 뚜렷한 결실이다. 1950~58년에 걸쳐 쏘련·루마니아·폴란드·중국·몽고·인도네시아 시인들이 대거 여기 참여하였는바, 특히 M. 쿤데라(체코, 「원예사」), C. A. 리온(베네주엘라, 「조선의 노래」), S. L. 도브로월스끼(폴란드, 「자유에 대하여」) 등의 시적 성취가 두드러진다.

외국시인들의 '한국전쟁시'에서 가장 독보적인 것은 나즘 히크메트의 「벨리—오글루 아흐메드: 조선, 클라르크 휘하의 한 보병에게」(1952)이다.

---

27) 판 수언 핫, 「평양을 기다리며」(1958.12.1) 부분, 위의 책, 171면.

28) 나즘 히크메트, 김병욱 역, 「옥에서 나와」(1950), 『나즘 히크메트 시선집』(백석 외역), 평양: 국립문학예술서적출판사, 1956, 90~91면.

29) 조선로동당출판사 편집부, 앞의 책, 162면 참조.

30) 밀란 쿤데라 외, 백석 외역, 『시집—세계의 분노』, 평양: 국립문학예술서적출판사, 1959.

너희들이 불태워버린 집,
그집 녀인의 갓난 어린애
그 어미의 시체에 엎드려
찬비를 맞으며 아직도 우느냐

미국 병정이
신천(信川)으로 들어갔을 때
너는 그와 나란히 걸어갔느냐, 아흐메드여?
아흐메드야, 너 일본 환도로
사람들의 머리 선뜻 잘랐느냐?[31)]

투옥(1937) 13년만에 풀려나 소련으로 건너간 나짐 히크메트가 1952년 잠시 북경체류 중에 발표한 '삐라 형식'의 작품이다. 한국전선에 배치된 동족 '터키군단' 병사들에게 비행기로 공중살포[32)]된 이 시의 아지프로적 성격은 무엇보다 화자가 고향친구 '아흐메드'에게 읍소하듯 "포로가 되라 / 너희네 형제들에게!"라고 절규하는 데서 분명해진다. "토이기 인민어의 보고"(백석)에서 채취한 평명한 시어의 활력과 가쁜 호흡 등으로 하여, 통상 '미제 소행'(북한)으로 알려져 있는 '신천양민학살사건'(1950. 10),[33)] "일본 환도"로 표상된 패잔 일본 군사자본의 재진주 등에 대한

---

31) 나짐 히크메트, 「벨리-오글루 아흐메드: 조선, 클라르크 휘하의 한 보병에게」(백석 역, 1952) 부분, 앞의 책, 209면.

32) 나짐 히크메트, 하수홍 역, 『나짐 히크메트 시집』, 평양: 국립문학예술서적출판사, 1960, 213~214면 참조.

33) 황석영의 장편소설 『손님』(창작과비평사, 2001)의 시각은 이와 크게 다르다. 1950년 10월 당시 황해도 신천군 인구의 4분의 1에 해당하는 3만 5천여 명이 떼죽음당한 것으로 알려진 이른바 '신천양민학살사건'은, 한 논자에 의하면 "현지 주민들간의 좌우익 분열과 대립의 결과였음이 점차 명확 (…중략…) 이를 북측에서는 반미의식을 고취하기 위해 미군의 소행으로 간주하여 반미교육에 사용하고 있고, 남측에서는 좌익의 소행으로 돌리거나 사실 자체를 감추는 데 급급"해 왔다고 말한다. 황석영의 소설적 관점도 대체로 이와 궤를 같이한다. 김성보, 「갈등과 불신의 시대에 남북현대사를 다시 읽는다」, 『창작과비평』, 2007 봄, 394~395면 참조.

시적 텃취가 자못 핍진하다.

정부대표단의 교차방문과는 별도의 양국간 문화사절단 예방도 활발하게 이뤄졌다. 1955년 8월 변희근(소설가)·조학래(시인) 등 '월남방문 조선인민 대표단·예술단',[34] 송영을 단장으로 한 '월남방문 조선문화대표단'[35] 등의 북베트남방문이 그 대표적인 예인데, 프랑스제국주의를 이어 남부베트남 민중을 긴박하는 미국세력의 구축을 열렬히 웨치는 조학래의 시 「한 줌 흙」은 앞의 공식행사에서 낭송[36]되었다.

북베트남 반제국주의 시문학의 높은 봉우리는 프랑스군대를 상대로 한 '8년 항쟁' 시기에 형성된다. 남·북베트남 곳곳에서 쟁취한 '항전 제1차 대승리'(1947~1952년)를 장편서사시로 형상한 반 까오[Văn Cao, 文高]의 『로 찌앙』[Lô Giang, 瀘江],[37] 특히 항전 근거지인 월북지구(越北地區) 소수민족들의 단결된 애국적 투쟁을 격동적으로 노래한 또 휴[Tố Hữu, 素友]의 시집 『월북』(Việt Bắc, 越北)[38]이 특히 우뚝하다.

2차대전 종식과 함께 베트남에 다시 틈입한 프랑스가 북베트남과의 잠정휴전(1946.3.6)을 일방적으로 파기하자 호치민은 '장기항전, 자력갱생'의 구호 밑에 '전국적 항전 상태'를 선포(1946.12.9)하였다. 1954년 5월 7일, 프랑스군대의 철옹성 '디엔 비엔 푸'를 격파하기까지의 '8년 항전'에 돌입한 것이다.

> 디엔 비엔 푸는 머나먼 곳
> 허나 온 세상 사람들 우리와 함께 있다.

---

34) 변희근, 「영웅의 나라－월남」, 『국제적 벗을 찾아서－몽고·월남·독일 민주주의 공화국 방문기』(박세영 외), 평양: 국립출판사, 1956, 113~137면 참조.

35) 송영, 『월남일기』, 평양: 조선작가동맹출판사, 1957 참조.

36) 박세영 외, 『국제적 벗을 찾아서－몽고·월남·독일 민주주의 공화국 방문기』, 151면.

37) 송영, 앞의 책, 70면.

38) 또 휴, 김응룡 역, 『월북』, 평양: 국립문학예술서적출판사, 1958.

밤낮 쉰 여섯 날, 화염은 타오르는데
굴을 파며 그 속에서 비바람 맞으며
누기 찬 미수'가루 먹고 싸웠으니
붉은 피는 흙탕을 물들였다.

발정 령마루의 형제 자매들은 의연히 지고 이고 달렸고
룽라 령마루의 형제 자매들은 여전히 웨치고 노래 불렀다.

승리의 소식 오늘밤으로 호(胡)할아버지에게 닿으려니
팜 반 동(范文同) 동지도
오늘밤 제네바에서 잠 못 이루리[39)]

베트남 서북쪽 라오스 국경의 험준한 산악지대에 위치한 '디엔 비엔 푸'는 프랑스 · 북베트남 어느 쪽도 결코 양보할 수 없는 전략요충이었다. 프랑스에게 그것은 베트민에 의한 자기부대와의 격절, 북베트남평원의 즉각적 진공, 라오스 · 북베트남 인민해방군에 대한 심대한 위협, 효과적 중국침공 등의 동시적 해소가 가능한 군사거점이었으며, 북베트남에게는 인도차이나 정세의 근본적 전환 및 베트남 · 라오스 · 캄보디아의 완전해방을 촉진시키는 가장 중요한 전술적 요새였다.[40)] 미국의 직접 원조와 조종 아래 견고히 구축된 무비(無比)의 '디엔 비엔 푸'는 "밤낮 쉰 여섯 날"(1954.3.13~5.7)의 대혈전[41)] 끝에, 어이없게도 호치민의

39) 「디엔 비엔 푸 병사에게 축하를 보낸다」(1954.5) 부분, 위의 책, 40~41면.

40) 변희근, 앞의 글, 137면 참조.

41) 이 전투를 총지휘한 보 응우엔 찌압 장군은 두 가지 승리요인을 꼽았는데, 그것은 당시 북베트남에 파견된 중국군사고문단이 제공한 특수전술이었다. ① 중국현대사의 '제3차 국내전쟁시기'(국공내전, 1945.11~1948.9) 마오 쩌뚱의 중국인민해방군은 장 제스(蔣介石, 1887~1975) 국민당정부군의 공중폭격을 무력화하기 위해 대포 및 장비 운송용 참호를 견고히 구축하였으며, ② '항미원조(抗美援朝), 보가위국(保家衛國)'의 기치 아래 한국전쟁(1950.6.25~1953.7.26)에 투입된 '중국인민지원군'(1950.10.19~1958.10.24)은 적군의 '산악포격전'에 철저히 대비, 참호구축에 총력을 경주하였다. Võ Nguyên Giáp, *Điện Biên Phủ—Rendevous with History*, The Gioi Publishers, 2004, pp.156~157.

'등짐 군대' 앞에 프랑스가 속절없이 무릎을 꿇었다. 막강 프랑스 군대의 "저렇게 하얗고 영양 좋은 거구들이 가난하기 이를 데 없고 볼품없는 황색인들에게 질수가 있느냐"고 쓰디쓰게 탄식한 것[42]도 헛되이 '1명의 준장, 16명의 대좌, 1,749명의 장교 및 하사관을 포함, 도합 16,000여 명'의 전사자를 내고 어이없이 대패[43]하고 만 것이다. 위의 작품엔 이같은 시적 면모들이 또렷이 압축돼 있다. 디엔 비엔 푸 산간지대 소수민족들의 꿋꿋하면서도 쾌활한 전투적 형상이 양각된 "발정 령마루의 형제 자매들은 의연히 지고 이고 달렸고/룽라 령마루의 형제 자매들은 여전히 웨치고 노래 불렀다"는 대목은 특히 인상적이다.[44]

3

디엔 비엔 푸 전승(戰勝)의 기념비적 형상은 그림 쪽에서 단연 여실하다. 그중에서도 응우엔 쌍(Nguyễn Sang, 阮創, 1923~88)의 1963년작 〈디엔 비엔 푸 참호 속의 입당〉[45]은 특히 전범적이다. F. 엥겔스는 색채의 극

42) 뤼시앙 보다르, 『인도차이나 전쟁 제1권－난관에 빠지다』, D. 에므리, 앞의 책, 181면 재인용.

43) 조선중앙통신사 편, 『해방후 10년 일지－1945~1955』, 평양 : 조선중앙통신사, 1955, 341면.

44) 1951년 3월, 베트남 북동부 박 쟝(Bắc Giang)지구에서 프랑스군대와 접전한 베트남독립동맹(베트민) 주력군의 절대다수는 박 쟝 및 그 인근의 박 닝(Bắc Ninh)·꽝 이엔(Quảng Yên) 등지에서 자원한 남녀 게릴라전사들이었다. 비바람과 추위, 안개가 엄습하는 최악의 전투상황 속에서도 그들은, "앞에 닥친 위기 아무리 험난해도/우뚝 그 봉우리 오르면, 우리가 그보다 더 높지 않겠나!" 같은 "유쾌한 노래"를 멈추지 않았던 것이다. Võ Nguyên Giáp, *The Road to Điện Biên Phủ*, p.191.

45) Trần Văn Cẩn(1910~94), *Lacquer and Lacquer Painting in Viet Nam : A Selection of 40 Lacquer Paintings－1945~1975*, Ha Noi : Foreign Languages Publishing House, 1977.

명한 대비를 통해 한 방직공이 공장주에게 아마포를 바치는 장면을 생생히 묘사한 독일 리얼리즘화가 휘브네르의 그림이 "100권의 소책자보다 더 위력 있는 사회주의 선동"의 역할을 놀았다[46] 했거니와, 그 자신 월북지구 유격대원으로 1946년 프랑스군대와의 '제1차 인도차이나전쟁'에 깊숙이 투신한 전사이자 현대베트남 마칠화(磨漆畵, Lacquer Painting)의 대가이기도 한 응우엔 쌍은 여기서 짙은 황토색이 뿜어내는 강렬한 생명적 원초성의 비좁은 공간-'참호' 속의 팽팽한 드라마를 감동적으로 연출한다. 강한 우직함과 친근감이 한꺼번에 배어나는 굵은 선의 배치 및 '장식적 수사의 배제'[47]를 통한 고도의 단순성 등에 힘입어, 서로 다른 방향과 임무를 취하고 있음에도 바야흐로 항불투쟁의 승리를 위한 통과의례로서의 '입당'에 처하는 8명 전사들의 각개 동작에는 고결한 진정성이 묻어 있으며, 그 눈길은 한결같이 의열한 전투성을 내뿜는다.

사실, 베트남 마칠화는 1954년의 북베트남 해방 즉 '디엔 비엔 푸 전쟁'의 결정적 승리를 계기로 다양한 스타일과 내용적 풍부성을 보유하기에 이르렀다. "금은분(金銀粉)과 계란껍질 등이 배합된 특유의 광휘와 깊이, 따스함을 획득한 그것은 시대의 새로운 감정 즉 해방민족의 자호감(自豪感), 전사들의 심절한 열정, 협동노동의 기쁨을 표달"하는 데 최적의 표현매체[48]였던 것이다. 응우엔 쌍을 비롯한 황 떡 쭈(Hoàng Tích Chù, 黄积籌, 1912~), 판 계 안(Phan Kế An, 潘継安, 1923~) 등이 이 새로운 미술운동에 적극 관여한 현대베트남 마칠화의 혁신적 기수들이다.

프랑스군의 월북소탕작전으로부터 간신히 탈출(1947), 1930년대 항불 지하운동으로 한때 투옥된 적 있는 하노이로 재잠입해 호치민 주도의 '8월혁명'에 가담하는 한편 현대 베트남 마칠화의 신경지를 개척[49]한

---

46) 에프 엥겔스, 「회화의 선동적인 힘」, 『문학예술론』(카 · 맑스, 에프 · 엥겔스), 평양: 조선로동당출판사, 1966, 48면.

47) Trần Văn Cẩn, *Vietnamese Contemporary Painters*, Ha Noi : Red River, 1987, p.76.

48) Trần Văn Cẩn, *Lacquer and Lacquer Painting in Viet Nam* 참조.

49) Trần Văn Cẩn, *Vietnamese Contemporary Painters*, p.20.

황 떡 쭈의 〈산지의 두레농사〉(1958)는 월북지구 3개 성(省) 즉 타이 응우엔[Thái Nguyên, 太原], 까오 바앙[Cao Bằng, 高平], 랑 선[Lạng Sơn, 諒山] 등지에 집거하고 있는 토족(土族)·몽족(慢族)·농족(農族) 등 7~8개 소수민족들의 오밀조밀하게 화평한 산골 두레노동의 전형적 형상을 정감 어린 낭만풍으로 뛰어나게 묘파하고 있다. 판계안의 〈낫질하는 월북농군〉(1955) 역시 같은 류의 회화적 소재를 취한 것인데 특이한 것은, '차가운 톤'의 배색에 의한 리얼한 원근법적 텃치 속에 휘황하게 샛노란 논벌에서 한창 벼베기에 열중하고 있는 '농민-군대' 즉 농군(農軍)의 건강한 단합력이 깊이 착근돼 있다는 점이다. 제1차 인도차이나전쟁 기간 내내 베트남독립동맹 문화선전부 요원[50]으로서 몸소 겪은 그 경험적 진실이 자연스럽게 녹아든 결과일 것이다. 게다가 잉크·수채·목판·실크·유화 등 다양한 매체들을 통한 '손칼(chopper knife)' 같은 날카로운 예술적 감수성으로 줄곧 항불전쟁 제1선을 담당했던 천 딩 토(Trần Đình Thọ, 陳庭壽, 1919~)의 마칠화 〈들판으로〉(1961)[51]는 이러한 농군적 형상이 내리쬐는 햇빛에 강렬하게 반사하는 대나무, 바나나 잎사귀 등과 어울려 일종의 낭만적 정취마저 자아낸다.

프랑스인들이 사뭇 경멸적으로 '몽따나(montagards, 山地民)'라 비칭하면서 항상 상호이간의 표적으로 일삼던, 디엔 비엔 푸 주위의 산간지대를 위시한 베트남 전역의 총 '63개 소수민족'[52]은 호치민 주도로 출범한 베트남공산당(1930.2.3) 활동이 본격화되면서 점차 계급적으로 급속히 각성, 프랑스·미국 등에 대한 반외세투쟁의 주요 고비에서마다 '항전의 식량공급지, 정신적 양식의 공급지'로서 크게 이바지하였다.[53] 호치민

50) Trần Văn Cẩn, *Vietnamese Contemporary Painters*, p.73.

51) Sỹ Ngọc(1918~90), *The Career Path of An Artist*(1987), Trần Đình Thọ, *Painting and Graphics*, Cong doan Viet Nam, 2004, pp.12~13.

52) 베트남정부 공식집계에 의하면, 2006년 현재 베트남 소수민족은 총 54개이다. Đỗ Phương & Lê Quốc Trung(ed.), *Vietnam-Image of the Community of 54 Ethnic Groups*, Ha Noi : The VNA Publishing House, 2006, p.9.

이 베트남의 모든 소수민족들을 향해, "강물이 마르고 산들이 모두 침식될지라도 우리 공동체는 결코 스러지지 않는다"(1946)고 언명[54]한 것도 이런 관점에서 잘 이해된다.

루케크의 눙족(農族) 형제들은
불볕도 무릅쓰고 령 넘어 재 넘어
강물 길어다 옥수수밭에 준다네.

동원산의 매오족(苗族) 형제들은
한결같이 해방군을 지원하여
돼지, 호박, 옥수수를 보냈고
활과 창을 보냈다오.[55]

눙족(農族)·매오족(苗族)은 중국 광서성(廣西省, 廣西壯族自治區 소재지역)과 접경한 '베트남 최북단(northernmost Vietnam)'의 '월북소수민족자치주'의 3개 성(타이 응우옌, 까오 바앙, 랑 선)[56] 등 주로 험악한 산촌 밀림지대에 거주하는 소수민족으로서 반불·반미 민족해방투쟁의 오랜 선봉이었다. 여기서는 '미국의 베트남전쟁'이 국제전으로 접어들기 직전 시기의 경우에 해당하는데, 반미투쟁의 불가결한 주동력으로서의 소수민족들의 농군적 형상이 꽤나 약여하다.

제1~2차 인도차이나전쟁(1946~1973) 시기 베트남 근대시의 압권은 아마도 앞서 언급한 또 휴(素友)의 「월북」(1954.10)[57]일 것이다. '머무는 이,

---

53) 송영, 앞의 책, 237면 참조.
54) Đỗ Phương & Lê Quốc Trung(ed.), *Vietnam—Image of the Community of 54 Ethnic Groups*, p.9.
55) 농국진, 「그대는 승리자」(1963.12) 부분, 『월남시집—월남은 싸운다』(중국어역본 중역), 연길 : 연변인민출판사, 1965, 43면.
56) 월북(越北, Việt Bắc)은 위의 3개 성을 포함, 더 넓게는 뚜엔 꽝(Tuyên Quang, 宣光)·하쟝(Hà Giang, 河江) 성을 아우르는 지리적 명칭으로 통용되기도 한다. Võ Nguyên Giáp, *Memoirs of War—Fighting under Siege*, p.76.
57) 또 휴, 앞의 책, 51~61면.

떠나는 자'의 문답식 대화형식을 취하고 있는 이 장시(총 14연, 154행)는 베트남혁명의 발진기지 '월북'을 화자로 내세워, '디엔 비엔 푸 승리'로 오랜 고통의 연대를 마감하고 뿔뿔이 산지사방(散之四方)한 어제의 해방 전사들에게 뜨거운 육친적 애정과 근심 어린 안부를 절절히 폭포수처럼 쏟아 붓는다.

"그대 떠나간 뒤에도 정녕 기억할 수 있느냐?
싸움터에서 먹던 짭짤한 주먹밥과 뼈에 사무친 원한을,
그대 떠나면 숲은 또 누구를 생각하랴?
푸른 과일도 저절로 떨어지고 파란 죽순도 절로 늙게 마련이리라
그대 떠나간 뒤에도 정녕 이곳의 숲을 기억할 수 있느냐
항일전쟁과 월맹[58]이 여기 있은 그 때를,"(52면)

'어제의 아들'에게 화자는 숲속의 소낙비와 산사태, 흰 구름과 짙은 안개, "초가'집과 그 방안에 깃든 정", 그리고 1940년대 전반(前半) "항일전쟁과 월맹이 여기 있은 그 때"와 보 응우엔 찌압 장군을 낱낱이 기억할 수 있느냐고 다그치듯 경성(警醒)한다. 여기 숨가쁘게 열거되고 있는 '소낙비, 산사태, 구름, 안개, 초가, 원한, 과일, 죽순, 정(情), 그리고 짭짤한 주먹밥' 등 유·무형의 사물들이야말로 베트남해방투쟁의 실체적 의미 형성에 관여한 매개의 시적 상관물이다.

베트남 민중에게 "'소금'은 우의·사랑·단결·환대, 그리고 강력한 사회적 결속 등의 총체적 상징"[59]이다. 항불투쟁에 따른 전선고립으로 해변과 평원지대에 거주하던 베트남 본토의 대민족 낑족(京族)과의 물물교환이 절연되자 대나뭇재로 눈물겹게 만든, '월북지구' 12개 소수민족

58) '월맹': "월남 '8월혁명'과 보 응우엔 찌압 장군이 남진(南進)을 준비한 곳"(시집 원주). 여기서의 '월맹'은 호치민 휘하의 보 응우엔 찌압 장군이 진두지휘한 베트남독립동맹('베트민', 1941.5 성립)을 가리킨다.

59) Hữu Ngọc, *Salted Stories, Wandering through Vietamese Culture*, p.332.

들에게는 고결한 생명과도 같은 소금[60]기 속속들이 배어든 "짭짤한 주먹밥"의 시적 내포는 특히 그러한데, 말하자면 이 다채로운 사물들이야말로 디엔 비엔 푸 승리 후 월북(越北)을 떠난 해방전사들의 '혁명 이탈'을 가로막는 하나의 엄중한 시적 표상인 것이다. 나즈막하지만 그래서 더욱 비장한 시적 어조에서 그 일깨움의 높은 강도가 행간 갈피갈피에서 새록새록 묻어나는 듯하다.

> 내 또한 생각하리라, 방금 산마루에 떠 오른 달을, 다락 밭에 비 낀 노을을,
> 아침 저녁 피우는 아궁의 불과 친근한 사람들을,
> 구운 감자 한 알과 밥 한 그릇을 나누어 먹던 때를,
> 깊은 밤 들판에서 타오르는 야회의 홰'불을,
>
> 내 떠나 간 뒤에 그대 나를 생각하지 않으련가?
> 산마루 해'빛에 허리에 찬 검이 유난히 번쩍이던 것을,
> 봄날 산야에 뒤덮인 흰 살구꽃을,
> 내 생각하리라, 대나무 가지로 삿갓을 겯던 사람을,
> 혼자서 죽순을 따던 소녀를,
> 로강(瀘江)과 고평(高平)과
> 량산(諒山)과 홍하(紅河)를 그리워하리라.(같은 시, 53~5면)

그 시적 전개에 있어 '짧은 물음(전 4연), 긴 응답(전 10연)'은 매우 특징적이라 하겠는데,

품 떠난 자식이 어버이에게 다짐하듯 "번쩍이던 검"과 "야회의 홰'불", 일본·프랑스 군대와의 오랜 격전장 "로강(瀘江)과 고평(高平)과 / 량산(諒山)과 홍하(紅河)를 그리워하리라"[61]고 거듭거듭 되뇌는 데서 장황

60) Hữu Ngọc, *Salted Stories, Wandering through Vietamese Culture*, pp.331~332.

61) '8월혁명' 초기인 1947년, 월북지구 까오 바앙의 '반불 게릴라'로 나선 70세의 한 소수민족 족장이 프랑스군대를 용감히 격퇴한 사실을 접한 호치민은 즉각 아래 시를 남기었다. "정신과 기상은 나이 더불어 강대하고 / 적군을 타격하는 날랜 칼, 가을바람처

하리만큼 긴 사설의 강력한 작품내적 필요가 어렵지 않게 감득된다.

> "머나 먼 도시로 돌아 가는 그대
> 고층 집에 살면서 이곳 높은 산들과 언덕들을 기억하려느냐?
> 번화한 거리에서도 이곳 마을을 기억하려느냐?
> 눈부신 전등'빛 아래서도 이곳 숲속 둥근 달을 기억하려느냐?"
>
> 돌아 가는 길 그다지 멀지 않다
> 구름에 닿을 듯한 고층 건물도 낯 익은 심산을 가리우진 못하리라(같은 시, 58면).

'어버이 월북'의 근심은 그러나 쉽게 진정되지 못한다. "구름에 닿을 듯한 고층 건물도 낯 익은 심산을 가리우진 못하리라"는 굳은 결의의 표명에도 불구하고, '도시, 고층 집, 번화한 거리, 눈부신 전등' 등으로 표상된 자본의 막강한 물리력 앞에 금새 굴복할지 모를 그대의 '정신의 타락'이 차마 두려운 것이다.

베트남민주공화국('월맹', 1950.1.14)은 '제국주의 타도, 진정한 독립과 통일 완수, 토지분배, 사회주의 토대 구축'이라는 혁명목표 아래 종래의 '인도차이나공산당'을 '베트남노동당'(1951.2)으로 개편하였으며, 프랑스 군대로부터의 하노이 할양(1954.10) 이후 모든 정치권력은 베트남노동당이 장악하였다. 북한 송영 일행의 북베트남방문(1956년 겨울) 당시 '혁명시인' 또 휴(素友)는 '월남노동당 선전부 부부장' 직위[62]에 있었다. 월북으로 "돌아 가는 길 그다지 멀지 않다"는 시적 언명이 현실적으로 과연 이 시인을 포함한 당시, 그리고 향후 정치권력에게 얼마나 적합한 것이었는지 적이 궁금하다.

럼 들썩/상대를 전멸시킬 완전태세/월북의 명예 천년만년 오래도록 빛나리(Võ Nguyên Giáp, *Memoirs of War—Fighting under Siege*, p.149)."

62) 송영, 앞의 책, 45면 참조.

1950년대 후반에 들어 특히 이념노선의 차이에 따른 남부베트남 주요작가들의 대규모 집단월북이 감행되면서 1960년대 북베트남 현대시의 주류는 '반미 전쟁시'로 급경사한다. 판능 홍의 「칼」(1963.7), 또 휴의 「남방」(1963.12), 칭 하아의 「우리는 반미투쟁의 제1선에 나섰노라」(1963.12)[63] 등이 그것인데, 이들 반미시가 케네디 미국대통령의 '부패한 남부베트남 지원'이 급격히 강화된 1963년에 집중돼 있음이 주목된다. 시인 호치민도 이 심대한 위기국면에 기민하게 합류했으니, "산봉우리 우뚝, 강물은 저리 활기차고/우리 민족 늘 여기 있다;/침략자 미국 이윽고 패퇴할지니, 우리 땅은 우리가 찬란히 꽃피운다"(1963)[64]고 노래했던 것이다.

창공엔 구름 송이 둥실둥실
해변'가 사장엔 오얏꽃 피여난 듯
아이들 발'자국 찍혔네.
벼'모는 우줄우줄 자라나고
전야는 온통 푸른 옷을 입었네
미국 대통령은 흉계를 꾸미누나
-북부 월남을 진공하라!
전쟁 미치광이 존슨-[65]

"'벼'모는 우줄우줄 자라나고/전야는 온통 푸른 옷을 입었네"에서 분명하듯, 이른바 '통킹만사건'(1964.8.2) 직후 발표된 반미시이다. 그런데 유의할 것은, 미국쪽의 '북베트남 어뢰정의 미국 구축함 매독스호 공격' 발표(1964.8.4)가 명백한 날조였음을 화자가 이미 간파하고 있다는 점이다. 말하자면 이 사건은 '남베트남 해군을 앞세운 미국측 선제공격의

63) 이상 『월남시집-월남은 싸운다』 참조.

64) Phạm Văn Đồng, *Hồ Chí Minh - His Cause, Hồ Chí Minh Thought Will Light Our Path Forever*, p.82.

65) 루중루, 「경고한다」(1964.8.7) 부분, 위의 책, 55~56면.

연장선상에서 행해진 북베트남의 정당한 대응'이라는 시적 인식,66) 즉 미국 대통령 존슨의 '북폭명령'(1964.8.5)은 치밀하게 계산된 "휼계"라는 것인데, 이런 시각은 그 무렵 동종 사회주의국가에서 거의 공공연한 사실로 통한 것이었다.67)

> "미제는 즉시 월남 침공을 정지하라"
> 장강과 메콩강은 노한 물'결 일으키고
> 우리는 월남 형제들과 함께
> 억센 팔을 겯고 철벽으로 막아 섰다.68)

'미제'에 맞서기 위한 "장강과 메콩강"의 연대 및 공동투쟁을 특히 역설하고 있는 작품이다. 이 중국 조선민족 시인에게 미국은 "침략의 마수를 뻗치면서도/제놈들이 오히려 '공격'을 받았다고/백주에 거짓말을 하는 강도놈"으로 규정된다. '통킹만 사건'의 허구를 예리하게 헤짚어내고 있는 것이다.

---

66) 이영희, 「베트남 전쟁 II」(1973), 『전환시대의 논리』, 창작과비평사, 1974, 304~305면; 『조선중앙년감-1965』, 평양 : 조선중앙통신사, 1965, 82~83면 참조.

67) 베트남전쟁을 중국 공산세력의 확산과정으로 본 존슨 대통령은 북베트남 지도자들이 마오 쩌뚱(毛澤東)의 중국에 너무 손쉽게 조종당하고 있다는 단선적 정세인식을 드러내었다. 그런 나머지 중국 및 북베트남을 향해, 구약성서의 한 구절 "네가 여기까지 오고 넘어가지 못하리니, 네 교만한 물결이 여기 그칠지니라"(「욥기」 38 : 11)를 인용하면서까지 베트남전쟁으로부터의 강력한 불퇴전의 의지를 표명하였다. '중국·북베트남'이 한묶음의 "교만한 물결"로 인유되고 있는 데서도 분명한 바이지만, 존슨은 베트남전쟁을 기독교적 소명감에 입각한 하나의 성전(聖戰)으로 인식했던 것이다. Lindon B. Johnson, *American Policy in Viet-Nam(1965.4.7), The Viet-Nam Reader*, M. G. Raskin and B. B. Fall(eds.), Random House, Inc., 1965, p.345.

68) 리백설, 「월남 인민과 함께」(1964.8.11) 부분, 『변강의 아침』(김철 외), 연길 : 연변인민출판사, 1964, 61~62면.

4

한국(남한)과 베트남 양국의 왜곡된 해후는 미국 매개의 '베트남전쟁 참전'으로부터 비롯되었다. 주지하다시피, '남한만의 단독정권 수립'(1948.8.15)으로 출범한 이승만의 12년간에 걸친 고강도 반공독재체제가 1960년 '4·19민주주의운동'에 의해 막을 내린 것도 잠시뿐, 그 이듬해 '5·16군사정변'으로 정권을 장악한 박정희 군부는 체제의 안정적 유지를 위해 정략적으로 미국 존슨(Lyndon B. Johnson, 1908~1973)에게 '베트남 파병'을 제안[69]하였다. 그리하여 1964년 9월 11일 의무병력(제1이동외과병원) 파견을 필두로, 1965년 2월에는 건설지원단(비둘기부대)을, 이른바 '북폭'(1965.2.7)으로 미국이 베트남전쟁에 전면개입하자 1965년 10월에는 청룡·맹호를, 1966년 8월에는 백마 등의 전투부대를 속속 파견하였다. 그러나 한국의 월남파병은 이보다 훨씬 전에 실행될 뻔하였으니, 1954년 1월과 5월 두 차례에 걸친 '디엔 비엔 푸 전투 투입계획'이 바로 그것이다. 1950년 '미군의 한국전쟁참전 보답, 동남아시아에서의 반공정신 고취' 목적으로 비롯된 이승만 대통령의 이 구상은 미국·프랑스의 잇따른 거절[70]로 결국 행복한 미수에 그쳤다.

그러나, 흡사 한국군의 베트남파병에 정면대응이라도 하듯 1965년 7월 북한은 한국군의 베트남파병에 상응하는 무기와 장비를 남베트남민족해방전선(NLF, 베트콩, 1960.12.20 결성)에 제공할 것을 발표하는가 하면, 1967년 11월에는 북베트남과 무상 군사·경제 원조협정을 조인[71]하기에 이른다.

1970~80년대 한국문학은 베트남전으로 '소재적 단순외연' 이상의 새

69) 한홍구, 『대한민국사』 2, 한겨레출판, 2003, 36~41면 참조.

70) 유인선, 앞의 책, 383면 참조.

71) 수요역사연구회 편, 『곁에 두는 세계사』, 석필, 2001, 521~523면 참조.

로운 문학사적 의미를 적층하면서 제법 곡진한 상승을 거두었으니, 이는 '지원 · 차출' 형식으로 이 전쟁에 투입된 다양한 경력의 몇몇 문인들에 의해 주도되었다. 소설 쪽은 박영한의 『머나먼 쏭바강』(1973), 안정효의 『전쟁과 도시』(1985)(1989년 『하얀 전쟁』으로 개제), 황석영의 『무기의 그늘』(상권 1985, 하권 1988), 이원규의 『훈장과 굴레』(1987) 등이 주요 작품들인데, 그 성취와 한계에 대한 논의는 이 글의 범위를 벗어난다.

이에 견줄 때 '베트남전 관련 시작품'은 격심한 양적 빈곤을 면치 못하는바, 여기서는 '종군시인' 김명수 · 김명인 · 송기원의 그것에 국한하여 짤막하게 언급하고자 한다.

김명수의 「해방둥이」는 "보국대에 나가서 생사 모르는/제 아버지"[72]의 이념적 신원증명을 위해 자원파월을 선택했음이 거의 분명한, "월남전선에서 다리 한 짝 잃고" 지금은 서울 변두리의 벽돌공으로 전락한 한 고향친구의 '수난 2대'의 일그러진 삶을 차갑게 데생해 보인다.

푸른 하늘을 무섭게 가로지르는 낯익은 물체를 어린 아들과 물끄러미 올려다보며 어렷을 적 '6 · 25'의 칙칙한 기억으로 금세 되돌아가는, 베트남전쟁에 투입된 또다른 시적 자아(「헬리콥터」)는 마치 스스로에게 반문하듯

> 오늘은 다시 우리집 마당에
> 그림자 드리우며 날아가는 헬리콥터여
>
> 아직도 평화가 멀기만 하고
> 아직도 아픔이 아물지 않는 월남 땅에
> 내 자라서 자유의 용사로 파병되었을 적
> 끝 모르는 정글에 매복하던 밤
> 후진국 늪지 위에 슬픔으로 떠오르던 헬리콥터여

---

72) 김명수 시집, 『월식』, 민음사, 1980.

—김명수, 「헬리콥터」 부분, 위의 시집 『월식』(민음사, 1980)

라고 자조 섞인 울분을 토로한다. '세계 경찰'로 "어느 곳에서나 쉽사리 앉기도 하고/어느 곳에서나 쉽사리 뜨기도 잘한다는/저 커다란 갈색 헬리콥터"(같은 시)[73] 같은 미국은 그에게 '슬픔'과 "그림자"만을 떠안기는 존재, 즉 "후진국" 집안살림에 무시로 끼여드는 고질 같은 외세로 인식될 뿐이다.

송기원의 시적 퍼스나에게 베트남전쟁은 하나의 거대한 학습장으로 다가온다.

얼굴이 누렇고 키가 작은 아시아인, 그러나
나는 아직도 알 수가 없다.
그들이 어떻게 해서 나에게 적이 되는지
(…중략…)
생각할 수 있는 것은 다만
내가 겨누었던 총구의 구멍과 저편의 구멍뿐
그러나 이러한 곳에도 역시 꽃이 피고
풀잎에 이슬이 맺히고, 상처입지 않은 영혼처럼
눈부신 아침해가 떠오른다는 것뿐.

—송기원, 「월남에의 기억 · 1」 부분, 『그대 언살이 터져 빛날 때』(실천문학사, 1983)

73) 북베트남 전투장교 의사로 중부베트남 '호치민 통로(Hồ Chí Minh Trail)' 개척의 척후였던 레 까오 다이는 베트남전 초기(1966)에 투입된 미군 헬리콥터와 관련하여 재미있는 에피소드를 소개하고 있다. 그 지역 소수민족(바나족 · 몽족 및 에-데족 등)의 한 여전사가 격추시킨 '미완성 비행기(unfinished airplane)' 즉 그 뼈대와 조종사가 훤히 들여다보이는, 베트남 정규군들이 흔히 '생선가시 비행기(fishbone airplane)'라고 다소 얕잡아 부르기도 한, 매우 우스꽝스럽게 생긴 헬리콥터 이야기가 그것이다. Lê Cao Đài, *The Central Highlands : A North Vietamese Journal of Life on the Hồ Chí Minh Trail 1965~1973*, Ha Noi : The Gioi Publishers, 2004, pp.234~5. 레 까오 다이의 부인 부 찌앙 흐엉(Vũ Giáng Hương)은 특히 수채화 〈바오닌족 민병대〉(1971) 등으로 현대베트남미술사에서 널리 알려진 저명화가이다.

일찍이 나짐 히크메트에 의해 "피부빛 노란 사람들"(「옥에서 나와」, 1950)로 호명된 한국인의 또다른 판박이 베트남민중이 여기서는 "얼굴이 누렇고 키가 작은 아시아인"이라는 새로운 연대명(連帶名)을 얻고 있다. 그러나, 완강한 반공이데올로기적 편협성의 시적 표상에 다름아닌 '총구'를 통해 바라보는 베트남은 화자에게 한갓 커다란 질문투성이에 지나지 않는다. 그의 눈길을 온전히 사로잡는 것은 '꽃, 풀잎, 이슬, 아침해' 등의 자연물상뿐 그 나머지는 온통 "풀이할 수 없는 수학공식"(송기원, 「월남에의 기억」 2 부분, 위의 시집)으로만 위태하게 존명하는 형국이다.

김명인의 몇 안 되는 베트남 전쟁시편은 로이(「베트남 I」)·탐(「베트남 II」) 등으로 대표되는 베트남민중을 향한 충일한 연민과 고통스런 자기확인의 드라마를 훌륭하게 연출한다. 한마디로 그것은 전쟁을 통한 '한국―베트남 연대'의 시적 확인이라 할 성질의 것이다.

> 운동장을 질러가는 아이들을 바라보면
> 너희 나라가 생각난다, 탐아.
> 한 나라가 무엇으로 황폐해지는지 나는 모르지만
> 한 어둠에서 다음 어둠으로 끌려가며
> 차례차례 능욕당한 네 땅의 신음 소리를 다시 듣는다.
>
> ―김명인, 「베트남 II」 부분, 『동두천』(문학과지성사, 1979)

무기력하고 창백한 중학교 국어선생의 시야에 잡힌, 동두천의 한 혼혈학생을 내다보면서 월남땅의 "불란서 튀기"(제2연) '탐'과 '6·25'의 깊은 상흔을 동시적으로 "다시" 떠올리는 시적 퍼스나의 현실인식이 자못 예리하다. 첫 남편과 사별하고 지금은 월남군 포병대위의 제3부인으로 값싼 창녀의 자리도 간간이 서슴지 않는 '로이'에게서 문득 "떨칠 수 없는 나라의 여자, 로이/너는 거기까지 따라와 벌거벗던 내 누이"(김명인, 「베트남 I」 부분, 위의 시집)를 발견하는 데서도 이는 새삼 확인된다. 여기서 베트남은 폭압적인 남성이미지("어둠")에 거듭거듭 유린되는, "한 어둠에서 다음 어둠으로 끌려가며 / 차례차례 능욕당한" 가녀린 여성적 형상으로 부조되고 있는 것이다.

5

북베트남과 한국(남 · 북한 및 중국 조선족)의 주요 베트남전쟁시를 통하여 '동아시아 문학의 연대'를 극히 개괄적으로 조망해 보았다. 북베트남 · 북한 및 중국 조선민족 쪽에서 산생된 작품들은 대체로 단색적 구호의 '반불 · 반미 아지프로시'로 복무하는 양상을 보였으며, 그나마 양적 빈곤상태에 처한 남한의 그것은 안타깝게도 미국선(美國線)에 얹혀 개입한 베트남전쟁의 실체적 의미를 깊이 있게 형상하는 데까지 나아가지 못하였다.

1956년 베트남 문학계의 대부 판 코이(Phan Khôi)의 주도로 광범하게 전개된 '자유화운동'에서 이미 강력하게 표면화된 모토 즉 '문학에 대한 당의 지배 반대'[74]에서도 충분히 예견되었듯, 무엇보다 정신의 자유로운 창발과 복잡다단한 현실의 다채롭고도 생동한 세부들의 형상화가 결락됨으로써 문학이 자칫 특정 이데올로기의 단선적 전성관(傳聲管)으로 추락하는 역사적 불행은 유독 베트남에 국한되지 않을 것이다. 북한은 말할 것도 없고, 중국조선민족 시문학도 여기서 결코 예외가 아니다.

1973년 1월 27일, 결코 지칠 줄 모르는 "피부빛 노란 사람들"(나짐 히크메트), 저 "얼굴이 누렇고 키가 작은 아시아인"(송기원)의 집요한 공세 앞에 막강한 '세계의 경찰' 미국은 마치 제국주의 선배국가 프랑스의

74) 유인선, 앞의 책, 392~393면 참조.

전철을 되밟기로 약속이라도 한 듯, 또다시 무릎꿇었다. 미국, 남베트남 사이공 정부, 북베트남 하노이 정부, 그리고 남베트남 임시혁명정부(1969년 이후 '민족해방전선') 대표들이 평화조약에 전격 서명한 것이다. 이에 따른 미국의 즉각적 철수(1973.3.27), 다소 완만한 곡선을 그리며 진행된 한국의 완전 철군(1975.4), 그리고 북베트남의 '남베트남 흡수통일'(1975.4.30) 등의 대격변을 통과한 베트남은 종전 20년도 채우지 않고 한국과 공식 외교관계를 수립(1992.12.22)하였다. 올해로 벌써 15돌을 맞기에 이른 통일베트남은 중국의 '개혁개방'(1978), 소련의 '페레스트로이카'('개혁', 1985)에 상응하는 '도이 머이'(Đổi Mới, 1986) 즉 베트남판 개혁정책의 강력한 발진에 힘입어 급속한 경제성장을 이루었다.

'베트남-한국'의 밀착적 관계는 무엇보다 지난 2006년에 이뤄진 양국간 무역총량(50억 달러), 베트남투자 우선순위(한국 : 1위), 관광객 규모(베트남지역 한국관광객' : 43만 명), 베트남 여성과의 국제결혼 급증(한국남성 : 1만 5천 명) 등의 외적 지표[75]가 잘 일러준다.

양국간 공식수교에 뒤미처 '베트남을 이해하려는 젊은 작가들의 모임'이 결성(1994)되고, 이를 주축으로 드문드문 '후일담' 형식의 소설적 성과물[76]을 내놓는가 하면, '베트남작가동맹'과의 활발한 회동(2006.5.26~6.1) 등 양국간 문화교류의 밀접화는 여러 분야에서 동시다발적으로 진행되고 있다. 바로 이런 맥락에서, 향후 '현대 북베트남 · 한국(북한 및 중국조선민족 포함)'의 시와 소설 등 다양한 장르에 걸쳐 '베트남전쟁과 동아시아 문학의 연대' 문제를 한층 폭넓고도 정밀하게 천착해야 할 것이다(『민족문학사연구』 34호, 2007).

---

75) 박민희, 「팜 띠엔 반-주한 베트남 대사」(인터뷰), 『한겨레』, 2007.2.5 참조.

76) 방현석, 「존재의 형식」, 『랍스터를 먹는 시간』, 창작과비평사, 2003 등이 이에 해당할 것이다.

동남아시아와 한국 현대시

1

'한국－동남아시아'의 문학적 고리는 1990년을 전후한 국내외 정치 경제적 상황 변화와 긴밀히 연동되면서, 특히 베트남의 경우에는 '다시', 여타 지역의 경우는 '새롭게' 형성돼가고 있다. 이 새로운 국면의 배후에는, 우선 대외적 요인으로 '베르린 장벽 붕괴'(1989) 및 '독일 통일'(1990), 동유럽 '현실사회주의' 몰락(1989~1991), 소비에트 해체(1991) 등으로 상징되는 거대한 이념적 지각 변동과 냉전체제 와해 등을 꼽지 않을 수 없다. 국내적으로는 '88올림픽'(1988)으로 촉발된 '해외여행자유화'(1989) 개시, '한 · 소 수교'(1990), 중국 덩 샤오핑[鄧小平, 1904~1997]의 '개혁 · 개방'(1978) 표방, '김영삼 문민정권' 출범(1993) 등이 주요 사건들이라 할 만하다. 요컨대, 과거 '한국－베트남' 문학의 관계회복 및 기타 동남아 지역국가(필리핀 · 타이 · 인도네시아 등)와의 문학적 연관이 새로이 대두되고 있는 것이다.

1990년대 들어, 1970년대 중·후반 이래 점차 강도 높게 진행되어 온 신자유주의적 시장만능주의는 '소득수준 향상, 산업구조 고도화'를 동반함으로써, 과거 노동수출국으로부터 노동수입국으로서의 '한국의 변환'을 강력히 요청하였다. 값싼 노동력의 가장 편리한 인적 공급원이라는 점에서, 모멸적이게도 곧잘 '현대판 노예제도'로 통칭되는 '외국인 산업연수생제도'(1993.10) 등을 통한 국외 이주노동자의 양산, 특히 미국으로 대표되는 강대한 글로벌자본주의의 손쉬운 시험장이라 할 한국 노동시장의 지배적 구성을 이루는 동남아시아인의 급증[1)]은 이러한 사정의 단적인 사회경제적 지표라 할 수 있다.

한국 체류외국인 91만여 명(2006년 말 현재)의 약 20%에 해당하는 18만 5천여 동남아인들은, 한국남성과 결혼한 '국민배우자' 여성을 제외한다면 그 절대다수는 이른바 '노동의 유연성(labor flexibility)'의 구조적 폐해에 시달리는 빈핍한 노동자들이다. 불안정한 자본주의 경제변동 및 '고용규모, 임금 수준, 노동력의 질' 등에 따라 저임금·장시간 노동의 열악한 근로조건에 쉽사리 노출된다는 점에서 동남아 이주노동자들의 삶은 '노동의 유연성'이라는 그럴 듯한 외형적 수사에도 불구하고 그때그때 시장적 필요에 의해 잠시 충당될 뿐인 소모적 부품과 진배없는 것으로 전락한다.

말하자면 그들 외방인의 어두운 삶은, 국가·민족의 완강한 경계를 급속하게 지워나가면서 간단 없는 자기증식 운동을 지속하는 글로벌자본의 또다른 희생물이다. 여전히 우리에겐 꽤 낯선 사회적 풍경으로 다

---

1) 1990~2006년간 한국체류 외국인 증가추이는 매우 현격('49,507명 →910,149명' : 18.4배 증가)하다. 동남아시아 지역국가 10개국(베트남·필리핀·타이·인도네시아·미얀마·캄보디아·인도네시아·싱가포르·라오스·부르나이 등) 출신 한국체류자의 경우가 특히 현저하다. 법무부, 『2006년도 출입국관리통계 연보』, 법무부, 2007.6, 260~268면 참조. 2007년 8월 24일 현재, 한국체류 외국인은 100만 254명으로 집계되고 있다. 베트남인(64,464명)의 증가세가 단연 두드러지는 바, 지난 1년간 17.8%의 높은 증가율을 기록하고 있다. '체류 외국인 100만 명 시대, 다민족사회'가 도래한 것이다. http : //kr.blog.yahoo.com/paranvul 참조.

가오는 것이지만, 하종오의 『국경 없는 공장』(2007) · 『아시아계 한국인들』(2007)은 이 점에서 매우 주목된다. 한국에서 힘겨운 나날을 연명하는 동남아시아(베트남 · 필리핀 · 타이 · 인도네시아 · 미얀마 등지) 노동자, 한국 남성의 '국민배우자'(여성) 및 그 후속 '코시안(Kosian)'들의 결코 밝지 않은 삶의 디테일을 평명하게 점묘한 하나의 시적 보고서인 까닭이다.

미국 쪽에 얹혀 11년 동안 베트남전쟁 참전(1964.9~1975.4) 당사국으로서 날카로운 대립각을 세워왔던 한국은, 호치민[胡志明, 1890~1969] 주도 북베트남의 '남베트남 흡수통일'(1975.4.30)의 대격변을 통과한 '통일 베트남'과 공식 외교관계를 수립(1992.12.22)하였다. 여기서 주목할 것은 해외여행자유화(1989)를 기화로 1990년대 후반부터 특히 문인들의 베트남 방문 및 단체교류[2])가 부쩍 활발해지면서, 종래의 베트남전쟁 참전 문인들의 문학적 성취[3])와는 별도의 '베트남전쟁 미참전 문인'들에 의한 문학적 탐구가 깊이있게 진행돼 왔다는 사실이다. 방현석의 소설집 『랍스터를 먹는 시간』(2003), 이동순의 시집 『미스 사이공』(2005)은 그 대표적 결실이다.

그러나 '한국－동남아시아'의 문학사적 연관은, 한국군의 '베트남전 참전'(1964~1975)이라는 역사적 악연보다 20여년 남짓 거슬러 올라간다. 즉 그것은 한국 및 동남아지역 국가들의 '기형적 근대체험'의 전개과정에서 사뭇 복잡하게 비극적으로 상호연결되었으니, 그 매개국은 미국을 상대로 '태평양전쟁'(1941.12.7)을 도발한 일본제국주의이다. 이 글은 '한국－동남아시아' 시문학적 연관을 검토, 한국 현대시 논의의 외연 확장 및 그 시사적 의미를 아울러 가늠해 보고자 한다.

---

2) '한국 · 베트남 수교'(1992) 후 '베트남을 이해하려는 젊은 작가들의 모임'이 결성(1994)되고, 이를 중심점으로 '베트남작가동맹'과의 회동(2005.5.26~6.1) 및 문학적 연대 등이 활발히 진행중이다.

3) 이 방면의 시에 관한 구체적 논의는, 윤영천, 「베트남전쟁과 동아시아 문학의 연대－북베트남 · 한국 현대시를 중심으로」, 『민족문학사연구』 34호, 민족문학사학회, 2007, 476~504면을 참조할 것.

2

인도차이나반도 및 말레이제도로 구성된 광대한 동남아시아(400만km^2)는 16세기 이래 줄곧 서구 자본주의 열강들의 '식민 각축장'으로 되었다. 대부분의 영토는 그 양대 주축인 영국(버마 · 말레이시아 · 싱가포르)과 프랑스(베트남 · 캄보디아 · 라오스)가 장악하였다. 스페인 · 미국(필리핀) 및 네덜란드(인도네시아)가 그 뒤를 이었으며, 타이는 정치적 완충국으로서 가까스로 존명한 형세였다.

1884~1900년간에만 영국 · 프랑스는 각각 '5천 700만 인구 거주, 370만 평방키로마일', '3천 650만 인구 거주, 360만 평방키로마일'의 식민지를 강탈하였는바, 1903년 현재 제국주의 국가들에 의해 분할되지 않은 세계영토 잔여분은 고작 아프리카 '9.6%, 아시아 45.4%'에 지나지 않았다. 이 '치욕적 식민지분배'에서 특히 미국 · 일본 제국주의자들은 응당 받아야 할 제몫을 분여받지 못한 것으로 쉽사리 간주[4]하였다. 이미 '노쇠한 자본주의 열강'의 징후를 드러내기 시작한 영국 · 프랑스를 젖히고, 20세기 초 단연 '공업생산량 세계 제1위'로 크게 부상한 미국은 '세계재분할을 위한 첫 제국주의전쟁'이라 할 '미국—스페인 전쟁'(1898)을 통해 간단히 필리핀을 강점[5]하였다.

비록 구체적인 시적 형상을 통한 것은 아니지만, 한국 현대시의 본격적인 출현 이전 즉 조선이 일본제국주의의 반(半)식민지로 떨어진 '광무'(光武, 1897.8.14~1907.8.1) 년간을 전후하여 당시 독서계에서 비상하게 주목된 중국 량치초우[梁啓超, 1873~1929]의 『월남망국사(越南亡國史)』(1905)(주시경 역, 노익형책사 1907), 필리핀 마리아노 뽄세(Mariano Ponce, 1863~1918)의 『비

---

4) 쏘련공산당 중앙위원회, 『쏘련의 국제관계 및 대외정책사—1870~1957년』(평양 김일성종합대학법학부 역), 평양 : 교육도서출판사, 1959, 49면 참조.

5) 김구춘 편저, 『세계통사』, 연길 : 연변인민출판사, 1984, 496~497면 참조.

율빈전사(比律賓戰史)』(1901)(안국선 역, 보성관, 1907)[6]를 여기서 잠시 기억해 둘 필요가 있다. 1521년과 1858년에 스페인·프랑스에 각각 장악된 필리핀과 베트남 역사의 비극적 전개는 당대 지식인에게는 결코 외면할 수 없는 깊은 동병상련의 대상이었다. 특히 『비율빈전사』에 축소 번역된 필리핀의 저명한 의사·미술가, 어학의 귀재이자 시인으로서 "동남아시아에서 민족주의 사상을 위해 목숨을 바친 가장 초기의 희생자의 한 사람"[7]인 호세 리잘(Jose Rizal, 1861~1896)의 애국적 서정을 폭포수처럼 분출한 「임종사」(1898)[8]는 그 시기 '신문학'을 꿈꾼 허다한 문인·재사들을 강하게 충격했을 것이다.

1910년 이후 식민지 조선의 안정적 관리, '중일전쟁'(1937)의 성공적 수행, 특히 미국과의 태평양전쟁(1941.12.7) 승리를 위한 '물자 공급원 확보'를 절감한 일본은 동남아시아의 전략적 가치를 새롭게 인식하기에 이르렀다. 선점 프랑스를 대체하여 베트남을 침공(1940.9.22), 강점하기 시작한 일본은 뒤미처 필리핀·말레이시아·싱가포르·버마 등지에 대한 남진(南進)을 단행(1941.12.8)하였다. '귀축미영(鬼畜米英)'이라 비칭한 미국·영국과의 전면전에 돌입한 것이다. '한국-동남아시아'의 시적 단초는 바로 이 지점에서 마련된다.[9]

우리들이 지금 쌓아올리고 있는 대동아(大東亞)는

---

6) 이에 대해서는 최원식, 「아시아의 연대-『월남망국사』 소고」, 『한국문학의 현단계』 II, 창작과비평사, 1983 및 「아시아의 연대-『비율빈전사』에 대하여」, 『문학과 역사』 1, 한길사, 1987를 각각 참조할 것.

7) J. K. 페어뱅크 외, 『동양문화사』 하(1965), 전해종·민두기 역, 을유문화사, 1969, 842면 참조.

8) 「내 마지막 안녕」(My Last Farewell)으로 널리 알려진 이 유작시의 원제는 「Mi Ultimo Adios」이다.

9) 일제강점기 1920~30년대에는 특히 만주·시베리아·일본 등지로의 국외 유이민(流移民)이 대규모적으로 발생하였다. 이 시기에 어찌어찌 저 동남아시아의 변방 중부 베트남으로 흘러든 한 적빈한 농민의 '고향 노래'인 김명희의 「떠나간 그들」(『여성』, 1937.5)은 매우 예외적인 존재라 할 것이다. 윤영천, 앞의 글, 484~485면 참조.

보게나, 저 아름답고 풍만한 남방(南方)을
저 혹독한 추위와 더위의 북방(北方) 광야를
그리고, 그 사이에 펼쳐지는
온화하고 변화무쌍한 우리의 온대를

아시아에 봄이 다하는 날 없고
여름의 무성, 가을의 결실은 항상 있도다
구슬 같은 쌀이 열리는 토지, 금이랑 석유가 샘솟는 토지
아시아에 부족한 것이 있으랴—아니, 없도다

—이광수, 「전망」 부분, 『녹기』(1943. 1)[10)]

한국·중국을 망라한 '대동아공영권(大東亞共榮圈) 건설'을 사뭇 절제된 시적 어조로 구가하고 있지만, '조선문인협회' 회장에 선임(1939)되고 '가야마 미쓰로(香山光郎)'로 창씨개명까지 한 춘원 이광수(李光洙, 1892~1950)의 어용 '신체제문학'적 면모가 고스란히 반영된 완연한 '친일시'이다. "남방"과 "여름의 무성", "구슬 같은 쌀이 열리는 토지, 금이랑 석유가 샘솟는 토지" 등으로 다양하게 표상된 동남아시아 천혜의 비옥하고 풍요로운 이미저리가 특히 인상적인데, 태평양전쟁 수행을 위한 후방 공급기지로서의 동남아시아의 전략적 필요를 강조한 일본제국주의의 정치경제적 인식의 본격적인 시적 발현이 아닐 수 없다.

(1941년—필자) 12월 8일 이래로 태평양은 우리 일본의 바다다.……비률빈, 보르네오·자바·스마트라·셀레베스(이상 인도네시아—필자)가 아마 사구라 피기 전에는 일장기(日章旗) 밑에 들어오려니와, 그리되면 태평양은 거의 전부 일본의 바다가 되는 것……호주의 양모(羊毛)와 비도(比島, 필리핀—필자)는 우리의 옷감이요, 보르네오의 석유, 마래(馬來, 말레이—필자)의 고무와 석(錫)은 우리의 무기와 일용품이다. 겨울이 되면 포와(布哇, 하와이—필자)와 뉴질

10) 이 시는 일문(日文)으로 발표되었다. 이하 모든 작품(시집·잡지) 인용은 일일이 그 면수를 밝히지 않는다.

랜드에 피한(避寒)을 가는 것이 한 유행이 될 날도 멀지는 않다.

—이광수, 「태평양이어」, 『매일신보』, 1942.1.3

일본의 '태평양전쟁 승리'의 역사적 의미, 동남아시의 경제적 중요성 등을 역설하는 춘원의 친일적 면모가 참으로 여실하다. 시인 박종화(朴鍾和, 1901~1981)가 "아세아 동양에는 인도·안남(安南 : 베트남)·섬라(暹羅 : 타이-필자) 이외에도 무진장의 보고(寶庫)가 즐비 …… 인구 4억의 노대국(老大國) 지나(支那 : 중국-필자)가 있고, '능라 오색 비단을 두른 고운 처녀가 금기둥 은기와 집에 계수나무를 살라 백옥 같은 쌀밥을 짓는다'는 내지(內地 : 일본-필자)가 있는가 하면, 하늘 푸르고 물 맑은 금수강산 조선이 있다"[11]고 한 것도 전적으로 이와 맥락을 함께한다.

시빌의 젊은이들이여
자바의 아가씨들이여
손에 손을 잡으면 새날이 밝아온다
아시아에 아침이 온다
토토타무타무
타무타무토토타무

—주요한, 「손에 손을」 부분, 『국민문학』(1941.1)

시베리아와 인도네시아를 아우르는 광대한 '대동아공영권'의 밝은 "새날"을 고무적으로 노래하고 있다. 청년의 근원 모를 비애와 우울을 폭포수처럼 분출한 「불노리」(1919)로 '한국 근대시의 선구'로 일컬어지는 주요한(朱耀翰, 1900~1979)의 일제 말엽 '정신의 경사'를 명징하게 보여주는 작품이다. 인도네시아 자바의 외딴섬 '자루'의 "토토 타무타무" 마을들을, 마치 주문이라도 읊조리듯 그윽히 호명함으로써 절실하고도 비밀스런 시적 정조마저 자아내고 있어 한층 이채를 띤다.

---

11) 박종화, 「동양은 동양 사람의 것」, 『매일신보』, 1944.8.27.

쌓이고 쌓인 양키들의 굴욕과 압박 아래
그 큰 눈에는 의혹이 가득히 깃들여졌고
눈물이 핑 돌면 차라리 병적으로
선웃음을 쳐버리는 남양(南洋)의 형제들이여

종려나무 그늘 아래서 횃불을 질러라
낙타 등에 바리바리 술을 실어오라
우리 이 날을 유쾌히 기념하자—(1942년 2월 16일 밤)

—노천명, 「싱가폴 함락」 부분, 『매일신보』(1942.2.19)

17세기 이래 포르투갈 · 덴마크의 수중을 거쳐 1867년 영국 식민지로 편입된 싱가포르는 영국 식민주의자들에게 있어서 매우 중요한 무역항이자 '동양침략의 전진기지'였다. 이 시는 미국의 '하와이 진주만 기습'(1941.12.7)을 시발점으로 욱일승천 동남아시아 각국의 주요 거점들을 연파[12)]한 일본의 '싱가폴 함락'(1942.2.15)을 오롯이 기린 찬미가이다. 철옹성 같은 영국의 물적 표상 '싱가폴'을 격퇴한 지 하룻만에 발표된 노천명(盧天命, 1912~1957)의 이 작품은 그러나 밋밋한 행사시로 머물지 않는다. '양키'에 대한 적의, "얼굴이 검은 친구"를 향한 연민, '대동아 신체제' 예찬 등이 한데 무르녹은 친일 · 반미시의 '예술적 성취'를 유감없이 보여주고 있는 까닭이다.

검은 얼굴아!
외로왔던 마래(馬來)의 처녀야!
네 슬픔이 너무 길어
네 아픔이 너무 진하여

12) 일본의 '태평양전쟁 남진일지'(1942)는 '싱가포르 함락'(2.15)을 필두로, 바타비아(3.6, 인도네시아), 랭구운(3.8, 버어마), 바타앙(4.9, 필리핀), 라시오(4.30, 버어마), 만달레이(5.2, 버어마), 코레히도르(5.6, 필리핀) 등지의 함락을 특기하고 있다. J. K. 페어뱅크 외, 앞의 책, 890~891면 참조.

너는 오래 일어나지 못하였다.

성서로 덕을 말하는 위인!
세계의 문화를 짊어진 행인들이
수없이 네 옆을 지나오고 지나갔건만
너는 언제 한번 고향의 열쇠를 만져본 일 있더냐?
네 영혼은 검은 채찍에 이미 흐렸고
네 사는 땅은 원수의 발 밑에 숨을 잃었었다

2월 15일 밤!
대아세아(大亞細亞)의 거화!
대화혼(大和魂)의 칼이 번득이자
사슬은 끊이고
네 몸은 한번에 풀려나왔다
인제 사철 중얼거리는 물결소리와
야자나무에 불리는 바람들이
다시 네 가슴에 눈물을 가져오지 않으리라

— 모윤숙, 「호산나 · 소남도(昭南島)」 부분, 『매일신보』(1942.2.21)

제목[13)]이 시사하듯, 16~17세기에는 포르투갈 · 네덜란드의 간단 없는 침략에 시달렸으며, 1786년 이래 오랫동안 네덜란드와 영국의 격심한 경제각축장이었다가 1907년 완전히 영국 식민지로 떨어진 말레이시아 남단의 '싱가포르 함락'에 바친 축가이다. 일제의 말라이 침공목적이 무엇보다 '버마 · 인도 · 호주 및 남양군도 등지의 동시적 진공을 위한

13) '소남도(昭南島)'는 일제가 싱가포르를 고쳐부른 명칭이다. 여기서 시인은 성서적 인유(호산나, hosanna)를 통해 일본제국주의를 '구세주'와 동일시하고 있는데, '북한 적군'의 절멸과 기독정신의 인류애를 아무런 모순없이 뒤섞는 「어머니의 기도」(1951)에서도 분명한 것처럼 이는 모윤숙(毛允淑, 1910~1990)의 가치혼란을 단적으로 보여주는 오래된 시적 관습의 산물이다. 그럼에도 불구하고, 비장감 어린 어조로 일본의 '싱가포르 함락'을 송축하고 있는 이 작품은 분명 '아름다운 친일시'로 기억될 것이다.

군사교두보 장악, 풍부한 고무와 주석광 약탈'[14]이었다는 점에서, '소남도' 점령의 군사·정치적 의미는 매우 심중한 것이었다.

"검은 얼굴"의 말레이시아 처녀에게 새삼 지난날의 비참을 낱낱이 상기시키고, 위무하듯 "다시 네 가슴에 눈물을 가져오지 않으리라" 다짐하면서, 이 시의 내포화자가 추동하고자 하는 것은 "칼"에 의한 강고한 대동아공영권의 실현이다. 시적 퍼스나의 정치적 촉수는 당시 말레이시아 강점을 "마치도 '백색제국주의'로부터 '유색 인종'을 해방시킨 듯이 인민을 기만"[15]한 일제의 그것과 너무나 흡사[16]하다. 압착적인 토착 봉건영주들의 시적 표상인 "검은 채찍"과, 기독교를 앞세우고 "수없이 네 옆을 지나오고 지나"간 백색제국주의의 선명한 대비에서 이는 잘 드러난다.

……그 밤도 찬물로 아랫도리 식히며 울었어요
기름접시불 흔드는 야자수 그림자 검푸른 하늘로
달구벌 성당 종을 치던 아버지가 보였어요

나 조선 여자 월성(月城) 배씨(裵氏) 배옥수(裵玉水)
일본군 위문하는 애국봉사대 간호원이라 속이어
위안선 배밑창에 멀미하며 끌려와
버마땅 밀림 속 2월 50전짜리 위안부
아이꼬(愛子)가 되었어요

---

14) 박근영 외, 『동남아세아 인민들의 민족해방투쟁－1917.10~1945.8』, 평양: 조선로동당출판사, 1964, 234면 참조.

15) 위의 책, 234면.

16) 조선통감부 초대 총독 이토 히로부미(伊藤博文, 1841~1909)를 저격한 안중근(安重根, 1879~1910)조차도, 조선 선점을 위한 양대 제국주의세력 간의 러일전쟁(1904.2.8~1905.9.5)을 황백인종(黃白人種)의 대결로 보고, 일본 승전을 "수백 년 이래 악을 행하던 백인종의 선봉을 한 번의 싸움으로 크게 부수었으니 천고에 드문 일이며 만방에 기념할 자취"(「동양 평화론」, 1910)라 했을 만큼 이런 인종주의 이데올로기의 뿌리는 매우 깊은 것이었다. 최원식·백영서 편, 『동아시아인의 '동양' 인식』, 문학과지성사, 1997, 206~207면 재인용.

각반끈도 끄르잖고 밀려드는 왜놈들
까맣게 쓰러진 내 몸에서 죽창의 날카로움으로
낮이고 밤이고 부끄러움을 도려내가고
열여섯 내 순하던 육신은
버려진 삭구처럼 꺼져 갔어요

—도종환, 「죠센 데이신따이(朝鮮挺身隊)」 부분,
『고두미 마을에서』(창작과비평사, 1985)

'여자정신대·여자애국봉사대'의 이름으로 일본 군용매춘부로 투입된 대구(달구벌) 태생 '죠센 데이신따이'의 통절한 애한의 노래이다. 임종국(林鍾國, 1929~1989)의 지적처럼 "중국 전선, 남방 고도(孤島)의 수비대 본부는 물론 버마 최전선의 참호 속까지 '군수품'으로써 예외 없이 동원"되었던 군대위안부[17)]들의 처창한 삶의 편린이 시적 페르소나에 의한 자기객관화 과정을 통해 매우 곡진하게 펼쳐져 있다. 이미 앞서 언급된 모윤숙·노천명 등의 '친일·반미시'와는 크게 차별되는, 일본제국주의의 개입으로 파탄된 동남아시아 민중들의 겪어야 했던 간난과 고통의 흔적이 새삼 두드러진다.

3

제2차 세계대전의 종결로 동남아 및 서남아시아(중·근동)에서의 제국주의의 지위는 현저히 약화되었다. 1945~1949년간 이 지역 정세는 전쟁 전에 비할 때, '총인구 1억, 8개국 독립'에서 '총인구 7억 1천 500만

17) 임종국, 『일제침략과 친일파』, 청사, 1982, 191면.

명, 20개국 독립'이라는 근본적 변환을 겪었다. 이같은 상황에서 서양제국주의 열강은 종래의 무력지배와는 여러모로 차별되는 일종의 '저강도 전쟁(low intensity conflict)', 즉 주로 '기술적 · 재정적 원조 제공'의 미명 아래 이 지역 국가들의 영토를 자신의 '군사기지로 전변, 자신의 정치적 세력 복구'를 꾀하는 데 진력[18]하였다.

동남아시아 몇몇 국가들은 그러나 여전히 '독립'의 예외적 존재로 머물러 있을 수밖에 없었다. 태평양전쟁 기간 중의 점령군 일본이 2차대전의 패전당사국으로 전락하면서, 지난 시기의 식민모국들이 전승국 자격으로 재차 진주한 까닭이다. 베트남 · 캄보디아 · 말레이시아 · 인도네시아 등이 바로 이 경우에 속한다.

이념적 선택이 비교적 자유로왔던 '해방공간'(1945.8.15~1948.8.15)[19]의 남한 시에서 동남아시아를 뜨겁게 끌어안은 시인은 박인환(朴寅煥, 1926~1956)이 거의 유일하다.

> 거북이처럼 괴로운 세월이
> 바다에서 올라온다
>
> 일직이 의복을 빼앗긴 토민(土民)
> 태양 없는 마레 —
> 너의 사랑이 백인(白人)의 고무원(園)에서
> 재스민[素馨]처럼 곱게 시들어졌다
>
> 민족의 운명이
> 꾸멜신(神)의 영광과 함께 사는
> 안콜왓트의 나라
> 월남(越南) 인민군(人民軍)

18) 쏘련공산당 중앙위원회, 앞의 책, 412~414면 참조.
19) 객관적 엄밀성을 지닌 보다 정확한 용어는 '미군정기'이다.

멀리 이 땅에도 들려오는
너이들의 항쟁의 총소리

가슴 부서질 듯 남풍(南風)이 분다
계절이 바뀌면 태풍(颱風)이 온다

아세아(亞細亞) 모든 위도(緯度)
잠든 사람이여
귀를 기울여라

눈을 뜨면
남방(南方)의 향기가
가슴팩으로 스며든다(5월)

—박인환, 「남풍(南風)」 전문, 『신천지』(1947.7)

제2차 세계대전 종전과는 무관하게 여전히 서양 제국주의의 정치적 압박과 경제적 착취의 굴레에 갇혀 신음하는 말레이시아·캄보디아·베트남 인민에 대한 깊은 연민과 사랑의 아시아적 연대를 밀도 있게 표명하고 있는 노래이다. 그러나 이런 이해는 매우 일면적일 수 있다. "아세아 모든 위도 / 잠든 사람이여 / 귀를 기울이라"는 시적 언명에서 분명해지듯, 마취상태에 취한 듯 아득히 잠든 영혼을 강력히 일깨우고자 하는 시적 퍼스나의 예언자적 성격을 오히려 반감하는 것이기 때문이다.

장구한 세월에 걸쳐 영국·프랑스 등의 '백색제국주의'와 대적해야 하는 이들 동남아시아 민중의 간난과 고통이야말로 다름아닌 "이 땅"의 그것이기도 하다는 시적 인식을 짙게 드러낸다는 점에서, 이 작품에서 "마레" 및 "안콜왓트의 나라 / 월남"은 미군정기 남한 현실의 극도의 혼란과 비정상을 환기하는 하나의 시적 인유로 작동한다. 현재형 시제로 처리된 제1연의 시적 메시지가 한층 강한 리얼리티로 다가오는 이유이다. 그렇다면 "바다"에서 등륙한 외래 세력은 누구인가? 그것은 '해방자' 아닌 새로운 제국주의 '점령군'으로 남한에 진주한 미국의 시적 등가물, 즉 "밤이 가까울수록 / 성조기(星條旗)가 퍼덕이는 숙사(宿舍)와 / 주둔소(駐屯所)의 네온 · 사인"(「인천항」, 『신조선』, 1947.4)과 정확히 조응한다. 미국 "자본의 군대가 진주한 시가지는 지금은 증오와 안개 낀 현실이 있을 뿐"[20]이라는 박인환의 어두운 정세인식은 필경 이 시인에게 동남아시아 신생국들의 고투를 매개한 고도의 자기긴장을 촉발했을지 모른다. 요컨대, 시적 퍼스나 자신과 청자를 향해 '눈뜨고 잠에서 깨어 일어나라'는 것이다.

1907년 영국이 말라이 전역을 강점한 이래, 외적 강제에 의해 토지로부터 이탈한 말레이시아의 대다수 농민, 원주민 소수민족, 그리고 그 주요 인적 구성을 이루는 중국계 노동자들은 영국 식민주의자들이 경영하는 고무재배원 · 주석광 등에서 하루 16~18시간의 강도 높은 노예노동을 강요당하였다. 1864년 불란서 '보호령'으로 떨어진 이래 불란서 식민주의자들의 상품 판매시장 및 농산물 수출국으로 전변된 캄보디아 농민 · 노동자들은 고무재배원 및 차 · 면화 따위의 작물재배농장에서 1일 14~16시간의 장시간 노동에 긴박되었으며, 그나마 기아임금과 벌금 · 구타 등 동물적 생활을 엄중하게 강요당하였다.[21] 어느 의미에서, 이 작품의 제2~3연은 이들 동남아 3개국의 저간의 현실에 대한 간명한 시적 개괄이라 할 수 있을지 모른다.

> 동양의 오-케스트라
> 가메란의 반주악이 들려온다
> 오 약소민족
> 우리와 같은 식민지의 인도네시아

---

20) 박인환, 「서문」, 『새로운 도시와 시민들의 합창』(임호권 외), 도시문화사, 1949.
21) 박근영 외, 앞의 책, 132~136면 및 229~230면 참조.

오란다의 58배나 되는 면적에
오란다인(人)은 조금도 갖지 않은 슬픔을
밀림처럼 지니고
6,073만인(萬人) 중 한 사람도 빛나는 남십자성(南十字星)은 처 다보지도 못
하며 살어왔다

인도네시아공화국은 성립하였다 그런데 연립임시정부란 또다시 박해다
지배권을 회복할라는 모략을 부숴라
이제는 식민지의 고아가 되면 못쓴다
전인민(全人民)은 일치단결하여
스콜처럼 부서져라
국가방위와 인민전선을 위해 피를 뿌려라
300년 동안 받어온 눈물겨운 박해의 반응으로 너의 조상이 남겨 놓은 저 야
자나무의 노래를 부르며
오란다군(軍) 기관총진지에 뛰여드러라

참혹한 멧달이 지나면
피흘린 자바섬(島)에는
붉은 칸나꽃이 피려니
죽엄의 보람은 남해(南海)의 태양처럼
조선에 사는 우리에게도 빛이려니
해류가 부딪치는 모든 육지에선
거룩한 인도네시아 인민의 내일을 축복하리라
—박인환, 「인도네시아 人民에게 주는 시」(1947.7.26) 부분, 『신천지』(1948.2)

동남아시아 민중연대를 열렬히 고창한 일종의 아지프로시이다. "오란다인(人)은 조금도 갖지 않은 슬픔을 / 밀림처럼 지니고"나 "전인민(全人民)은 일치단결하여 / 스콜처럼 부서져라" 등에서도 여실한 바이지만, 한때 동시대 시인 김수영(金洙暎, 1921~1968)으로부터 근거 없는 경멸적 시선을 받기도 했던 '모더니스트' 박인환의 리얼리스트적 면모가 적실

하게 양각된 작품이다. 입말체 시어에 의한 시적 실감의 고양, 단호한 어조 도입, 특정 역사사실의 명료한 적시, 빛깔이미지의 선명한 대비, 비유적 언어의 생동한 활용 등을 통해 고급한 아지프로시적 성취를 보여주고 있는 것이다.

이 기간 동안 네덜란드 식민주의자들이 인도네시아 민중에 덮씌운 고통은 참으로 악랄한 것이었다. 특히 1890년대 중반 이래 인도네시아는 제국주의 독점자본을 위한 상품판매·원료공급 시장 또는 주요 자본투자지역으로 전변되면서, 지주들의 농민착취는 더욱더 강화되고 '쿠리'[苦力]로 전락한 수다한 농민들은 살인적 노동으로 매년 100명 당 30명 이상씩 희생되는 지경에 달하였다.[22] '홀란드령 동인도제도'가 1920년대 내내 '고무·석(錫)·석탄·석유·설탕·차·코프라' 등의 대폭적 증산으로 자국 국민소득의 12~15%를 든든히 뒷받침[23]했던 정치경제적 정황을 이 시를 통하여 어렴풋이 짐작해봄직하다.

제2차 세계대전이 종결되자마자 다시 복귀한 네덜란드는 독립을 선포한 '인도네시아공화국'(1945.8.17)을 승인하지 않은 채 영국·미국의 지지 아래 반독립적 군사행동을 감행[24]함으로써 과거 식민주의적 지배의 완전복구를 꾀했으나, 이에 맞선 수카르노(Sukarno, 1901~1970) 영도의 무장유격대에 의해 4년여 만에 크게 패퇴하였다. "인도네시아공화국은 성립하였다 그런데 연립임시정부란 또다시 박해다 / 지배권을 회복할라는 모략을 부숴라"(제3연)의 주된 시적 전언은 이러한 당대 정치상황의 압축적 진술로 읽힐 수 있다.

비교적 견실한 서사적 골격을 지니고 있는 이 이야기시(전 11연, 65행)에서 주목되는 것은, 선동적 어조의 지속과 집중('부숴라, 부서져라, 뿌려라, 뛰여드러라' 등)을 통해 시적 자아가 강포한 네덜란드 식민주의의 파쇄를

---

22) 위의 책, 57면 참조.

23) J. K. 페어뱅크 외, 앞의 책, 855면 참조.

24) 쏘련공산당 중앙위원회, 앞의 책, 410면 참조.

고무·추동하면서 "약소민족/우리와 같은 식민지의 인도네시아"와의 결속을 촉구하는 '제3세계해방문학론'을 표방[25]하고 있다는 점이다. 민족주의자 여운형(呂運亨, 1886.4.22~1947.7.19)의 피살, 미소공동위원회의 통일한국 '임시정부수립' 논의 결렬(1947.5.21), 미국에 의한 '이승만 단독정부' 수립(1948.8.15)의 전면적 가시화 등 당시의 반통일적 정세에 대한 하나의 시적 반작용이라 해야 할지 모른다.

4

동남아에 대한 북한의 시적 관심은 크게 두 가지 방향에서 이루어진다. 첫째는 이른바 '조국해방전쟁'(1950.6.25~1953.7.27)의 원인 제공자를 미국으로 규정, 이를 시적 매개로 하여 동남아시아 민중에 대한 국제적 연대를 확인하는 관점이다. 북한에게 있어 "미국 정부는 1950년 6월 25일 조선민주주의인민공화국을 반대하는 침략전쟁을 도발"한 외부적 "간섭자"[26], 즉 "조선내전을 도발"[27]한 전쟁책임 당사국으로 인식된다. 미국은 그들에게 반드시 타격해야 할 '적'이며, 따라서 특히 약소 민족국가를 상대로 세계 도처에서 전쟁행위를 일삼는 미국은 자연스럽게 비상한 시적 대상으로 부각된다. 둘째는 동종 사회주의국가와의 다양한

25) 이는 해방 직후 일련의 '흑인시'를 통해 남한에 진주한 미국의 제국주의적 실체를 확인하고자 한 배인철(裵仁哲, 1920~1947) 시세계의 근본적 지향과 일맥상통하는 것이다. 윤영천, 「배인철의 흑인시와 인천」, 『황해문화』, 2007 여름, 212~241면 참조.

26) 조선민주주의인민공화국, 『조선인민군 및 중국인민지원군 포로들에 대한 미국 침략자들의 만행에 관한 자료집』, 평양: 국립출판사, 1954, 1면 및 70면.

27) 조선력사편찬위원회 편, 『미제국주의자들의 조선내전을 도발한 증거문헌집』, 평양: 개벽신보사, 1951, 1면.

교류 또는 '아시아 및 태평양지역 평화옹호대회'(북경, 1952.10.2~10.12) 등의 국제회의를 통해 동남아시아적 문학연합전선을 모색하는 입장이다. 그런데 양자에서 공통적인 것은 거개의 작품들이 아지프로시의 범주를 크게 벗어나지 못하고 있다는 점이다.

아프리카를 비롯한 광대한 아세아는 무엇보다도 서양제국주의 경제 수탈의 주된 표적으로 형상된다.

> 아메리카는 말하기를 좋아한다
> '하느님'과 '예수'에 대해 ……
> 부녀자에게 달려들면서도 '하느님'을 찾는다.
>
> 그들은 그 이름으로 수백 년 동안
> 동방에서는 황금, 남방에서는 고무
> 아프리카에서는 흑인을 실어 갔다.
>
> 그들은 바로 그 이름으로 조선에도
> 처음에는 선교사, 다음에는 대포,
> 마지막엔 파리와 모기를 보내 왔다.
>
> —백인준, 「'하느님'과 아메리카」(1958) 부분,
> 『벌거벗은 아메리카』(평양: 조선작가동맹출판사, 1961)

한국전쟁의 '도발자' 미제국주의의 실체적 의미를 풍자적으로 노래한 '반미시'이다. 여기서 미국은 한갓 "부녀자에게 달려들면서도 '하느님'을 찾는" 극히 부도덕하고 위선적인 존재, 기독교를 앞세워 무력침탈을 일삼는 한낱 야만적인 경제동물[28]일 뿐이다.

15세기 중반부터 19세기 중엽까지 약 400년간 영국을 비롯한 프랑

28) 중국 현대시인 석방우(石方禹) 역시 한국전쟁에 개입한 미국을 "앞가슴에 십자가 드리운 / 살인범"으로 규정한다. 석방우, 「평화의 목소리—1950.10 상해에서」 부분, 『세계의 분노』(밀란 쿤데라 외), 평양: 국립출판사, 1959, 53면.

스·포르투갈·스페인에 이어 네덜란드·스웨덴·덴마크 등에 의해 광범하게 자행된 폭력적인 흑인노예무역은 적게는 6천만, 많게는 1억에 달하는 아프리카인들을 값비싼 '상품'으로 서양 각국에 수출함으로써 18세기 후반부터 19세기에 걸친 산업혁명의 필수불가결한 인적 토대를 제공[29]하였으며, 미국은 제1의 거대한 상품시장으로 되었다. 이미 1818년 미국 노예무역시장에서 '일류 노예'는 무려 1천 달러를 호가, "단일작물의 연작(連作)으로 농토가 황폐 …… 토지가격이 급속히 저락"했던 1850년에는 '흑인노예 보유'가 재산증식의 최대 관건[30]이 되기에 충분했다. "수백 년 동안 / 동방에서는 황금, 남방에서는 고무"가 그 주요 품목이었다. 제국주의전쟁이 냉혹한 경제논리의 대규모적 작동 기제임을 명료하게 인식한 것이다.

'동방'에 대한 정치경제적 압제의 주체는 단지 미국에 한정되지 않는다.

중국을 '조계'로 강점한
미국놈들은 비률빈 사람에게
영국놈들은 인도 사람에게
불란서놈들은 월남 사람에게
영사관 파수지기 총검을 들리웠다.

아세아 대륙을 쫓겨난
침략자의 발톱이
먼 바다 섬기슭마다
오늘도 '봉쇄'와 '차단'의
그물을 늘이고 있으나

자유와 독립의

29) 오자와 유사쿠[小澤有作], 백산서당 편집부 편역, 『민족해방과 교육운동』, 백산서당, 1985, 13~15면 참조.

30) A. 모로아, 신용석 역, 앞의 책, 홍성사, 1984, 506~507면 참조.

장쾌한 물결은
남방 이름없는 고도 쟝글에도
항쟁의 깃발을 힘차게 휘날리고 있다.

—민병균, 「자유 동방의 아침」(1951.8) 부분, 『민병균 시선집』
(평양 : 조선작가동맹출판사, 1958)

상하이[上海]의 옛 '일본 영사관' 거리에서 '조국해방전쟁'의 승전보를 들으며 시적 주인공은, 과거 식민지였던 베트남 및 "인도 비르마 / 말라이 인도네시아 / 비률빈"(같은 시)에 자신의 친제국주의 괴뢰정권을 앞세우는 데 광분하는 영국 · 미국 · 프랑스 · 네덜란드 등 "아세아 대륙을 쫓겨난 침략자의 발톱"(같은 시)을 단호하게 규탄한다. 프랑스가 옹립(1949)하고 미국이 공식 승인(1950)한, 응우엔 왕조[阮朝]의 마지막 황제 바오 다이[保大, 1913~1997]의 베트남정부,[31] 영국 식민주의자들의 직접적인 지시 아래 꼭두각시 역할을 논 우소에 의해 감행된 아웅산 및 대규모 민중에 대한 '버마 대학살'(1947.6)[32]은 아마도 "영사관 파수지기 / 총검"의 전형적 사례에 해당할 것이다. 그러나 위의 시적 진술처럼 "남방 이름없는 고도 쟝글에도 / 항쟁의 깃발"은 드높이 나부끼었다.

연설이 끝난 월남 대표에게
머리가 백발이 된 불란서의 로투사 쟈네트는
선물을 주면서 껴안고 운다,

—월남 대표여!
네 가슴에 사무친 원한
우리는 안다
네 등골에 박힌 상처의
쓰리고 아픔을 나는 안다,

31) 유인선, 앞의 책, 377~380면 참조.
32) 박근영 외, 앞의 책, 162면 참조.

—김귀련, 「월남이여—아세아 제국 녀성 대회장에서」(1949.12) 부분,
『이른 봄』(평양: 조선작가동맹출판사, 1958)

그 부제에 명시된 바이지만 '아세아 제국 녀성대회'의 한 장면, 프랑스 반체제 투사 "로투사 자네트"가 월남대표의 "등골에 박힌 상처의/쓰리고 아픔"을 곡진히 위무하는 모습을 소묘하고 있다. 근 100년간 줄기차게 반불투쟁을 벌여 온 베트남민중에 뜨거운 연대를 표하면서, 결의하듯 시적 자아는 "총이, 땅크가, 비행기가,/우리의 힘보다는 무섭지 않아"(같은 시)라고 언명한다.

자장가 들려오는
들창 밑으로—
이삭이 춤추는
밭이랑 옆으로—
그리고 사람들의 심장속을 지나,
피어린 홍하(紅河)에서,
타부서진 조선의 바위에 잇닿은
우리의 전호앞에서,

초연이 자욱한 밀림의 밤에
조선에서 보내준 사과를 먹으며
꽃피인 과수원을
눈앞에 그렸다는 그대,
—정준기, 「축배를 들며」(1954—제네바에서) 부분, 『조선 인민은 하나이다』
(리병철 외, 평양: 조선작가동맹출판사, 1956)

'북베트남의 젖줄 홍하(洪河), 조선의 막강 전호(戰壕)'는 여기서 긴밀하게 상호연결된 하나의 생명선으로 형상된다. 그것은 얼핏, '디엔 비엔 푸' 전투(1954)에서 호치민의 등짐군대 앞에 '준장 1명, 대좌 16명, 장교

및 하사관 1,749명 등 도합 16,000명 전사자'를 낸 끝에 대패[33]한 프랑스군대에 대한 전술적 승리의 핵심적 요인, 즉 한국전쟁에 투입된 중국 인민지원군(1950.10.19~58.10.24)이 미군의 산악포격전에 대비했던 참호전[34]을 쉽사리 떠올려준다.

1954년 제네바회의 참관을 계기로 발표된 이 작품에서 시인은 미제국주의의 실체를 새삼 확인한다. 이 회의에서 북베트남 대표 팜 반 동[Phạm Văn Đồng, 范文同]은 "인도지나로부터 점차적으로 불란서를 축출하고 인도지나를 미국의 식민지로 전변시키며, 인도지나의 경제와 자원을 략탈하여 인도지나 인민들의 민족해방운동과 민주주의운동을 억압하여 인도지나를 동남아세아 정복을 위한 발판으로 전환, …… 미국의 군사기지로 만들려는 목적을 추구"[35]하는 데 혈안이었던 미국을 맹비난하였다. 아마도 이 연설을 접했을 것이 거의 분명한 듯한 이 시적 퍼스나는 '조선 사과'를 먹으며 프랑스 군대와 고투를 벌인 한 베트남 전사 '그대'에게 "통일의 축배"(같은 시)를 제안한다.[36]

싸이공이여! 메콩의 흐름이여!
텐뻴로의 과원이여! 야자수의 숲이여!
낯익은 땅 우의 거리여! 마을의 거리여!

---

33) 조선중앙통신사 편, 『해방후 10년 일지－1945~1955』, 평양 : 조선중앙통신사, 1955, 341면.

34) Võ Nguyên Giáp, *Điện Biên Phủ－Rendevous with History*, The Gioi Publishers, 2004, pp.156~157.

35) 「1954.5.10 회의에서 범문동의 연설」, 『조선중앙년감－1954~1955』, 평양 : 조선중앙통신사, 1954, 357~358면.

36) 북한 현대시에서 '동남아시아 지역국가'를 소재로 끌어들인 이외의 작품 및 대상국들은 아래와 같다. 김우철, 「두 세계」(1952.10 : 필리핀), 「복쑤에 설레이는 쟝글」(1952.10 : 말레이시아), 『김우철 시선집』(평양 : 조선작가동맹출판사, 1957); 오영재, 「용광로 앞에서」(1958 : 베트남), 『영광은 만리에』(평양 : 국립문학예술서적출판사, 1959); 박세영, 「우리 수상님 돌아오시네」(1958.12.10 : 베트남), 『박세영 시선집』(재판, 평양 : 조선작가동맹출판사, 1959); 김상오, 「용서를 빌지 말라, 미제국주의자들아!」(라오스, 1961), 『나의 조국』(평양 : 문예출판사, 1988) 등이 있다.

모두 잘 있으라, 갔다가 다시 돌아오리니 ……

아직도 샛하얀 표말 뒤에
고요히 잠든 전우들의 무덤 앞에,
피같이 불타는 들꽃 한 묶음 얹어놓고
전우들이여! 잘 있으라, 갔다가 다시 오리니 ……

월남인민군 한 분대는
싸움의 날마다 기쁨도 같이
슬픔도 같이한 고향 같은 근거지를 떠나
17도 이북—집결구역으로 올라오고 있었다.

—조학래, 「한 줌 흙」(1955.8) 부분, 『국제적 벗을 찾아서—몽고·월남·독일 민주주의공화국 방문기』(박세영 외, 평양: 국립출판사, 1956)

북베트남의 '디엔 비엔 푸 전투' 승리(1954.5.7) 직전후 시기(1954.4.26~7.21)에 개최된 제네바회의에서 '베트남—프랑스 전쟁' 문제에 관한 최종선언이 중국 주언라이[周恩來, 1898~1976]의 중재로 난산 끝에 채택(1954년 7월 21일), 베트남은 '북위 17도선'을 경계로 남북으로 갈리었다. 이에 따라 호치민 정부군 및 북베트남 거주희망 민간인은 300일 이내에 이 잠정적인 군사경계 분단선 이북으로 이동·재집결하지 않으면 안되었다.[37)]

시인이 '월남 방문 조선인민 대표단·예술단' 일원으로 현지에서 만났음직한 남베트남 출신 월북자를 시적 퍼스나로 내세워 분단의 회한을 노래한 작품이다. 프랑스군대와의 '8년 항쟁'(1946.12.9~1954.5.7)을 일단 접고, 줄곧 고통과 슬픔을 함께 나눈 '근거지와 잠든 전우', 메콩강과 "텐뽈로의 과원"들을 뒤로한 채 "17도 이북—집결 구역"으로 서둘러 떠나가는 '월남인민군' 행렬 등도 두렷하지만, 제목 그대로 한 노파가

37) 유인선, 앞의 책, 387면; 이영희, 「베트남전쟁 III」, 『베트남전쟁—30년 베트남전쟁의 전개와 종결』, 두레, 1994, 90면 참조.

"이 흙! 짓밟힌 이 흙을 해방시켜 주오"(같은 시)라고 흐느끼며 월북병사들에게 '한 줌 흙'을 건네는 장면은 특히 인상적이다.[38]

'1956년 7월 이전 남・북총선거에 의한 통일'은 그러나 포말처럼 사라졌다. '북위 17도'의 잠정적 군사분계선은, 저 "얼굴이 누렇고 키가 작은 아시아인"[39]의 집요한 공세 앞에 '세계의 경찰' 미국이 제국주의 선배국가 프랑스처럼 무릎꿇은 연후에야 비로소 절단되었다. 북베트남의 '남베트남 흡수통일'(1975.4.30)이 이뤄진 것이다. 특히 남부베트남 민중에게 이 '20여 년 분단'은 그야말로 지루하고 막막하기만 했던 간난과 눈물의 세월이었다.

> 지금은 집집마다 문들을 꽁꽁 닫아 건 깊은 밤이예요. 거리를 쏘다니는 미국놈과 느고 딘디엠 병사들의 뚜거덕거리는 군화 소리가 요란한가 하면, 사람을 몸서리치게 하는 찌프차의 엔진 소리도 무시로 들려오군 해요. 여기에선 밤에도 낮과 다름 없이 소란하여 이 몇 해째 저는 하루'밤도 발 편 잠을 이룬 적 없어요. 밤마다 저의 가슴엔 근심 걱정이 서리서리 얽히군 해요. 우리가 갈라진지도 어느덧 8년이 가까워 오는군요(1962년 2월 13일 밤 반톗시에서 P. T. L).[40]

> 금년에 마을 사람들은 생산 면에서 경쟁을 전개하여 산전을 많이 개간하였습니다. 벼는 탈곡을 끝내여 뒤주에 넣기까지 하였습니다. 옥수수는 아직 여물지 않았어요. 미하에는 고기가 대단합니다. …… 마을 사람들은 인젠 미제와 디엠 도당들이 와서 략탈해 갈 때처럼 배고픈 생각은 하지 않아도 됩니다. 렘 형님! 3~5년 아니면 7~8년이 지나 조국이 통일되는 날, 형님은 고향에 돌아와 우리와 함께 북을 치고 꽹과리를 울리며, 또 사슴고기를 구워놓고 대나무 빨'대로 술'독의 술을 빨아 마시면서 놀아봅시다. 아, 그때는 얼마나 즐겁겠습니까!(1961년 9월 21일 꿍두움에서 딩버렘 올림)[41]

---

38) 이와 매우 방불한 '이별 노래'로 춘멘(중국), 「남방의 흙」(1954), 『월남시집—월남은 싸운다』, 연길 : 연변인민출판사, 1965이 있다.

39) 송기원, 「월남에의 기억・1」, 『그대 언살이 터져 빛날 때』, 실천문학사, 1983.

40) P. T. L, 「사랑하는 이!」(1962.2.13) 부분, 『남방에서 온 편지(南方來信)』(전쉰 외), 하노이 : 월남외국문출판사, 1964; 野菊 역, 연길 : 연변인민출판사, 1965, 7면.

"넓이 몇 백메터에 불과한 '벤하이(Ben Hai, 濱河) 강이 국토를 량단하고 있는 그것으로 하여 대부분의 편지는 국경선을 넘어 자동차·기차·기선·비행기로, 마치 하늘을 정처 없이 떠도는 새들이 둥지를 찾아서 헤매듯 아시아 아프리카와 아메리카주의 여러 나라들을 돌고 돌다가 급기야 하노이[Ha Noi, 河內]에 도착"[42]한, 생이별한 북녘 가족과 친지들에게 띄운 애절한 기별의 편린들이다.

여기엔 "'사이공[西貢] 시간'보다 한 시간이 빠른 '하노이[河內] 시간'"을 여전히 고수[43]하면서 북베트남 이산가족을 향한 깊은 그리움과 사랑을 어쩌지 못하는, "시간조차도 정치적으로 분열되어 있는"[44] 남베트남 민중의 진정성과 아픔이 절절히 배어 있다. 전자는 그리운 남편에게, 후자는 자신도 모르게 이미 할아버지로 돼버린 과거 민족해방전선의 선배전사에게 부친 애틋한 사연을 각각 적고 있다. "미제"와, 극렬 반공주의자로서 아이젠하워(Dwight D., 1890~1969)가 '아시아의 이승만'이라 별칭하기도 한 바로 그 고딘 디엠[Ngo Dinh Diem, 吳廷琰, 1901~1963] "도당들"의 폭압적 행태 또한 낱낱이 고발되고 있다.

그러나 결코 간과할 수 없는 것은, 베트남민중의 압도적 다수를 차지하는 농민들에 대한 "디엠 도당들"의 폭압이 가혹하면 할수록, "한 명의 학대받는 농민이 있는 곳에, 열 명의 '베트콩 동정자'와 또 무수한 '잠재적 보충병들'이 줄을 이을 것"이라는 사실[45]이다.

조선의 북녘 땅과
월남의 북녘 땅에는

---

41) 딩버렘, 「친애하는 램 형님에게」(1962.2.13) 부분, 위의 책, 68면.

42) 월남외국문출판사 편집부, 「머리말」, 위의 책, 7면.

43) 오카무라 아키히코[岡村昭彦], 「해방전선의 우편배달부」, 이영희, 앞의 책, 214면 재인용.

44) 오카무라 아키히코, 위의 글, 214면.

45) *Saigon Post, To Rally the Peasants*, Marcus G. Raskin and Bernard B. Fall(eds.), *The Viet-Nam Reader*, New York : A Vintage Book, 1965, p.279.

오곡이 무르익어 황금 바다 이루고
가없이 넓은 푸른 벌,
햇볕 받아 눈부신 삼림,
넘실거리는 은빛 바다,
즐비하게 늘어선 학교며 굴뚝이 ……
가는 곳마다에
삶의 노래 드높고
향기 그윽하게 풍기누나.

그러나
조선의 남녘 땅과
월남의 남녘 땅엔
굶주림과 헐벗음만이 휩쓸고 있나니
이는 미제가 가져다 준 선물
이는 리승만과 느고 딘 디엠이
빚어낸 참극.(1957.11.28 — 하노이에서)

—국색(월남), 「신심을 그대께서」 부분, 『영광은 만리에』
(평양 : 국립문학예술서적출판사, 1959)

북베트남 호치민의 북한방문(1957.11)에 대한 김일성 답방(1958.11)을 기린 한 베트남 시인의 행사시이다. 양국 공통의 사회주의 계획경제의 우수성을 자못 서정적으로 노래하는가 하면, 남녘의 '미제'와 그 대리역할자 "리승만과 느고 딘 디엠" 정권을 엄중히 탄핵하고 있다. "조선과 월남/국경 아닌 두 계선 터치고/남북을 하나로 묶어 세워"(같은 시) 하루 속히 남북통일을 이루자는 하나의 선전선동시라 할 수 있다.

5

미군정기의 박인환 이래 오랫동안 '동남아 시편'의 존재는 그야말로 묘연하였다. 1950년대 들어 곧 한국전쟁(1950.6.25~1953.7.27)에 돌입, 이를 계기로 남북간 이데올로기 대립은 한층 첨예화하였다. 12년간에 걸친 이승만의 고강도 반공독재체제가 1960년 '4·19민주주의운동'에 의해 막을 내린 것도 잠시뿐, 그 이듬해 '5·16군사정변'으로 정권을 장악한 박정희 군부는 체제의 안정적 유지를 위해 정략적으로 미국에 '베트남 파병'을 제안[46]하였다. 그리하여 1964년 9월 11일 의무병력(제1이동외과병원) 파견을 시작으로, 1965년 2월에는 건설지원단(비둘기부대)을, '북폭'(1965.2.7)으로 베트남전쟁에 미국이 전면개입하자 1965년 10월에는 청룡·맹호를, 1966년 8월에는 백마 등의 전투부대를 속속 파견하였다.

1965년 현재 '총인구 2억 4천 900만 명'을 거느린 동남아시아의 중심부에 위치한 베트남은 미국에게 무엇이었던가?

> 월남에서의 주도권을 장악하거나 영향력을 갖게 되면 동쪽으로는 포모사(Formosa, 현재의 '타이완'—필자), 서쪽으로는 막대한 쌀을 생산하는 태국과 버어마, 그리고 남쪽으로는 고무·광석·주석 등이 풍부한 말레이시아와 인도네시아의 장래에 영향을 미칠 수 있다. 따라서 월남은 지정학적인 진공상태로 될 수는 없다.[47]

베트남 대사를 역임한 바 있는 헨리·로지(Henry C. Lodge, 1902~1985)의

---

46) 한홍구, 『대한민국사』 2, 한겨레출판, 2003, 36~41면 참조. 이는 1954년 1월과 5월 두 차례에 걸친, 이승만의 "디엔 비엔 푸 전투에의 한국군 투입계획'을 쉽게 연상시킨다. 1950년 '미군의 한국전쟁참전 보답, 동남아시아에서의 반공정신 고취' 목적으로 구상된 이 계획은 그러나 미국·프랑스의 거절로 행복한 미수에 그쳤다. 유인선, 앞의 책, 383면 참조.

47) 페릭스·그린(Felix Greene), 송우영 역, 『제국주의와 혁명』, 백산서당 1983, 95면 재인용.

이 발언을 통해, 무엇보다도 베트남의 경제적 가치에 크게 주목한 미국의 근본적 입장 또는 베트남전쟁의 발발 원인이 저절로 분명해진다.

1970~80년대 '베트남 시편'은 우선 '연 파병인원 31만 2,853명, 전사 4,960명, 부상 1만 963명'을 기록한 이 베트남전쟁 참전문인들에 의해 산출된다. 소설의 박영한(『머나먼 쏭바강』, 1973), 안정효(『전쟁과 도시』, 1985), 황석영(『무기의 그늘』, 1985~1988), 이원규(『훈장과 굴레』, 1987), 시의 김준태(『참깨를 털면서』, 1977), 김명인(『동두천』, 1979), 김명수(『월식』, 1980), 송기원(『그대 언살이 터져 빛날 때』, 1983) 등이 대표적이다.[48]

베트남전쟁이란 우리에게 무엇인가? 물론 그것은 "몇 닢의 동전에 총알받이로" 친구들을 차출해 간 '용병전쟁'(양성우, 「노예수첩」, 1977) 쯤으로 단박 규정되기 어렵다. 김준태에게 있어 베트남은 "달나라에서 돌아오지 못한 닐 암스트롱이 / 메콩강 갈대밭 똥갈보의 자궁마다 우주복을 입은 채로 죽어 있는 나라"(「껍둥이」, 1970), 베트남전쟁은 "죽은 여자도 몇 번이고 간통하는 더러운 전쟁"(「고독한 젊은이는 강하다」, 1970) 등 매우 혼란스럽게 인식된다. 그러나 그것은 거대한 미국 군산자본에 의해 거침없이 자행되는 부도덕한 전쟁, 불결하기 이를 데 없는 야만적이고 '방종한 성적 추행' 같은 것으로 요약된다.

> 추라이와 미라이村落 혹은 후에의 변두리
> 혹은 디엔비엔푸에서 개새끼보다 못하게 학살된
> 그 아름답던 꼬마들은 어디 어디에 묻혔는가
> "Vietnam is the Brotel of the world!"
> 말한 플브라이트도 요즘은 워싱톤 파아크를 홀로 걷는다지?
> 하루살이처럼 살아가는 그들을 보지 못했지만

---

48) '베트남 소설'에 관한 논의는 이 글의 범위를 벗어난다. 김명수 · 김명인 · 송기원 등의 '베트남 시편'은 윤영천, 「베트남전쟁과 동아시아 문학의 연대—북베트남 · 한국 현대시를 중심으로」, 『민족문학사연구』 34호, 민족문학사학회, 2007) 참조. 여기서는 베트남전쟁 참전시인 김준태, '후방시인' 김현승의 작품에 국한하기로 한다.

저널리스트에게 상품으로 팔려가는 들소의 울음소리를 들었다
희한한 사건기사만 읽는 週刊誌讀者들만 만났을 뿐
월남에 오니 한주먹도 월남은 안 보이는구나
다낭항구서 곰보빡보 호이안전선으로 달려가면서
우리가 슬퍼한 것은 무엇인가 더욱 더 무엇인가
갈대늪에 빠져 죽은 地方軍의 시체보다도
망아지의 뒷다릴 붙들고 코뚜레를 끼는,
本土의 여자가 흑인兵士 사이에 낳은
검지도 희지도 않은 트기사내의 두 손이었다.

—김준태, 「비에트남」(1970) 부분, 『참깨를 털면서』(창작과비평사, 1977)

추라이[Chu Lai, 珠萊], 미라이[My Lai, 美萊], 후에[Hue, 順化], 디엔 비엔 푸[Dien Bien Phu, 奠辺府], 다낭[Da Nang, 峴港], 호이안[Hoi An, 會安]' 같은 지명들이 우선 눈길을 끈다. 강한 역사적 환기력을 동반할 뿐 아니라 미학적 긴장을 아울러 고조시키는 시적 인유인 때문인데, 100년 가까이 지속되어 온 프랑스제국주의 강포한 유린을 떠올리게 하는 '디엔 비엔 푸', 미군에 의해 자행된 이른바 '미라이 학살(My Lai Massacre)'[49] 등이 특히 그러하다.

온통 전흔으로 비참하게 일그러진 "곰보빡보" 호이안전선에 투입된 한 한국인 병사의 베트남전쟁에 대한 극도의 자의식과 회의가 작품 전면에 어지럽게 뒤엉켜 있다. 베트남 민중의 고통은 증발되고 고작 저널리즘 "상품으로 팔려가는 들소의 울음소리"와 그 사건기사만을 풍문처럼 접했을 뿐인 이 지식인 시적 자아는, 정작 "월남에 오니 한주먹도 월남은 안 보이는구나"라고 자책하듯 탄식한다. 라오스 국경의 저 궁벽한 북부베트남의 '디엔비엔푸'에서, 중부베트남 '응우엔 왕조[阮朝]'의 기품

49) 1968년 3월 16일 미국 보병은 '베트콩 수색작전'을 빌미로, 중부베트남 꽝 응아이(Quang Ngai, 廣義) 성(省) 산하, 미라이 지역의 선미(Son My, 山美) 마을에서 '양민 504명'(임산부 17명, 유아 173명 포함)'을 대량 학살하였다.

있고 늠연한 고도(古都) 후에[會安]에서, 보석 같은 '추라이[珠萊] · 미라이[美萊]' 항구들에서 "개새끼보다 못하게 학살된 / 그 아름답던 꼬마들은 어디 어디에 있는가"고 절규하기도 한다.

"베트남은 세계의 매음굴"이라 한 시적 인유에서도 간취할 수 있듯 베트남전쟁에 남달리 비판적이었지만, "남베트남에 대한 미국원조의 무조건적 철회는 피해 막심한 결과를 초래할 것이 분명하다"[50]는 이중성을 드러내기도 했던 '미국 상원 외교위원회 위원장' 플브라이트(Senator J. William Fulbrifgt, 1905~1995)는 이 청년 화자에겐 결국 정치적 제스처에 능한 한갓 속물덩어리일 뿐이다. 이런 시적 인식은 "플브라이트도 요즘은 워싱턴 파아크를 홀로 걷는다지?"라는 날카로운 아이러니에서 여실하다. 그러나 시적 퍼스나에게 이 반어는 매우 고통스런 것이다. "우리가 슬퍼한 것은 무엇인가 더욱 더 무엇인가"를 반성적으로 자문하게 하지만, 그 대답은 "本土의 여자가 흑인兵士 사이에 낳은 / 검지도 희지도 않은 트기사내"라는 하나의 불유쾌한 '성적 잔존물'로 대체되어 되돌아오기 때문이다.

남베트남 미군점령지역 도처에서 '베트남여성 강간'은 과연 항다반사처럼 자행되었다.

> 1965년 5월과 10월 사이에 (남부베트남 동남단 메콩강 유역—필자) '안장'[An Giang, 安江] 및 끼엔 장[Kien Giang, 堅江] 두 성(省)의 3개 현(縣)에서만 미군은 75건의 부녀자 겁탈하는 사건을 벌였다. 이 희생자들은 13세 소녀에서 60~62세 할머니까지 포함되어 있었다. 우리 동포들은 수백 개의 작은 배를 끌고 미군이 강간 · 살해하고 강에 버려버린 친구와 아내와 자식의 시신을 찾기 위해 그물로 강바닥을 훑었다. 어떤 날 밤 한 동포는 강바닥에서 가슴이 잘려나가고, 생식기관 부분이 찢겨져나가고 죽어 부어오른 알몸의 여자 시체 6구를 한번에 만났다.[51]

50) J. W. Fulbright, *The War in Viet—Nam*, Marcus G. Raskin and Bernard B. Fall(eds.), *The Viet—Nam Reader*, New York : A Vintage Book, 1965, p.205.

> 끼엔 퐁(Kien Phong) 성(省) 홍 응우(Hong Ngu) 현(縣) 카안(Khanh)에 이르는 바−랑(Ba−Rang), 독 방(Doc Vang) 강가에서 미군은 거행중인 결혼식을 막아 신부와 신부들러리 6명을 잡아갔다. 신랑은 적의 손아귀에 있는 신부를 구하기 위해 돌진하였으나 미군은 신랑을 쏘아 쓰러뜨렸다. 결혼식에 참석한 사람들의 아우성을 뒤로한 채 미군은 모든 여자들을 배에 태워갔다. 3일 후, 독 방에 사는 한 사람이 처참하게 죽은 7구의 시신을 건져올렸고 모두 천 조각 하나도 걸치지 않았다.[52]

야만을 극한 미군의 동물적 광포가 한눈에 선연하다.

그러나 이같은 상황에서 되레 남부 베트남 민중의 반미투쟁은 한층 가열되었으며, 미국과의 결사항전을 다지는 반미시가 속속 출현하기에 이른다.

> 남방을 해방하자 미제와 매국적 때려엎자!
> 그 어떤 놈 조국강산을 가른다더냐
> 영웅적 메콩강 슬기론 장산(長山) 우리를 불러 싸우게 한다
> 단결하여 싸워나가자
> 총창을 들어라 조국강산에 찬란한 태양 비춘다[53]

남부베트남의 생명줄 메콩강과 중국과 접경한 북부베트남 즈엉선(長山)에 의탁, "미제와 매국적(賣國賊)" 분쇄를 소리높여 외치고 있는 〈월남 남방 민족해방전선의 노래〉 일절이다. 총창으로 그들과 견결히 맞설 것

---

51) 베트남에서의 미군의 전쟁죄악 조사위원회, 「1966~67년 중남부 지역에서 자행된 야만적인 여성강간 사건들−특히 메콩강 유역을 중심으로」; 도오 투 하(Do Thu Ha), 「최근의 베트남 전쟁문학 작품에 나타난 베트남여성」 부록, 『여성문학연구』 제7권, 한국여성문학회, 2004, 56면 재인용.

52) 도오 투 하, 위의 글 「1966~67년 중남부 지역에서 자행된 야만적인 여성강간 사건들−특히 메콩강 유역을 중심으로」, 57면 재인용.

53) 황명근 사·곡, 〈남방을 해방하자−월남 남방 민족해방전선의 노래〉(1절); 곽소천 외, 『월남은 필승한다−월남 인민의 반미 애국투쟁을 지지하는 가요 선집』, 연길: 연변인민출판사, 1965, 16~17면.

을 노래한 '해방투쟁가'의 한 전형이기도 하다.

나로 하여금 늘 뾰족하게 날 선
대나무 되게 하라
저 침입자 절뚝이게

대나무가 되게 하라
한 치라도 더 가까이 어머니께 다가가듯 내가
대지에 깊이 뿌리 박는

—레 아인 쑤안, 「대나무」(1966)[54] 부분

반미투쟁의 선봉이었던 레 아인 쑤안(Le Anh Xuan)의 작품인데, 시대의 어둠을 혁파하고자 스스로 하나의 무기임을 자임하고 나선 한 열혈적 투사를 노래한 고은의 「화살」(1978)을 쉽게 연상시킨다. '죽창'의 예리함으로 간단히 "침입자"를 제압하고자 하는 시인의 불타는 전의가 리얼하다. 어머니를 향한 육친적 사랑과 동일시됨으로써 그 "열정으로 충일한 불굴의 영혼"[55]을 새삼 실감케 해준다.

이 지점에서 김준태의 또다른 '월남 시편' 「고노이섬」(1970)을 언급할 필요를 느낀다.

갈대가 사람의 키를 넘는 고노이섬
갈대가 사람보다도 많이 흔들리는 고노이섬
굴속에서 젖꼭지를 물려주고 미역국을 마시고

---

54) Le Anh Xuan(1940~1968), 「대나무」(1966) 부분; Hguyen Khac Vien and Huu Ngoc, *Vietnamese Literature—Historical Background and Texts*(trans by M. Cowan : Ha Noi : Red River, 1982), p.958. 사이공(Saigon, 西貢) 남방 벤쩨(Ben Tre, 檳椥) 태생의 이 시인은 1954년 월북했다가 1960년 다시 월남하였다. 이 시인은 1968년 1월 30일 개시된 북베트남군—남베트남민족해방전선(Viet Cong)의 '케산(Khe Sanh) 미군기지 공격' 즉 '1968 구정공세' 때 사이공에서 전사하였다. 위의 책, 956면 참조. 번역은 필자.

55) Hguyen Khac Vien and Huu Ngoc, 위의 책, 956면.

배추잎을 씻고 아이녀석의 기저귀를 빨고
그러나 굴속에서 울고 웃던 맨발의 여자베트콩은
어디 숨어서 있나
어디 숨어서 피를 흘리나
조니워카와 샴팽과 꼬냑크와 막걸리가 엎질러진 고노이섬
도마뱀이 쇠붙이처럼 녹이 슬은 고노이섬
원주민의 눈알이 모래주머니처럼 쏟아지는 고노이섬
먼 나라서 싸우러 온 새파란 젊은 애숭이들이
지옥보다 캄캄한 민간인의 共同墓地
수억년 석탄이 잠든 무덤구덩이에서
너도 나도 쭈그려 앉아 手淫을 한다지
무덤에 잠복호를 파고 들어가 총칼을 든 채
원숭이처럼 움츠리고 수음을 한다지

—김준태, 「고노이섬」 부분(1970), 『참깨를 털면서』

1969년 6월 3일~6월 19일간 '한·미·월 3개국 해병대 합동작전'으로 수행된, 다낭[Da Nang, 峴港] 남방 20키로미터 지점, 호이안[Hoi An, 會安] 서쪽 7키로미터 지점의 고노이(Go Noi)섬 공격을 소재로 취한 작품인데, 시적 퍼스나는 필시 '청룡부대' 일원으로 베트남전쟁에 참전한 시인 자신일 터이다.

다낭과 호이안을 끊임없이 타격해온 '월맹군 제36연대'의 이 난공불락의 근거지를 한국군 청룡은 미·월 연합군 지원 아래 400여 명의 적을 사살하는 등 혁혁한 전과를 거둔 것으로 알려져 있다. 당시의 이같은 실전 상황에 견줘볼 때, 그러나 여기 형상된 시적 현실은 매우 음습하고 불안정하다. "먼 나라서 싸우러 온 새파란 젊은 애숭이" 화자의 시선에 포착된 시적 대상들, '여자베트콩·조니워카·샴팽·꼬냑크·막걸리·도마뱀·원주민' 따위는 한결같이 그의 의식의 불투명과 혼란만 가중시킬 뿐, 어느 것 하나 그를 감동시키지 못한다. 난폭한 침입자 프랑스(샴펭 · 꼬냑크), 미국(조니워카), 한국(막걸리)에 의해 흔적조차 사라진 고노이섬(도마뱀 · 원주민) 앞에서 이 음울한 서정주체에게 '여자베트콩'이란 무엇인가? 깊은 굴속에서 아이에게 젖을 물리고, 틈틈이 거울도 들여다보며 배춧잎으로 끼니를 에우는 그녀의 그 "붉은 숨"(같은 시)의 이데올로기적 고귀성에도 그는 선뜻 동의하지 못한다. 그렇다면, 유폐되듯 남의 나라의 "지옥보다 캄캄한 민간인의 공동묘지 / 수억 년 석탄이 잠든 무덤구뎅이"에서 잠복근무 중인 '나' 자신의 내면풍경은 어떠한가? 그는 아직 "맨발의 여자베트콩"을 향한 은밀한 오나니즘의 나락으로 혼곤히 빠져들기 쉬운 정신적 미성숙과 정신적 황폐에 갇혀 있다. 베트남전쟁에 대한 '정치적 무의식'으로부터 결코 자유롭지 못한, 여전히 그 '무엇'인가에 견고하게 붙들려 있는 위태한 형국인 것이다.

감나무 잎들이 또르르 말아진 채
떨어져 쌓여 있는 뒷산
등이 벗겨져 황토가 드러난,
오래 묵은 무덤,

덜거덕거리며 노을에 잠긴
마을로 들어가는
빈 달구지의 그림자가
이 가을엔 새삼 그리워진다고 하였다.

슬픔을 아는 사람만이
전쟁의 뜻도 분별하리라며
이역에 나오면
가을이 긴 조국의 땅이
유난히 그리워진다고 하였다.

—김현승, 「가을에 월남에서 온 편지」 부분, 『창작과비평』(1972 봄)

김현승(金顯承, 1913~1975)의 '베트남 후방시편'인데, 농촌 출신 파월병사가 고국 친지에게 보낸 서간 형식의 작품이다. 화자의 역할은 전장소식의 충실한 전달자로 엄격히 국한되어 있지만, "피가 섞여 고인 물"(같은 시), 거기다 제 얼굴을 비춰보는 병사 등 삭연하기 그지없는 전장의 살풍경을 빠뜨리지 않고 일러준다.

그런데, 시적 주인공인 이 시골 청년에게 베트남전쟁이란 과연 무엇인가? "슬픔을 아는 사람만이 / 전쟁의 뜻도 분별하리라"는 이 잠언 같은 시적 메시지가 의미론적 지향은 분명치 않다. 아마도, 박정희 철권통치가 급기야 초헌법적 '10월유신'(1972.10.17)으로 치달은 당시의 암담한 정치상황을 우회적으로 비껴간 '노예언어'의 한 변용일지 모른다.

한국・베트남 공식외교 수립(1992)을 계기로 특히 1990년대 후반 이래 아연 활기를 띤 베트남방문 물결 속에서 적잖은 '베트남 시편'들이 거두어졌다. 그 하나인 이동순의 『미스 사이공』(2005)은 한마디로 여기저기 산재한 '베트남전쟁의 흔적 찾기'이다. '라이따이한'의 비애가 깊게 스민 「미스 사이공」과 「덴망송 여관」, '에이전트 오렌지(Agent Orange)'란 이름으로 월남 전토에 뿌려져 여전히 "온갖 기형과 증오와 비탄과 공포를 즐기며 / 인간의 피와 눈물을 먹고 / 하루하루를 느긋하게" 살아가는 미군 고엽제의 흉물스러움을 노래한 「느린 총알」 등이 특히 그러하다.

꿈결엔 듯 「아오자이」처럼 휘황한 베트남 풍정을 간혹 선사하기도 하지만, 이 시집의 지배적 현실은 역시 베트남전쟁이 할퀴고 간 깊은 생채기들과 후유증이다.

> 고무나무 우거진 정글
> 엄청난 미군의 포화 피하기 위해
> 구찌 마을 주민들은 땅굴을 파기 시작했다
> (…중략…)
> 나는 안다 이곳을 기어다니며

칠흑의 어둠 속에서도 마음의 불 켜고 다니던
구찌 마을 사람들의 그 서러움
그 안타까움 그 꿋꿋함
눈 뜨고도 앞 못보는 강자의 폭력 앞에서도
결코 꺾이지 아니하고 자신을 지켜낸
구찌 마을 사람들

—이동순, 「구찌 땅굴」 부분, 『미스 사이공』, 랜덤하우스중앙, 2005

남부베트남 수도 사이공에서 멀지 않은 지점, 장장 700키로미터 이상의 지하 터널(Cu Chi Tunnels)을 파고 그 속에서 코앞 아메리카군대와 의연히 대치한 구찌마을 사람들에게 보내는 헌사이다. 그들의 설움을 되새기고 그 강골과 자존을 기리고 있는데, "마음의 불"로 어둠을 척결한 베트남 민중과 "눈 뜨고도 앞 못보는 강자"의 선명한 대비로 하여 미국의 비열한 폭력성이 한결 도드라진다. 그러나 밋밋한 후일담 소설의 한 장면처럼 시적 긴장은 풀려 있다. 미국의 베트남전쟁, 미국에 얹힌 한국의 '베트남전쟁 참전'이 당초부터 잘못된 것임을 시적 퍼스나가 뒤늦게 확인하는 듯한 형세이기 때문이다.

2007년 한국은 '체류외국인 100만 명 시대'를 맞이함으로써 본격적인 다민족사회 진입을 예고하기에 이르렀다. 시장만능적 신자유주의의 급속한 진행에 따라 아시아의 강력한 노동수입국으로 변환된 결과이다. 한국 노동시장의 지배적 구성은 아시안, 그 중에서도 절대다수는 동남아시안이다.

하종오의 『국경 없는 공장』(삶이 보이는 창, 2007)은 소위 '노동의 유연성'에 쉽게 노출되어 값싼 소모품처럼 시달리는 이들의 삶의 곤고를 노래한다. 여기에는 동남아 각국(베트남 · 필리핀 · 인도네시아 · 미얀마 등)은 물론 남아시아 지역(인도 · 파키스탄 · 스리랑카 · 네팔 등)의 노동자들이 고루 망라(「국경 없는 공장」)돼 있다. 베트남 전쟁통에 한국군 총에 맞아 손목 날아간 아버지, 한국 공장에서 손목 잘린 중년의 그 아들의 프로필을 차갑게 점묘한 「외국인노동자병원 나오는 길」은 일제강점기 및 6 · 25의 시대적 불행을 잇따라 겪는 한 '아버지—아들'의 이야기, 곧 하근찬의 「수난 이대」(1959)를 떠올려주기도 한다. 이 시집의 주된 정경은 한마디로 "처음 겨울 맞고/처음 눈 보고/처음 빙판길 밟고/동남아시안들 엉금엉금 공장 가는 길"(「빙판길」) 같은 것이다.

> 원목 켜서 수제 장롱 만드는 코리아로
> 얼마 전에 취업해온 인도네시안 둘
> 기계톱 다루다가 같이 손가락 잘려 봉합했다
> 봉급도 석 달치 못 받았다
> (…중략…)
> 단풍잎들이 바람에 날려서 붉게 덮는 숲
> 새들이 흰 날개를 펴고 선회하고 있었다
> 고국에선 전혀 볼 수 없었던 늦가을 풍경에
> 외국인노동자병원에 진료 받으러 가야 한다는 걸 잊고는
> 두 인도네시안은 한참 동안 서 있었다 저렇게 아름다운
> 잎사귀들을 기꺼이 놓아버리는 나무들이 자라는 땅에서
> 자신들이 홀대받는다는 게 믿어지지 않는다는 듯이
>
> —하종오, 「외국인노동자병원 가는 길」 부분, 『국경 없는 공장』

저임금 · 장시간 노동에 허덕이는 한 인도네시안 노동자의 각박한 삶이 뜻밖에도 담담한 수채화처럼 펼쳐 있다. 진홍 단풍숲, 활기차게 하늘을 나는 새떼들의 흰 날개짓, 늦가을 "아름다운/잎사귀들을 기꺼이 놓아버리는 나무들"이 빚어내는 드높은 서정성이 기계톱에 잘린 손가락과 석 달째 밀린 봉급 따위의 우울한 풍경을 거둬버린 탓이다. "홀대받는" 동남아 이주노동자들의 고달픈 삶의 풍경은 그럼으로써 오히려 깊은 울림을 자아낸다.

하종오는 『아시아계 한국인들』(삶이 보이는 창, 2007)을 통해 한국남성과

결혼한 동남아시안 여성들과 그 후예 즉 '코시안(Kosian)'에 대해서도 시적 애정을 늦추지 않는다. 변두리 지하철역의 공원분수대 물보라를 받으며 본토 아이들과 뒤섞여 노는 동남아시아 아이를 스케치한 「분수」, 전쟁 후 한국에서 만삭의 몸을 풀어 키운 아들에게 고국 처녀를 맞아 장가보내는 한 베트남여성의 만감(萬感)을 절제해 보인 「전후(戰後)」가 특히 돋보인다. 그러나 이 시집에서 단연 이채를 띠는 것은, 연작 형식을 빌어 주로 '한국계 아시아인'들의 삶의 애환을 노래한 장시 『코시안리』이다.

할머니는 호미 들고
손녀는 씨앗봉지 들고
텃밭으로 나갔다

새참 내온 필리핀인 며느리가
이쪽 두둑에 상추씨 뿌리고
저쪽 두둑에 열무씨 뿌리자
아연 햇볕 가득 찼다

텃밭 뜨뜻해지는 한나절
세 여자는 사부작 사부작 밭일 마치고
집 안으로 들어갔다

—하종오, 「코시안리 · 40」 부분, 『아시아계 한국인들』

본토 한국인(Korean)과 외래 아시아인(Asian) 사이에서 태어난 '코시안'들의 화평한 삶의 모습이 한 시골 마을[里]의 초봄 풍경과 적실하게 상응함으로써 한층 정겹게 다가온다. 게다가, 화자의 주관적 정서 표출이 극력 억제되고 시적 진술이 주로 객관적 경물묘사에 의거하였음에도 불구하고 이 시는 높은 서정성을 동반한다. 가락의 유연성, "햇볕" "뜨뜻해지는" 등의 열감각적 이미저리, 할머니 · 며느리 · 손녀 3대의 잘 어우러진 거동을 절묘하게 포착한 시어 "사부작 사부작"의 감칠맛 등이 고루 작용한 결과이다.

물론 『아시아계 한국인들』의 세계가 이처럼 밝고 희망적인 것만은 아니다. 한국인의 유다른 순혈주의와 인종적 편견, 인권 차별, 경제적 우월감 등 코시안들에게 가해지는 여러 가지 사회문화적 불평등의 그림자들이 여기저기 어둡게 드리워져 있기 때문이다.

6

지금까지 '한국—동남아시아'의 시적 연관, 즉 한국(남 · 북한) 현대시에 나타난 '동남아시아의 형상' 또는 '동남아시아에 대한 시적 인식'의 궤적 등을, 시기적으로는 크게 3단계(일제강점기 · 해방공간 및 1950년대 이후)의 역사적 전개과정을 좇아 개괄적으로 검토하였다.

한국 현대시에서 '동남아시아의 출현'은 한국이 일본 식민지로 전락(1910)한 지 30여 년이 경과한 시점, 즉 일본이 미국을 상대로 태평양전쟁(1941)을 도발한 시점에서 비롯된다. 따라서 이 시기의 주요 작품은 거의 예외없이 친일 · 반미적 성향을 띤다. '해방공간, 1950년대 이후' 단계의 남 · 북한 작품들에서 공통적인 것은, 서양제국주의의 정치경제적 압박에 시달리는 동남아시아 약소 민족국가들에 대한 뜨거운 연대의식의 표명이다. 그런데 특기할 것은, 이 방면의 북한시가 대체로 일종의 '사실시(fact poetry)' 또는 아지프로시 · 행사시의 범위를 크게 벗어나지 못하고 있다는 점이다.

남한의 경우는 '한국군의 베트남전쟁 참전'(1964~1975)이라는 특유의 역사적 체험이 추가됨으로써 한국 현대시의 공간적 확장 및 그 질적 다양화가 가능하게 되었다는 점이 특징적이다. 더욱이 주목할 것은, 1990년대 중반 이후 동남아시아 지역(베트남 · 필리핀 · 타이 등) 이주노동자 및 한국남성과의 결혼여성이 급격히 증가하면서, 이들의 삶을 소재로 한 시적 성과들이 속속 산출되고 있다는 사실이다. 이는 향후 예상되는 문학현상에서도 점차 큰 비중을 차지할 것으로 전망된다. 리얼리즘론 류의 거대담론이 가뭇없이 사라지고 '문학의 기형적 사말화'가 증폭돼가는 현 시점에서, 한국체류 동남아시아인들의 삶에 대한 깊이있는 문학적 천착이 한층 폭넓게 진행될 것을 기대해본다.

그러나, 지금껏 확인된 이 방면 시작품의 적층은 별반 두텁지 않다. 아직 제대로 발굴되지 않은 관련자료의 폭넓고도 정밀한 탐색을 거친 연후의 보다 본격적인 논의가 향후 과제로 요청된다(『동남아시아연구』 18권 1호, 2008).

한국 현대시의 '미국 인식'

1

'한국-미국'의 뚜렷한 시적 연관의 시발점은 1940년대 초부터이다. 물론 이는 조선을 강점한 일본제국주의가 '대동아공영권' 수립을 표방하면서 '태평양전쟁'(1941.12.7)을 도발, '귀축미영(鬼畜米英)'이라 비칭(卑稱)한 미국·영국과의 전면전에 돌입한 시기의 이른바 '신체제문학·황도문학(皇道文學)'과 직결된다.

미국 무장상선 '제네럴 셔먼(General Sherman)호 평양침입'(1866.7.24) 사건 이래 근 140년에 걸치는 '한국-미국'의 역사적 연결고리는 매우 길고도 끈질기다. 크게 보아, 한국 현대시의 미국 인식은 이 시기 양국 사이의 복잡한 정치경제적 굴절 양상을 고스란히 반영하는 것에 지나지 않는다. 이 글은 일제강점하 태평양전쟁(1941) 시기 이래의 한국 현대시(북한시 포함)[1]에 나타난 미국인식 양상[2]을 개괄적으로 검토, 그 시사적 의미를 고찰해 보고자 한다.

당초 본국의 '상선·상인 보호' 목적으로 창설된 미국 '지중해 함대'(1801)가 중무장 함대에 의한 무력행사를 일삼는 '포함외교(砲艦外交, Gunboat Diplomacy)'로 방향전환한 것은 주지의 사실이다. 아시아·태평양 방면에로의 진출이 적극화된 1820년대 이후 미국은 이 연장선상에서 '아메리카-태평양 함대'(1822)를, 여기서 '동인도 및 지나(支那) 함대'(1835)를, 대(對)아시아 교역의 비중이 크게 증대함에 따라 남북전쟁(1860~1865) 직후에는 이를 또다시 '아시아함대'(1865)를 새로이 개편·발진시켰다. 페리(M. C. Perry, 1794~1854) 제독의 일본원정(1853~1854), 로저스(J. Rodgers, 1812~1882) 제독의 조선원정(1871) 등은 저간의 사정을 잘 일러주는 역사적 지표이다.[3)]

흔히 '신미양요'(辛未洋擾, 1871.6.1~6.11)라 일컫는 한국과 달리, 1950년의 '6·25전쟁'과 특별구분하여 '제1차 한·미전쟁'(Korean War Ⅰ, terHorst)이라 통칭하는 미국의 이 조선원정은 향후 한미관계를 본원적으로 규정한 사건이다. 그런데 이 전투에 가담한 한 미군장교가, "우리는 밀물을 타고 해협 상류 쪽으로 거슬러 올라갔다.…… 조선은 확실히 '아름다운 나라'이다. '강화(江華)'란 이름은 매우 아름다운 명칭으로서 '강의 꽃(Flower of River)'이라는 뜻이다"[4)]라 한 것은 실로 상징적이다. 나라의 심장

1) 장시 또는 장편서사시는 여기서 논외로 한다. 북한의 주목할 만한 시적 성과로는, ① 민병균, 『분노의 서』, 평양: 문화전선사, 1949; ② 민병균, 『조선의 노래』, 평양: 조선작가동맹출판사, 1955; ③ 신상호, 『련대의 기수』, 평양: 조선작가동맹출판사, 1956; ④ 박팔양, 『서정서사시-황해의 노래』, 평양: 조선작가동맹출판사, 1957; ⑤ 신상호, 『수리개』, 평양: 조선작가동맹출판사, 1960 등이 있다. 일제강점기 평안북도 북진(北鎭)에 틈입한 미국 광산주 및 일본 동척(東拓)을 대신해 황해도 신천군(信川郡) 얼어리벌 일부를 기민하게 장악한 미국 농장주의 횡포를 각각 실감나게 형상한 ①·②의 시적 성취가 단연 두드러진다.

2) 이 방면의 주요 논의로, ① 백낙청, 「한국에 있어서 미국의 의미-민족문학론의 시각에서」(1983), 『민족문학과 세계문학 II』, 창작과비평사, 1985; ② 김윤태, 「분단극복과 반외세문학」, 『실천문학』, 1988 여름; ③ 최원식, 「민족문학과 반미문학」(1988), 『생산적 대화를 위하여』, 창작과비평사, 1997; ④ 고영직, 「한국 반미문학사 서설」, 『전쟁은 신을 생각하게 한다』(고은 외), 화남, 2003 등을 들 수 있다.

3) 김원모, 『근대한미교섭사』, 홍성사, 1980, 3~7면 참조.

부 한양(漢陽)의 방비를 위한 최대의 군사요충, 즉 '조선의 지브롤터(Gibralter)'로 명명(Homer B. Hulbert)[5])된 이 강화해협이 미국의 무력적 포함외교로 속절없이 뚫리면서, 마침내 '조·미수호통상조약'(1882)으로 귀결된 것이다. 뒤미처 한국은 영국·독일(1883)·이탈리아·러시아(1884)·프랑스(1886)·오스트리아(1892)·벨기에(1901)·덴마크(1902) 등의 서구 열강에 잇달아 문호를 개방하기에 이른다.

영국·프랑스는 1884~1900년 사이에만 각각 '5천 700만 인구 거주, 370만 평방키로마일', '3천 650만 인구 거주, 360만 평방키로마일'의 식민지를 강탈하였다 그리하여 1903년 현재 제국주의 국가들에 의해 아직 분할되지 않은 '세계 영토' 잔여분은 고작 아프리카 9.6%, 아시아 45.4%에 지나지 않았다. 이 '치욕적 식민지분배'에서 특히 미국·일본은 응당 받아야 할 제몫을 분여받지 못한 것으로 쉽사리 간주[6])하였다. 이미 '노쇠한 자본주의 열강'의 징후를 드러내기 시작한 영국·프랑스를 젖히고, 20세기 초 '공업생산량 세계 제1위'로 우뚝 부상한 미국은 '세계재분할을 위한 첫 제국주의전쟁'이라 할 '미국-스페인 전쟁'(1898)을 통해 간단히 필리핀 군도를 강점[7])하였으며, "먼로주의에서 식민주의로 점차 이동…… 동서교통의 중심으로 태평양의 큰 창고…… 상전(商戰)과 병전(兵戰)의 일대 요충"인 하와이 제도도 아울러 병탄(1898)[8])하였다.

미국이 진부한 유럽 열강과 똑같이 본격적인 제국주의화의 길로 경도하는 것을 우려한 나머지 당시 대통령 매킨리(W. Mckinley, 1897~1901년간 재임)에게 "이대로 간다면 장차 미국의 성조기는 '흰 줄 대신에 검은

---

4) 위의 책, 275~276면 및 375~376면 참조.

5) 위의 책, 272면.

6) 쏘련공산당 중앙위원회, 『쏘련의 국제관계 및 대외정책사-1870~1957년』, 김일성종합대학 법학부 국제법강좌 공동번역, 평양: 교육도서출판사, 1959, 49면 참조.

7) 김구춘 편저, 『세계통사』, 연길: 연변인민출판사, 1984, 496~497면 참조.

8) 현순(玄楯), 『포와유람기(布哇遊覽記)』, 경성 현공렴 발행, 일한인쇄주식회사, 1909, 34~35면.

줄, 별 대신에 해골바가지'를 그리게 될 것"이라 한 작가 마크 트웨인(M. Twain, 1835~1910)의 고언[9]도 아랑곳 없이, 특히 19세기 말엽부터 미국은 대외영토확장에 일로매진하였다. 러일전쟁(1904.2.8~1905.9.5)이 막바지로 치닫던 시기의, 미국·영국·일본 동맹체제 아래 '미국의 필리핀통치, 일본의 조선식민지화'를 맞바꾼 '가쓰라(桂太郎)-태프트(W. H. Taft) 밀약'(1905.7.29)[10]이 그 변형적 연장임은 물론이다. 결국 '조·미수호통상조약'(1882)은 사실상 파기되고, 미·일 협력체제는 태평양전쟁(1941) 직전까지 양호하게 유지된다.

제2차 세계대전 중 특히 '태평양-아시아' 전선에서 정면충돌한 미국과 일본 양대 제국주의세력의 틈바구니에서 한국은 일종의 역사적 곡예를 치르는 형국에 처하지 않으면 안되었다. 전쟁 전은 일본 식민지로, 전후(남한 경우)에는 미군정(1945.8.15~1948.8.15) 관리대상국으로 각각 전락해 있었기 때문이다. 그 이후의 사정은, '한국(남한)-미국' 간의 「과도기에 시행될 잠정적 군사안전에 관한 행정협정」(1948.8.24)에 의거해 '군사고문단만'을 남긴 채 잠시 철수(1949.6.30)했다 한국전쟁이 발발하기 무섭게 '스미스 부대 부산 착륙'(1950.7.1)으로 곧장 재진주한 이래 지금껏 체류하고 있는 주한미군[11]의 실체가 웅변적으로 발해준다.

---

9) A. 모로아, 신용석 역, 앞의 책, 홍성사, 1982, 464면.

10) 그런데 간과하지 말아야 할 것은, 이 비밀회담에서 '미국의 필리핀통치' 및 "미국이 조선에서 가지고 있는 모든 경제적 리권을 계속 침범하지 않을 것"을 일본이 아울러 약정했다는 점이다. 김희일, 『미제의 조선침략사』 1, 평양: 조선로동당출판사, 1961, 90면.

11) 한홍구, 『대한민국사』 1, 한겨레출판, 2003, 224~225면 참조.

2

지난 2003년 1월 '이민 100주년'을 맞은 미주 이민사회는 1903~1905년간의 하와이 사탕수수농장 노동이민 7,226명과, 1905년(1회) 멕시코 어저귀농장 노동이민자 1,033명으로 비롯되었다. '조·미수호통상조약'(1882) 체결 이후 약 20년간 망명·유학 목적으로 도미한 유길준(兪吉濬, 1856~1914)·서재필(徐載弼, 1864~1951)·윤치호(尹致昊, 1865~1945)·안창호(安昌浩, 1878~1938), 노동이민시대에 도미한 박용만(朴容萬, 1881~1928)·이승만(李承晩, 1875~1965)들과 달리, 이들 노동이민은 한국 근대사의 기형적 전개에서 산출된 '미주지역 최초의 디아스포라'라 하겠는데, 그 주요 구성은 소수의 기독교인을 제외한다면 농민·부두노동자·퇴역군인·건달 등이었다.[12)]

> 한산모시 길주세포 나의등에 가득지고
> 강릉삼척 드나들제 밑천짜른 나의장사
> 발바닥은 닳는도다 유카탄에 신개척은
> 좋은장사 의심없네 태평양을 건넜더니
> 가시밭에 몰아넣고 어저귀로 등을치니
>
> — 채등진, 「대한제국 만만세야 국민회를 만만세야」 부분, 『신한민보』
> (미국 샌프란시스코, 1909.6.30)[13)]

1905년 4월 4일 '영국 기선 일포드(Ilford)호'에 짐짝처럼 실려 인천항을 뜬 1,000여 명 멕시코이민 중 하나임이 거의 분명해 보이는, 지금은 저 황량한 멕시코 유카탄(Yucatan) 반도로 유리된 채 디아스(P. Diaz, 1830~

12) 윤병석, 「한민족의 해외이민과 민족운동」, 『근대의 이민과 인천』(이영호 외), 인천광역시 역사자료관 역사문화연구실, 2004, 23~24면 및 26~28면 참조.

13) 『신한민보』는 애국계몽기(1905~1910)의 정치적 비빌결사체로서 항일운동의 중추적 기능을 담당했던 신민회(新民會)의 해외 외곽단체라 할 수 있는 국민회(國民會) 기관지이다. 이하의 모든 작품(시집·잡지 수록분) 인용은 일일이 그 면수를 밝히지 않는다.

1915) 독재체제의 이른바 '식민지농장'에 노예처럼 얽매여 고강도 착취노동에 시달리고 있는[14] 한 조선보부상의 탄식 어린 노래이다. '농민, 대한제국 관리, 애국적 군인, 농업노동자, 광부, 유기장수, 한량' 등의 시적 화자가 등장하는 '총 13연, 170여 행의 장편가사' 일절인데, 당대 노동이민의 궁경(窮境)[15]을 미루어 짐작할 만하다.

'미국 증기선 게릭(Gaelic)호'에 승선, 1903년 1월 13일 호놀루루에 입항한 것으로 시작된 '하와이 한인 노동이민' 실태도 필시 이와 방불하였을 터이다. 열도 전역의 29개 사탕수수농장을 중심으로 하와이 제당(製糖)산업은, 재배 14년 만인 1866년에 이미 약 40배(2,700만 파운드)의 설탕생산을 기록할 만큼 급성장[16]하였다. 특히 본토 설탕수요의 주요 공급원으로 부상한 1900년대 초엽 바로 이 대규모 농장의 값싼 인력으로 투입된 이들 이민자[17]의 생활상은 매우 간고한 것이었다. 이런 정황은 전

---

14) 조선인 대상의 하와이이민업자인 데쉴러(David W. Desheler)는 '이민'이란 명목 아래 20세기 들어 번성을 구가한 미국의 '신흥 노예무역상'(김희일)이다. 네덜란드—독일계 영국인으로 멕시코 국적의 이민업자인 마이어스(John G. Myers) 주선으로 불법송출된 대다수 멕시코 노동이민들은 소위 녹금(綠金, Oro Verde)으로 불리는 에니깽(Henequen) 즉 어저귀[種麻] 농장의 노예노동에 종사하였다. 이자경, 「멕시코 한인이민 모집과 송출의 불법성」, 『멕시코이민 100년의 회상』, 인천광역시 역사자료관, 2005, 12~13면; 오인환·공정자, 「구한말 한인 멕시코이민 출항에 관한 연구」, 『구한말 한인 하와이 이민』, 인하대 출판부, 2004, 283~289면; 김희일, 앞의 책, 100면 참조. 그런데 당시 멕시코 송출이민은 노예시장에서 매매되었던 듯하다. "멕시코 회사에 도착한 후 조선사람의 상투를 모두 자르고 그 주민들이 호상 매매하며 호상 전매(轉賣)하는데, 조선사람 가격이 그곳 저육(豬肉) 시가보다 10전이 오히려 눅다. 각기 매귀(買歸)하여 노예의 천역을 시키는데 우마(牛馬)와 라구(騾狗: 당나귀—필자) 등 류에 비하면 학정(虐情)이 우심하다"(『황성신문』, 1909.7.29)는 기록이 보인다. 김희일, 위의 책, 100면 재인용.

15) 윤영천, 『한국의 유민시』, 실천문학사, 1987, 172~177면 참조.

16) Mark Twain, "Honolulu, September 10, 1866," *A. Grove Day(ed.), Letters from Hawaii*, Honolulu: University of Hawaii Press, 1966, pp.258~259.

17) 1903년 1월 13일 하와이 오아후(Oahu)섬 호놀루루에 도착한 한국인 노동이민 제1진(102명) 중 검역신체검사 합격자 86명은 예의 '진주만(Pearl Habour)'을 에돌아 오아후섬 서북쪽 해안의 '와이아루아 농장(Waialua Plantation)'에 배치되었다. 오인환·공정자, 위의 책, 108면 및 269~271면; 이덕희, 『하와이 이민 100년—그들은 어떻게 살았나』, 랜덤하우스중앙, 2003, 139~143면 참조.

래 시조를 빠른 가락으로 해체·변형시킨 한 이주자(문양옥) 작품의 일절, "태평양 가을물결 / 바람좇아 닐어나니 / 곤히누어 들엇던잠 / 놀내여 깨엿셔라"(1913.8.27)[18]에서도 어렵잖게 포착된다.

1910년 이후 '식민지 조선'의 안정적 관리, '중일 전쟁'(1937)의 성공적 수행, 특히 대미(對美) '태평양전쟁'(1941.12.7) 승리를 위한 '물자 공급원 확보'를 절감한 일본은 동남아시아의 전략적 가치를 새롭게 인식하기에 이르렀다. 선점 프랑스를 대체하여 베트남을 강점(1940.6)한 일본은 곧 필리핀·말레이시아·싱가포르·버마 등지에 대한 '남진(南進)'을 단행(1941.12.8), 미국·영국과 날카롭게 대치한다. '한국-미국'의 시적 단초는 바로 이 지점에서 마련된다.

이 시기 '친일·반미' 시인들이 우선적으로 주창한 것은 조선·중국을 망라한 이른바 대동아공영권(大東亞共榮圈)의 궁극적 실현을 위한 '병참기지로서의 동남아시아 확보'의 중요성이다. 이광수(李光洙, 1892~1950)가 "구슬 같은 쌀이 열리는 토지, 금이랑 석유가 샘솟는 토지 / 아시아에 부족한 것이 있으랴"(「전망」, 『녹기』, 1943.1) 따위의 일문시(日文詩)를 발표한 것이나, 박종화(朴鍾和, 1901~1981)가 "아세아 동양에는 인도, 안남(安南 : 베트남-필자)·섬라(暹羅 : 타이-필자) 이외에도 무진장의 보고(寶庫)가 즐비"(「동양은 동양 사람의 것」, 『매일신보』, 1944.8.27) 운운하고, 김동환(金東煥, 1901~1958)이 "물러가라 쫓아내라 폭악미영(暴惡米英)을 / 백여년을 아편위에 영화누리는 / 거만스런 홍콩총독 몰아내듯이 / 마래(馬來 : 말레이시아-필자) 포와(布哇 : 하와이-필자) 인도총독 모두내치자"(「미영장송곡(米英葬送曲)」, 『매일신보』, 1942.1.13)고 역설한 것 등은 모두 이런 맥락에서이다.

> 쌓이고 쌓인 양키들의 굴욕과 압박 아래
> 그 큰 눈에는 의혹이 가득히 깃들여졌고
> 눈물이 핑 돌면 차라리 병적으로

18) 이덕희, 위의 책, 174면 재인용.

선웃음을 쳐버리는 남양(南洋)의 형제들이여

종려나무 그늘 아래서 횃불을 질러라
낙타 등에 바리바리 술을 실어오라
우리 이 날을 유쾌히 기념하자—(1942년 2월 16일 밤)
—노천명, 「싱가폴 함락」 부분, 『매일신보』(1942.2.19)

17세기 이래 포르투갈 · 덴마크의 수중을 거쳐 1867년 영국 식민지로 편입된 싱가포르는 영국 식민주의자들에게 있어서 매우 중요한 무역항이자 '동양침략의 전진기지'였다. 이 시는 다름아닌, '진주만 기습'(1941.12.7)을 시발점으로 욱일승천 동남아시아 각국의 주요 거점들을 연파[19]한 일본의 '싱가폴 함락'(1942.2.15)을 기린 찬미가이다. 철옹성 같은 영국의 싱가폴을 격퇴한 지 하룻만에 발표된 이 작품은 그러나 밋밋한 행사시로 머물지 않는다. '양키'에 대한 적의, "얼굴이 검은 친구"를 향한 연민, '대동아 신체제' 예찬 등이 한데 무르녹은 오롯한 축제의 노래인 것이다.

검은 얼굴아!
외로왔던 마래(馬來)의 처녀야!
네 슬픔이 너무 길어
네 아픔이 너무 진하여
너는 오래 일어나지 못하였다.

성서로 덕을 말하는 위인!
세계의 문화를 짊어진 행인들이
수없이 네 옆을 지나오고 지나갔건만
너는 언제 한번 고향의 열쇠를 만져본 일 있더냐?

19) 일본의 태평양전쟁 남진일지는 '싱가포르 함락'(1941.2.15)을 필두로, 바타비아(3.6, 인도네시아), 랭구운(3.8, 버어마), 바타앙(4.9, 필리핀), 라시오(4.30, 버어마), 만달레이(5.2, 버어마), 코레히도르(5.6, 필리핀) 등지의 함락을 특기하고 있다. J. K. 페어뱅크 외, 전해종 · 민두기 역, 『동양문화사』 하, 을유문화사 1969, 890~891면 참조.

네 영혼은 검은 채찍에 이미 흐렸고
네 사는 땅은 원수의 발 밑에 숨을 잃었었다

2월 15일 밤!
대아세아(大亞細亞)의 거화!
대화혼(大和魂)의 칼이 번득이자
사슬은 끊이고
네 몸은 한번에 풀려나왔다
인제 사철 중얼거리는 물결소리와
야자나무에 불리는 바람들이
다시 네 가슴에 눈물을 가져오지 않으리라

— 모윤숙, 「호산나 · 소남도(昭南島)」 부분, 『매일신보』(1942.2.21)

제목[20]이 시사하듯, 16~17세기에는 포르투갈 · 네덜란드의 침략에 끊임없이 시달렸으며, 1786년 이래 오랫동안 네덜란드와 영국의 격심한 경제각축장이었다가 급기야 1907년 영국 식민지로 떨어진 말레이시아 남단의 '싱가포르 함락'에 바친 축가이다. 일제의 말라이 침공목적이 무엇보다 '버마 · 인도 · 호주 및 남양군도 등지의 동시적 진공(進攻)을 위한 군사교두보 장악, 풍부한 고무와 주석광 약탈'[21]이었다는 점에서, 소남도(싱가폴) 점령의 군사 · 정치적 의미는 매우 심중한 것이었다.

"검은 얼굴"의 말레이시아 처녀에게 새삼 지난날의 비참을 낱낱이 상

20) 소남도(昭南島)는 일제가 싱가포르를 고쳐부른 명칭이다. 여기서 시인은 성서적 인유(호산나, hosanna)를 통해 일본제국주의를 '구세주'와 동일시하고 있는데, 가령 「어머니의 기도」(1951)에서 자명하듯 이는 모윤숙 시인의식의 혼란을 단적으로 보여주는 하나의 시적 관습이다. 그럼에도 불구하고, 비장감 어린 시적 어조로 일본의 '싱가포르 함락'을 격동적으로 노래한 이 작품은 하나의 '아름다운 친일시'로 기억될 것이다. "온갖 심미적 조건을 종합 · 정비하고 이것을 통해서 국가적 이상을 표현"(「임전체제하의 문학과 문학의 임전체제」, 『국민문학』, 1941.11)하는 것이야말로 신체제문학 · 황도문학(皇道文學)의 요체라 한 박영희의 언급을 쉽게 떠올려준다.

21) 박근영 외, 『동남아세아 인민들의 민족해방투쟁 – 1917.10~1945.8』, 평양 : 조선로동당출판사, 1964, 234면 참조.

기시키고, 위무하듯 "다시 네 가슴에 눈물을 가져오지 않으리라" 다짐하면서 화자가 추동하고자 하는 것은 "칼"에 의한 강고한 대동아공영권 구축이다. 시적 퍼스나의 정치적 촉수는, 당시 말레이시아 강점을 "마치도 '백색제국주의'로부터 '유색 인종'을 해방시킨 듯이 인민을 기만"22)한 일제의 그것과 너무나 흡사하다. 압착적인 토착 봉건영주들의 시적 표상인 "검은 채찍"과, "성서로 덕을 말하는 위인! / 세계의 문화를 짊어진 행인들" 즉 백색제국주의의 선명한 대비에서 이는 잘 드러난다.

3

제2차 세계대전의 종결과 더불어 분단된 남・북한에는 미군 쏘련군이 각각 진주하였다. 1945년 8월 26일 평양에 진주한 쏘련군은, 그 열하루 전인 8월 15일 북한 주둔 '제25군 사령관'(치스차코프) 이름으로 「포고문」을 발포하였다.

> 조선 인민들이여! 조선은 자유국이 되었다. …… 화려한 과수원은 사람의 노력과 고려의 결과이다. 일제의 통치하에서 살던 고통의 시일을 추억하 라! 담우에 놓인 돌멩이들까지도 피땀에 대하여 말하지 않는가? 이제 는 모든 것이 죄다 당신들한테 달렸다.23)

포고문 치곤 꽤나 서정적이기까지 한 글귀이다. 이에 비할 때, 인천을 거쳐 서울로 진주(1945.9.9)하기 직전 '태평양 미국 육군 최고지휘

22) 같은 면 참조.

23) 조선중앙통신사 편, 『해방후 10년 일지—1945~1955』, 평양: 조선중앙통신사, 1955, 1면.

관'(D. 맥아더, 1880~1964)이 발동한, "일본측 천황과 정부와 대본영을 대표하여 서명한 '항복 문서'의 조항에 의하여 본관 휘하의 전첩군은 본일 북위 38도 이남 조선 지역을 점령"24)한다는 「포고 제1호」(1945.9.7)는 자못 사무적이고 위압적이다. '해방자' 아닌 '점령군(Occupation Force)'임을 명백히 한 것이다.

> 우리 학창시절에 지리선생은
> 우리나라 지도를 다 그려놓고도
> 어째선지 한참이나 서있군 하였다
> 그러다가 백묵으로 지도의 허리에
> 선을 쭉-그었다
>
> 그러면 숨을 죽이고 있던
> 우리 가슴도 쭉-찢기였다
>
> —김철, 「우리나라 지도」(1950) 부분, 『김철 작품집』 상(평양: 문학예술출판사, 2005)

흡사 견고한 백색제국주의의 시적 표상으로 내세우기라도 하듯, 분단의 아픔을 "백묵으로 지도의 허리"를 동강내는 것으로 대신함으로써 한층 명징하게 돋울새김하고 있다. 그런 나머지 "우리 가슴도 쭉—찢기였다"는 데서 약소 민족국가의 한과 슬픔이 자연스런 울림을 동반하면서 극대화되기에 이른다.

> 내 잊히잖아라 어릴 적 학교에서 공부하던 시절,
> 지도 우에 칠리 나라 푸르게 보이던 일이.
>
> 우리는 배웠다—하늘 닿는 우람한 안데스 산봉들

---

24) 같은 면.

지지리탄 붉은 아따까마 평원을 굽어 솟은 것이며.

아이'적 내 마음 사로잡던 것 사라지고,
구리와 석유를 양키가 지배한다.

—N. 찌호노브, 「빠블로 네루다」 부분, 『니꼴라이 찌호노브 시선집』
(리효운 · 백석 역, 평양: 조쏘출판사, 1957)

화자는 시인 P. 네루다(1904~1973)의 나라 칠레가 천혜의 재보 "구리와 석유" 때문에 양키의 수중으로 떨어진 것을 통탄한다. 물론 그는 시인 N. 찌호노브(소련, 1896~1979)일 터이지만, 동시에 그는 「우리나라 지도」의 "어째선지 한참이나 서있군" 한 '지리선생'이기도 하다.

미군정기 남한의 정치 · 경제적 및 문화적 상황은 마치 '들끓는 도가니' 형국 바로 그것이었다. 『중국의 붉은 별』(1937)로 저명한 미국 언론인 E. 스노우(1905~1972)의 명쾌한 지적 즉 "미국의 조선진주에 관련된 제 현상 중 가장 중요한 것은, 우리가 이 나라에서 혁명을 정지시켰다는 사실 …… 적어도 우리가 조선의 반부분(半部分—남한, 필자)에서 일종의 혁명을 정지시켰다"[25]는 말을 빌 필요도 없이, 그들 "정복한 해방자 혹은 해방한 정복자"[26]는 한국인의 역사적 전통과 삶의 이해에 철저한 무지로 일관하였다. 미군이 진주한 이래 남한은 B. 커밍스의 언명처럼 "외세에 관통당한(penetrated) 반(半)주권국가"[27]의 처지로 내려앉은 것이다.

이념적 선택이 비교적 자유로왔던 '해방공간'(1945.8.15~1948.8.15) 즉 미군정기 한국시에서 미국과 남한은 곧잘 '월 스트리트(Wall Street), 흑노(黑奴)'적 형상으로 각인되곤 한다. 폭압적인 거대자본주의와 그에 핍박받는 흑인노예로 각기 대변되고 있는 것이다.

---

25) E. 스노우, 「미소 공동점령하의 조선의 현상」, 『독립신보』, 1946.5.1.

26) R. 라우터백, 『한국미군정사』(1948), 돌베개, 1984, 14면.

27) B. 커밍스, 「냉전구조들과 한반도의 지역적 · 전지구적 안보」, 『창작과비평』, 2000 여름, 22면.

머얼리 출장 온
월 스트리트 상관(商館) 옥상에 꽂은
깃발에 예의를 드리기 위한
우리의 힘찬 건설이 아니다

어째서 우리의 땅을 달라고
넘실거리는 것이냐
어째서 우리더러
흑노(黑奴)의 노래를 부르라는 것이냐
—김상오, 「우리는 모멸로써 그것을 돌려보낸다」 부분, 『문학예술』(1948.4)

여기서 우리는 한국적(韓國籍) 흑인노예의 목소리와 고통스럽게 대면하게 된다. 다름아닌 "흑인의 부르던 노래"(오장환, 「찬가」, 『문학』, 1946.7), 바로 그것이다. 그런데 이는 배인철에게서 한층 또렷하고도 다양한 시적 스펙트럼으로 변주된다.

아프리카 연안 SLAVE COAST는 아직도 울고 있는가
깊은 바닷 속 물결이 일 때마다 네들의
울음소리 내고 있는가

네들의 발과 목 쇠사슬 늘이어 햇빛조차
올 수 없는 뱃창(艙)에 절그럭 절그럭
얽매인 쇠울음 가슴을 찌르는구나

아! 또 발광을 하였다
또 쓰러져 버렸다
목마른 물 대신에 산 채로
동무여 아느냐 산 채로 수장(水葬)을 당한 것이다

동무들이여

또한 내 흑인부대여
이 고장 떠난 자유로운 내 땅에서도
또다시 새로운 노예상
아니 낯설은 손님마저
SLAVE COAST를 그리고 있다

—배인철, 「노예해안」 부분, 『독립신보』(1947.1.1)

1450년 경 사탕수수농장 확대를 위해 포르투갈 선박이 아프리카에 첫 발을 내딛은 이래, 16세기 중엽부터 19세기 중반까지 약 300년 동안 서아프리카 기니(Guinea)만 북쪽연안의 이른바 '황금해안·상아해안·곡물해안·후추해안·노예해안' 등은 유럽 문명국들의 불꽃튀는 무역각축장이었다. 이 중 토고(Togo)·베넹(Benin), 서부 나이지리아(Western Nigeria)에 걸쳐 형성된 노예해안(Slave Coast)은 '특상품목' 흑인노예의 대량거래를 위한 결전장으로 되었으며, 여기서 '출고'된 수많은 흑인들은 주로 미국의 대규모 상설노예시장을 거쳐 동부의 버지니아·매릴랜드, 남동부의 조지아·사우스캐롤라이나 주로 매매되었으며, 간혹 운좋은 노예들은 뉴욕·매사추세트·펜실바니아 등지의 도시지역으로 팔려나갔다.[28]

19세기 초반 통계에 의하면, 미국의 지주 1인당 많게는 100명 이상(이 경우에 드는 지주는 1,800명 : 이하 같은 방식의 집계), 중간급 50명 이상(약 6천명), 다소 아랫급 10명 이상(5만 2천명), 그리고 9명 이하(약 25만 5천명)의 노예를 소유하였다. 1818년 현재 '일류 노예'는 무려 1천 달러를 '호가', "단일작물의 연작(連作)으로 농토가 황폐 …… 토지가격이 급속히 저락"했던 1850년에는 '흑인노예 보유'가 재산증식 최대의 관건[29]으로 되기에 충분했다. 미국을 비롯한 서양제국주의자들이 300~400년간 줄기차게 노예무역에 광분했던 까닭이 여기 있다.

28) H. Didson & S. A. Diouf, *In Motion : The African-American Migration Experience*, National Geographic, 2004, pp.15~23.

29) A. 모로아, 앞의 책, 321~322면 참조.

흑인노예무역의 이같은 사회·경제적 배경을 감안할 때 배인철의 시 「노예해안」(1947)의 서사적 뼈대는 꽤나 견고하며, 그 상황적 세부에 대한 시적 표현은 사뭇 리얼하다. 특히 제3연은 "18세기 말 영국의 어떤 노예선의 선장은 항해 중에 음료수 부족을 이유로 132명의 노예를 바닷속으로 던져넣어 수장해 버렸다"는 E. E. 윌리엄스의 언급[30)]을 한층 실감나게 한다.

배인철의 '흑인시'[31)] 「노예해안」(1947)이 획득한 시적 미덕은 무엇인가? 아마도 그것은 압박받는 흑인현실과 "새로운 노예상"의 진정한 시적 내포라 할, 일본을 대체한 새로운 제국주의세력 미국에 정치·경제적으로 점차 속박돼가는 '해방조선 현실'을 절묘하게 병치시킨 시인의 통합적 감수성과 무관하지 않을 것[32)]이다. 따라서 이 시인이 애절하게 부르고 있는 '노예해안'의 진정한 시적 함의는, 이제 저 머나먼 아프리카 땅의 그것이 아니라 '지금, 여기' 한국의 인천항(仁川港)으로 강하게 다가온다.

박인환의 비판적 미국인식이 강렬하게 아로새겨진 「인천항」도 정확히 여기에 겹쳐진다.

---

30) 오자와 유사쿠[小澤有作], 백산서당 편집부 역, 『민족해방과 교육운동』, 백산서당, 1985, 17면 재인용.

31) 미국 내 흑인문제를 미군정기 남한현실에 인유한 배인철의 일련의 '흑인시'는 「노예해안」(1947) 외에도 「흑인녀」(1947)·「쪼 루이스에게」(1947)·「인종선—흑인 쫀슨에게」(1947), 「흑인부대」(1963년 발굴) 등이 있다. 윤영천,, 「배인철의 흑인시와 인천」, 『황해문화』, 2007 여름, 212~241면 참조.

32) 박산운의 「아프리카의 형제들에게」(1963)는 동일한 현실인식 아래 그 시적 공간을 아프리카로 확대한 것이다. 그 일절을 소개해 둔다. "언제부터였던가 / 눈부신 황금과 금강석과 희귀한 우라늄 / 그리고 향그런 향료로 가득한 대륙 / 희디흰 상아로 울타리를 틀고 살던 / 그대들의 나라와 나라들을 노려/바다 건너온 해적선들 차례차례 / 그네들의 황금해안에 닻을 내린 것이 / 아프리카가 '검은 대륙'으로 불리우게 된 것이 —"(『내가 사는 나라』, 평양 : 문학예술종합출판사, 1992). 한국전쟁에 투입된 한 흑인병사를 오히려 위무하고 다른 한편으론 자각을 촉구하는 송찬웅의 시 「피트리, 그대는 잠에서 깨여 났다!」(홍종린 외, 『청춘송가』, 평양 : 조선문학예술총동맹출판사, 1964)도 이 범주에 드는 작품이다.

사진잡지에서 본 향항(香港) 야경(夜景)을 기억하고 있다
그리고 중일전쟁 때
상해부두(上海埠頭)를 슬퍼했다

서울에서 30킬로를 떨어진 곳에
모든 해안선과 공통되어 있는
인천항이 있다

가난한 조선의 프로필을
여실히 표현한 인천항구에는
상관(商館)도 없고
영사관(領事官)도 없다

따뜻한 황해(黃海)의 바람이
생활의 도움이 되고저
냅킨 같은 만내(灣內)에 뛰어들었다

밤이 가까울수록
성조기(星條旗)가 퍼덕이는 숙사(宿舍)와
주둔소(駐屯所)의 네온사인은 붉고
정크의 불빛은 푸르며
마치 유니온 작크가 날리든
식민지 향항(香港)의 야경을 닮아간다

—「인천항」 부분, 『신조선』(1947.4)

영국제국주의의 '유니언 작크(Union Jack)'가 힘차게 나부끼는 '식민지 홍콩', 각종 외세들에게 제압당한 '상하이[上海] 부두'를 꼭 빼닮은 인천의 밤풍경이 눈에 잡힐 듯 선명하다. 건강한 토착자본과 주체적 외교권이 발붙일 수 없는 "가난한 조선의 프로필", "냅킨 같은" 경기만(京畿灣) 등을 날렵한 모더니스트 풍으로 스케치함으로써 오히려 그 황량감이

한층 증폭된 인천항의 이미지가 더더욱 초라하고 위축된 모습으로 육박해 오는 것이다.

"밤이 가까울수록 / 성조기가 퍼덕이는 숙사와 / 주둔소의 네온사인"에 잔뜩 짓눌려 있는 형상인데, 미국 "자본의 군대가 진주한 시가지는 지금은 증오와 안개 낀 현실이 있을 뿐"[33]이라 토로한 그 무렵 박인환 현실인식의 온전한 시적 반영이라 할 것이다. 동시에 그것은, 제2차 세계대전 종전과는 무관하게 여전히 서양 제국주의의 정치적 압박과 경제적 착취의 굴레에 갇혀 신음하는 말레이시아·캄보디아·베트남 및 인도네시아 인민들에 대한 깊은 연민과 사랑의 아시아적 연대를 밀도 있게 노래한 「남풍」(『신천지』, 1947.7), 「인도네시아 인민에게 주는 시」(『신천지』, 1948.2) 등과 자연스럽게 연맥된다.

사랑하는 거리에는
미친 짐승 모양 묵중히 무장한
미국 전차의 교만한 총부리가
마음새 고운 고향 사람들을 놀라게 하고,
햇빛도 맑은 광주(光州)의 하늘을
사나운 먹구름인 양 광란하는
미군 비행기의
심술궂은 시위가
하마터면 먹어갈 번, 홈쳐갈 번.

눈에 안 보이는 철망을 뚫고
홍수처럼 밀려드는 방대한 발자국,
적동색 살덩이 그대로 대지가 일어나듯
무등산(無等山) 60리 단숨에 차고 온
화순탄광 동무들의 홍수 같은 대렬과 대렬,

33) 「서문」 부분, 『새로운 도시와 시민들의 합창』(박인환 외), 도시문화사, 1949.

이제 곧 굴을 빠져 나온 3천의 철각(鐵脚)

—최석두, 「폭풍의 거리—다시 온 8 · 15 테로 속에서」(1946.8) 부분,
『새벽길』(평양 : 조선작가동맹출판사, 1957)

미군정의 총격으로 '조국해방 1주년 기념식'(1946.8.15) 참가자 다수가 희생된 것으로 알려지고 있는 화순탄광 노동자들의 군중시위[34] 장면을 깔끔하게 점묘한 시적 보고서라 할 만하다. "눈에 안 보이는 철망", "쌀을 다오!"(같은 시) 등이 강하게 암시하듯 숨막히는 정치적 부자유와 강도 높은 경제압박에 속수무책인 당대 민중의 생활고가 실감 있게 다가오는 듯하다. "무장한 / 미국 전차의 교만한 총부리"와 "광란하는 / 미군 비행기" 같은 강포한 시적 형상을 통해 미국의 살벌한 이미지가 한결 짙게 드리우고 있는 것이다.

일천 구백 사십 팔년 유월 팔일 오후 두 시의 해도(海圖) 우에 원수의 피빨선 눈이 히뻔덕이던 날.
바다 먼 바다의 물결을 헤치며 미역 따던 우리 동포의 어진 열넷 목숨을 비말(飛沫) 속에 묻던 날,
아모리 태극기를 흔들어도 흔들어도 비오듯 탄자(彈子)는 하냥 멈추지 않더란다.

청천백일하에 하늘이 도와 살아 온 두 사람 보았다는 검은 날개에 '흰별표'의 비행기여…… 너 제국주의의 상징이여.

—이병철, 「수장(水葬)—독도의 악보(惡報)를 받고」 부분, 『시집』
(임학수 편, 한성도서주식회사, 1949)

1948년 6월 8일, 독도를 폭격연습지로 택한 미군 비행기의 무차별 폭

34) 이를 시적 소재로 취한 것으로, ① 여상현의 「영산강(榮山江)」, 『칠면조』, 정음사, 1947; ② 오봉옥의 「혁명장시」, 『붉은 산 검은 피』 첫째~둘째권, 실천문학사, 1989 등이 있다.

격으로 어로작업 중 사살당한 "우리 동포의 어진 열넷 목숨"의 어이없는 죽음[35]을 애도한 월북시인 이병철의 조시(弔詩)이다. 가까스로 존명한 어부를 통한 간접화법적 진술에 의거, 시적 퍼스나는 미국의 실체적 의미를 "원수" "제국주의"로 간단히 못박는다.

> 읍내로 가는 고개길에서
> 또 모진 총성이 울렸다
> 해방 만세소리 메아리치던 산으로
> 상여도 없는 주검들이 오르고 있다
> 술집 간판이 또하나 바뀌였다
> '럭키주점' 옆에는 '시카고 홀'이 생겼다
> 나라가 없었기에
> 부모도 지켜줄 수 없었기에
> 일본군 위안부로 끌려가던 소녀들이
> 울며 발버둥치며 뒤돌아보던 동구앞을
> 원색 양장차림을 한
> 허가받은 미군 위안부들이 가고 있다
> 죽창을 버리여 산속으로 들어간
> 팔팔한 젊은이들은 상기 소식이 없는데
> 마을앞 늙은 버드나무엔
> 다시금 몇 번이나 까치가 새 새끼를 친다
>
> ―박산운, 「남의 나라」(1948) 전문, 『내가 사는 나라』(평양: 문학예술종합출판사, 1992)

미군정기 남한현실의 축도가 사실전달적인 건조한 어조에 힘입어 놀랍도록 리얼하게 구성돼 있다. "해방 만세소리"와는 딴판인 "모진 총성"과

---

35) 전광용(全光鏞, 1919~1988)의 「해도초(海圖抄)」(1958)는 그 소설적 상응물이다. 친미 냉전이데올로기가 극에 달했던 '이승만 독재정권 말기'라는 시대적 분위기를 적극 감안한다 하더라도, 미군정청 출입기자의 관점에서 이 양민폭격사건을 조명하고 있는 이 작품은 지나치게 사실왜곡적이다.

"상여도 없는 주검" 등의 차갑고 싸늘한 이미저리, 창졸간 시골까지 몰아닥친 미국바람, 헐값의 군수품처럼 필리핀·버마 같은 남양군도(南洋群島)나 사할린[樺太] 등지로까지 일본군 정신대(挺身隊)로 징발당했다가 가까스로 귀향한 마을 처녀들의 얼룩진 과거, "원색 양장차림을 한/허가받은 미군 위안부"의 슬픈 인상화, 입산 후 기별조차 끊긴 "팔팔한 젊은이들", 무심한 듯 새끼치기에 분주할 뿐인 "마을 앞 늙은 버드나무"의 까치, 바로 이것들이 삭막하고 우울하기 짝이 없는 이 시적 풍경의 주요 세목들이다. 시인의 눈에 포착된 남한은, 요컨대 허울뿐인 "남의 나라"라는 것이다.

> 섬색씨의 마음처럼 붉게 붉게
> 동백꽃 피어나는 2월달
> 태평양 구비치는 수평(水平)을 넘어온 날도적의 떼
> 그 앞잡이 이리들이 나라를 팔 제
> 내 고향 제주도 온섬이 일어났다오
> 한라산 골짜기 골짜기마다에 횃불이 타올라
> 피로써 싸우는 항쟁의 불꽃 불꽃……
>
> 사나이보다두 씩씩하고 가슴 넓적한
> 섬색씨 해녀들이 수심깊이 첨벙 바구니끼고 들어가듯
> 날센 암사슴모냥 원수를 향해
> 미역따던 칼끝을 겨눠 조국을 지키려 일어났거니
>
> —안룡만, 「동백꽃 우표」 부분, 『창작집』
> (8·15해방 3주년기념예술축전 지도부 편, 평양: 문화선전성, 1948)

저 북쪽 압록강반(鴨綠江畔)의 한 금속노동자가 "풀빛 바닷물결/끝없이 출렁이며 스치는/거기 남쪽의 외따른 섬/그 이름만 불러 그리운 제주도"(같은 시)의 1948년 '4·3민중항쟁'을 기린 노래[36]이다. 아이러니칼

36) '4·3제주민중항쟁'을 노래한 북한의 성과작으로, ① 박세영, 「제주도」(1948.7.2), 『창작집』, 평양: 문화선전성, 1948; ② 강승한, 「한나산—제주도 인민유격대 용사들에게

하게도, "수심깊이 첨벙 바구니끼고 들어가듯 / 날센 암사슴모냥 원수를 향해 / 미역따던 칼끝" 겨누는 아리따운 '해녀 전사'의 형상이 오히려 드높은 비극적 서정성을 자아내고 있어 눈길을 끈다. 남한에 진주한 미군은 여기서 "태평양 구비치는 수평(水平)을 넘어온 날도적의 떼" "원수" 등으로 서슴없이 규정된다.

조국의 자유를 앗아가는 원쑤
그 천렬한 노복들인 매국의 무리들
가차워오는 진흙밭—
략탈 학살 테로와 간계의 손을 끊고
1948년 4월 3일
30만 도민의 추켜든 팔뚝에 잡은
총칼은
3천만의 뜨거운 심장으로 전하는 료원의 불씨
흔들리며 선두에 폭발한 제주도
무장 인민항쟁!

그것은 실한 말잔등을 타고 자라난
제주도의 우리 작은것들마자
똑똑히 눈동자로 들여다본 것이다
우리에게도 총을……
오오 어머니의 젖가슴을 틀어쥐던
손아귀에
쥐어진 총자루 소년 유격대

보라 미국제 군함으로 륙로를 막고
카빙과 엠원과 열어제킨 포문으로도

올리노라」(1948.9), 『한나산』, 평양 : 조선작가동맹출판사, 1957 등이 있다. 남한의 경우는 이산하의 장편서사시 『한라산』(『녹두서평』, 1987.3; '복원판' 『한라산』, 시학사, 2003)이 대표적이다.

꺾지 못하는 불기둥은 죽지 않는 인민의 의지
원쑤를 이겨온 삼백예순닷새

—박산운, 「노래—항쟁하는 제주도 형제들에게 드림」 부분,
『한 깃발 아래에서』(박남수 외, 평양: 문화전선사, 1950)

다양한 어조의 이동시점에 의거하여 제주민중항쟁(1948.4.3)의 기본성격 및 그 불굴·불패성을 노래한 일종의 '사건시'이다. 삽화의 한 장면처럼 박혀 있는 "실한 말잔등을 타고 자라난/제주도의 우리 작은것들"—소년유격대의 면모가 특히 인상적인데, 함경북도 경성(鏡城)의 이용악(李庸岳)과 동향의 이수형(李琇馨) 시의 한 구절, "아—정월 대보름 때 바닷가 달 아래서 고깔쓰고 북치고 꽹고리 치곤 놀던 사람들, 지금쯤 어느 바위 틈 바귀서 창 칼을 깎고 있는 것일까"(「山 사람들」, 『문학』, 1948.7)를 자연스레 연상시킨다.

당시 30만 도민 중 적어도 4~5만 명이 희생[37]된 것으로 추산되는 이 대규모 육살사건은 미군정 및 국방경비대의 악명 높은 '3광정책(三光政策)', 즉 닥치는 대로 '태우고, 죽이고, 빼앗는' 소진(燒盡)·살진(殺盡)·탈진(奪盡) 등의 토벌작전으로 자행[38]되었다. 철저히 "동족끼리 싸우게"(같은 시)하는 '저강도 전쟁(low intensity conflict)'의 산물이라 할 이 합작적 토벌세력은 여기서 가차없이 '원쑤'로 지칭된다.

37) 사망자 통계는 정부(『한국편람』, 1956 : 4만 명), 국회(김성숙 의원, 「제주도 양민학살 건의안」, 1960 : 5만 명), 제주도(『제주도』 8호, 1963 : 80,065명)에 따라 매우 큰 편차를 보인다. 아라리연구원 편, 『제주민중항쟁 Ⅰ』, 소나무, 1988, 190면 참조.

38) 김봉현·김민주, 『제주도 인민들의 4·3무장투쟁사』, 일본대판: 문우사, 1963. 여기서는 아라리연구원 편, 위의 책, 225면 참조.

4

1950년대 이래 북한시에서 가장 두드러진 이데올로기적 특점 가운데 하나로 부각되는 것은 반미주의이다. 그것은 무엇보다도 이른바 '조국해방전쟁'(1950.6.25~1953.7.27)의 원인 제공자를 미국으로 확인하는 관점에서 비롯된다. 북한에게 있어 "미국 정부는 1950년 6월 25일 조선민주주의인민공화국을 반대하는 침략전쟁을 도발"한 외부적 "간섭자"[39], 즉 "조선내전을 도발"[40]한 전쟁책임 당사국으로 인식된다. 한국은 물론 세계 도처에서 약소 민족국가들을 상대로 전쟁을 일삼는 미국은 따라서 그들에게 반드시 타격해야 할 '적'이며, 아울러 자연스럽게 비상한 시적 대상으로 부각된다. 그런데 주목할 것은, "해양 건너편 / 야수처럼 날뛰는 월가의 강도단"(박태민, 「불길이여!」, 『조국의 깃발』, 평양 : 문화전선사, 1948)에서 단적으로 잘 드러나듯, 미국은 그 무엇보다도 제국주의 경제수탈의 주적(主敵)으로 되고 있다는 사실이다.

수풀로 나붓기는
서울 거리는
나의 고향

악독한 원쑤들이 비록
아름다운 산하를 더럽혀
그림같던 락산 마루위에는
나무하나이 없고

---

39) 조선민주주의인민공화국, 『조선인민군 및 중국인민지원군 포로들에 대한 미국 침략자들의 만행에 관한 자료집』, 평양 : 국립출판사, 1954, 1면 및 70면.

40) 조선력사편찬위원회 편, 『미제국주의자들의 조선내전을 도발한 증거문헌집』, 평양 : 개벽신보사, 1951, 1면.

골짝마다 물소리 맑던
삼각산 인왕산 기슭에는
흙이 붉어 황량하나
여기는
슬기로운 우리 조상들이
죽엄으로 외적을 물리쳐
자랑스러운 도시

—림화, 「서울」(1950.6.28) 부분, 『영광을 조선 인민군에게』
(오장환 외, 평양: 조선인민군 전선문화훈련국, 1950.8)

"흉악한 미제국주의 / 침략자의 발굽아래서 / 우리 인민에게로 / 우리 조국에게로 돌아왔다"(같은 시)고 소리 높여 절규한 시인, 그러나 역설적이게도 결국 '미제 스파이'로 지목돼 휴전 직후 정치적 희생물로 되고 만 월북시인 임화(林和, 1908~1953)가 '6·25전쟁' 발발 3일만의 서울 입성 직후 발표한 종군시이다. "그림같던 낙산", "골짝마다 물소리 맑던 / 삼각산 인왕산"은 간데 없고 수풀만 나부끼는 황폐한 서울거리만 선연하게 다가온다. 화자는 그 어떠한 외세도 슬기롭게 격퇴한 조상들의 꿋꿋한 결사항전 정신을 새삼 다지고 있는데, 여기서도 미국은 어김없이 "악독한 원쑤"로 형상된다.

어둠속에 어둑하니 서있는,
기어코 뉘를 맞이하여
한많은 사연을 아뢸 듯 고대하는
외로 남은 굴뚝에도
함박눈 끊임 없이 나리네
(…중략…)
처참한 상처 받은 길가며
그 옆에 쓰러진 젊은 녀인의 시체에도
그의 찢어진 옷자락,

그의 흩어진 검은 머리칼에도
함박눈은 나리여 나리여

야수들은 우리 땅을 불사른다
야수들은 우리 인민을 도살한다
조선이란 나라를 세상에서 없애련다
조선 사람이란 민족을 멸살하련다
그러나 안된다
오! 안된다!
월가는 없어져도—
이 나라는 일어서리라

—조기천, 「주검을 원쑤에게」(1950.12) 부분, 『조기천 선집』 하
(평양 : 문화전선사, 1953)

매우 가파른 호흡으로 6·25의 온갖 참화와 풍산(風散)에 대한 울분과 동정을 폭포수처럼 분출하고 있는 '전쟁시편'이다. 화자는 산과 들, 신작로·굴뚝·도시·거리들을 낱낱이 호명하면서 그들에게 뜨거운 연민을 보낸다. "처참한 상처 받은 길가며 / 그 옆에 쓰러진 젊은 녀인의 시체", "집 잃고 주리며 헤매다가 / 그만 이 밤, 눈속의 이 밤을 / 신작로 언덕 밑에서 새려는 / 할아버지의 서릿발 머리에도 / 어린 손녀의 얼음 같은 이마"(같은 시)에도 하염없이 내리는 함박눈은 그에게 무엇인가? '월가의 야수' "원쑤" 등으로 명명되고 있는 잔혹한 전쟁상(戰爭商) 미국에 대한 불퇴전의 결의를 매개하는 하나의 시적 촉매이다.

너이들은 마치 가축들처럼
외국 낯선 배에 실려 왔거니.

미제의 간악한 기만의 희생들—
앙글로쌕손족,

토이기 사람들,
일본 사람들

—서만일, 「너이들은 원쑤로서 왔거늘」(1952.7) 부분, 『봉선화』(평양: 조선작가동맹출판사, 1955)

대규모의 유엔군 파병국인 영국과 터키, 전쟁특수로 한국전쟁에 개입한 일본 등도 '원쑤'이기는 마찬가지이다. 그들은 한낱 "가축들처럼 / 외국 낯선 배"에 실려온 '미제의 희생'일 뿐이다. 터키의 탁월한 리얼리스트 시인 나짐 히크메트(Nazim Hikmet, 1902~1963)가 "토이기 인민의 아들들은 미국 군복을 입고 넘기 힘든 산들과 넓고 넓은 바다를 건너 조선에 와서 사람을 죽이고, 죽어가고 있다. 오늘날 토이기 인민들은 조선에서 전사한 아들들을 슬퍼하고 있으며, 살인자로 된 쓰라린 수치에 고민하고 있다"[41]고 토로한 이유이다.

아픔 없이는 당신이 헤어질 수 없었던
다박머리—
아버지는 십자가에 결박되어 강물에
어머니는 젖가슴을 도리우고
끝끝내 시퍼런 날창에 숨 거둔
열한살 난 김성애를 대신하여

누가 엄마를 언니를 죽였느냐고
당신이 물었을 때
속눈섭 츨츨한 두 눈 부릅뜨고
'미국놈'이라 대답한
아홉살 난 박상옥이를 대신하여

41) 나짐 히크메트, 「연설」, 『아세아 및 태평양지역 평화옹호대회 문헌집』, 평양: 국립출판사, 1953, 246면.

끔찍이 불행한
너무나 많은 사람들을 대신하여
나는 당신에게 충심으로 말합니다
—당신은 정당합니다

—리용악, 「모니카·펠톤 녀사에게」(1951.7) 부분, 『녀성들에게』
(조기천 외, 평양 : 조선여성사, 1952)

부제 "국제녀맹 조사단 영국대표 모니카·펠톤 녀사에 대한 애트리 정부의 박해를 듣고"에서 명시적으로 드러나듯, 국제민주여성동맹 일원인 모니카·펠톤(Monica Felton)이 한국전쟁에 투입된 미군의 '국제법 범법 행위' 진상발표(1951.5.27)로 크레멘트·애틀리(Clement Attlee, 1883~1967) 노동당 정부로부터의 탄압 소식을 접한 시인이 천인공로할 미군의 만행 사실을 폭로, 그 박해의 부당성을 열렬히 규탄한 일종의 '실록시'이다. '다박머리 아홉 살 김성애'와 "속눈섭 츨츨한 두 눈 부릅뜨고 / '미국놈'이라 대답한 / 아홉살 난 박상옥"의 형상이 금세라도 되살아날 듯 생생하다.

감히 네 얼굴을 감출 수 있단 말이냐,
갓난아이를 휘발유에 태워 죽인 악마
녀인의 젖가슴을 톱날로 베인
아메리카의 악착한 교형리여,

살찐 등어리에 붙은 유들진 모가지,
머리카락 몇 오리 바람에 곤두선 채
거만스레 뒤짐지고 버텨 섰구나,
한쪽 주머니엔 삐죽이 내민 쇠고랑
모진 군화로 이 땅을 디디고 섰구나.(신천에서)

—백하, 「해리손에게」 부분, 『그날을 위하여』
(조벽암 외, 평양 : 조선작가동맹출판사, 1960)

3만 5천여 명이 희생된 것으로 알려지고 있는 이른바 '황해도 신천양민학살사건'(1950.10.17~12.7)[42]의 만행을 분연히 고발하고 있는데, 그것은 "20세기의 식인종인 승냥이 미제를 만천하에 고발하는 력사적인 단죄장"[43]으로 오랫동안 북한 '반미 계급교양 거점'의 하나로 알려져 온 신천박물관을 뒤늦게 찾은 시적 퍼스나에 의해 행해진다. 제목에 명시된 바이지만, 당시 이 지역 사령관 '해리슨' 중위로 대리표상된 미국은 여기서 "모진 군화"로 한반도를 딛고 선 "악착한 교형리"에 비유된다.

내 조국의 절반 땅에
오만하게 기여든 두 발 가진 승냥이
아메리카 식인종들은
징그러운 터럭손에 카빙과 부로닝과
짝크 나이프를 시시로 휘두르며
쮸잉껌을 쩝쩝 씹으며 너털웃음을 친다.

이 놈들이 월 스트리트의 억만장자들
태평양을 건너 보내온 교형리들이다!

총 과녁으로 맞아죽은 소년의 이름으로

42) '북한군의 일시적 후퇴 시기'(1950.10.17~12.7)에 황해도 신천지역 점령군 사령관이었던 미군 중위 '해리슨'의 명령에 의해, 당시 신천군 총인구 14만 2,783명 중 약 25%에 해당하는 35,383명(부녀자 및 아동 16,234명 포함)이 학살된 것으로 북한은 규정하고 있다. 한설야, 「조선문제에 관한 보고」, 앞의 책, 『아세아 및 태평양지역 평화옹호대회 문헌집』, 77~78면; 김희일, 『미제의 조선침략사』 2, 평양: 조선로동당출판사, 1962, 159~163면 참조. 그러나 한 논자에 의하면 "현지 주민들간의 좌우익 분열과 대립의 결과였음이 점차 명확 (…중략…) 이를 북측에서는 반미의식을 고취하기 위해 미군의 소행으로 간주하여 반미교육에 사용하고 있고, 남측에서는 좌익의 소행으로 돌리거나 사실 자체를 감추는 데 급급"(김성보, 「갈등과 불신의 시대에 남북현대사를 다시 읽는다」, 『창작과비평』, 2007 봄, 394~395면 참조)해 왔다고 말한다. 황석영의 『손님』(창작과비평사, 2001)의 소설적 관점도 대체로 이와 궤를 같이한다.

43) 김정일, 『신천땅의 피의 교훈을 잊지 말아야 한다—김일성종합대학 학생들과 한 담화』(1962.3.20), 평양: 조선로동당출판사, 1999, 3면.

삼'단 같은 머리채를 짤리운 녀인의 이름으로,

쎄파트에 뜯기워 스러진 농민이 이름으로,

피 묻은 아메리카를 우리는 단죄하노라.

—안룡만, 「단죄하노라, 아메리카를!」 부분, 『새날의 찬가』
(평양 : 조선문학예술총동맹출판사, 1964)

"월 스트리트의 억만장자들 / 태평양을 건너 보내온 교형리"에서 새삼 확인되듯, 북한시에서 미국의 실체적 의미는 이 시에서처럼 그지없이 악착한 경제수탈자 즉 "두 발 가진 승냥이" "식인종" 등으로 일관되고 있다. 로저스 제독의 조선원정(1871)에 이은 이 '제2차 한·미전쟁'이야말로 명백한 제국주의전쟁이라는 경제인식에 깊이 토대[44]하고 있다는 증좌이다.

사실 제2차 세계대전의 종결로 인한 생산력의 장성과 판매시장 축소 사이의 격심한 모순은 미국으로 하여금 그 최적의 구출수단으로 '전쟁'을 상정하기에 이르렀으며, 그 핵심은 곧 6·25전쟁 당시 미국 대통령 해리·트루맨(Harry Truman, 1884~1972)의 '트루맨주의'로 집약된다. 요컨대 그것은 "세계제패를 목적하는 월가의 군사계획의 중요한 구성부분…… 사회주의를 건설하려고 노력하는 전체 국가들에서 가능하다면 국내전쟁을 발발시키는 방식"[45]이다. 물론 한국도 그 우선대상국으로 되기에 충분했음을 감안할 때, 이런 류의 시적 인식은 매우 높은 설득력을 동반하는 것일 수 있다. 따라서 한반도 남쪽을 무단강점한 미국은 "북미주의 원주민을 도살하던 / 조상의 피를 이은 포악한 야수"(같은 시), "월가

44) 실제로, 한국전쟁 이후 미국경제는 그 이전의 심각한 침체국면을 벗고 뚜렷한 회복세를 보여주었다. 2차대전 종료 후 5년간 연평균 2.9%에 불과한 GNP성장률은 1950~53년간 평균 9.2%, 1950년에서 1951년 사이에는 무려 13퍼센트의 고성장을 기록한 것이다. 박명림, 「한국전쟁사의 쟁점」, 『해방전후사의 인식』 6, 한길사, 1989, 211면 참조.

45) W. Z. 포스터, 최태룡·우종식 공역, 『아메리카 정치사 개요』 상, 평양: 국립출판사, 1955, 230~233면 참조.

의 털가슴"(백인준, 「우라지미르 마야꼽쓰끼―그의 탄생 60주년에 제하여」, 1953) 등의 탐욕스럽고 궁흉극악(窮凶極惡)한 외세로 명명되며, 그 연장선상에서 남한 전역은 이 외래의 "양캐들 군화소리 요란히 들리는/짓밟히운 땅"(박석정, 「오늘의 부산」, 1954.5), "바다를 건너온 승냥이떼가/검은 바람처럼 살판치며 다니는/수난의 땅"(김철, 「파주를 생각하며」, 1957.4.28)으로 된다.

오막살이 뜰앞에
구렁이같이 뻗어 나간 송유관,

송유관이 말도 없이 남의 터에
가로놓인 지는 불과 얼마 전,

―이렇듯 아무데나 흡혈관을 놓고
가는 곳마다 련병장을 닦아

우리의 피를 사정없이 흘리게 하는
남쪽 땅에 가여든 원쑤는 어서 나가라―

―조벽암, 「어린 넋의 호소」(1958.2) 부분, 『평화의 목소리』
(김조규 외, 평양 : 조선작가동맹출판사, 1958)

군사적 요충 곳곳에, 아니 시골 "오막살이 뜰앞에/구렁이같이 뻗어 나간 송유관"이 남한 민중 수탈을 위한 실핏줄 같은 "흡혈관"이라는 사실을 명료히 형상하면서 화자는 미군철수를 강력히 요구하고 있는데, 미군의 남한주둔 목적이 결국 제국주의논리의 지속적 관철이라는 경제적 시각은 여기서도 그대로 드러난다.

내가 북으로 마지막 떠나 오던 날,
너는 외가에 가서 집에 없었고

종로 거리는 불속에 묻혀 있었다.

오 일찍이 부모 잃은 나의 누이야,
몸부림이 나도록 네가 가엾어
이렇게 두팔 벌리는 나의 앞을,
이렇게 사무치는 혈육의 정을,
한두 해도 아닌 10여 년을 두고,
어떤 놈이냐, 한사코 가로막는 원쑤는—

결단코 더는 참을 수 없다, 누이야,
짖어대는 미친 양캐들과
양캐를 등에 업은 반역의 무리를

—림호권, 「너는 언제나 내 마음속에 산다—서울에 있는 누이 정명에게」 부분, 『청춘송가』(1964)

가엾은 누이동생과 "성북동 막바지 외딴 우리집"(같은 시), 포화에 불타는 종로거리를 그리며 10여 년 이산(離散)의 아픔을 곡진하게 읊조리고 있는 모더니스트 월북시인 임호권의 망향가이다. 이 모든 것들과 아득히 절연하게 만드는 자, 즉 분단의 책임 당사자는 오로지 한국전쟁 후에도 여전히 한반도에 둥지를 틀고 있는 "미친 양캐" 미국 및 그에 기생하는 "반역의 무리"로부터 말미암는다는 것인데, 여기서 이들은 '원쑤'로 통틀어 호명된다.

봄이 목마른 슬픈 대지우에
또 더운 피가 개울져 흐르려나
저벅저벅 지각을 흔들며
군화소리가 울려온다

하늘엔 '팀 스피리트'

무리져 나는 죽음의 날개들이
지옥의 매돌을 갈아
대량학살의 공포를
온 들판에 뿌리고 있는데

인디안의 기막힌 최후와
히로시마의 처참한 원자탄 세례를 거쳐
온 세계를 불바다에 잠그면서
한껏 사나와진 야수의 걸음씨로
남녘의 구석구석을 짓밟아놓았구나

—김상훈, 「군화」(1985) 부분, 『흙』(평양: 문예출판사, 1991)

북미와 "온 세계", 특히 한반도 "남녘의 구석구석"을 야수처럼 짓밟는 미군 "군화소리"는 얼핏 미국 "독점자본가들의 잔인성, 무원칙성, 교활성, 그들의 비도덕성"을 예언적으로 탁월히 묘파[46]한 것으로 평가되는 재크 런던(Jack London, 1876~1916)의 미래소설 『무쇠 발굽』(1908)의 마지막 대목을 연상시킨다. "무쇠발'굽은 랭정하고 침착하게 자기의 목적을 추구해 나갔다. 놈들은 지하에 숨은 혁명가들을 찾아내려고 온 나라를 샅샅이 뒤져내였으며, 고용 군대와 로동 귀족들과 모든 비밀경찰들을 재선발하였다."[47]

1975년 북베트남군에 의한 미군 패퇴로 '월남 공산화'가 현실화되고 이를 계기로 동아시아 정세의 급변과 북한의 대남 군사맹동주의 제고 위험성 등에 촉발되면서, 더욱 절실한 상호안보체제의 강화 차원에서 1976년부터 실시된 한·미 합동 '팀 스피리트' 훈련에 대한 북한 당국의 증오에 가까운 극렬한 경계 시각이, 제3연의 "무리져 나는 죽음의

46) 황경희, 「재크 론돈의 생애와 그의 창작활동」, 『무쇠 발굽』(재크 론돈, 박시환 역), 평양: 조선문학예술총동맹출판사, 1960, 9면.
47) 위의 책, 312면.

날개들이 / 지옥의 매돌을 갈아 / 대량학살의 공포를 / 온 들판에 뿌리고 있는데"에 고스란히 투사되어 있다.

중국 조선족 시단의 미국인식 역시 북한시의 연장선상에 있다. '6·25 남북동족전쟁'이 한창 치열하게 전개되던 시기에 씌어진 임효원의 작품을 보기로 한다.

> 피에 굶은 원수는
> 우리의 하늘에 쳐들어
> 그렇게 웃으며 근심없이 자라던
> 철부지 손자를 죽였쉐다
> 희디흰 가슴팩에 폭탄을 던져
> 글쎄 짓찢어 죽여버렸쉐다.
>
> 갈쿠리 손에 총을 주소
> 이 가슴에 폭탄을 품게 해주소
> 이 몸이 남은 피를
> 마지막 한 방울까지 다 쏟아
> 불타는 조선의 땅 위에서
> 눈물을 잊은 영웅들과 함께
> 그 더러운 짐승의 검은 숨통을
> 기어코 쏘아 넘구고야 말겠쉐다!(1950.11)
>
> —임효원, 「이 손에 총을 주소」 부분, 『진달래』(북경 : 민족출판사, 1957)

조국 '조선'이 외래의 말발굽에 마구 유린되는 비극적 현실을 강도 높게 탄핵하는 노인 화자의 목소리가 자못 처창하다. 작품 말미에 "1950. 숭선"이라 표기한 데서 잘 드러나듯 미국비행기들은 1950년 10월 두만강 대안(對岸)의 조선민족 집거지인 연변지역[48] 화룡현(和龍縣)의

48) 항미원조전쟁(抗美援朝戰爭) 기간 중 동북지방은 '제2항미원조전선'(허동운, 「항미원조 제2전선에서」, 『연변문사자료 제10집—돌아 보는 력사』(정협 연변조선족자치주

숭선(崇善)·삼합(三合) 등지까지 날아가 융단폭격을 가하였다.[49] 중국 당대문학사에서 "항미원조전쟁을 적극 탄원해 나선 조선족인민들의 헌신적인 투쟁모습을 시적으로 훌륭히 형상화"한 것으로 높이 평가[50]되고 있는 이 작품에는 당시 중국 조선족사회에서의 항미원조전쟁 열기가 여실히 반영[51]되어 있는바, 여기서 미군은 "피에 굶은 원수" "더러운 짐승" 등으로 호명된다. 이런 면모는 조선족 고등학생으로 중국인민지원군을 자원, 함경남도 함흥전선에 참전하기도 한 김철[52]의 「고개길」(1950.11)의 경우도 마찬가지이다. 떠나온 모국 한국(북한)과 바로 인접한 동종 사회주의국가라는 점에서 더욱 그러했을 것이다.

5

미군정기 배인철·박인환 이래 오랫동안 남한 '미국 시편'의 존재는

문사자료위원회 편, 심양 : 료녕인민출판사, 2002, 107면)이었으며, 연변은 "'항미원조, 보가위국'의 최전선"(정판룡, 『고향 떠나 50년』, 북경 : 민족출판사, 1997, 77면)으로 되었다. 이런 열기는 채택룡의 동시 「항미원조의 노래」(『동북조선인민보』, 1951.4.16)의 일절, "어림없다 풀 한포기 건드려봐라 / 지난날을 거듭할 우린줄 아니 / 전후방이 한결같이 항미원조다"(『채택룡 문집』, 연길 : 연변인민출판사, 2000, 148면)에서도 확연하다.

49) 정판룡, 앞의 책, 『고향 떠나 50년』, 72~74면.

50) 김종수·최건, 『중국 당대문학사』, 연길 : 연변인민출판사, 1990, 82면.

51) 1950년 11월 4일 중공연변지위는 18,000명에 달하는 대규모의 '항미원조, 보가위국' 선전활동을 전개하였다. 1950년 12월 15일 1,400여 명(제1차)의 조선청년들이 중국인민지원군에 지원하여 마침내 '조선전쟁'에 출정하였다(연변당사학회 편, 『연변40년 기사』, 연길 : 연변인민출판사, 1989, 13~14면 참조).

52) 이 함흥전선에서 그는 북한시인 조기천의 장편서사시 『백두산』(1947)을 입수하였을 뿐 아니라 당시 종군기자로 활약한 이 시인을 극적으로 조우, 현장에서 즉흥시 「주검을 원쑤에게」를 접하는 행운을 누리었다. 김철, 『끝나지 않은 인생드라마』, 연길 : 연변인민출판사, 2000, 202~206면 및 443~445면 참조.

그야말로 묘연하였다. 1950년대 들어 곧 '한국전쟁'에 돌입, 이를 계기로 남북간 이데올로기 대립은 한층 첨예화하였다. 12년간의 이승만 고강도 반공독재체제가 1960년 '4 · 19민주주의운동'에 의해 혁파된 것도 잠시뿐, 1961년 '5 · 16군사정변'으로부터 '김영삼 문민정부 출범'(1993. 2. 25)까지 약 32년간 엄혹한 군사통치가 행해진 것이다.

갈대만이 한없이 무성한 토지가
지금은 내 고향.

학교도 군청도 내 집도
무수한 포탄의 작렬과 함께
세상엔 없다.

비 내리는 斜傾의 십자가와
아메리카 工兵이
나에게 손짓을 해준다.

— 박인환, 「고향에 가서」 부분, 『박인환 선시집』(산호장, 1955)

화자의 정서적 개입이 철저히 배제된 이 시적 스케치에서 두드러지는 것은 황량하기 짝없는 고향산천의 일그러진 모습이다. 포화의 작렬, 집과 학교와 군청 자리에 들어선 무성한 갈대숲, '빗속의 음습한 분위기, 비뚜러진 십자가, 미국병사' 등이 빚어내는 기괴한 살풍경이 전면적으로 크로우즈업되고 있다. "남한군대의 38선에서의 빈번한 선제공격이라는 실제적 군사행동으로 표출…… 북한으로 하여금 어떤 예방적 또는 대응적 군사행동을 유발시켰을 개연성"을 제공[53)]한 이승만의 매우 지속적이면서도 강경한 '북진통일론'이 결과했을지도 모를 한국전쟁의 시적 전경(全景)이라 할 것이다. 38선을 마주한 박봉우(朴鳳宇, 1934~1990)

53) 박명림, 앞의 글, 176면.

가 "저어 서로 응시하는 쌀쌀한 풍경. 별들이 차지한 하늘은 끝끝내 하나인데 …… 우리 무엇에 불안한 얼굴의 의미는 여기에 있었던가"(「휴전선」, 1956)고 통절히 읊조리었을 때, 이 "불안"의 원천이 박인환의 그것과 진배없음은 물론이다.

이승만 반공독재가 한창 '맹목적 대미의존'으로 치달을 즈음, 치열한 직투성을 통해 지식인 화자의 선망감과 위태로운 자기확인을 날카롭게 각인한 「폭포」(1957)를 거쳐 4·19혁명에 직면한 김수영(金洙暎, 1921~1968)은 가까스로, 그것도 이미 철수한 또다른 한쪽 외세를 한꺼번에 싸잡아 자못 난해하게 "너희들 미국인과 소련인은 하루바삐 가다오"(「가다오 나가다오」, 1960.8)라 웨치는 데서 멈칫한다.

유작시 「마려운 사람들」(1970)의 통쾌한 생리적 배설언어 "오줌을/미국 땅 살 만큼만/깔겨 봤으면"에서도 분명한 바이지만, 미국을 향해 굵고 뚜렷한 남성적 토운으로 줄기차게 시적 발언을 멈추지 않은 신동엽(申東曄, 1930~1969) 문학은 바로 이 점에서 김수영과 결정적으로 차별된다.

> 나는 모른다.
> 그 열두살짜리들이 참말로
> 꽁꽁 얼어붙은 조그만 손으로
> 자유를 금 그은 철조망 끊었는지 안 끊었는지.
>
> 다만 나는 안다
> 지금은 이중으로
> 철조망이 쳐져 있고
> 검은 창고가 서 있지만
> 그 근처 양지바른 언덕은
> 우리 어렸을 때만 해도
> 머리에 흰 수건 두른 아낙들이
> 안방 이야길 주고 받으며

햇빛에, 목홧단 콩깍지들을 말리던 곳이다.

쏘지 마라.
솔직히 얘기지만
그런 총 쏘라고
박첨지네 기름진 논밭,
그리고 이 강산의 맑은 우물
그대들에게 빌려준 우리 아니야.

—신동엽, 「왜 쏘아」(발표연대 미상) 부분, 『신동엽 전집』
(창작과비평사, 1975)

"자유를 금 그은" 겹겹의 철조망, "검은 창고" 등에 압착된 열두살짜리들의 "꽁꽁 얼어붙은 조그만 손"과 "머리에 흰 수건 두른 아낙들", 무단으로 점령당한 "양지바른 언덕"과 "기름진 논밭" 풍경이 칙칙하게 채색된 하나의 음울한 시적 화폭이다. 오순도순 정겹게 이야기 나누며 "햇빛에, 목홧단 콩깍지" 말리던 꿈결 같은 농촌공동체에 대한 화자의 강렬한 회억은 여전히 퇴색하지 않은 채, 걸핏하면 총질해대는 미군의 고압적 이미지가 유난히 또렷하다. 남정현(南廷賢)의 우화적 반미소설 「분지」(1965)의 기본적 지향과 대칭점을 이루는 시적 성취라 할 만하다.

빠다와 째즈와 딸라와
양키이즘으로, 우리의 땅은
썩혀졌을까.

원조물자, 딸라는 효모(酵母),
발효한 항아리에서 포도주 빼가기에
바쁜 넥타이 맨 장삿군의 얼굴은 어떻게 생겼을까

4월달, 우리들, 밥은

익었었는데
누군가가 쇠가루 뿌려놓은 것 같구나.

—신동엽, 『금강』(1967) 부분, 『신동엽 전집』

"8 · 15 후, 우리의 땅은/디딜 곳 하나 없이/지렁이 문자로 가득하다"(같은 시)에서도 분명하거니와, 난자하듯 반도 남쪽에 속속들이 침윤한 문화제국주의의 다른 이름 '양키이즘'과, 그 수혜국에서 오로지 "미국자본의 지위를 확장할 목적으로, 다른 국가들의 내정에 미국이 간섭하는 것을 자기의 과업"으로 삼고자 무차별적으로 투입된 '원조'[54]의 막강한 위세가 참으로 리얼하다. "딸라"의 정체를 '효모, 포도주, 장사꾼' 등의 간명하고도 싱싱한 경제언어로 점묘해낸 것도 눈길을 끈다. 1947년 이래 그 비중 및 적용 범위를 가일층 제고 · 확대한 미국 트루맨주의의 한국적 관철이 이처럼 경제적인 시적 표현을 이룬 사례를, 그 어떠한 문학적 수사도 한사코 거부한 김남주의 「달라 · 1」(1988) 이외에는 달리 찾아보기 어려울 정도이다.

여기서 "쇠가루"는 말할 것도 없이 강대한 외세 미국과, '4 · 19혁명'을 물리력으로 뒤엎은 내부 군사정권의 동시적인 시적 등가물, 즉 「껍데기는 가라」(1967)의 "쇠붙이"와 동일한 시적 대상이라 할 수 있다. 그러나 간과할 수 없는 것은, '4 · 19혁명'을 시적 퍼스나가 나라의 주권을 음험한 내외 합작세력으로부터 전취할 절호의 기회로 인식하고 있다는 점이다. 물론 이같은 정세인식의 취약은 아마도 시대적 제한성에 기인한 것일지 모른다. 베트남 · 이스라엘을 제외한다면 당시 미국 최대의 원조수혜를 누리던 한국은, 오히려 인접 사회주의블럭 중국 · 소련의 침략으로부터 보호한다는 깃발 아래 온갖 경제적 재화를 탈취해가는 미국 세계전략의 중추적인 관리대상국[55]이었다는 사실 이해에 현저히 미

54) 쏘련공산당 중앙위원회, 앞의 책, 377~378면 참조.

55) 해방 직후 1970년대 중반(1946~76)까지 미국의 한국원조 규모는 무려 126억 달러(경

급한 까닭이다.

북한 특수부대의 '청와대 습격사건'(1968.1.21)과 자신의 영해에 들어온 미국 정보함 '프에블로(Pueblo) 호 납치사건'(1968.1.23) 등에서 분명한 바이지만, 1960년대 말 남·북간 및 북·미간 대립은 한층 첨예화하였다. 그 연장선상에서 박정희 군사정권이, '외세 배제의 자주적 민족통일'이라는 근사한 외피 아래 1972년의 '7·4 남북공동성명'을 이끌어낸 후 곧장 초헌법적 철권통치체제인 '10월유신'(1972.10.17)으로 귀착하는 모험을 감행하였음은 주지의 사실이다.

특히 1980년 5월 '광주사태' 및 '부산 미국문화원 방화사건'(1982.3.18), 자국의 무역적자를 메꾸기 위한 가차없는 경제보복이라 할 1985년의 무자비한 한국시장개방 압력 등을 통해 지근거리에서 미국의 실체를 똑똑히 깨닫기까지, 신동엽 이래 약 15년간 한국 현대시는 철저한 '반미 무풍지대'였다. 그러나 "미국의 정책과 미군의 행동이 한국의 민주주의보다 자국의 안보적 이해관계를 민감하게 고려한다는 사실"을 똑똑히 일깨워준 광주항쟁은 '대중적 수준의 반미정서가 분출된 최초의 반미운동'[56] 촉발체로 되었다. 이 일련의 사건들을 거치면서 제2차 세계대전 이후 오랫동안 미국이 구축해온 세계경영의 핵심에 균열을 가하는 반미주의 물결이 한반도 남쪽에서 비로소 본격화하기 시작한다. 문학도 이러한 시대적 대세와 보조를 함께했으니, 우선 그것은 시적 촉수에 의해 우회적으로 표출된다.

> 어릴 적 미군부대 철조망에 매달려
> 헬로우 헬로우 껌을 외칠 때
> 기름칠을 하던 기관총을 우리를 향해 겨누던

제원조 57억 달러, 군사원조 68억 달러)에 달하였는 바, 이는 30년간 인구 1인당 600달러에 해당한다. 임재경, 「한미관계론의 사정(射程)」, 『창작과비평』 57호, 1985, 389~390면 참조.

56) 최장집, 「한미관계의 미래―'반미감정'에 대한 단상」, 『아세아연구』 111호, 2003, 98면.

벌거벗은 미군 병사의 거대한 체구를 너는 닮았지만
실상 나의 머리 속에는
우르르 몰려왔다 몰려가며
백인들의 총에 맞아 쓰러지는
인디언의 등돌린 모습이 떠오른다

그리하여 너를 돌아가라고 하지 못하는 걸까
기름지고 광활한 네 조국
너를 잡아 부강하고 비대해진 네 조국
아메리카로 돌아가라고 하지 못하는 걸까
디굴디굴하고 안으로 깊은 네 눈을 보면
아메리카는 하나의 수모에 불과해
네 눈은 논두렁길 둠벙처럼 깊은 핏발이 선다

—윤재철, 「아메리카 들소」 부분, 『5월시 동인지』(청사, 1983)

북한시인 백인준은 "아메리카는 말하기를 좋아한다 / '하느님'과 '예수'에 대해 …… / 부녀자에게 달려들면서도 '하느님'을 찾는다"(「'하느님'과 아메리카」, 1958)고 날카롭게 풍자함으로써 기독교를 앞세운 미국의 고삐 풀린 도덕적 아노미와 거침없는 폭식성을 맹렬히 질타한 바 있거니와, 여기서도 화자는 이와 흡사히 "아메리카는 하나의 수모에 불과"하다고 언명한다. 창경원 우리에 갇혀 있는 아메리카들소를 향해 던져지는 페르소나의 눈길은 착잡하기 이를 데 없다. 거기엔 한없는 연민과 분노를 동시에 불러일으키는 이상야릇한 감정의 형용모순이 짙게 배어 있다. 우람하기 때문에 오히려 더욱 왜소해 보이는 이 "선량하고 거대한"(같은 시) 시적 대상이야말로 백인들에 의해 제땅에서 쫓겨나고 죽어간 인디언이자 그 자신인 까닭이다. 천둥벌거숭이 같은 미군에게 옴짝달싹 못하는 남한의 유폐적 현실이 겹언어로 투사된 것이다. 그더러 선뜻 "아메리카로 돌아가라"고 하지 못하는 이유이다.

이 아메리카들소의 형상은 미국의 한 문화인류학자(Dee Brown)로부터 뛰어나게 극적인 표현을 얻은 다음 대목을 연상시킨다. “초원이 타오를 때 당신들은 불에 휩싸여 있는 짐승들을 보게 될 것이다, 불에 타죽지 않으려고 이리저리 내닫는 가련한 짐승들의 모습을. 그게 바로 쫓기고 있는 우리 인디안의 모습이다.” 1월을 “나무가지가 눈송이에 부러지는 달”(쥬니족), 8월을 “옥수수가 은빛 물결을 이루는 달”(퐁카족)로 부르기도 하는 이 천래의 평화주의자들, 미국 전토의 숱한 인디안 종족들이 “여름의 태양을 만난 눈처럼 모두 백인의 억압과 탐욕 앞에서 사라져갔다”는 어느 인디안 추장의 탄식[57])도 떠오른다.

우리 월가의 애견들의 생활비는
흑인 소년 생활비의 다섯 배라는 거야!
흑인보다 더 대우받는 우리들의 처지 부럽지 않니?
얘, 조선똥개야, 우린 너희의 불우한 처지를 위해
너희 야만스런 주인님들을
국제 애견가 협회에 고발할 테야

흑인보다 더 대우를 받는다니
참으로 너희는 후진국 사람보다 낫구나
허지만 미국개야, 우린 그곳 월가 같은데 가서
살고 싶은 생각 없다 얘
빼빼 마른 이 땅의 조선사람들
우리라도 보신시켜 주지 않으면 살 수 없는 처지
그래서 우리들은 모두 살신성인 정신으로
병들고 가난한 주인님께 영양을 공급하는 거야
니네 주인들이 인디안 흑인들을 상대로
사람 사냥을 즐긴 것은 엊그제 일

---

57) 디·브라운, 최준석 편역, 『나를 운디드니에 묻어주오—미국 인디안 멸망사』, 청년사, 1979, 13면, 182면 및 325~327면 참조.

—문병란, 「미국개와 조선똥개의 대화」(1983) 부분,
『아직은 슬퍼할 때가 아니다』(풀빛, 1985)

불꽃 튀는 공방으로 길다랗게 이어지는 '조선똥개—미국개'의 대화의 일절인데, 미국 쪽에 밀리지 않으려는 한국똥개의 저항이 눈물겹도록 끈질기고도 처절하다. 흑인들에게 가해지는 폭력적 인종주의, 피로 얼룩진 인디안 학살 등 외래자 백인들의 역사적 죄과를 낱낱이 다그치는 그 항변의 화살이 겨냥하고 있는 것은 말할 것도 없이 한반도의 반쪽에 도사린 미국이다. '반미 불가시대'라고나 해야 할 그 무렵 그나마 이러한 우화적 언술에 의거하여 잔뜩 얼어붙은 시대의 암울을 거두고자 한 것이다.

그러나 1985년 미국의 일방적인 시장개방 압력을 기화로, 이 시인의 「우리들의 8월」에서처럼 "히노마루여 붉은 기여 성조기여 / 여기는 너희가 나부낄 데가 아니다 / 노린내여 지린내여 화약내여 / 너희는 이제 너희 나라로 돌아가야 한다"(『무등산』, 청사, 1986) 같은 직접성의 시적 발화가 폭발하기 시작한다.

양곡 적자를 위해서는
보리도 외국에서 수입할 때가 되었다고 한다
공무원들이 농가마다 돌아다니며
보리를 심으라고 사정하던 때가 엊그젠데
미국에서 수입해온 병든 소
소먹이 사료로나 쓰라는 소리인가
목화꽃이 환하게 피던 앞밭에 시커멓게 선
공장 건물에 불이라도 지르고 싶다.
목화, 밀, 옥수수, 콩은 하마 수입한 지 오래
우리 동네에서 씨를 감추더니
이제는 보리마저 수입이라니

다만 시퍼렇게 날이 선 낫날을 움켜잡고
분노의 보리밭을 한없이 따라가는
삼촌 모습 차마 볼 수 없네.

―홍일선, 「보리 수매가 2%인상」 부분, 『농토의 역사』(실천문학사, 1986)

'10 · 26사태'(1979) 및 '광주사태'(1980) 등의 정변이 미국의 지원과 영향 아래 이뤄졌다는 사회과학적 인식이 사회 각계에 팽배하면서 1980년대 들어 한 · 미관계에 대한 비판적 서술 노력이 비로소 집중적으로 점화되기에 이른다. 게다가 대학생들의 '부산 미문화원 방화사건'(1982), 특히 '서울 미문화원 점거농성사건'(1985) 및 자유무역주의에 입각한 한국시장 개방압력에 대한 광범한 국민적 저항 등이 말해주듯 2차대전 이래 강고하게 구축해온 미국 주도하의 국제외교질서에 도전하는 반미주의 물결이 부쩍 고양[58]되기 시작한 것이다.

홍일선의 「보리 수매가 2% 인상」은 이같은 저간의 사회적 분위기를 꽤나 실감있게 반영해준다. 국민의 강경한 반대여론에도 불구하고 저자세로 일관한 끝에 지난 2007년 6월 30일 최종협정문에 서명, 양국 정부의 비준절차만 남겨놓고 있는 소위 '한미 FTA' 협상과정에서 탱크처럼 육박해온 예의 미국의 시적 실체가 이미 20여년 전부터 그 전조를 짙게 드리우고 있는 형국이다.

내포화자의 적정한 미학적 거리에 힘입어 결코 잠재울 길 없는 농사꾼 삼촌의 분노가 "시퍼렇게 날이 선 낫날"처럼 예리하게 벼려져 있어 특히 인상적이다. 아메리칸과 전혀 다를 바 없는 '공무원', 일찌감치 외국산으로 대체된 "목화, 밀, 옥수수, 콩"의 처량한 신세, 으르대듯 "목화꽃이 환하게 피던 앞밭에 시커멓게 선 / 공장 건물", 그리고 졸지간에 병든 미국소의 사료로 격락한 보리 등은 이같은 시적 구도를 고루 떠맡고 있는 개개의 디테일들인 셈이다.

58) 임재경, 앞의 글, 374~384면 및 401~402면 참조.

옛날엔 이 땅이 조선군 사령부였지
버스를 타고 가다 보면
수지 미용실, 크라운 골프샵, 킴스 드라이크리닝 건너편으로
숨죽인 듯 고요한 막사들
오늘은 자작나무 흰 숲 아래로
유우에스 아미 용산 메인 포스트의
번쩍이는 선명한 금빛 마크, 햇빛 아래 굳게 닫힌 푸른색 문
그렇다 친구여, 오늘의 발자국은 소리가 없다
혈맹도, 미소짓는 흰 이빨의 굳은 악수도
저 낮은 컨셋 그림자처럼
우리를 한번 삼키면 다시는 내놓으려 하지 않을 뿐
모습없이 소리없이 고요하기만 한
서남동북 수만 평 넓고 푸른 땅

—이시영, 「정적」 부분, 『바람 속으로』(창작사, 1986)

"유우에스 아미 용산 메인 포스트의/번쩍이는 선명한 금빛 마크"에서 절로 분명해지듯, 서울 한복판에 옛 일본제국주의 '조선군사령부'를 밀치고 들어선 한국주둔 미8군사령부, 한·미연합사령부, 미군 막사 등이 빚어내는 차갑고 오싹한 군산(軍産)적 이미저리가 화자의 투명하고 예각적인 시선을 통과하면서 단번에 감지된다. "수지 미용실, 크라운 골프샵, 킴스 드라이크리닝" 따위 더부살이들의 형상은 그래서 더욱 기묘한 왜소함으로 다가온다.

친구에게 보내는 퍼스나의 단호한 시적 메시지처럼 미국의 실체는 "소리가 없다." 겉으론 '고요'와 '평화'를 표방하지만 암암리에 이를 능란하게 배반하는 표리부동, 한마디로 그것은 "햇빛 아래 굳게 닫힌 푸른색 문", "미소짓는 흰 이빨"과도 같다. 이는 최승호에게서 "흰 대머리의 수리,/복면을 쓴/백악관의/두리번거리는 파란 눈들"(「대머리 독수리 1」, 『실천문학』, 1988 여름)로, 김남주로부터는 "입으로는 자유와 평화를 사

랑하고/뒷전에서는 원격조종의 끄나블로 꼭두각시를 앞장 세워/제 조국의 해방과 독립을 위해 싸우는 민중들을/계획적으로 학살하는 아메리카"(「학살 1」, 『사랑의 무기』, 창작과비평사, 1989)라는 시적 표현을 획득하기에 이른다.

누런 바탕의 아시아로 간다
황금으로 오히려 가난한 대륙
검은 태양의 아프리카로 간다
빚에 눌린 빈사의 항구
바나나 공화국 라틴아메리카로 간다
왜 그리로 가는가 달라는
그곳에 빵을 기다리는 굶주린 인류가 있어서인가
그곳에 평화를 그리는 부러진 날개의 새가 있어서인가
그곳에 자유를 꿈꾸는 가위눌린 나무가 있어서인가
(…중략…)
보다 높은 이윤이 있기 때문이다
지구 어딘가로 달라가 간다
원조라는 미명으로 가고
오늘은 되로 주고 말로 받는
차관의 너울을 쓰고 가고
내일은 빛 좋은 개살구
경제협력이란 망토를 걸치고 간다.

—김남주, 「달라 · 1」(1987) 부분, 『나의 칼 나의 피』(인동, 1988)

본디 사랑과 평화의 노래여야 할 시가 불가피하게 '저주, 증오, 전투'의 언어로 역전되는 것을 원치 않았던 김남주(金南柱, 1946~1994)가 결연히, "아니다 적어도 내가 이민족의 노예로 박해받고 있는 한은"(「시를 대하고」, 유고시집 『나와 함께 모든 노래가 사라진다면』, 창작과비평사, 1995)이라 선언하고, 여하한 문학적 수사도 거절한 '온몸언어'로 성큼 나아간 족적이

역력하다. 아름다운 비유, 화려한 시적 기교, 방법적 우회 등의 여하한 군더더기도 미련없이 발라낸, 현실에 면바로 직핍하는 사생결단의 몸통언어를 보여준 것인데, 언뜻 그것은 온갖 적폐의 직접적 피해자인 당대 민중의 삶의 세부를 생동하게 각인한 다산(茶山) 정약용(丁若鏞, 1762~1836)의 리얼리즘 '서사한시'(임형택)와 매우 방불한 일종의 실록시(實錄詩) 또는 '사실시(fact poetry)'라 할 만하다.

"달라"를 무기로 세계 도처에서 벌이는 미국의 방자한 경제폭력 행태는 여기서도 샅샅이 들춰진다. '인류애, 평화, 자유'와는 전혀 무관하게, '원조, 차관, 경제협력'의 갖가지 너울을 쓰고 막무가내로 아시아와 아프리카, 중남미의 약소한 "바나나 공화국" 가릴 것 없이 세계 전역을 휘젓는 '달라'의 주인 미국은 그리하여 김남주 특유의 전투적인 시적 언어, 몸통언어의 주된 표적으로 되고 있는 것이다.

이 시인에게 미국은 과연 무엇인가?

> 세기말 최후의 밤까지
> 노예무역으로 톡톡히 재미를 본 나라
> 인류 최초로 인간의 머리 위에
> 원폭의 세례를 내린 평화의 나라
> 그리고 엊그제까지만 해도
> 리비아에서 파나마에서 그라나다에서
> 수천의 인명을 살해한 인권의 나라
> 아메리카여 아메리카여 아메리카여

—김남주, 「아메리카여 아메리카여 아메리카여」 부분,
『사상의 거처』(창작과비평사, 1991)

소규모 정예병력 또는 비군사적 수단을 통해 '저강도 전쟁'에 골똘한 미국의 허위의식과 이중성을 시적 퍼스나는 아이러니칼한 어조로 고발한다. '평화, 인권'의 이름으로 리비아·파나마·그라나다를 차례로 뒤

없는 아메리카의 "자유의 깃발과 / 하늘 높이 날리는 평화의 비둘기"(같은 시)에게 모멸적 냉소와 격심한 분노, 날카로운 적의를 한꺼번에 되돌리고 있는 것이다. 이시영의 시적 표현을 빌면 이 미국에 의해 "오늘도 세계의 어딘가에선 장착된 토마호크 미사일이 날고"(이시영, 「동안」 부분, 『실천문학』, 2007 가을) 있다고 일찍부터 간파한 듯한 김남주는, 역설적으로 말하자면 '시를 위해 시를 버린 시인'이라 해야 할 것이다.

이 별은 너무 몸이 무겁다
특히 아메리카나 유럽 쪽으로 돌 때면
별은 망가질 듯 삐걱거린다
쓸데없이 가진 게 많아서 그렇다
(…중략…)
무역센터 빌딩 같은 것도 그래서 무너지는 것이다
이 별의 균형을 잡기 위해서는
아메리카처럼 힘겨워하는 땅은
갈아엎어 땅콩을 심거나
한 만년 묵밭으로 쉬게 해야 하는데
그 때까지 별이 견딜 수 있을지

—이상국, 「하나뿐인 별에서」 부분, 『어느 농사꾼의 별에서』
(창작과비평사, 2005)

시인을 가리켜 바슐라르(Gaston Bachelard, 1884~1962)는 '우주의 아이'라 일컬은 바 있거니와, 세계 유일의 초강대국 아메리카 때문에 기우뚱 균형을 잃고 만 별의 안간힘과 복잡한 정치적 역학 등을 자못 유머러스한 목소리로 읊조리고 있다. 21세기 들어 최고조의 강성을 뽐내던 미국경제의 상징 '세계무역센터 붕괴'에 대한 한 저명의사의 원인적 처방을 보는 듯하다.

1990년을 전후한 국내외의 정치경제적 상황변화는 매우 심대하였다.

베르린 장벽의 붕괴(1989) 및 '독일 통일'(1990), '동유럽 현실사회주의' 몰락(1989~1991), 소비에트 해체(1991) 등으로 요약되는 거대한 이념적 지각변동과 냉전체제의 와해로 미국은 세계 유일의 초강대국으로 확고히 자리잡았다는 사실이 특히 주목된다. 이 과정에서 미국 글로벌자본이 나라와 민족의 경계를 급속히 허물면서 가공할 만한 불균형적 자기증식을 멈추지 않았음은 물론이다. 「하나뿐인 별에서」의 미국인식은 이러한 상황변개의 우회적인 시적 반영이라 해야 할 것이다.

그러나, '김영삼 문민정권 출범'(1993) 이래 15년간 미국이란 존재에 대한 시적 인식은 현저히 약화되었다. '압박' 강도의 뚜렷한 저하에 따른 자연스런 현상이라기보다는 그 실체의 잠복 탓이다. 지난 세기 1960년대보다 더욱 속속들이 "우리의 땅은/디딜 곳 하나 없이/지렁이 문자로 가득"(신동엽, 『금강』, 1967)함에도 불구하고 "우리들의 전선(戰線)은 눈에 보이지 않는다"(김수영, 「하…… 그림자가 없다」, 1960) 한 경우와 혹사(酷似)하다. 고작해야 특정 사태에 즉한 사건시들만이 간간이 출현하는 이유이다.

> 아이들이 죽었다
> 학교에서 집으로 돌아오는
> 초록 광채의 길섶에서
> 아이의 가슴과 입에서 열광하던
> 월드컵 축구 선수들의 이름과 함께
> 죽었다 미군 전차에 깔려
> 이제 막 세상이 담겨지던 봉긋한 가슴
> (…중략…)
> 아이들은 버려졌다 조국의 무관심 속에
> 아이들은 버려졌다 불평등 소파협정 페이지에
>
> —오철수, 「두 아이가 죽었다—고 신효순·심미선 양의 죽음을 애도하며」 부분, 『전쟁은 신을 생각하게 한다』(고은 외, 화남출판사, 2003)

“가슴과 입에서 열광하던 / 월드컵 축구”에 가려진 채 육중한 미군장갑차에 압사한 두 여중생의 가엾은 죽음(2002.6.13), 미군 탱크병의 ‘무죄평결’, 제16대 대선 직전 광화문에서의 대규모 촛불시위(2002.12.7) 등의 열기가 복잡미묘하게 얼크러져 있는 추모시인데, 그 애도의 진정성과 막강 미국에 대한 속으로부터의 분노가 올연하다.

지축 흔드는 포탄 화약 내음은
마음 흔드는 매향(梅香)을 이기지 못한다
미군 포탄에 천지갈래 찢기면서도
끝내 항복하지 않은 매향리 뻘밭은
꽃향기 자욱한 봄 강산에 투항했다.
(…중략…)
“잘한 짓이다,
오매 잘한 짓이다.
피를 보지 않고도 이기는 땅을 보고 잡았다”
섬진강변 매향에 얼굴을 숨긴 매천이
하도 칭찬하는 남녘의 봄이다.

—조태진, 「매향」 부분, 『전쟁은 신을 생각하게 한다』

‘경기도 화성군 우정면 매향리 미공군 쿠니사격장’, 한국전쟁 이래 줄곧 미공군 사격연습장으로 간택돼 온갖 수모와 고통을 겪어온 ‘매향리 뻘밭’의 부전이승(不戰而勝)의 통쾌를 역설적이게도 드높은 서정으로 노래하고 있어 더욱 이채를 띤다. 전라도 섬진강변의 매천(梅泉) 황현(黃玹, 1855~1910)을 시적 인유로 끌어들임으로써 “미군 포탄”에 늠연히 맞서는 조국 강산의 우뚝한 자존감과 의연한 불굴성이 더욱 도드라진다.

그러나, 국가·민족의 완강한 경계를 급속하게 지워나가면서 간단없는 자기증식 운동을 지속하는 초강대 미국글로벌자본주의는 특히 1990년대 이후 한국을 손쉬운 시험장으로 급속히 전락하게 했으니,

'한·미 자유무역협정' 타결(2007.4.2, '추가협상' 타결 — 2007.6.29)은 그 명징한 외적 증표이다.

6월의 마지막 날 마침내
우리는 조상 대대로 물려 온
나라를 시장에 내다 팔았다
이로써 새만금과 한미 FTA를 완수한
대통령은 모든 게 다 잘될 거라고
자신의 믿음을 천명하였다
(…중략…)
개펄에서 어린 게가 이의를 제기하던
집게손을 힘없이 늘어뜨리는 순간
이제 더 내다 팔 아무 것도 없이
시장의 논리에 맡겨진 이 나라도
대통령도 할 일이 없어졌다
보시기에
평화로웠다

— 정희성, 「2007년 6월의 마지막 날」 부분, 『창작과비평』(2007 겨울)

반생태주의적 개발론을 거듭 정당화하는가 하면, 자신의 정치적 손실을 무릅쓰면서 향후 세계시장 변화까지도 예리하게 간파해내는 '큰 장사꾼'의 눈으로 협상을 마무리했다는, '한미 FTA 타결' 직후 발표된 국정 최고책임자의 철통 같은 "믿음"은 그러나 여기서 통렬한 시적 반어에 의해 여지없이 거부되고 있다. 이는 성서적 인유의 반용(反用), 즉 '창세 신화'(「창세기」 1장 1~31절)에 일곱 번이나 되풀이 반복되는 "하나님의 보시기에 좋았더라"의 교묘한 변형 "보시기에 / 평화로웠다"에서 잘 드러난다. 그런데 "보시기에"의 시적 주체는 대체 누구인가? 미국 또는 그와 이해관계를 함께하는 국내의 소수 기득권층일지 모른다. 달리 말해 그것은 필시 "이의를 제기하던 / 집게손을 힘없이 늘어뜨리는" '어린게'의 대극점에 웅크리고 있는 내부 특정세력을 희화화한 것일 터이다.

6

지금까지 한국 현대시의 사적 전개 과정에 나타난 '미국의 형상', '미국에 대한 시적 인식'의 궤적을 개괄적으로 살펴보았다. '아메리카·태평양 함대(1822)→동인도·차이나 함대(1835)→아시아함대(1865)'로 강화·개편되면서, 미국은 강력한 해군을 앞세운 '포함외교(Gunboat Diplomacy)'로 한국에 상륙(1871)하였다. 한국 현대시에서 미국(제국주의)의 출현은, 일본이 미국을 상대로 한 '태평양전쟁'(1941.12.7)을 통해서이다. 한국이 일제의 식민지로 전락(1910)한 지 30여 년이 경과한 시점이었는데, 이 시기 '미국시편'은 친일·반미시 양상을 띤다. 일제로부터 '해방'(1945.8.15)되자마자 남한에 진주한 미군의 시적 형상은 '점령군, 압제자'로 집약되는데, 본질적으로, '한국전쟁'(1950.6.25~1953.7.27)에서 드러나는 미국·미국인의 문학적 이미지도 이와 다를 바 없다.

미국을 "조선에서 침략전쟁을 도발한 간섭자"로 규정하는 북한의 경우, 그것은 '제국주의, 월가(Wall Street), 달라(dollar), 승냥이, 양캐, 식인종, 양키, 학살자, 강간범' 등의 정치·경제적인 '제국주의적 침탈자'로 나타난다. 이러한 시적 인식은, 지리적·이념적으로 북한과 밀착된 중국 조선족 시문학의 경우도 마찬가지이다. 그러나 그것들이 단선적 아지프로로 떨어지고 있음은 지나칠 수 없는 문제이다. 이런 류의 문학은, H. D. 라스웰이 언급한 이른바 '병영국가(garrison state)'에서 산출된 '병영시' 범주에 속한다. 남한시의 미국인식 또한 북한의 그것에 못지않게 매우 강렬하게 비판적이지만, 한결 드높은 미학적 성취를 동반하고 있어 이채를 띤다. 그런데 주목할 것은, 그 시적 형상들—'외세, 빠다, 째즈, 양키이즘, 장사꾼, 도적' 등이 군사정권의 무력적 폭압이 절정에 이른 1980년대 초·중반에 특히 두드러진다는 점이다.

미국에 의해 '북한 비핵화'가 엄중히 요청되고, 그 대가로 '테러국가 명단 삭제'가 논의되기도 하는 요즈음, '한국 현대시의 미국인식' 양상을 좀더 꼼꼼히 살펴보는 것은 매우 유의미하다. 마치 삶의 현실적 세부와의 절연이 그 궁극의 지향이기나 한 듯, 1990년대에 불길한 징후처럼 나타나 2000년대 중반 들어서는 하나의 시적 주류인 양 그럴싸한 '전복'의 이름 아래 온갖 맹랑한 공상과 환상계를 오락가락하는 저 무병신음(無病呻吟)의 '미래파시' 따위와 견주어 읽어봄으로써 새로운 시적 텐션을 촉발하는 분외의 소득을 기대할 수도 있겠기 때문이다(『민족문학사연구』 36호, 2008).

찾아보기

1. 사항

2. 작품명

3. 인명